The Sequence of Financial Development

金融发展的次序

——从宏观金融、资本市场到普惠金融

贝多广　著

中国金融出版社

责任编辑：贾　真
责任校对：李俊英
责任印制：陈晓川

图书在版编目（CIP）数据

金融发展的次序——从宏观金融、资本市场到普惠金融（Jinrong
Fazhan de Cixu：Conghongguan Jinrong、Ziben Shichang dao Puhui
Jinrong）／贝多广著．—北京：中国金融出版社，2017. 11
　ISBN 978 - 7 - 5049 - 9315 - 1

　Ⅰ. ①金…　Ⅱ. ①贝…　Ⅲ. ①金融事业—经济发展—研究—中国
Ⅳ. ①F832

中国版本图书馆 CIP 数据核字（2017）第 278808 号

出版
发行　中国金融出版社
社址　北京市丰台区益泽路 2 号
市场开发部　（010）63266347，63805472，63439533（传真）
网 上 书 店　http：//www. chinafph. com
　　　　　　（010）63286832，63365686（传真）
读者服务部　（010）66070833，62568380
邮编　100071
经销　新华书店
印刷　北京市松源印刷有限公司
尺寸　169 毫米×239 毫米
印张　28. 5
字数　350 千
版次　2017 年 11 月第 1 版
印次　2017 年 11 月第 1 次印刷
定价　70. 00 元
ISBN 978 - 7 - 5049 - 9315 - 1
如出现印装错误本社负责调换　联系电话（010）63263947

前言
PREFACE

"手埒六十花甲子，循环落落如弄珠"。人至花甲之年，对自己走过的道路进行回顾，特别是与学术有关的部分做一次梳理，是这两年一直打算做的事情，现在到了交卷的时刻。

一、歪打正着读金融

我从对金融的认识谈起。如今对金融的热衷和憧憬，几乎是每个青年学子的志愿。在中国所有大学院校中，说金融专业是最热门专业可能不会过分，如果再冠以国际金融专业，那更会令学子们趋之若鹜。无论是农业大学、矿业大学还是外国语大学都设立了金融专业。可是，当我在1978年报考大学之前我是上海住宅建筑工地上的一个小木工。面对会计、统计、财政、金融、工业经济、贸易经济等专业目录，我一头雾水。我是误打误撞进了金融专业。当时社会上企业改革刚刚提出，蒋子龙的小说《乔厂长上任记》风靡一时。大多数人的认识停留在经济体制改革就是指企业管理体制的改革，似乎未来企业会有较大的自主权，厂长经理会是很好的职业目标。于是，第一志愿报了工业经济。对于第二志愿，真的是无从下手。我问我父亲，金融是什么意思？父亲说，金融就是银行，是金饭碗。于是，我填了金融作为第二志愿。入了金融班之后，方知不少同班同学的第一志愿都是工业经济，大家多少都有点失落感。但是，在大二、大三的时候，很多同学都开始庆幸自己进入了金融专业，因为随着经济体制改革的全面展开，金融的重要性拔地而起，人们开始意识到金融可能是现代经济的核心。所以说，我是入学时懵懵懂懂，毕业时踌躇满志，自以为是时代的幸运儿。如今，金融早就不仅仅指银行，金融至少还包括股票、债券、基金、信托、保险、期货、对冲、担保、理财、资产管理、直接投资、小贷和网贷等。自己毕生致力于金融事业，自豪之余每每念及父亲在十字路口的指引。

金融专业中最重要的专业基础课是货币银行学。当时的授课老师王学青先生告诉我们新的教材正在印刷，暂时先用"文革"前的教材。不管怎么说，我们已经感到欣喜，因为这可能是当时唯一一本比较正规、正式出版的教材，装帧漂亮、蓝皮封面。当时我们都把它称做"蓝皮书"，反映出它在金融专业中的经典性和基础性的地位以及其他白皮油印讲义所不具备的正规性。这本教材的全名叫《资本主义国家的货币流通和信用》，作者是黄达等人。蓝皮书对于这一代金融学子应该是记忆深刻的。我们学到了十捆羊毛换一张牛皮的等价原理，学到了格雷欣的"劣币驱逐良币"法则，了解了股票交易所是所谓虚拟资本，也知道了通货膨胀对收入再分配产生的影响，我们在至少 2~3 个章节中被告知资本主义国家会不断爆发货币信用危机，甚至面临着一场总的危机。后来与黄达老师认识以后，才知道蓝皮书是在 20 世纪 50 年代按照苏联教材改编而成的，基本上还是苏联的教学框架。改革开放之后，使用这本教材实在是饥不择食，聊补无米之炊。

1982 年我从本科提前半年毕业开始攻读货币银行学硕士学位。研究生期间的导师王宏儒教授讲美国的货币银行学，另一位导师龚浩成教授讲货币银行学社会主义专题。当时除了阅读资料准备学位论文之外，也作了一些初步的文献编译工作，比如收录本书第二篇中的"形成美国债券利率差异的因素"。现在来看这些只能算是习作。研二、研三开始独立地思考一些金融问题并做成笔记。印象比较深刻的一篇"试谈新技术革命时代我国金融事业的对策"参加了1984年莫干山会议征稿。幸运的是，被会议选中成为正式代表，并结识了一批北方的青年学者，如蔡重直、张少杰、常修泽等，成为所谓"非常之地"的"非常之遇"。之后，我将火种带进了具有学院派风格的上海财经大学。半年之后，在天津召开第二届中青年经济改革论坛的时候，我校增至五个代表参加，此次论坛规模更大，影响更大。我以"对财政收支平衡的再认识"一文入选并在论坛上获奖，该文收录于《腾飞的构想》（中青年经济改革论文集）中，经改编后曾在昙花一现的《青年论坛》上发表。当时经济改革的讨论如火如荼，到参加论坛时，最热门的话题是关于国企改革。我们同年级、不同专业的六位研究生同学自发组成研究小组，胼手胝足，形成"将部分全民所有制大中型企业改造成股份公司的若干设想"的长文，我在论坛上发言随后在《经济研究参考资料》上全文刊登，这在当时算是最早比较系统地阐述国企股份制改革思路的论文之一。

　　我的硕士学位论文题目是"美国金融市场中的金融机构"，主要分析美国金融机构的演变趋势，以探讨这种演变趋势对货币政策形成的挑战。其中一篇"试论金融机构多样化对美国货币政策的干扰"曾经发表在《世界经济研究》刊物上；另外两篇"西方国家金融市场的理论依据"和"略谈战后美国金融机构的多样化趋势"，也是硕士论文的部分章节，曾经分别发表在《国际金融研究》和《财经理论与实践》上。由于上海财经大学的氛围和师资的优势，我在硕士生期间打下了比较扎实的现代经济学和美国货币银行学的基础，日后内心深感幸运。

二、攀登金融的学术高峰

1985 年我赴中国人民大学攻读博士学位，指导老师是王传纶教授和黄达教授。王老师给我们讲货币经济学，黄老师没有专门讲课，但时不时找我们四个博士生聊聊并要求写出一些研究文章。当时自己的主要目标是既重视基础理论的学习又关注国内前沿问题的动向。

研究过程中有两本著作对我影响最大。第一本是美国经济学家约翰·格利和爱德华·肖合著的《金融理论中的货币》(*Money in a Theory of Finance*)。这是一本金融学经典之作，它的观点在 20 世纪六七十年代的美国金融学界产生冲击性影响，被称为当时的"新论"(The New View)。虽是一部专著，但逻辑清晰，结构完整，文字浅显，我是把它作为一本精读专著为日后自己写作博士论文的范本来阅读的，但对其在货币金融理论中的真实价值并不太清楚。当时，为翻译这个书名，颇费了一段时间。我当时觉得从国人阅读习惯来翻译，似应译成"货币和金融理论"为妥。可是，王传纶老师在校对时，特意将书名调回到"金融理论中的货币"，虽读起来有点拗口，但却表达了作者的真实含意。原来的货币学说都是从货币角度谈货币，如 M_0、M_1、M_2，货币政策也是从货币定义出发来确定政策范围。而随着美国金融体制的演变，事实上越来越多的货币替代品应运而生，尽管它们还没有被官方认定为货币范畴，但实际上已经在发挥货币的功能，并在很大程度上削弱了货币政策的作用。格利和肖认为，只有放在整个金融体系内考察货币的本质和演变路径，才能准确地解释第二次世界大战后美国金融变迁的许多现象。因此，他们提出了在金融理论（而不是在货币理论）中考察货币的观点，这就是当时被学术界称为"新论"的原因，这也正是这两位作者的最大贡献。对我影响至深的是书中所运用的分析模型从简单初始到逐步复杂，与中国启动金融改革之后的金融发展历程正好吻合，与本人对金融的认识也正好吻合。"格利和肖的货币'新论'"，作为该译著的前言比较全面地介绍了这本著作的框架和主要观点。让我终生难忘的是导师王传纶教授一字一句校对，呕心沥血，言传身教，纠正了译文中无数的错误或不当之处，既保证了整部译著通畅达雅，又给我树立了治学严谨的榜样。

美国的货币银行学从货币学进化到货币银行学，当时国内已有几种翻译教材，如钱德勒的《货币银行学》和霍维兹的《美国货币政策和金融制度》，都是将货币置于货币的定义和银行创造货币的经典范畴加以论述。但现实经济中的金融脱媒已经使不站在整个金融结构中考察货币将无法完整认清货币的实际状态，以致对货币政策的制定带来相当大的误导。而我在攻读博士期间就有幸得到王传纶老师的点拨，一直是在金融范畴也就是包括非银行金融机构乃至整个金融市场来研究货币问题。说来也巧，正是在我读博士期间，约翰·格利教授受世界银行委托来中国考察经济学博士生培养情况，他带来了一本据说当时全美最流行的新的货币银行学教科书，作者是新生代的米什金，我们几个博士生当即联系出版社，准备翻译出版，并由王传纶教授给我们把关校对。这一次，王老师再次告诫我们，在翻译书名"Economics of Money, Banking and Financial Markets"时绝不能图简洁而译成货币银行学，必须完整译出"货币、银行与金融市场学"，才算真实反映作者的真髓所在。以上所述，表面上只是两本书名的翻译，实质上是反映了20世纪后期货币金融现象的一个核心问题。我相信只有经过科班训练的人才能从这一细微差别中悟出这一学科的要诀。

对我影响最大的另一部著作是黄达教授的《财政信贷综合平衡导论》。黄达教授在这部著作中表现出其分析之细微、逻辑之严谨、文字之准确，即使今天读来仍然令人折服。所以，从当时我们所阅读的国内文献来看，黄达教授的这部著作乃是一座高峰。他因此而获得孙冶方经济学著作奖。通过细读，使我找到了在中国进行金融研究可资立足的基石。有意思的是，当我们踏过黄达老师树立的里程碑之时，目睹经济体制正在发生着趋势性的变化，新的学术高峰正有待我们这一代人去攀登。正如后来黄达教授所说，《财政信贷综合平衡导论》的分析框架是就计划经济体制搭建的。在那个时代，政府主导了几乎一切经济决策，人们普遍认定财政平衡是经济稳定增长的唯一条件。黄达教授指出，信贷作为财政的补充，实际上拓宽了经济政策的调控空间，换而言之，信贷平衡可以与财政平衡形成配合，尽管财政有时无法实现平衡，比如出现财政赤字，但透过调整信贷规模也可以取得国民经济的最终平衡，这就是简而言之的财政信贷综合平衡。无疑，在当时背景下，这一理论使得过去拘泥于财政平衡的经济观点有了焕然一新的视野，这是中国经济理论的一大进步，对当时的经济政策具有极大的指导意义。

随着经济体制改革的深入展开，经济格局变化之迅速出人意料。在市场机制开始发挥作用的同时，国民收入分配格局呈现出与以往迥异的变动。企业作为主张独立自主权的群体，开始表现出投资决策的自主性。家庭作为社会中的一个整体，有了储蓄，并开始投资。金融部门在放松搞活的政策形势下，开始彰显其独有的力量。比如，中央银行与商业银行分立，商业银行的市场化运作日益明显，甚至一些非银行金融机构应运而生，如保险公司、信托公司等。在经济日趋开放的背景下，世界各国作为相对于中国经济的一个国外部门，在中国经济的宏观平衡当中，崭露头角。比如，人们开始尝试用吸引外资来平衡国内的资金短缺，用进口来平衡国内的物资匮乏等。由此可见，经济现实已经大大超出原有理论的解释，经济实践已经越过了原有的理论高峰，客观上要求有新的解释。

这样一种经济格局的逐渐变化，恰好为经济分析提供了便捷的路径，即由简入繁，从人为简化的模型出发，逐步增加变量，使分部门模型最终接近现实。此种分析方法，恰好与中国现实走过的道路相契合，中国金融结构正是从一个极其简单的格局逐步走向一个多部门的复杂格局。出于这样的考虑，我在论文"论社会资金流动的综合平衡"（它是我的博士论文中的核心章节）中，先设立一个简化的模型，从单一的财政（政府部门）主导型经济起步，进而加入信贷（金融部门）的作用，这相当于黄达的模型。随着模型的复杂化，再依次加入企业部门、家庭部门乃至国外部门，而金融部门又可细化为中央银行、商业银行以及非银行金融机构，使得分析层层递进，越来越逼近市场经济的形态。当然，在20世纪80年代中期，政府仍然是非常强大的经济部门。通过这样的分析，我们得知经济正在从财政主导型向金融主导型转变。相应地，宏观经济的平衡问题已经非但不囿于财政平衡，也不限于财政与信贷两者的平衡，而是多部门的更加综合意义上的宏观平衡。从这一意义上说，这篇论文体现出了学术上的继承原则和创新原则。这篇论文后来在《经济研究》杂志上发表并获得了1990年的孙冶方经济学论文奖。而这样的分析在经济学上的意义在于，将原来传统上归入部门经济学的财政金融学科水落无声地拓宽到了宏观经济的广阔视野。

回首本人的学术历程，博士生阶段恰好是我研究成果的高产期。

我正式出版了《宏观金融论》《中国资金流动分析》（我的博士学位论文）两部著作和一部译著，并多次在《经济研究》等重要期刊上发表论文。最早的一篇是"经济的短期稳定与财政政策"，主要针对当时出现明显的通货膨胀进行分析，辩析出当时我国的通货膨胀主要是瓶颈型的，即某一领域供应的短缺造成了通货膨胀；由于我国的财政政策缺乏自动稳定器的内在功能，因而很难利用财政政策来发挥短期稳定的作用。自以为在当时比较有分量的一篇论文是"储蓄结构、投资结构和金融结构"，也发表在《经济研究》。该文第一次将宏观经济中的储蓄和投资变量与金融联系在一起并对各自结构性的差异进行分析，指出了当时存在着金融结构拖累宏观经济的现象。这一时期，我还有幸参与了其他一些经典名著的翻译工作，比如戈德史密斯的《金融结构和金融发展》（五道口肖远企等几位研究生翻译，我作为审校者），斯蒂格勒的《经济学家和说教者》（与刘泸生、郭治薇合译）等。

三、廿载市场初心不忘

1988 年获得经济学博士学位之后，我进入实务领域工作。先在财政部和证监会工作若干年，中间还去美国做了访问学者。之后投身商海义无反顾地当了近二十年投资银行家。尽管如此，我对研究一直没有中断。一方面，自己经过研究的训练，对任何实践工作都会抱以思考和用研究者的眼光去审视周围的事情，而工作本身也具有研究的要求，无论在政府机关还是在投资银行，我的工作多少都与研究相关，有时就会形成一些研究报告甚至研究性的论文。另一方面，我虽在实践部门工作，但长期被高校聘为兼职教授、博士生导师，承担指导研究生、博士生的职责。经常回学校讲课，促使自己对一些话题整理出比较系统的看法；而参加一些重要论坛，也促使自己对问题的看法要有一定的高度和深度。实际上，在这段不短的时间内，我还时不时与博士生们在一些重要刊物上合作发表一些论文。

所有的实践都可以是下一步研究的台阶。在财政部国债司工作期间，我对国家外债管理问题进行过较深入的研究和探讨，发表过几篇文章。1990年受联办王波明之邀参与《证券业丛书》的编写，与吴清、肖远企合作编写了《证券市场与金融机构》，这大概是国内关于证券市场最早的丛书。

在美国当访问学者期间，与伯克利的两位博士生合作用英文写成了"中国新兴的债券市场"（The Emerging Securities Market in the PRC），发表在《中国经济评论》（*China Economic Review*）上。随后，在留美经济学会一批学者发起给国内编写的"市场经济学普及丛书"中，与易纲博士合作完成了《货币浅说》的编写。1993年到了纽约之后，我刚开始在纽联储研究公开市场业务的操作，但是很快就发现中国的财政体制与美国差异巨大，因为不需要进行现金管理，所以中国的财政部没有发行短期国库券的内在需求，由此要想移植公开市场业务到国内只能是纸上谈兵。后来人民银行自行发行中央银行票据来开展公开市场业务无疑是一大创举。由于当时国内资本市场刚刚兴起，波澜起伏，于是我把注意力集中到美国的资本市场结构。这为我不久回国加入中国证监会作了一点知识准备。

差不多就在我国进入资本市场快速发展时期之际，我有幸参与了资本市场的建设工作。比较重要的是，作为中方牵头人与世界银行合作开展了关于中国资本市场的课题研究。应"金融改革与发展丛书"之约主编了《证券经济理论》，这可能是国内第一本介绍国外的企业理论、信息经济学、监管经济学和证券市场微观结构理论等前沿理论的著作，许多写作者后来都成为资本市场中的"大咖"。在证监会国际业务部工作期间，与国际资本市场接触较多，结合从事的海外上市工作，写了一些总结性的文章，有些是给领导的报告，有些则是应报社或刊物之约而写。比如，"国企海外上市迈入新阶段"和"企业发行境外可转股债券的试验及存在的问题"等文章，都在当时背景下写成，在一定程度上反映了当时国企走向国际资本市场的历程。

在近二十年的投资银行生涯中，针对当时热议的 IPO 发行制度改革，带领中金公司有关同事做了相关课题并形成"我国股票首发定价改革研究"报告，对决策产生一定影响。与我的博士生合作写了"对我国资本市场参与者的分析及其政策建议"。尽管那段时期主业是投资银行业务，学术研究只能算是业余爱好，但仍然有两篇文章被顶端的《经济研究》杂志采纳。一篇是 2004 年发表的"社会资金流动和发展资本市场"一文。当时资本市场在中国已走过十多个年头，整个金融结构出现了明显的变化。该文运用资金流量分析方法来论证在中国发展资本市场的重要意义，实际上是对本人在博士生期间就启动的金融结构研究的一次延续或者说是一次更新。另一篇是 2007 年发表的"试析人民币对外升值与对内贬值并存"（与朱晓莉合作）。该文对当时一种新的货币现象即人民币出现对外升值对内贬值并存现象进行了深入分析，得出了尽管币值表现出对内生活物价指数出现贬值现象，但国内的资产价值如土地房屋甚至金融资产等却大幅上升。该文很快在 *China Economist* 英文期刊发表，在国内外都产生一定影响。

关于资金流量分析，最早当是黄达老师翻译、王传纶老师校对的英格兰银行资金流量表，第一次把资金流量分析方法引入国内。王老师与国家有关部委一起就建立中国的资金流量表，做了大量开创性的工作。我在写作《宏观金融论》时比较正式地介绍了这一方法并在博士论文中使用了这一方法来分析中国金融结构的变化。虽然中国人民银行每年发布我国的资金流量表，但金融界中真正使用这些数据进行分析研究的人屈指可数。我在指导博士生开展金融研究的时候，一般都鼓励他（她）们运用这一方法。为此，我领衔主持了一次国家社会科学基金的重点项目"以资金流量为依据的中国宏观金融模型研究"，除了正式报告之外，还与博士生们一起编写了《资金流量分析方法前沿》一书，这是一个关于资金流量分析方法和用这一方法进行金融分析的论文集，我请了奚君羊教授把关校正，2005 年在上海人民出版社正式出版，为金融研究领域的这一部分作了一点建设。"资金流量分析方法的发展和应用"（与骆峰合作）一文发表在 2006 年的《经济研究》上，算是国内对此分析方法研究的比较完整的综述。有趣的是，事隔多年与罗煜合作再次更新整理后，作为专业性词条竟被收录于李扬主编的《金融学大辞典》。我为多年前运用此方法今天仍能再"炒冷饭"而感到受宠，但同时也为学界后继乏人而感到无奈。

当然，中国资本市场的发展历程跌宕起伏，惊心动魄。当中国打开大门，即将拥抱世界市场的时候，中国证券行业尤其是证券公司可能面临的新挑战，是人们比较关切的问题。"加入 WTO 和中国证券市场"可能是某次讲座上的一篇讲话稿，用来反映当时我对如何应对市场化、国际化的要求来发展中国的资本市场等诸问题的一些思考。年轻人都喜欢从事投资银行，但是学界对投资银行的研究是相对贫乏的。借助为庆祝王传纶教授从教 50 周年之际，我专门写了"直接金融的生命力和投资银行的竞争力"一文，汇编入王老师主持的纪念文集之中。2006 年，在中国工商银行上市路演之际，我在纽约的书店里发现乔纳森·尼的《半路出家的投资银行家》一书，该书文笔诙谐，视角独特，通过描述一名华尔街投资银行家的职业生涯，反映了投资银行业迷失方向的历史过程，在很大程度上揭露了华尔街十年变迁的内幕。回国后立即组织翻译并以我本人从事投资银行十余年的经验和感受撰写了译著的导言，该书由中信出版社正式出版，成为一本畅销书。

四、从高端金融走向草根金融

普惠金融是我的金融生涯的第二个春天。我对它的认识来得偶然但却激发出巨大的"头脑风暴"，甚至促使我决心将未来献身于这项事业。

2009 年我曾经在上海组建上海金融发展基金，这是一个产业基金类型的私募股权基金。在预选投资项目的考察过程中，我被两个投资项目所深深打动。第一个项目在深圳，我去参观考察了一家消费金融公司。这是一家来自国外的消费金融公司，它们的商业模式已经在东欧一些国家取得了成功，正在中国市场试验。它们的融资对象是没有资格获得银行信用卡的工薪人群，这一点对我非常震撼。我了解到，中国商业银行发放信用卡的范围非常有限，当时大约只有 7000 万人，而工薪人群大概有 4 亿人，包括农民工。可见，消费金融的业务空间庞大无比。我从宏观经济的直觉理解，如果整个工薪阶层的消费能力通过金融手段得以提高，对于中国经济增长，尤其是从投资推动型向消费驱动型转化意义重大。由于各种原因，传统银行在这方面作为不大。市场呼唤新的商业模式，也就是要用商业的方法向中低收入人群提供消费金融服务。第二个项目在四川南充，这是一个四线城市，却有一家外资的小额贷款公司，向个体工商户甚至农户等提供小额信贷服务。我走访了它们的几家客户，其中有服装铺子、水果摊等小商小贩。有一家大学生创业的橱柜店，让我十分感动。普通大学毕业的小伙子专营居民橱柜改造，很受欢迎，在资金困难之际获得了小额贷款，扩大了业务，满足了人们消费升级的需求，小额贷款本身帮助解决了大学生的就业、创业和扩业的问题。这样的好事，没花国家一分钱，还给国家创造税收。联系到资本市场上的泡沫和过度供应，比如一家国企海外上市经常会有十家以上投资银行充当主承销商，显然是供过于求，而帮助国家90%就业、60% GDP、50%税收的中小微企业却面临着金融排斥的困境。这些正能量的金融对于我来说不仅是一种惊喜，更让我觉得必须对中国金融发展的现状进行反思，同时对自己滋滋于高端金融的职业生涯也有必要进行一场反省。什么样的金融才会真正给社会带来更大的价值呢？

2013年前后，博士生罗煜与他人合作翻译了《微型金融经济学》，约我写一篇导言，这给了我一次机会，可以坐下来清理一下思路。自此之后，我开始比较全面地了解小微金融情况，形成了一些想法，在《中国金融》杂志上发表了"微型金融的价值"和"全新认识小微金融"等文章。当时，国内的小额信贷行业十分火爆，但喧嚣之时已经蓄积着不祥之兆。我所看到的是银行业务的延伸甚至是寻租，关起门来的过把瘾就死，野蛮成长，而生物链下端的狂欢留下的却是一地鸡毛。这一行业的宏观愿景与微观乱象纠缠不清，使我意识到有必要坐冷板凳从认真研究着手。

根据对我国经济发展所走过的四十年历程，我清醒地感知，开放是经济发展成功的必要条件，同样，要普惠金融在中国健康成长，有必要采取开放的心态，认真研究其他国家的经验和教训，建立实践者、监管者和研究者充分沟通交流的平台，要以稳健的心理去推进可持续的发展。这就是我在中国人民大学建立中国普惠金融研究院的初衷所在。

　　普惠金融，知易行难，一旦陷进去便不能自拔，因为新的问题远远超过想要回答的问题。好在那么多年的投资银行经历，磨炼了面对挑战心不慌的素质。2014 年末，我回到母校中国人民大学正式启动对小微金融和普惠金融的研究工作。2015 年借《金融研究》组织庆祝黄达教授 90 寿辰专栏之际，发表了"好金融与好社会：问题的提出和答案"一文，向社会发出建设好社会必须有好金融支撑的观点，让人们重新反思金融对社会的价值。"好金融好社会"成为我主编的《中国普惠金融发展报告（2015）》的主题。随着对普惠金融问题的认识加深，我们深切体会到发展普惠金融必须要有国家的发展战略，国家要有发展目标，也要有具体的行动路线图，更要有恰当的制度安排和部门协调。围绕这一主题，我与博士生张锐一起完成了"包容性增长背景下的普惠金融发展战略"一文发表在《经济理论与经济管理》和"试论普惠金融国家发展战略的目标"刊登于《财经智库》。普惠金融发展中的一个痛点就是所谓"最后一公里"问题，它主要是指农村的金融服务问题。我国农村金融事业由来已久，新中国成立之初就建立了各地的农村信用合作社，但是几经曲折，农村金融服务仍然成为人们忧心忡忡的领域，我在英凡研究院和兰考普惠金融培训基地两次演讲，形成了"从农村金融到普惠金融"的思路。随着普惠金融的概念日益普及，我们的研究也走向纵深。我们进一步认清了普惠金融的深层含义并不仅仅是提供小额信贷或者提供金融服务，普惠金融的本质内容是能力建设。古人云"授之以鱼，不如授之以渔"，我们在给"中小微弱"提供金融服务的时候，重在于打鱼的本领，重在于造血的功能，重在于挖掘潜能，更重在于能力的不断提升。

　　正是由于对普惠金融事业的投入，尤其从社会价值角度观察，发现宣扬普惠金融理念，推动普惠金融事业，应当是金融从业者的责任和创造价值的真正所在。在对自己的金融人生进行重新审视的过程中，我发现自己对金融的研究兴趣的演进以及自己金融人生走过的历程似乎恰好与中国金融发展的三个阶段有不谋而合的重叠。

五、金融发展的次序

自经济改革以来，我国金融发展经历了三个历史阶段。第一阶段是建立宏观金融体系或者说是构建银行体系阶段，重要标志性事件是中央银行的确立，专业银行如工商银行、建设银行等的企业化或商业银行化，以及在保留几经折腾的农村信用合作社背景下，开始建立广泛的城市信用合作社，初步形成一个在中央银行管制下的商业银行体系，也就是区别于改革前财政一统天下的宏观金融体系。金融发展的宏观金融阶段具有以下特征：（1）金融替代财政在资源配置过程中发挥主导作用；（2）银行结构开始形成，以中央银行为核心、商业银行为载体，货币传导机制通过中央银行与商业银行的关系发生作用，同时这种机制对货币市场有催生作用；（3）总体来看，是构建了国家的宏观金融框架，可以说是非常接近市场经济国家的一套架构；（4）由于还缺乏资本市场，整个金融体系在长期资金供应方面明显短板，对于产业结构调整，企业重组基本无能为力。这个阶段大致在1979年启动。

金融发展的第二阶段是发展资本市场阶段，大致在1991年发轫。1990年和1991年深圳证券交易所和上海证券交易所相继成立，标志着中国证券市场开始成为中国金融的子行业，也标志着中国的金融发展开始进入资本市场阶段。资本市场作为市场经济中的核心部分，对于我国经济格局尤其金融格局的影响是深远的。曾经一度有学者提出资本市场要与银行体系平分天下，甚至认为资本市场终应（或终将）

取代银行体系而成为中国金融结构中的主导力量。我对这些预测不太乐观，不仅因为银行体系的存在有其历史、制度和路径依赖等因素所决定，更因为资本市场作为市场经济中的神经末梢对任何非市场化的制度安排政策运作最为敏感，反应往往也最为直接激烈。中国国情支配了金融体系的基本结构，路径依赖往往是不依人的意志为转移的。更何况，即使在市场导向的发达国家，如日本、德国等，银行体系仍然占据金融主体。似乎只有英美的资本市场比较有更大的支配性。中国需要资本市场，这是毋庸置疑的。无论是长期资金的供求，还是价格信号的作用，还是企业整合乃至产业整合的需求，甚至于银行自身的发展都需要资本市场，如银行通过上市补充资本金等。

经历了两个阶段的金融发展，坦率地说，我们基本上参照了成熟市场国家的模式建立了银行体系和资本市场。除了衍生工具市场尚未发达之外，其他传统金融产品已经相当发达。但是，致命的弱点是这个金融结构呈倒金字塔形状，与金字塔形的经济结构正好形成反差，换而言之，金融结构成为经济进一步发展、经济结构调整乃至消费能力扩大和经济活力扩展的巨大障碍。当初不知天高地厚，以为一套宏观金融体系就可以解释所有金融现象，哪知后来的资本市场蓬勃发展，成为经济中不可或缺的重要部分。即使如此，今天我们知道这样的金融仍然是残缺的，因为用普惠金融视角审视，现有金融结构至多是满足"二八定律"的具有很大排斥性的体系而非包容性体系。

大致在 2007 年之后，我国逐步进入金融发展的第三阶段即普惠金融发展阶段。随着经济活力的进一步增强，各类中小微企业如雨后春笋般遍地开花，随之而来的是融资贵、融资难问题日益突出。国际上的微型金融模式开始在国内发酵。于是，普惠金融成为一个显性的话题，而且越来越热。2009 年之后出现的中小板、创业板，对于中国资本市场来说具有划时代意义，因为在这之前，股票市场主要是为国有企业改制上市融资所用。之后整个经济结构的变化，尤其是民营经济的长足发展使得资本市场必须对此作出正面的反应。但是毕竟能够进入资本市场的企业只是凤毛麟角，金融当局审时度势，大范围地推出了小额贷款公司、村镇银行等各类有利于中小企业融资的金融途径。我把它看作是金融发展历程中的新阶段，具有重大意义。

必须指出的是，三个阶段不是替代关系，而是递进、叠加以及后者以前者为基础的发展过程，它是中国金融结构深化和优化的过程。如果我们把银行体系视作整个金融体系的基础部分的话，从某种程度上说，资本市场就是往高度和纵深发展，而普惠金融则是往宽度、覆盖面和包容度发展。普惠金融绝不仅仅是小额信贷，资本市场、资产证券化以及各种风投、直投都可以是推进普惠金融的有效手段。时至今日，数字化的普惠金融有可能使整个金融结构如虎添翼。

自己的金融生涯近乎与国家的金融发展阶段重叠，可能是一种巧合，也可能是我对金融发展有一定的敏感度，让自己踩上了时代的步伐。不管怎么说，我认为中国金融发展是沿着这个次序前进的。有意思的是，中国金融发展将近四十年，各种工具层出不穷，各种概念扑朔迷离，有时难免令人犯晕。当国内金融结构内生地出现金融脱媒，非银行金融机构兴起乃至金融科技推波助澜，自己能够不迷方向，胸中思维比较稳定，原因在于自己始终是在金融理论的框架下探讨货币问题金融现象。比如"宏观金融十字路口的若干思考"一文多少反映了针对近年我国金融发展过程中的若干重大问题，自己在金融理论框架下的一些独立思考。当我正在准备本书的编写时，有朋友问我，如果前瞻的话，金融发展的第四阶段可能是什么内容。我的回答是"'十三五'时期的金融战略选择"，该文提出了人民币国际化的战略目标。事实上，中国已经启动了这一战略进程，而在今后的二三十年里，这将很可能成为我国金融发展又一崭新阶段的主题，也就是说，当中国金融结构完成国内的优化丰满之后，中国货币和中国金融走向世界并在世界经济格局中产生应有的影响，正符合金融发展次序的逻辑。

总的来说，本书就是按照以上所述三个阶段的演进来编排的，从原文的发表时间上看大致也符合先后次序。第一篇为宏观金融；第二篇为资本市场；第三篇为普惠金融。从逻辑上看，符合我国金融发展的三个阶段。因此，书名就定为《金融发展的次序——从宏观金融、资本市场到普惠金融》。回顾本人自入门金融已近四十年，但其中二十来年投身市场徜徉商海，与坚持学术著述立说的同学和同仁相比，自惭形秽。本书只是对过往学习研究的一次阶段性归纳记录。它不应该成为我金融研究生涯的终点，而应该是激励我继往开来的一个新起点。

贝多广
2017 年 10 月 14 日于北京宣武门

目录
CONTENTS

第一篇

宏观金融

储蓄结构、投资结构和金融结构   3

对积累、消费和资源配置的重新认识   15

社会资金流动的综合平衡   19

财政平衡的时间、空间及其动态意义   36

经济的短期稳定与财政政策   41

利率决定与利率方针   50

格利和肖的货币"新论"   63

需求膨胀和储蓄投资的关系   73

中央银行能控制住货币供应量吗   82

金融机构多样化对货币政策的干扰   85

一种新的货币现象：人民币对外升值与对内贬值并存   95

资金流量分析方法的发展和应用   124

宏观金融十字路口的若干思考   149

第二篇

资本市场

社会资金流动和发展资本市场　159

证券市场需要理论支柱　178

西方国家金融市场的理论依据　183

战后美国金融机构的多样化趋势　189

形成美国债券利率差异的因素　199

对我国资本市场参与者的分析及其政策建议　207

加入 WTO 与中国证券市场　223

用戈德史密斯的金融发展理论分析中国金融结构　237

金融体系中的投资银行　250

直接金融的生命力和投资银行的竞争力　256

国企海外上市迈入新阶段　271

企业发行境外可转股债券的试验及存在的问题　278

投资银行业面临的挑战　282

第三篇

普惠金融

微型金融的价值　291

全新认识小微金融　302

是时候反思金融发展道路了　306

好金融与好社会：问题的提出和答案　311

建立普惠金融基础设施　331

普惠金融：战略规划与模式创新　334

包容性增长背景下的普惠金融发展战略　　　　　341

普惠金融国家发展战略的目标　　　　　357

数字普惠金融新时代　　　　　375

从农村金融到普惠金融　　　　　378

普惠金融与能力建设　　　　　400

超越普惠金融的概念　　　　　404

"十三五"时期的金融战略选择　　　　　421

后记　　　　　429

第一篇

宏观金融

储蓄结构、投资结构和金融结构[*]

  "储蓄"一词有狭义与广义、存量与流量之别。狭义的储蓄一般指城乡居民在银行中的储蓄存款。如果指某一时点的存款余额，它就是一个存量；如果指某一时期的存款增加额，它就是一个流量。广义的储蓄则是指国民经济在一定时期内收入总额与消费总额的差额，它是一个流量。本文所用的储蓄概念指广义的储蓄流量。它有点类似于人们长期使用的积累概念。本文不用积累概念，是因为它兼有储蓄和投资双重意思，而不便于本文的阐述。

一、 储蓄结构是国民收入分配的结果

  储蓄结构是国民收入分配的结果。为此，我们首先要正确理解国民收入分配的轮廓。

  对于国民收入范围的理解，国际上有"限制性生产"和"综合性生产"两种理论以及由此引出的两种核算方法。前者以物质产品生产作为计算国民收入的基础，强调国民收入的实质是新增物质财富的总和。后者则不仅包括作为货物的物质产品生产，而且包括作为服务的非物质产品生产，强调国民收入是由整个物质生产部门和非物质生产部门（服务部门和管理部门）共同提供的。在分析国民经济的一系列

---

  * 本文载于《经济研究》1986 年第 10 期。

重大比例关系时, 以后一种方法计算的国民收入具有较强的分析意义①, 本文的分析即以此为准。

考察国民收入分配 (包括初次分配和再分配) 可以从两个方向进行。一是国民收入在各种所有者之间的分配, 比如把国民经济分成政府、企业和家庭三大部门, 各个部门在国民收入中都占有一定的份额。二是国民收入在最终用途中的分配, 比如划分成用于消费的国民收入和用于储蓄的国民收入。

在进行国民收入核算时, 为了不同的经济分析目的, 可以有不同的划分部门和子部门的方法。西方国家一般把国有企业计入政府部门。但对于我国来说, 将其计入企业部门则比较妥当, 这是因为: 第一, 国营企业与政府的经济利益和经济目标有较大差异; 第二, 从经济体制改革的趋势看, 国营企业具有越来越大的自主权; 第三, 考察政府收入和企业收入的消长对比具有现实意义。这样, 我国企业部门所获得的国民收入大致包括国营企业、城市集体企业以及乡镇企业所能够自由支配的收入。政府部门收入分为政府预算收入和预算外政府收入。后者是特指国民收入分配于各级地方政府、企业主管部门和银行等机构的部分。这部分收入以往大都为中央政府获得, 今后其中绝大部分可能为企业部门获得, 因此可以看作是从政府到企业缓慢转移过程中的一个过渡形式。家庭部门收入指城乡居民 (包括一般消费者和个体劳动者、物质生产部门职工和非物质生产部门职工) 的可支配收入。

不同所有者分割到的国民收入最终都流向一定的用途。从整个国民经济来看, 收入总额区分成消费总额和储蓄总额 ($Y = C + S$)。储蓄

---

① 关于以 "限制性生产" 为基础计算的国民收入在宏观经济分析中的局限性, 请参阅戴世光. 国民收入经济核算理论的发展——综合性生产还是限制性生产 [M]. 经济思想史论文集, 北京: 北京大学出版社, 1982: 23 - 54。

在各部门所获得的国民收入中所占的比重便是部门储蓄结构。这里需要强调说明的是，家庭部门可支配收入中有相当一部分没有用于当期消费，而是成为家庭储蓄，进而成为社会储蓄总额中的一部分。有一种流行的看法认为，工资或其他个人收入的快速增长就是消费基金膨胀，显然是把按收入角度计算的国民收入与按支出角度计算的国民收入混淆起来了。

国民收入核算的规则告诉我们，一定时期内的储蓄总额必定要等于投资总额，或者说，储蓄和投资是一个轮子的两个侧面。由此，我们就可进一步从国民收入分配形成的储蓄结构追寻到对应的投资结构。

二、　投资结构是储蓄结构的函数

如果撇开国外资本净流入因素而只从封闭系统考察，那么，事后的投资总额应该与事后的储蓄总额相等。然而，近几十年东西方经济的实践告诉人们，仅仅认识到这一点还不足以全面掌握动态经济发展的全部过程。更重要的是要注意投资结构是储蓄结构的函数。

长期以来，设计投资结构的思路主要有正向和逆向两种。前者根据最初生产能力、投入和资本系数、消费的必要增长速度等来推导投资结构；后者以最终财富规模为准绳来推衍投资结构，比如先确定计划期期末国民收入（或人均国民收入）目标，然后逆向逐步估算各部门的发展速度，进而设计出目前应采取的投资结构。这两种思路实际上都隐含着这样一种假设，即实物意义上的各部门投入和产出的吻合足以使整个经济发展过程不发生摩擦。然而，无论在实行指令性计划的国家还是推行指导性计划的国家，实践多次表明，当计划完成的时候，经济中往往存在着各种结构性失衡和通货膨胀压力。这种现象肯定是由多种因素交织而成。有些因素我们还不甚明了，但可以指出一点，这种现象的出现在很大程度上是由于计划形成阶段人们往往忽略了储蓄结构对投资结构的约束作用。

储蓄结构对投资结构的约束主要表现在储蓄结构对投资的部门分配结构的制约。如前所述，部门储蓄结构反映的是不同所有者在储蓄资金分配上的比重。各个国家的部门储蓄结构都有其自身的特点。以1976—1981 年为例，这一时期美国的企业部门储蓄比重最大，占美国储蓄总额的58%，政府部门储蓄比重较小，占 7%；英国政府部门储蓄比重等于零；日本和印度则是家庭部门储蓄比重最大，分别为54% 和65%；韩国的三部门储蓄比重比较均匀，政府部门为26%，企业部门为35%，家庭部门为 38%。① 离开具体的经济背景，很难判断哪种结构的储蓄分配对经济发展比较有利。然而，一定的储蓄结构会对投资及其经济发展产生影响则是确定无疑的。由于不同所有权的部门一般都有各自不同的投资领域，比如政府一般致力于社会基础设施，企业致力于盈利性基本建设（目前我国企业多致力于短期盈利性项目），家庭大都致力于购买农具、建房修房，因此，部门投资分配结构给整个产业投资结构定下了基调。前者恰恰在很大程度上是由部门储蓄结构决定的。当经济中不存在资金调剂或资金市场时，部门储蓄结构也就覆盖了整个投资的部门分配结构。当然，自有商品经济以来，部门储蓄分配就不是绝对等于部门投资分配，两者总是存在着差异，差异大小主要取决于家庭部门储蓄占储蓄总额的比重高低。一般来说，政府部门和企业部门的储蓄都用于本部门的投资，只有家庭部门储蓄中有或多或少的部分通过资金流动渠道流入政府和企业部门。当然，政府与企业之间、企业与企业之间经常也存在资金流动关系，但从国民经济的大部分观点出发（把所有企业和政府分别视作两个整体），这些

① 以上数字均出自世界银行经济考察团．中国：长期发展的问题和方案（主报告）[M]．北京：中国财经出版社，1985。

部门的资金流动关系是互相抵消的。它们本身的储蓄满足不了它们的投资要求，它们是社会的资金净需求者。因此，作为社会资金净供应者的家庭部门就必须向这两个部门提供一部分储蓄，从而使整个社会的储蓄总额等于投资总额。家庭部门储蓄比重越高，它对外提供储蓄的可能性也就越大，部门储蓄分配与部门投资分配之间的差异也就越大；反之，储蓄分配与投资分配之间的差异也就越小。

部门储蓄结构取决于各部门收入以及它们的储蓄倾向；家庭部门储蓄构成取决于家庭偏好、利率结构以及金融机构和金融工具的结构。家庭部门储蓄大致可分成自留和流出两大块。自留指家庭部门自身的投资活动，如建房修房等，流出指向政府和企业两部门提供的资金（资源）。流出又可分成两种形式：一是直接金融，即家庭部门直接向政府和企业部门提供资金，如购买国库券、购买企业股票债券等；二是间接金融，即家庭部门把储蓄提供给各种金融中介机构，如购买银行存款单、购买保险单等，然后再由后者贷款给政府和企业部门。由此可见，政府部门和企业部门的资金需求在较大程度上依赖于家庭部门的储蓄构成，如果是间接金融，还在很大程度上依赖于金融机构的贷款结构。

显然，在设想和计划投资结构时，有必要对前期的储蓄结构和资金流动、当期储蓄结构（特别是家庭储蓄构成）可能出现的变化以及与储蓄结构有关联的金融机构、金融工具、利率、财政金融政策等因素作出充分的分析与判断。必要的时候，可以对后面各种因素进行适当的调整，使之促进投资结构预定目标的实现。

三、 我国的储蓄—投资差异正在迅速扩大

研究储蓄结构和投资结构的现实意义在于，随着经济体制改革的进展，我国部门储蓄分配与部门投资分配之间的差异正在以出人意料

的速度急剧扩大。这种差异扩大大概起始于1979年，到了1981年已经是一种趋势了。因此，本文选择1978年和1981年作为两个不同的时期进行对比。

我们先分析部门储蓄分配结构，然后再深入考察家庭部门储蓄构成。

表1显示我国部门储蓄分配结构有如下变动趋势：第一，政府部门在储蓄总额中所占份额大幅度减少。截至1978年，政府部门储蓄在储蓄总额中处于绝对支配地位，但1981年已不足二分之一。第二，政府部门中尤以预算内的储蓄比重下降最快。1981年比1978年下降了21个百分点，而预算外储蓄比重只下降3.1个百分点。第三，各种所有制企业的储蓄比重普遍上升，其中国营企业的比重上升幅度最大，1981年比1978年提高7个百分点。第四，家庭部门的储蓄比重以超过企业部门的幅度明显攀高，1981年比1978年上升14个百分点。

表1　　　　　　　　　　**我国部门储蓄分配结构**　　　　　　单位:%

部门	1978 年	1981 年
政府	73.2	49.1
预算内	50.9	29.9
预算外	22.3	19.2
企业	11.9	22.0
国营企业	4.4	11.4
城市集体企业	0.5	1.7
乡村企业	7.0	8.9
家庭	14.9	28.9
合计	100.0	100.0

资料来源：根据世界银行经济考察团《中国：长期发展的问题和方案（附件 E)》中有关数据估算。

1978年之后我国部门储蓄结构的深刻变化是国民收入分配格局变化的结果，主要由以下因素构成：一是在调整积累和消费的比例关系时，主要压缩和控制了国家财政直接安排的投资项目；二是农民收入由于推行联产承包责任制、提高农副产品收购价格以及减免部分税收而大幅度增长；三是企业在实行利润留成制之后，可支配收入增加；四是职工收入由于就业扩大、工资和劳保福利增加而逐渐提高；五是个体劳动者队伍稳步壮大。

在这场变革中，政府部门储蓄已不敷自身投资所用，企业部门在留成利润中扣除再分配给职工的一部分收入之后（表1反映的是扣除后的企业净储蓄），剩余的储蓄显然也满足不了自身投资的要求。于是，储蓄和投资的缺口只能靠家庭部门的储蓄来填补①。储蓄结构和投资结构之间扩大了的差异只有在继续探索家庭部门内部的储蓄构成之后，才可能有更清晰的认识。

我国家庭部门储蓄构成几乎和部门储蓄结构同时发生了深刻变化。从表2可以观察出以下两点现象：一是家庭对固定资产的投资在家庭储蓄中的比重下降；二是金融资产形式的储蓄扩大。

表2　　　　　　　　　　　**我国家庭部门储蓄构成**　　　　　　单位:%

储蓄形式	1978 年	1981 年
1. 固定资产投资	52. 5	38. 1
2. 存货	14. 5	16. 0
3. 金融资产	33. 0	45. 9
4. 金融负债	—	—
家庭储蓄总额（1 + 2 + 3 − 4）	100. 0	100. 0

资料来源：同表1，"金融负债"尚无资料。

家庭部门对固定资产的投资主要包括建房、修房以及扩大生产设施的投资活动。以往由于这部分支出出自家庭可支配收入而被视作当

---

① 1981 年，我国国内储蓄总额超过国内投资总额，即出现资本净流出现象。本文舍弃这一因素。

期消费，纳入消费基金范畴，显然有悖于消费和投资的定义。第一，这部分投资形成的固定资产不可能在当期消费掉；第二，虽然其中很大一部分是自我使用的，但它们随时可以转变成出售的商品；第三，它们代表了社会财富的增加。实际上，家庭对固定资产的投资与政府和企业对固定资产的投资只在所有权形式上存在区别。家庭存货主要指家庭部门特别是农民对生产资料和剩余产品的积累（如农民贮存的粮食、化肥等），它们均非家庭用于当期消费，因此也视作储蓄。1981年家庭部门存货在家庭储蓄中的比重增加了 1.5 个百分点，主要是由于该年农民粮食贮存量大幅度上升。1981 年家庭的固定资产投资额大约比 1978 年扩大一倍，但是该项目在表 2 中的相对比重却从 52.5% 下跌到 38.1%，主要原因是家庭部门储蓄中的金融资产以更快的速度扩张。

我国的金融资产主要是城乡居民在银行和信用社的储蓄存款和流通中的货币①两种形式。前面已经说过，家庭部门可支配收入扣除当期消费支出以及自身部门的投资支出（前述储蓄的自留部分），便是家庭储蓄中流出部分。由于我国直接金融极不发达（尤其在 1981 年以前），因此，家庭流出的储蓄几乎全部进入银行系统，或者以活期存折和定期存款单形式作为资产凭证，或者以现金形式作为资产凭证。当家庭手持现金时，等于把现金所能购买的那部分资源暂时让渡给了发行现金的银行系统；把现金存入银行而换取存款单，那只是金融资产形式的替换，并不影响银行运用家庭已经转让给它的那部分资源。从整个银行系统来说，由于资金来源总是等于资金运用，因此，进入银行系统的家庭储蓄在成为储蓄资金的同时也已经成为投资资金。1981 年家庭部门储蓄中增长速度最快的是金融资产，它从 1978 年的 33% 跃升到 1981 年的 45.9%。这无疑代表了我国金融业的迅速发展，而这种发展

---

① 为简明起见，假定流通中货币均为家庭部门所持有。

背后则是收入分配格局变革引起的部门储蓄分配与部门投资分配差异的扩大。家庭部门在储蓄总额中获得的份额增大，但家庭部门并没有用完自己的全部储蓄，而是把越来越多的储蓄间接地提供给其他部门，于是社会上的储蓄者与投资者出现分离状态。这种日益明显的分离就酿成了储蓄分配与投资分配的差异。只有靠融通社会资金、调剂资金余缺的工具即金融工具才能克服这个矛盾。与 1978 年相比，1981 年家庭部门除了在固定资产领域直接影响投资结构之外，在更大程度上通过金融资产间接地影响投资结构。

四、 金融结构的调整已迫在眉睫

如果说，1979 年之前我国国民收入初次分配形成的部门储蓄结构基本覆盖了部门投资结构，储蓄分配与投资分配的差异很小，因而金融业至多只是一个社会化簿记系统的话，那么 1981 年之后，随着储蓄—投资差异日益扩大，我国金融业已经在储蓄—投资过程中成为储蓄者与投资者不可缺少的"媒人"，居于举足轻重的地位。以政府集中投资为中心的财政主导型经济正在向以企业分散投资为特征的金融主导型经济演化。

当储蓄—投资差异微小时，储蓄结构直接制约投资结构；而当这种差异扩大时，储蓄结构就只能通过金融机构间接影响投资结构。合理的金融结构可以使资金再组合即资源再配置符合社会经济发展的理想目标，加快经济发展进程；反之，当金融结构不合理时，资源再配置则可能偏离轨道，从而滞缓发展速度。

1979 年之后我国国民收入分配格局的变化已经使重心在政府部门的储蓄分配转变为向非政府部门特别是家庭部门倾斜。社会资金从单一渠道流动转变为多渠道流动。投资权也已经从集中转变为分散。从经济体制改革的战略目标出发，这些现象是值得称道的。但是，在搞活经济和搞活资金的同时，我国却面临着全面的"金融压抑"，就是金融结构跟不上经济改革的步伐，在金融机构和金融工具的设置方面存在着严重的不合理性，这种不合理的金融结构①又给投资资金分配乃至变化了的收入分配格局蒙上了一层阴影。

我国现存金融结构的不合理性主要表现在以下三个方面：

一是长期信用机构缺乏。完整的金融系统应该包括商业银行、非银行金融机构以及直接金融市场三大类。其中前一类主要从事短期信贷业务，后两类主要与长期信贷业务有关。我国金融系统中后两类机构极不发达。现存唯一专业经营长期投资的建设银行又局限于政府部门内部或政府与企业部门之间的资金借贷业务，几乎与日益壮大的家庭储蓄无缘。于是，部门储蓄结构向家庭储蓄倾斜的直接结果便是资金向现有工商银行、农业银行贷款对象——非基础性产业部门（如加工工业、消费品工业和商业）中短期投资项目——的流动。

二是长期金融工具缺乏。据统计资料，我国家庭部门的储蓄存款余额和流通中货币余额增势不衰，这些稳定的余额实际上是长期资金。国外商业银行一般是发行短期负债凭证聚集资金，经过嬗变效应②，而再投资于其他机构或企业的长期金融工具。而在我国现有银行的资产方恰恰缺乏这种可供投资的长期金融工具。于是，形成了"资本短期化"，即长期资金用于短期投资的局面。

三是银行机构割地为据。我国貌似集中统一的工商银行系统和农业银行系统，由于各级地方行政的分割，实际上处于各自为政、割地为据的涣散状态。各家分支机构虽有总行挂帅，但还是"鸡犬之声相闻，老死不相往来"，银行特有的通过大宗贷款投资（如银团贷款）聚

---

① 本文对金融结构中的利率问题存而不论。
② 嬗变效应指银行变小额资金为大宗贷款、变短期资金为长期资金的功能。

合企业，形成企业联合集团的力量在这种金融背景下完全处于压抑之中。在这种人为的行政藩篱抑制下，银行从事"短平快"的投资便顺理成章，而近几年银行企业化的态势只会进一步引导各级银行机构去追求短期利润目标，从而加剧"资本短期化"倾向。

我们知道，收入分配格局一旦确定，这种分配格局就不断"生产"出储蓄结构和投资结构，而由投资所产生的新的收入继续沿既定的格局进行分配，一方面使收入分配格局愈加稳定，另一方面又使投资结构本身在原有框架内再生。由于我国现存金融结构不合理，本来按经济改革目标来说是正确的收入分配格局变化，却引导出小型化和轻型化的投资结构①，整个投资的宏观经济效益严重递减。甚至在1984—1985年演变成一场以投资结构恶化为特征的"瓶颈型通货膨胀"②。美国学者格利和肖的一段话或许对我们具有启发作用"一种金融制度的构成和运转既可能刺激储蓄并有效运用投资，也可能阻碍储蓄并导致资金滥用。"③ 可以说，调整我国目前的金融结构已迫在眉睫。

根据我国经济发展水平和金融业发达程度，要形成像英美等国那样多样化的非银行金融机构和股债市场，显然还有一段漫长的路程。然而，在现有银行系统基础上，建立侧重于长期投资业务的二级银行机构，却不是不可能。这种二级银行从现有工商银行、农业银行中吸取资金，然后运用于大宗、长期、效益高的贷款投资项目，既可填补政府部门退出一些投资领域后所出现的空白，又可促进企业的联合集中，形成企业集团。无论是发达国家还是发展中国家，都有不少这方

---

① 中国经济体制改革研究所综合调查组. 改革：我们面临的挑战与选择 [J]. 经济研究，1985（11）.

② 贝多广. 经济的短期稳定和财政政策 [J]. 经济研究，1986（2）.

③ 约翰·格利，爱德华·肖. 金融理论中的货币 [M]. 华盛顿：美国布鲁金斯学会，1960.

面成功的经验可资借鉴。

另外，有必要对银行扩张信用问题作一点说明。以上所有的分析都是基于这样的假设，即一切国民收入都代表了实际的社会产品；家庭部门持有金融资产象征着家庭把可使用的一部分社会资源暂时让渡给其他部门。然而，可能提出的疑问是：当银行自行扩张信用时，具体来说，比如增发货币时，这部分增发的货币是否代表了确实的社会资源？这部分货币是否仍然可以作为储蓄资金而流入投资领域？举一个比较典型的例子来说明这一问题。如果国家决定提高农产品收购价格，于是银行增发农产品收购贷款，货币量扩大，农民收入增加。我们再假定农民收入增加后有两种极端的使用方向，一是全部用于储蓄，二是全部用于消费工业品。全部用于储蓄时，农民手持储蓄存款单和手持现金，而银行正好用这些储蓄（资金来源）去平衡扩大的贷款规模（资金运用）。当农民把收入增量全部用于消费工业品时，工业部门也面临两种极端情况：一是产量扩大，满足了需求，于是，工业销售收入增加，进入银行（作为资金来源）去平衡上述扩大了的贷款规模（资金运用）；二是产量有限，满足不了需求，于是，工业品价格上升，工业销售收入同样上升，也进入银行（作为资金来源）去平衡扩大了的贷款规模（资金运用）。实际情况往往介于这四种极端之间。一方面，信用扩张有推动生产的实际效应；另一方面，它又有推动物价的货币效应。信用的过度高速扩张往往只产生推动物价水平上升的货币效应，形成通货膨胀，而无济于实际经济领域。但是，即使如此，由信用扩张所创造的储蓄资金仍然是投资领域的资金来源，代表了确实的社会资源，只不过它反映了较高的物价水平上的供求平衡。物价的迅猛上涨会使经济虚肿，并使社会上下难以承受，在这种背景下，良好的储蓄—投资机制也会产生不良的经济后果。显然，本文是以不存在这种背景作为前提条件的。

对积累、消费和资源配置的重新认识[*]

要在经济上完成改善结构和调整配置的任务，首先必须在经济思想上破除一些成见。当前经济中出现的困境在很大程度上与这些成见有关。

一、 对积累率的认识

1979 年以前，我国经济处于积累与消费的比例关系长期严重失调的局面。许多同志由此认为要使经济走出徘徊不前的困境，根本出路是降低过高的积累率，并提出要寻求一种适度的积累率，使经济稳定发展。近几年的实际情况表明，这种认识对于改革之前的经济格局也许是正确的，但它不适合已经变化了的客观经济背景。1979 年之后，我国减少积累的措施主要是对准政府部门，而政府部门积累占社会积累总额的比重在这一时期有明显下降。经济中另外两个部门——企业和家庭则由于可支配收入在 1979 年之后大幅度增加，积累比重有增无减，尤其是家庭的积累已经在我国积累总额中占据日益扩大的份额。如果把经济中的产业部门分为资源产业（如能源、交通、原材料和通讯等）和非资源产业（如机电加工、轻纺等）两大类，政府积累主要用于资源产业的投资，企业积累和家庭积累目前主要通过自身投资和银行间接投资用于非资源产业。显然，在这种投资分配格局下，政府

---

* 本文载于《经济研究》1987 年第 9 期。

积累减少就意味着资源产业投资相对减少；家庭、企业积累增加则意味着非资源产业投资相对扩大。这种态势如果继续下去，资源供求的矛盾将酿成资源的长期性短缺，而当消费需求经过饥渴阶段达到某一短期饱和点时，商品供求矛盾又会酿成商品的短期性过剩。

如果说过去集中控制时政府积累在积累总额中占据支配地位，通过压低政府积累便能压低积累率，那么现在，在积累结构已发生重大变化的情况下，企业和家庭积累是难以用行政命令进行缩减的，强行缩减只会造成总需求的萎缩。由此我们得到启发，积累可以分政府强制性积累和国民自愿性积累两种。前者比率过高会扰乱积累与消费的比例关系，挫伤劳动者集体和个人的积极性。后者既属国民自愿，一般就不存在过高的问题；但在一定的投资分配格局下，相对过高的国民自愿性积累会扰乱合理的产业结构，造成"瓶颈"部门。目前我国主要面临后一类问题。关键是怎样把企业、家庭的积累引导到社会边际价值较高的投资领域，而不是简单地压低积累率。

二、 对消费基金的认识

目前消费基金这一概念的用法极其混乱。严格地说，消费基金是指国民收入使用额中减去积累基金之后剩下的那一部分，也就是一个年度内国民收入中用于消费的实际发生额。因此，它是一个"事后"的统计指标。如果这样理解，实际上不存在现在许多人都在说的"消费基金膨胀"问题。其实他们往往是把消费基金与个人可支配收入（忽略社会消费部分）相提并论。当个人可支配收入较大幅度增加时，许多人就警告"消费基金膨胀了"。这种认识是错误而且有害的。首先，它把消费基金的本意弄错了。如上所说，消费基金是指一个年度内已经用于当期消费的那部分国民收入，而不是指准备用于消费的国民收入。其次，它把国民收入分配与国民收入使用混淆了。个人可支配收入是国民收入分配的结果，而消费基金是国民收入使用的结果。可支配收入可用于消费和积累两个方面，消费基金只是其中一个方面。把个人可支配收入增加简单看作消费基金膨胀，显然是张冠李戴。这种认识的危害性在于：每当个人可支配收入增加的时候，就要相应增加市场消费品可供量，甚至在很大一部分个人收入已转入银行机构成为储蓄存款的时候，还担心这些存款会如"猛虎下山"冲垮商品市场，于是形成市场上商品库存的大量积压。这实质上就是资源配置的失误。

对消费基金的混乱认识是与认为个人收入总是用于消费支出这一传统偏见分不开的。这种理论偏见在过去很长一段时期由于劳动者收入水平、储蓄水平都低，尚未显示出其对实践的很大危害。而当今天家庭收入规模逐步扩大，家庭积累在整个社会积累中占据日益重要的地位时，这种偏见就危害菲浅了。

实际生活中，个人收入用于消费和积累两大方面。个人除了消费需求之外，还有积累需求（或者称为储蓄需求），这种储蓄需求在实物经济社会主要表现为实物储蓄（如建房、贮藏保值商品等）。在货币经济社会，这种储蓄需求最初表现为现金需求，随着收入的不断增长又进一步扩大到对银行存款的需求，对股票、债券和其他多样化金融资产的需求。生活在现代经济社会中万万不可忽视个人的这些储蓄需求。资本主义经济的高度发达很大程度上就是建立在这种储蓄需求基础上的。我国近年来城乡储蓄存款的大幅度增长、现金持有量的大幅度上升，以及沿海地区居民对多样化金融资产的购买，对经济的发展也已起到了积极的作用。随着边际储蓄倾向的上升，个人金融性储蓄已经成为我国银行信贷资金来源中最主要的组成部分之一。可以说，今后我国经济建设的巨大动力主要是来自广大人民的储蓄热情。因此，怎样合理配置这部分储蓄资金已经成为我国经济中一个迫在眉睫的理论和实际问题。

三、 对资源配置问题的认识

经济持续发展的两个基本前提是资源的充分调动和资源的合理配置。长期以来，我国经济理论与实际部门注重的是资源调动问题，而对资源配置问题不甚关心。近年来，许多人强调的是总需求与总供给的平衡，即总量上的平衡，而对经济结构的合理与否缺乏重视。即使在当前结构性矛盾日益突出的时候，一些同志仍然简单地运用总供求平衡原理，强调"压缩基建"的口号。其实，基建可以分生产性基建和非生产性基建两大类，在生产性基建中至少还可分资源产业基建和非资源产业基建两块。在资源长期短缺的情况下，资源产业基建显然不可轻易压缩。那么"压缩基建"究竟是压缩哪一块？笼统的口号只能使人迷惑不解。

在资本主义发达国家，资源配置问题是由市场机制解决的，政府的宏观经济政策主要针对全社会的总需求、总供给等总量指标。即使如此，今天资本主义国家政府也已感到完全靠市场机制难以有效地使资源配置合理化，因此也越来越重视从宏观角度调整资源的配置结构。我国的市场机制很不完善，资源的合理配置毋庸置疑地在相当长时期还主要靠中央计划部门来调节。特别是当投资权分散后，从宏观上制定长期产业政策显得日益迫切。由此可见，宏观经济决策中的资源配置问题应处于十分重要的位置。进而言之，在开放环境中，结构问题比总量问题更加重要。面对今天资源短缺和商品过剩并存的局面，理论工作者和实际工作者的注意力都不应该仅仅对准总量的平衡。

社会资金流动的综合平衡[*]

所谓综合平衡，并不是指单项平衡或局部平衡的简单汇总，而是指在单项、局部平衡的基础上，全社会范围内的供求之间的平衡。

用综合平衡分析方法来分析财政、信贷、社会资金流动乃至整个宏观经济，是一种具有中国特色的经济学方法。就研究深度而论，这方面的代表性著作是黄达教授的《财政信贷综合平衡导论》（1984年出版）。然而，在这部著作问世前后，中国的经济格局已经开始发生剧烈的变化，中国的传统社会主义经济体制正在经历一场重大变革。如果我们还打算利用这一方法来分析现实经济的话，我们就需要拓宽眼界，并且对理论加以深化。本文就是遵循着这一方向的一项努力。

本文首先把财政和信贷的综合平衡作为研究的起点，然后依次引入并分别分析企业部门、家庭部门、国外部门以及非货币金融机构，最后对社会资金流动的综合平衡理论作出概括。

一、 财政平衡与信贷平衡

根据综合平衡分析方法，实物与资金之间的平衡关系首先取决于资金平衡中的财政平衡与信贷平衡。信贷收支平衡从根本上说是个货币流通的问题；财政收支平衡，其目标也是稳定货币流通与协调市场供求。因而，财政信贷以及物资的综合平衡归根到底是为了保证货币

---

[*]　本文载于《经济研究》1989年第7期。

流通的稳定和市场供与求的基本协调。鉴于财政赤字经常成为经济中需求膨胀的直接导因，国外有的经济学家干脆把财政赤字问题纳入货币政策范畴加以考察。在新中国成立后近40年的历史经验中，货币流通的正常秩序时常由于财政收支的严重失衡而遭到破坏。因此，人们确信，在综合平衡中，财政平衡是关键；因为如果财政出现赤字，财政为了弥补亏空就要向银行透支或借款，从而可能迫使银行进行财政性货币发行。此时，在商品物资供应和物价上就将出现一系列的矛盾。对于财政赤字的经济影响，也有经济学家认为应作更加细致具体的分析。我们接下来将对此进行讨论。但在正式讨论之前先解决两个概念问题。

首先是关于财政收支范围的问题。本文把财政收支定义为广义的政府部门收支，它包括中央政府、各级地方政府和各种行政事业机构等整个政府部门的收支活动。其次是关于财政赤字的范围问题。由于已经把财政收支定义为整个政府部门的收支活动，因此，当政府部门支大于收时，这个超额部分就可称为政府赤字或财政赤字。政府赤字的弥补方式只有一种，即发行政府证券。必须指出的是，对政府证券不能采取机械的认识。政府部门既可以向企业和家庭（有时也可以向国外）出售政府证券以吸取资金弥补赤字，如国库券等；也可以向金融机构提出借款要求，通过获取银行贷款（有时以透支形式）来弥补赤字。

在传统的社会主义经济体制中，政府很少直接从实物部门借入资金以弥补赤字，它主要是从银行系统借款。因此，提到财政赤字，人们必然联系到银行系统的信贷平衡。对于信贷收支差额，理论界也存在着不同的看法。有一种观点认为，在一定时期，贷款增长额大于存款增长额的差额，也即现金发行的增长额，就是信贷差额。黄达教授对此进行了批评并提出另一种表述。他用 M_s 表示现存的或将要实现的信贷资金来源总额，用 M_d 表示客观上允许"创造"的信贷资金来源总额；如果信贷投放的实绩使得现实的资金来源（M_s）大于客观允许"创造"的资金来源（M_d），则是现实地出现了信贷差额。毫无疑问，这样一种表述较之过去仅仅限于现金范围的信贷差额定义是大大前进了一步。但是，这种表述只是解决了一个理论问题，却留下了更多的统计问题，因为资金来源的"客观允许度"在统计上似乎是难以计算的。所谓"客观允许创造"的资金来源总额或"流通对货币的必要量"，只能是一种抽象的理论概念；而且在对现实经济作具体分析时，因为不同的人可以对"客观允许度"作出不同的解释，所以，名为客观上的一个量，很可能成为一个主观臆测的结果。实质上，很可能成为价值判断性的问题。我们在后面几部分会指出，如果从更广的定义角度来理解信贷收支，那么，信贷差额是可能从统计上找出结果的。但是，在这一部分中，我们打算仍然采用黄达教授已经作出的解释，以使理论分析顺利进行。

从财政和信贷综合平衡的角度来看，信贷有差额需要财政来平衡，比如 $M_s > M_d$ 时，财政收入中相当于（$M_s - M_d$）部分不列入支出并形成结余，或以增拨信贷基金的形式列入支出，这样即可消除由信贷差额引起的供求失衡。另外，财政有差额需要信贷来平衡，在大多数情况下，它是依靠信贷压缩资金运用来实现的。由此可见，在货币流通和市场供求处于一定均衡点时，财政和信贷就像一件衣服上的两个"口袋"，相互之间存在着一种此长彼消的替换关系。如果两者不能通过此长彼消的形式来实现总量上的平衡，市场供求的失衡是不可避免的。我们用图 1 来直观地表现财政和信贷之间的这种替换关系。图 1 假定 PP' 线是经济中客观存在的一条最大可能性资金供应边界，超出这条边界的资金供应量必然引起需求膨胀，如果最初财政和信贷的综合平衡位置处于 c 点，那么，它们可以向前推到 a 点，从而使财政收支和信贷收支的规模都获得扩大。但是，从 a 点出发，如果财政支出增加，那么信贷支出就必须减少，比如从 a 点到 b 点。如果假定 c 点已经是财政支出的最低限度，那么，可以想象虽然 d 点是在 PP′线上，但也是无法到达的。

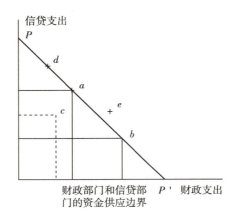

图 1　财政支出与信贷支出之间的替换关系

最大可能性资金供应边界给我们的启示是，如果经济中的资金供应者只包括财政和信贷两个部门，单个某一部门的平衡并不重要，最重要的是两个部门在总量上的综合平衡，即只有当财政赤字超过信贷收支在总量约束下提供平衡的能力时，货币流通和市场供求才可能出现失衡。如果在经济中引入其他实物部门，如企业、家庭和国外部门，那么，上述综合平衡的范畴是否可以进一步拓宽呢？答案是肯定的。当然，必须指出的是，在综合平衡范畴拓宽的同时，资金流动过程也将更加复杂。

二、 引入企业部门

随着经济体制改革的发展，企业留归自己的折旧基金以及企业缴纳所得税后的留利，已经使企业部门独立地进入资金流动过程从而成为一个主要的投资主体。在生产和投资方面，政府不再仅仅是企业的资金供应者，同时也可以利用企业现存的富余资金，为弥补财政赤字提供一个新的资金来源（如向企业发行国库券等政府证券）。如果处于后一种情况，实际上我们前述财政信贷综合平衡应该修改为财政收支、信贷收支和企业收支的综合平衡。财政与信贷在总量上的平衡也不再有唯一重要的意义，这里，最重要的是，财政、信贷以及企业收支在总量的平衡。我们后面的分析会进一步表明，完整的开放性经济中的综合平衡还应该包括另外两个也许是更加重要的部门，即家庭部门和国外部门。在这种综合平衡中，财政平衡已经不是一项关键因素，而问题的核心在于信贷平衡，而且这种信贷平衡又是一种广义的概念。

　　事实上，独立的企业部门在资金流动过程中的作用，主要不在于与政府部门的资金关系，而在于与信贷部门的资金关系，当政府减少或不再向企业直接投资之后，企业除自有资金之外，主要就是依靠信贷部门提供。从目前我国实际情况看，企业的固定资产投资、更新改造资金以及流动资金，在很大程度上都依赖信贷部门供给。企业部门弥补资金不足的方式是发行初级证券，企业主要将初级证券出售给信贷部门，其形式是银行贷款申请单。信贷部门在购买企业的初级证券时，也就是发放了银行贷款，这些贷款就是所谓信用性货币发行。这样，在企业与信贷部门之间就形成一种资金的供求关系：$M_s = C$，即货币供应量等于信贷部门持有的企业初级证券。在这种关系中，一方面信贷部门通过持有企业初级证券发行了货币，另一方面企业通过出售初级证券持有了具有实际购买力的货币，由此企业方可进入物资市场。

　　一般而言，经济增长决定了贷款增长的规模和速度。一方面，当企业收入增长时，企业要求生产和投资进一步扩大，于是对银行贷款的需求增大，信贷部门相应扩大贷款投放，以适应经济增长的需要。

另一方面，信贷部门通过向企业部门发放贷款的过程对经济中的产出规模和产业结构也产生影响。由于贷款总量的扩大不一定以"撒胡椒面"的形式平均分配给各个企业，因此，具体借款企业的经营活动可能对产出结构产生影响；当然，也可能对个别商品价格产生影响。只有当企业获取贷款的目的是用于满足对货币的需求时，比如，将资金存于银行或持有现金，经济中的产出和物价才可能不致受到贷款扩大的影响。在我国的具体实践中，企业谋取贷款的主要目的是为了满足不可遏制的投资品需求，因此，银行贷款的主要影响在生产资料市场。后面我们将在更广的范围内考察这种影响。

三、 引入家庭部门

社会资金流动的实质是，家庭的剩余资金（储蓄）流向政府和企业部门以弥补它们由于支大于收而发生的资金亏损（后者主要用于投资）。可见，在整个资金流动过程中，家庭部门处于特殊的地位。随着经济体制改革，我国国民收入分配流程发生了显著变化，其中最大的变化就是，很大一部分过去集中到政府部门的资金，现在分散到企业部门和家庭部门。整个社会资金流动格局的改变使得我国信贷部门的资金来源构成也随之发生变更，政府部门从过去信贷资金的供应者变为信贷资金的需求者，家庭部门从过去微不足道的资金供应者转变为最重要的资金供应者。可以预言，今后我国经济增长的潜力主要取决于家庭部门的储蓄热情。在新的经济背景之下，离开家庭部门的储蓄，就无法讨论整个社会中实物流动与资金流动的综合平衡问题。

在家庭部门与政府部门之间的资金关系中，家庭部门作为一个实物部门，和企业部门一样，可以将富余资金用于购买政府证券（如国库券），以帮助政府部门弥补经常发生的财政赤字；也可以通过购买企业发行的初级证券（如债券和股票），将富余资金提供给企业，以帮助企业部门填补经常发生的资金亏损。但是，在大多数情况下，特别在我国目前的情况下，家庭部门把大部分储蓄资金（收入减去消费后的那部分资金）主要用于持有信贷部门发行的货币。而且事实上，家庭部门总是货币的主要持有者，或者说是货币的主要需求者。于是，在整个资金供求的平衡关系中，家庭部门与信贷部门之间的资金关系就成为一项不可忽视的要素。

货币是信贷部门发行的间接证券，也就是信贷部门的负债。家庭部门持有货币，也就是持有了对信贷部门的债权。如果资金流动仅仅是这么一种简单的格局，那么，家庭对货币的需求，以及信贷部门对家庭的货币供应，都不会对经济中的产量或物价产生什么影响。问题在于，我们在前面已经提到的，信贷部门的间接证券是依据企业发行的初级证券而发行的，简而言之，银行的货币是通过贷款渠道流向企业的。由此可见，家庭持有的货币必然与直接进行生产和投资的企业有着内在的联系。我们假设 M_s 是货币供应量，M_b 是企业持有的货币，M_h 是家庭持有的货币（这里舍弃了政府部门）。于是，$M_s = M_b + M_h$ 前面已经提到过 C_f 代表信贷部门持有的企业初级证券，再设 C_h 是家庭持有的企业初级证券（家庭购买的企业债券和股票），于是，企业的初级证券供应量 C_s 为：$C_s = C_h + C_f$。信贷部门在购买企业初级证券的基础上发行货币，即 $M_s = C_f$，由于 $M_b + M_h = C_f$，于是 $C_s = C_h + M_b + M_h$，如果我们进一步假定企业的货币持有量为零，那么上式就变为 $C_s = C_h + M_h$。

该式具有很强的理论意义，它告诉我们：在上述假定条件成立的时候，企业发行的初级证券数量实际上等于家庭持有的金融资产数量（其中包括初级证券和间接证券即货币）。也就是说，企业部门预算上的赤字就等于家庭部门预算上的盈余：或者说，企业部门超支购买的物资量就等于家庭部门节余下来的物资量。当家庭对初级证券的持有量为零时（在我国，可以做这种近似的假定），企业部门的预算赤字全部反映为家庭部门对货币的持有量。如果我们将上面讨论的企业部门改为政府部门，结论将是相同的；如果将政府部门增加到上述模型中，结论仍然是相同的，只是模型变得稍微复杂一些。很显然，由于家庭部门的存在，信贷部门得以在更广的数量范围内持有企业（或政府）发行的初级证券，也就是在更广的数量范围内满足企业（或政府）的贷款需求，或者说在更广的数量范围内供应货币。由此，我们在前面提到的银行贷款对经济的影响也就相应增大。

在这样一个基本模型中，实物部门对货币的需求显得至关重要。比如当经济中物资、信贷及货币市场最初都处于均衡时，收入水平也保持不变，如果家庭部门突然由于某种原因降低了对货币的需求，于是货币市场首先出现失衡，即 $M_s > M_d$；由于家庭对货币的需求代表了家庭的意愿储蓄，它与企业（和政府）部门的投资需求相一致，家庭对货币的需求下降，意味着信贷部门对企业（和政府）部门初级证券需求变得过大，于是信贷市场同时出现失衡，即 $C_s > C_d$；由于企业（和政府）筹措资金是用于购买物资进行投资，当 C_s 变得超过 C_d 时，过多的购买力已经进入物资市场；而收入既定时，如果家庭减少对货币的需求，必然增加对物资（消费品）的需求。结果，引起物资市场的失衡。市场供求的这种失衡在短期内可以通过物价水平的提高，有时也可以通过货币流通速度的下降加以消除。从长期来看，物资供应有可能在需求压力之下作出调整，这主要取决于物资的供应弹性以及市场承受需求压力的时间。假如家庭部门不是降低对货币的需求，而是扩大对货币的需求，同样，三个市场的供求也会由此出现失衡，当然方向和结果与上述分析正好相反。

由于实物部门对货币的需求是一个难以控制的变量，因此，我们不得不把稳定市场供求、实现综合平衡的希望寄托于对货币供应量的控制。我们已经知道，货币主要是通过信贷部门发放贷款的机制流入经济过程的，因而控制货币供应量的目标主要应该对准信贷部门的贷款规模。这也就是我们强调"信贷平衡"是整个资金流动综合平衡过程关键的原因所在。

现在再来看"信贷收支差额"的界说，就比较容易找到可以在统计上进行计算的方法了。银行的资产负债表告诉我们，信贷资金的来源与信贷资金的运用在总量上总是相等的，我们要从中找出所谓"信贷收支差额"，办法只有两个。一是把现金发行增加额统统视作差额，这种办法的非科学性已经由黄达教授指明。二是区分"合理的"信贷资金运用与"不合理的"信贷资金运用，这种办法在理论上无懈可击，遗憾的是，我们无法从统计角度处理"合理"与"不合理"。然而，当我们充分认识了信贷部门在资金流动过程中的根本职能之后，我们可以发现，信贷部门实际上就是经济中资金盈余部门与资金亏损部门之间的桥梁；货币作为一种间接证券，实际上它是将储蓄转变为投资的一种"导管"。尽管信贷部门在经营活动中自身也会出现盈余或亏损，但是在理论上我们可以忽略不计，而一般地把信贷部门视作平衡部门。这样，信贷部门就成为整个资金流动过程的一个中间人。从这一点看，它自身不存在差额。只有当整个资金供求关系出现不平衡时，也就是国民经济各部门的资金盈余总额与国民经济各部门的资金亏损总额不相一致时，国内储蓄与国内投资之间才出现信贷差额。无疑，这一差额已经不是国内的信贷过程所能消除，而只能借助于国外来加以消除：或者是国内资金流出（当国内储蓄大于国内投资时），或者是国外资金流入（当国内储蓄小于国内投资时）。这一信贷差额概念的意义比人们习惯使用的"信贷差额"概念要广泛得多。然而，这一概念在逻辑上却与各个实物部门的赤字概念是一致的。比如，财政赤字，是政府部门收入和支出之差，企业亏损是企业部门收支之差，信贷部门立足于整个资金流动过程中，担当着整个经济的资金融通任务，整个经济收支之差也就是储蓄总额与投资总额之差，自然应是反映为整个经济的信贷差额。当然，为与以前狭义的信贷收支差额区分开来，避免误解，我们可以把这种广义的信贷差额称作"金融赤字"或"金融盈余"，与此相应，也可以把上述信贷部门称作"金融部门"。实际上，通常经济文献中所提到的金融部门就是指这种广泛意义上的信贷部门。

为消除经济中可能出现的"金融赤字"，必须进一步讨论国外部门。

四、 外汇收支差额和外源货币

由于引进国外部门，一个国家经济中的市场供求关系就会呈现新的局面。比如，一个国家最初国内收入等于消费加投资，当进口小于出口时，这个国家就要对外贷出款项，其数额相当于出口超过进口的部分；当进口大于出口时，则这个国家的对外贷款为负数，也就是发生了向国外借入款项；只有当这个国家的进出口贸易恰好平衡时，情况才如最初一样，开放经济中的供求总量关系可以表示为：$Y = C + I + (X - M) = C + I + L$。其中，$Y$ 代表收入；C 代表消费；I 代表投资；X 代表出口；M 代表进口；L 代表出口超过进口的部分，即 $X - M$。当 $L > 0$，表示本国对外贷出款项。我们再用 S 代表储蓄，得出 $S = I + L$，这意味着储蓄等于投资加对外贷款。

L 就是上一部分所说的金融赤字（当它为负数时）或金融盈余（当它为正数时）。一个国家在对外经济关系中，除去进出口贸易之外，实际上还有其他各种非贸易交易、转移性支付以及资本往来等活动。在完整的经济统计中，L 应该是所有这些交易活动涉及的资金流入与流出相抵后的一个差额，通常也把这一差额称作"国际收支差额"，或称作"外汇收支差额"。

粗看起来，外汇收支似乎构成一个自成体系的循环，与国内的货币流通没有直接关系。但是，实际上外汇收支与国内货币流通密切相关，即出口企业用货物换回的是外汇，但真正得到的是人民币。由此可见，出口必然伴随着国内货币量的增加。与此过程相反，进口必然伴随着国内货币量的减少。这样，当外汇收支出现逆差，即进口大于出口时，国内货币量减少；当外汇收支出现顺差，即出口大于进口时，国内货币量增加。如果我们再考虑外汇市场上的汇率经常变动起伏，由此而引起的货币供应量就更具不稳定性。

外汇收支差额的引入，使我们得知，前面所述金融部门的货币不仅可以依据企业部门的初级证券或政府部门的政府证券而发行，也可以依据国外部门与我国的经济往来活动（包括贸易和非贸易）而发行。以国内经济和国外经济进行划分的话，可以把由国内银行贷款创造的货币称作"内源货币"，把由对外经济活动创造的货币称作"外源货币"。比如，假设某一时期我国有外汇收支顺差 100 亿元，同时金融部门向企业部门贷款 150 亿元，那么，货币创造总额即为 250 亿元。金融部门账户反映如表 1 所示：

表 1　　　　　　　　　　　　　**金融部门账户**　　　　　　　　　　单位：亿元

项目	资金运用	资金来源
现金和存款		250
外汇储备	100	
银行贷款	150	

在新增的 250 亿元货币中，100 亿元属于外源，150 亿元属于内源。当然，货币一经创造出来，就不分内外了。但对于我们分析社会资金流动和实现综合平衡来说，这样的区分具有重要意义。以上述金融部门账户为例，如果国内银行贷款规模既定，可以通过改变外汇储备来调整金融部门内的资金来源与资金运用关系；如果外汇储备规模

既定，可以通过改变国内银行贷款规模来调整金融部门内的资金来源与资金运用关系，两种货币供应渠道的存在，本身就为金融部门内部的综合平衡提供了条件。进而，在整个开放性经济中，金融部门可以从银行贷款和外汇储备两个角度，对各个经济部门的资金余缺进行调剂和中介。当然，仅就国内经济而言，金融部门的最终差额表现为外汇储备的变动额（外汇收支差额），因而调整这一差额成为维持资金供求平衡的最后手段，从这一意义上说，这一指标也是综合平衡的关键。

五、 非货币金融机构的作用

非货币金融机构也可称为非银行金融机构，它特指那些专门发行非货币间接证券的金融机构。非货币间接证券包括城乡居民在银行的储蓄存款、企业在银行开立的非结算性存款账户（如定期存款等）、邮政储蓄、投资公司的证券、保险公司保险单以及各种金融债券等。由此可见，前面所述金融部门与各个实物部门之间的综合平衡关系中，舍弃了金融部门中广泛存在的非货币间接证券。现在我们就考察引入非货币金融机构之后，综合平衡关系有什么变化。

非货币金融机构在社会资金流动过程中所发挥的媒介作用，几乎与货币机构是相同的。两者的区别主要在于，货币性间接证券被社会广泛接受为一种支付手段，具有很强的流动性；而非货币间接证券不能充作支付手段，因此具有相对较弱的流动性。非货币间接证券也是依据实物部门的初级证券（包括政府和国外）而创造出来的，但它作为金融资产对于持有者来说具有与货币不同的效用，一般来说，非货币间接证券提供较高的收益率，但它的期限比较长。总之，人们对金融资产的多样化要求决定了非货币间接证券的存在和发展。

引入非货币金融机构使综合平衡的空间进一步扩大。我们从家庭部门对非货币间接证券的需求开始讨论。一般来说，非货币间接证券与货币是比较近似的替代品，当非货币间接证券的利率提高的时候（如非货币金融机构提高储蓄存款利率），人们会增加对非货币间接证券的需求。这时，有可能出现两种极端情况，一是家庭增加非货币间接证券，同时同额减少对货币的需求，这时货币流入非货币金融机构，由于非货币金融机构不会像家庭部门那样长期持有货币，它们会很快将收到的货币贷放给企业部门，只要货币机构没有同时减少货币供应量，整个经济中资金供应总量就增加了，这有推动物价上升的倾向。二是家庭部门在增加非货币间接证券的同时完全不减少对货币的需求，在收入水平既定时，这种情况意味着家庭部门减少对物资或对企业债券的需求。这里假设家庭减少了对物资的需求，非货币金融机构增加资金来源，有可能用于扩大向企业贷款，企业又扩大对物资的需求，于是，物资市场仍然平衡。但是由于家庭和企业对物资需求的构成不同，因此，这一资金流动过程最终可能导致产出构成的变化。实际情况一般在上述两种极端情况之间。

以上所述是指存在独立的非货币金融机构时的情形。如果非货币间接证券由货币机构发行时，比如，银行发行定期存款，情况就完全不同了。一种极端情况是，当家庭用货币去购买同额的定期存款时，货币需求与货币存量同额减少，货币市场维持均衡；同时，金融部门信贷资金运用在总量上不发生变化，但在构成上会由于资金来源性质的变化而有所变化。另一种极端情况是，家庭用节俭消费来增加储蓄存款，同时对货币的需求保持不变，这时，金融部门可贷资金总量增加，从而能够在更高水平上满足企业的贷款需求，物价水平有可能上升。实际情况一般也在两种极端情况之间。总之，一方面，金融部门可以利用非货币间接证券来增加社会资金融通的灵活度，使整个资金流动过程中的综合平衡更富有弹性；另一方面，非货币金融机构的存在也使得资金流动过程变得愈加复杂。

六、 社会资金流动的综合平衡

现在，我们可以将以上几部分所讨论的内容进一步加以深化和概括。

（一） 综合平衡的顺序

综合平衡的最高层次是经济社会中物资需求与物资供应之间的平衡。尽管这种平衡的实现经常以社会资金的流动过程作为载体，但是，它毕竟属于实物流动范畴。实物流动要取得总量上的平衡，关键在于实际国民收入（物资）在消费与积累之间的分配。在既定的收入水平上，消费与积累之间是一种此消彼长的替换关系。积累分成储蓄和投资两个方面。一般来说，实物部门中的企业部门和政府部门是社会的投资主体，即社会的超支者，家庭部门是社会的储蓄主体，即社会的节余者。因此，从本质上说，实物流动的综合平衡就是怎样把家庭部门未消费的实物（储蓄）转换成企业部门和政府部门可以支配的实物（投资）；或者说，为了加速经济增长，怎样尽可能地减少家庭消费、扩大家庭储蓄，以为企业和政府提供尽可能多的投资资源。从这一层次出发，则可以说，综合平衡就是以进行储蓄行为的家庭为一方，与以进行投资行为的企业和政府为另一方之间的物资平衡。

综合平衡的第二层次是各个投资主体之间的物资平衡。当社会积累总额既定时，综合平衡的任务就是怎样将投资资源分配于各个投资主体。一般来说，企业部门与政府部门之间存在着对资源的"竞争"关系。当然，企业部门内部、各级政府机沟之间也存在着各种形式的"竞争"关系。人们经常认为企业部门出现赤字然后向银行借款是天经地义之事；而政府部门出现赤字却是"人谋之不藏"，亟应大力消除。如果我们身处于一个政府不从事投资活动的经济之中，这种观点是可以被接受的。因为投资可以导致社会财富增加，而政府消费应越节俭越好；但是，如果我们身处于一个政府和企业一样参与投资活动的经济之中，这种观点就不够公平了。当政府投资在结构和效率上优于企业投资时，我们甚至还有必要用政府赤字去"挤掉"企业赤字，以在投资资源总量不变的前提下实现投资资源的优化分配。由此可见，在同一层次的投资主体之间，综合平衡的关键不在于应该或不应该消除哪一部门的赤字；而在于维持总量平衡，以及在这一前提下的效率优化。

（二）金融媒介在综合平衡中的作用

经济中的实物流动既有纯粹物理形态上的物资转移，也有非物理形态上的物资转移。反映为后一种形态的物资转移，不是一家企业的设备搬运到另一家企业，或者家庭将节余的消费性物资运送给企业用于投资；它的表现形式往往是资金流动，比如当家庭持有现金或将钱存入银行时，家庭就等于将现实物资让渡给了他人。

经济中的资金流动有赖于金融媒介机制，后者的发达程度直接影响到资金流动的通畅乃至实物流动的效率。现代经济中，金融媒介机制主要采取三种形式：其一，资金最终需求者（如企业）直接向资金最终供应者（如家庭）出售初级证券；其二，资金最终需求者向货币性金融机构借款，资金最终供应者得到货币性金融机构发行的货币；其三，资金最终需求者向非货币金融机构借款，资金最终供应者获得非货币金融机构发行的非货币间接证券、第一种是直接金融，后两种是间接金融，即经过通常所说的信贷部门或金融部门的活动。无论过去还是现在，在正常条件下，直接金融在社会主义经济中都不占主流地位，因此理论分析把重心置于间接金融是理所当然的。

提供间接金融机制的金融部门相对于各个实物部门，在社会资金流动过程中居于核心地位。它的基本职能就是将资金盈余部门的储蓄转移到资金亏损部门的投资中去。从这一意义上说，金融部门是储蓄—投资过程乃至整个经济发展过程中一个不可缺少的关键环节。同时，必须看到，金融部门的扩大和收缩以及金融部门在结构上的调整，都会对经济总量或结构产生或大或小的影响。金融部门自身区分为货币金融机构和非货币金融机构，这说明金融部门内部具有更大的灵活平衡余地，对于整体上的综合平衡，情况同样如此，不过灵活性越大，复杂性也越高。

由于金融部门所处的特殊位置，综合平衡的主要目标就是控制货币供应量（有时可明确地称为控制银行信贷规模），以及控制金融差额（外汇收支差额），当然与此相关的所有经济变量都可以作为可调的指标。

（三）综合平衡的分部门特性

综合平衡既是实物流动内部的平衡，也是各个经济部门之间的平衡。我们的分析从分部门的角度着手，这既有利于模型的逐步深化，也有利于突出各个经济部门的不同特性。而也许更加重要的是，把握住综合平衡的分部门特性，我们可以在经济变量变化时，找出各个部门的行为轨迹。比如，企业部门一般都承担债务，而家庭部门一般都持有金融资产，于是，当物价水平发生变化时，企业部门和家庭部门就可能朝两条截然相反的方向运动；物价上升时，企业试图进一步承担债务，而家庭却试图减少金融资产持有额，因为物价水平的上升最终使债务负担和金融资产价值实质上同时减少；当物价水平下降时，企业试图减少承担债务，而家庭却乐意增加金融资产持有额，因为物价水平的下降总是使债务负担和金融资产价值同时增加。我们可以把由于物价或其他经济变量的变化而引起的各个经济部门不同的决策和行为，称作"分配效应"。我们知道，现代经济是不可缺少债务和金融资产的，价格水平等经济变量的频繁变化也是不可避免的，因此，上述"分配效应"也是不容忽视的现象。实际上，金融部门正是可以利用"分配效应"，通过对金融工具在数量和构成上的调控，来影响各个实物部门对物资、信贷以及各种（货币或非货币）间接证券的需求，从而达到综合平衡的目的。

经验告诉人们，经济增长往往伴随着一定程度的物价上涨，因此，社会资金流动在促进经济增长的同时，往往以物价上涨为代价。从这一意义上说，综合平衡又是一种经济增长与物价上涨之间的平衡。这方面问题须另文专论。

财政平衡的时间、空间及其动态意义[*]

　　财政理论一向是我国经济理论的基石之一。可是，传统财政理论与几十年财政工作实践的悖性，财政理论与经济原理中生产目的观点的龃龉，乃至财政理论与哲学基本原理的分歧，已经越来越为时间所验证。我国传统的财政理论基本原则是"量入为出"。其特点有三个：一是当年收支平衡，略有节余；二是既无内债又无外债；三是支出与物质保持平衡。乍看起来，这些特点十分严密，十分完整，无可指摘，但细细推敲，其中漏洞不少，归纳起来，至少有三点：一是为平衡而平衡，把手段当作目的；二是与"闭关锁门"的封闭性小农经济思想恰好吻合；三是静态地考察运动着的事物。实践已经证明，以这种财政理论来指导财政工作往往是事与愿违，得不偿失。更为重要的是，从理论上说，这种财政理论与辩证唯物主义的时空观、运动观大相径庭。

　　因此，借改革春风更新我国财政理论可以说是一项事关改革大业的迫切任务。

一、 财政平衡的时间观

　　物质是在时间中运动着的。

　　经济发展过程总是存在着不确定性。资本主义经济经常囿于周期

---

　　* 本文载于《青年论坛》1985 年第 4 期。

性波动的困扰之中，繁荣、危机、萧条、复苏、循环回复，死去活来。社会主义经济发展的实践告诉我们，即使没有非经济因素的干扰破坏，经济发展也还是有高速与低速之分。工业有时增产有时减产，农业有时歉收有时丰收。就各个经济年度而言，经济发展的高速年、低速年就十分明显了。经济发展的非匀速状态必然反映为国家财政收入的多寡盈亏。由于国家财政支出类似于工资、物价等经济因素，具有某种向上的刚性，因此，易增不易减。换而言之，当财政收入充裕时，财政支出会随之增加；当财政收入拮据时，财政支出却难以相应削减。

因此，在财政收支方面必然有以丰补歉的要求。这就是说，财政收入较多的年份可多留些结余，财政收入较少的年份则可动用一些结余。动用结余的年份，从当年来看，是支大于收，出现赤字，但从连续几年的过程来看，依然维系了财政平衡。

总而言之，即使财政支出可以变动，也不宜轻易削减，因为当某年是歉年时，生产水平下降，财政收入也下降。但是，社会潜在的产出能力未必已经减小，生产未必达到了可能性边界。如果为追求当年财政平衡而匆匆缩减财政支出，则非但不会促进生产的稳定，反而会进一步降低生产水平。在这种情形下，维持原来的支出水平，甚至扩大支出，反而会增加实际需求，把闲置的生产能力调动起来。当然，要真正达到以支出推动生产的效果，还取决于需求与供应机制的润滑程度。

由上可知，财政平衡不应限制在一年期内，而应从一个长期的趋势进行观察，看看财政平衡是否促进了经济的发展。

二、 财政平衡的空间观

每一具体的个别事物的生存空间是客观现实。

怎样认识我国财政平衡的空间范围？传统的财政理论认为只在960

万平方公里之内。这是封闭型经济观点。我们认为整个世界都是属于我国财政平衡的生存空间，实现财政平衡的方针是"胸怀祖国，放眼世界"，这是开放型经济观点。

过去我国的经济结构基本上是封闭式的。在封闭经济中，人力资源、信息资源、物质资源实行自给自足，自我循环。拿物资资源来讲，人们一直企求的目标是需求和供应在总量上维持平衡。于是，当缺乏外部来源和外部出路时，供应大于需求，则只能抑制供应，使之适应于需求；当供应小于需求时则只能抑制需求，使之适应于供应。如果出现物资紧缺的"瓶颈"现象，只能靠大幅度缩减支出来解决。这种封闭经济的出路只有两种：一是勉强维持供求平衡状态下的经济低速增长；二是供求处于失衡状态下的过度盲目增长。

在开放式经济中，情况蔚然改观。物资资源的渠道不仅包括国内市场，而且包括国际市场。当供大于求时，可以用国外需求补充国内需求；当求大于供时，则可以用国外供应弥补国内供应。物资既可以从增加进口获得，有时也可以从减少出口获得，两种方法都不至于干扰国内生产过程的任何部分。开辟国际物资渠道，主要是利用外汇。因此，可以把国家的外汇储存看作是一种储备物质，用来发挥与真实物资同样的作用。在封闭经济中，真实的物资储存是唯一可以取得的储备，开放经济为额外的物资渠道创造了条件。实际上，在所有各种可供调用的物资中，外汇储存是最容易调用的一种。当然，外汇储存并不是取之不尽，用之不竭。所以，像封闭经济中的物资储备一样，当开放经济开始扩大生产时，外汇储存的规模是事关宏旨的。

明白上述道理之后，我们就可以明确指出，当我国经济实行对外开放方针、面向世界的时候，财政平衡早已突破国域的限制而在全球空间求得实现，在这样的大空间里，财政收支的自由度更大，甚至在国内收入确实无法抵补支出时，我们可以依靠国外债务收入来保持国内经济的稳定和发展。

三、 财政平衡的动态意义

物质在空间和时间中永恒地运动着，而物质的运动是有它自己的规律性的。不同物质的运动规律不尽相同。

传统的财政理论在追求财政平衡的同时，非常关注财政平衡与物质平衡的结合，认为两者的结合是实现国民经济综合平衡的重要条件。简而言之，商品供求不仅在总量上实现平衡，而且在构成上也保持平衡。

这在抽象理论来说固然不错，但实践上却难以达到目标。究其原因，原来这是静止地考察问题的缘故。

从动态意义上说，资金运动与物质运动有各自不同的轨道、方式，两者不会完全协调一致。一定时期所提供的物资总是由不同的使用价值构成。从大类来划分，可以分为生产资料和生活资料。如果进一步细分，还可分成各种各样用途不同的产品。但表现为价值形态的资金，却不存在这种自然属性，是一般等价物。这样，尽管在形成财政收入时，资金代表了各种不同的物资，与物资互相适应。但从新的运动开始，也就是财政收入转化为财政支出起，资金就与物资脱离，直到通过分配过程，进入使用过程时又必须与物资相结合，要求实现为各种具体构成的物资。资金运动的这种独立性，有可能造成资金与物质之间的不相适应。每一笔具有实际购买力的支出，不可能恰恰与现实可供的各种物质一一对应。

另外，生产力总在不断发展，新产品、新材料往往替代旧产品、旧材料。而且，老产品的使用价值有时也随着人们认识水平、技术水平的提高而提高。这些物资动用中出现的替代性更使资金运动背离于物资运动。

由此可见，商品供求在总量上能够实现平衡，但在构成上的不平衡却是无法避免的。尤其当生产、流通等部门存在多种经济成分时，再要维持传统意义上的物资构成平衡确实困难重重。

所以我们必须承认，在一定的时间、空间范围内，物资的供求构成总存在一定的偏离度。小到一个市、县，大至全国，甚至世界，总是可以容纳这种偏离度的存在。当然，它也应有一定的限度。过大的偏离会形成物资供求的严重失衡，从而引起整个经济的波动紊乱。从动态观点看，突破原先时间、空间的约束，加上物资本身的各种替代能力，短期的偏离度可不断地得到克服或纠正。

由此可以推断，财政平衡只是相对而言，不平衡却是绝对的。知道这个道理，我们在制定财政政策时就无须为短期的、静态的失衡而感到惊慌失措，关键要看财政收支在长期内是否有利于缩小偏离度，是否有利于经济的发展。如果不把经济发展、满足需要作为根本目的，而把账面平衡作为财政工作的首要任务，则无论对财政工作本身还是对整个经济都是有害无益的。

综上所述，财政平衡在很广阔的时空中运动，它是经济发展的手段而不是目的。只有这样理解，财政理论才能够同辩证唯物主义原理保持严密的一致性。

经济的短期稳定与财政政策[*]

无论是发达国家，还是发展中国家，在经济增长或经济发展进程中，总会遇到一些短期的波动，也就是总需求与总供应出现短期的失衡，比如，发达国家经常出现总供应超过总需求的矛盾，发展中国家时常出现总需求超过总供应的矛盾。从政策角度考虑，消除这种波动现象，实现经济的短期稳定，从而加速经济发展进程，无疑是一项重大的任务。西方学者认为，财政政策和货币政策能够承担起维系短期稳定的重任。在我们国内，由于1984年第四季度以来出现的总供求矛盾，许多同志也主张运用财政政策和货币政策对宏观经济加强控制，以达到供求基本平衡和经济短期稳定。

我国经济中总供求出现失衡的原因究竟是什么？财政政策（本文不拟讨论货币政策问题）与经济短期稳定的关系究竟是什么？我国财政政策能否在短期内稳定经济？解决这些问题，不仅对短期的经济稳定关系重大，而且对长期的经济发展也非同小可。

一、 我国总供求失衡的症结何在

我国是一个发展中国家，为在今后几十年内赶上世界先进工业国家，努力使经济以比较高的速度发展是理所当然的。有人预测，要达到2000年工农业年总产值翻两番的目标，在未来十五年里工农业总产

---

* 本文载于《经济研究》1986 年第 2 期。

值年平均增长速度应为 7.2%，国民收入年平均增长应为 6.2%。这个速度是超过世界各国平均增长速度的。就一般认识而言，似乎总是投资多多益善，速度越快越好。但是，前一时期的高速度却给我国经济带来如此大的波动，以致我们不得不冷静思索一下，在追求经济的长期发展目标时，如何保持经济在短期内的稳定。换而言之，在一定的经济条件下，高速增长会与短期稳定发生激烈冲突，所谓"欲速则不达"就是这个道理。

前一时期，我国经济波动的主要表现是总需求大大超过总供应，外汇储备急剧下降，物价水平明显上升，简单地说，就是通货膨胀。

这是一种什么类型的通货膨胀？换而言之，其症结何在？可以说，这次通货膨胀是由多种因素形成的，一方面有"需求拉上"的因素，如货币信贷规模的大幅度扩张；另一方面也有"成本推进"的因素，如工资增加、价格上涨。但是，我认为，作为我国通货膨胀的主要特征，应该说是一种"瓶颈型"的通货膨胀，也就是在社会资源尚未充分利用的条件下，由于经济扩张过于迅速，以致一些经济部门的生产难以很快作出反应，从而形成经济发展的"瓶颈"，造成总需求与总供应的缺口，结果酿成通货膨胀。

我们可以通过观察以下经济因素相互影响的大致进程，看出"瓶颈型"通货膨胀的主要因果。首先，为适应高速增长的需要，货币信贷规模在短期内迅速扩大，形成新的社会购买力，也就是总需求急剧增加，由此形成对消费和投资的两股冲击力量，于是消费基金膨胀，投资规模偏大。接着，为满足迅速增长的消费需求，消费品工业必须扩大，而消费品工业的扩大有赖于加工设备的增加，更有赖于足够的动力、运输等基础部门的能力，于是给基础部门形成压力。同时，投资规模偏大，投资资金分散于消费品工业、加工工业以及基础部门等，其中前两种工业的扩大又依赖后者提供的可能性，特别是加工工业，能耗大、效率低、运输成本高昂，对基础部门压力最重。由此可见，当总需求膨胀时，为使总供应能迅速跟上，最终压力都落在基础部门。这时我们假定价格水平依然不变，当基础部门供应弹性较小，难以应付各种增长的需求时，可以试图用外部资源来缓和矛盾。于是，从国外进口消费品、制成品，甚至进口基础部门的产品，如钢材、玻璃、木材等。这样，国家的外汇储备迅速减少。由于外汇储备毕竟有限，当总需求膨胀程度过于严重，外部资源也无法使之完全消除时，膨胀的压力就导向物价水平。结果就是，消费品、制成品、原材料以及外汇的价格普遍上升，出现通货膨胀。

同时，我们在直角坐标系平面上也可找出支出、物价和产出的关系，从而发现"瓶颈型"通货膨胀的起因。

图 1 中，E_1E_1 是在一定支出水平 E_1 上各种价格水平和产出的组合。如果支出水平为 E_1，价格水平为 P_1，产出即等于 Q_1，我们在 E_1E_1 线上得到 M 点。进一步推论，如果社会资源充分利用时产出为 Q_f，Q_1Q_f 则为产出和生产潜力的缺口，为提高产出水平，缩小缺口，就必须增加支出。如果总产出的供应曲线沿 MS 线具有无限弹性，也就是说，无论需求增加多少，增加多快，供应总能满足要求，则支出的适当增加量应到达 E_2，即为 E_2E_2 曲线。但是遗憾的是，由于我国产出结构长期以来不合理，以及总供应本身在短期内的反应能力限制，使得实际情况不尽如人意。当支出提高到 E_2 时，产出的供应曲线却为 MS''。因而产出只增加到 Q_2，价格水平却上升到 P_2。原因就是产出对支出增加作出反应需花费时间，后者仅有一部分表现为增加的产出，而剩下的全为增加的价格。短期总供应曲线的斜率实际上取决于支出增加的速度。如果总供应对总需求从 E_1 到 E_2 的增加在一年内反应为 MS'，那么，半年内增加同量需求就会反映为供应曲线 MS'' 的情形。换而言之，总需求扩张的时间越快，供应弹性越小。如果需求扩张有一个较长时

期, 总供应曲线 MS′就会变得富有弹性。总而言之, 假如扩张速度极其缓慢, 一切"瓶颈"都可通过资源的必要调整得以避免, 短期供应曲线就可呈直角线如图示 MST。当然, 实际上永远不会达到这种境界。

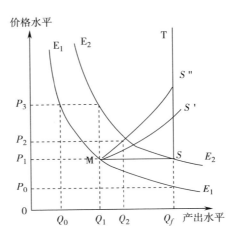

图1 支出、物价和产出关系

由此可见, 即使经济蕴含超额的生产能力, 但如果扩张速度过猛过快, 产出也无法及时作出足够的反应, 特别像我国一些基础部门, 如能源、交通运输、通讯等, 原来就处于"超负荷"状态, 分散的短缺现象便会迅即蔓延, 促成经济发展的"瓶颈"。因此, 我们可以推断, 任何大规模的、迅速的扩张都会引起物价的上升; 反之, 扩张速度比较温和, 则不大会出现严重局面。

我们回过头来再看前一时期我国"瓶颈"部门的若干实际情况。这里我们把消费基金膨胀暂时舍弃掉, 只考虑投资规模偏大之后"瓶颈"进一步收缩的情况。

1984 年我国全社会固定资产投资总额达 1833 亿元, 比上年增加 464 亿元, 增加 33.9%, 扣除 1984 年农民购置生产性固定资产的投资(以前年度未包括这部分投资)这一不可比因素, 则比上年增长

25.6%，是近几年来增长最快的一年。投资的增长大大超过同期社会总产值增长 13.1%、国民收入增长 12.1%、财政收入增长 17.3% 的速度，是国民经济中增长速度最快的一个领域。固定资产投资的特点是：一是集体所有制单位投资增长快于全民所有制单位；二是农村投资增长快于城市；三是预算外投资增长快于预算内投资。从这些特点我们可以推断，加工工业的投资增长速度肯定快于基础部门（"瓶颈"）的投资增长。实际数字也证明了这一点。1984 年全民单位基建和更新改造项目中加工工业投资比上年增长 32.1%，而原材料工业投资只增长 14.2%；城镇集体单位投资中加工工业投资比重达 40% 以上，农村集体投资中加工工业投资比重也很高。这样的投资结构无疑非但不能缓和"瓶颈"状态，反而会加剧能源、交通和原材料工业落后于加工工业的矛盾，结果使总供应的弹性越来越小，总供求矛盾进一步加剧。

综上所述，我们可以断言，扩张速度过快、投资结构不合理，是造成"瓶颈型"通货膨胀、总供求失衡的症结所在。

二、 财政政策与经济短期稳定的关系何在

西方许多学者认为，财政政策能够促进经济的短期稳定，他们甚至认为财政政策在经济增长过程中起到了一种"自动稳定器"的作用。为接下来更好地认识我国财政政策的特点和作用，我们先简要叙述一下西方学者所谓的经济"自动稳定器"。

"自动稳定器"的内容主要有三个方面：一是自动改变的税收。西方国家大都采取累进的所得税税率，一旦收入开始下降或开始上升，不变动税率，政府税收也会随之下降或上升，而且税收自动变化的方向与政府需求管理的目标完全一致。二是失业补助以及其他福利转移支付。西方国家具有一套周密的失业补偿制度，人们被解雇以后即开始领取失业补助金，当他们找到职业时失业补助金即停止支付。在高

度就业的时期，作为失业补助金来源的税收大量增加。因此，在繁荣的年份失业准备基金不但增长，而且还对过多的支出施加稳定性的压力；反之，在就业较差的年份失业准备基金使人们获得收入，以便维持消费需要量和减缓经济活动的下降。其他的福利项目也自动地发生稳定经济的作用。三是企业储蓄与家庭储蓄。西方学者认为即使在短期内企业的收入有所增减，它们维持一定股息的习惯使它们所保留的利润发生减震器或内在稳定器的作用。家庭则为维持它们过去的生活水平，也不会轻易提高消费标准。因而这两方面都具有稳定经济的效果。

西方国家的实际经验表明，虽然"自动稳定器"不如西方学者描绘得那样神乎其神，但它毕竟是发挥了一定的作用。有了这种"自动稳定器"，当经济发生短期波动时，政府运用财政政策进行税率变动、支出变动的幅度就可以较小。

除"自动稳定器"之外，政府临时采取的财政政策主要是增减税收和支出，买卖国债等。我们以通货膨胀时期为例，如果这时增税，家庭留下的可支配收入减少，从而消费将减少，增税和家庭减少消费的结果，企业将削减投资，这样总需求水平将下降，有助于消除通货膨胀。如果这时减少财政支出，包括减少公共工程开支、政府购买、政府转移支付等，以压缩居民的消费和限制企业的投资，也能达到降低总需求水平、消除通货膨胀的目的。如果这时向企业和居民发行国债以回笼货币，从而压缩消费和投资支出，也能达到上述目的。

总而言之，经济增长过程中的短期波动可以通过财政政策加以平息，尤其在西方国家"自动稳定器"发挥一定作用，一般轻微的衰退或膨胀都能比较快地得到消除。

三、 我国财政政策能否在短期内稳定经济

我国财政政策要在短期内起到稳定经济的作用，会遇到两个方面

的困难。

第一，缺乏"自动稳定器"。我国与其他许多发展中国家一样，财政税收制度与西方国家有很大不同。比如，西方国家普遍实行累进个人所得税和累进公司所得税等直接税形式，而我们是以产品税、营业税或增值税等间接税为主要形式。虽然近年实行利改税，已经设置了企业所得税，但对大中型企业实行的是55%的比例税率，税收额不会随企业收入增长而累进增长。当发生经济短期不稳定，如通货膨胀时，税收额虽也会按一定比例增大，但对生产的倍数扩张没什么抑制作用；尤其对个人可支配收入的大幅度增加以及由此产生的消费冲击束手无策，只能任其扩张。

在福利性转移支付方面，我国没有完整的社会保险制度。在发生通货膨胀时，政府为保证城镇居民的实际生活水平不变，往往还增加副食品补贴等开支，这样进一步扩大了需求量。

在企业储蓄和家庭储蓄方面，前者由于各方面经济关系尚未理顺，企业行为存在不合理倾向，储蓄比例相对较低，税后利润除用于追加投资外就是用于福利开支。只有在家庭这一方面，储蓄比例仍在逐步提高，其中一部分是家庭随收入提高而进行的自愿储蓄，另一部分则是在消费品供不应求情况下的非自愿储蓄。

由此可见，在我国经济中"自动稳定器"的作用是比较微弱的，尤其当发生如前一时期这样剧烈的经济波动时，仅仅依靠经济体制本身的调节能力显然远不能解决问题。于是，适当运用临时性的财政政策就显得比较重要了。但是，由于我国财政政策与西方国家财政政策性质迥异，临时性的财政政策也会遇到一些困难。

第二，财政政策缺乏稳定性机能。发展中国家财政政策与西方发达国家财政政策的最大不同之处就是，前者目标在于长期性发展，后者目标在于短期性稳定。造成目标不同的根本原因，是由于大多数发展中国家政府直接参加国民经济的再生产活动，并在社会投资中起主导作用。而西方国家大都是通过市场机制调节经济发展，政府只在经济中起指导和补偿的作用，比如，总需求水平较低时，用增加财政支出来进行补偿，总需求水平较高时，则减少财政支出。我国财政政策的最主要作用在于：一是保持一个较高的积累率；二是集中财力建设重点项目。这样一种政策的立足点无疑在于经济的长期发展，而与经济的短期稳定非但无关，甚至有时还会发生矛盾。目前我国财政收入占整个国民收入的四分之一以上，其中主要用于各种生产性和非生产性投资。为了保证这些庞大投资的稳定和连续，我国一向坚持无论国民经济发生什么变动，都应保证财政收入水平稳定的方针。这对经济的长期发展建设肯定有利，但与经济短期稳定目标显然相悖。因为当国民经济出现萎缩或膨胀时，如果财政收支依然不变，总需求规模就得不到调节。另外，国家财政投资方向大都为经济建设急需的重点工程项目，比如上述的"瓶颈"部门，这些部门的发展速度制约着其他部门的发展速度，总供应的弹性大小取决于这些部门的规模和结构；而且如前所述，前一时期出现的供求失衡、通货膨胀，根本原因也就在于这些部门的供应远远赶不上消费和投资需求的猛烈增长。因此，当经济出现总需求规模过大时，如果简单地对国家预算投资采取紧缩削减措施，那么，短期内总需求水平降低了，但是从长期来说总供应的弹性越加变小，"瓶颈"越收越紧。同时，我国税收制度缺乏灵活性，往往税率一定几年不变，国家也难以用临时提高税率的办法消除膨胀；我国的国债制度也尚不健全，国债规模较小，发行困难。

现在我们已经清楚，由于我国财政税收制度的特点，所谓"自动稳定器"的短期稳定功能在我国不太明显；另外，由于我国财政政策的立足点在于长期发展，因此在面临经济波动时往往只能以牺牲长期利益来保证短期的经济稳定。总而言之，仅仅凭靠现有的财政政策方针难以承担起稳定经济的任务。

当然，我们也不是一事无为。随着经济体制改革的进展，国家对经济的管理方法逐步将由直接控制转变为间接控制，财政政策的指导方针也面临着新的转变。我们要改革现有的财税制度，努力形成经济内部的稳定调节机制。我们还要改变重点工程由国家包办的做法，逐步动员社会力量进行重点项目特别是"瓶颈"部门的投资。我们还应充分发挥税率的经济杠杆作用，完善国债发行和交易制度。只有经济机制本身能够稳定调节，财政政策摆脱目前硬化状况从而变得灵活可变，我国财政政策才能为经济的短期稳定作出较大的贡献。

利率决定与利率方针[*]

在我国国民经济的稳定与发展中，作为一种调节手段或经济杠杆的利率应该发挥其应有的作用。如何真正发挥利率的调节与杠杆作用，这是一个具有理论难度和技术难度的问题。近几年，我国经济理论界的许多同志已经对利率问题表现出日益浓厚的兴趣，许多同志已经摆脱了把利率仅仅看作是银行业务范畴的问题来考察的方法，而趋于从较高层次探索关于利率的理论和政策问题。实际上，利率是涉足宏观经济和微观经济几乎所有重要部门的一般经济问题。西方经济理论的核心是货币理论，而货币理论的核心往往是利率。在进一步发展社会主义有计划的商品市场，逐步完善市场体系的过程中，从理论和实践角度充分认识到利率问题的重要性，无疑是必须而又迫切的。

一、 利率与其他经济因素的相互关系

利率是一定时期内利息额同借贷资金额的比率。利息是使用借贷资金（或称信用资金）的报酬。利息的性质取决于借贷资金的性质。

在前资本主义社会，高利贷者收取的利息不仅包括生产者的剩余劳动，而且还侵占生产者的必要劳动。在资本主义社会，利息主要是职能资本家因借用货币资本而以报酬形式支付给贷款人的一部分利润，其来源是工人在生产中创造的剩余价值。社会主义国家存在着剩余产

---

* 本文载于《经济理论与经济管理》1986 年第 5 期。

品，从国民收入角度考察，剩余产品是全社会劳动者创造出的纯收入。利息是社会纯收入的一部分，因此它也是剩余产品的一部分。在企业财务核算中，利息表现为生产费用，它只是说明借款人从一开始就认识到这部分纯收入是属于贷款人的，因此计入成本价格，然后再计算利润，但它并不否定利息的物质来源仍然是剩余劳动所创造的价值。

认识利息的物质来源，对于认识利率的决定问题具有重要作用。实际上，我们已经可以从利息的物质来源这一点，推断出利率与社会纯收入，或者说与国民收入的密切关系。

如果把经济社会大致分成消费者、企业和国家三个部门，那么我们可以发现，资金在这三个部门的流入、流出有一定的规律。一般来说，企业部门和国家部门为了从事各项经济建设活动和非经济活动，都需要大量资金，它们是资金的需求者，消费者部门受消费规律和其他因素的影响，总是把可支配收入中的一部分收入推迟使用，储蓄起来，并通过银行等金融中介机构的转换而变为企业和国家所需的建设资金，因此，消费者部门是资金供应者。当然，企业与企业之间、企业与国家之间经常也存在资金的供求关系，但从国民经济的大部分观点（把所有企业和国家分别视作两个整体）出发，这些部门内部的资金供求是互相抵消的。比如，企业资金有时流入国家部门（购买国库券等），国家资金有时也流入企业（拨款、贷款等），但是，就整个企业部门和国家部门来看，它们最终还需要消费者部门提供资金以补充各自部门资金的不足；它们是社会的净借款者。由此可见，无论是企业部门还是国家部门，最终都是资金的需求者。

资金需求者就是最终借款人，资金供应者就是最终贷款人。利息是借款人向贷款人支付的资金报酬。因此，从整个社会来看，利息是从国家部门和企业部门流向消费者部门的一部分社会纯收入。它是收入再分配的一种形式。从整体上说，利率高低关系到消费者可支配收入的多寡。利率提高时，消费者可支配收入会增加；反之会减少。同时，由于企业之间、企业与国家之间也存在资金借贷关系，因而利率的高低变动也会影响它们各自内部的收入规模。利率是国民收入再分配中调节消费者、企业和国家三者的收入规模的一种手段。正因为利率具备这种功能，因此利率水平可以在动态过程中间接影响国民收入。比如，上期的利率水平变动后，消费者、企业和国家三者的收入规模随之发生变动，三个部门便会相应作出行为（主要是储蓄和投资行为）上的调整，于是本期的国民收入就可能出现变化。当然，这只是一块硬币的一个侧面；硬币的另一个侧面则是，我们在前面已经提到过的，由于利息的物质来源是国民收入，因此国民收入决定了利率水平。然而，尽管利率与国民收入有密切联系，但利率并不会简单尾随国民收入的增长而提高，比较确切的说法是利率与国民收入增长率（而不是绝对额）的关系更加密切，而且，在这两者之间还有其他因素起着传导性作用，或者说其他因素更直接地把国民收入增长的信号传递给利率，从而直接决定着利率水平。实际上，我们下面的分析就是围绕着利率与国民收入的这种相互关系以及它们之间的传导机制来展开的。

可以说，国民收入与利率之间的传导机制主要就是资金的供求关系。资金供应增加，如果需求不变，则利率下降；反之，如果供应不变，而资金需求增加，则利率会上升。资金供求关系的变化决定利率的变化。

现在要解决的问题是，资金的供求关系又是受哪些经济因素决定或影响？本文的观点是，主要有四种因素决定或影响了资金的供求关系。

（一）消费者部门的储蓄行为

从宏观经济观点分析，资金供应者主要就是经济中的消费者部门。消费者之所以要供应资金，是因为人们在一定时期获得一定数量的可支配收入之后，往往不会在该时期把收入全部花完。人们总是把收入中的一部分用于当期的消费，诸如衣食住行、娱乐活动等开支。收入中另外一部分不被用于当期消费的便是储蓄。储蓄与当期消费的区别只是在于这部分收入不用于当期，而在今后若干时期内逐步支出。因而它又可称为一种远期消费，是推迟当期消费的行为。

因为收入由消费和储蓄两部分组成，所以在一定收入水平内，消费增加，储蓄则减少；储蓄增加，消费则减少。收入水平提高或降低，对消费和储蓄有直接影响。收入是消费和储蓄的制约条件。根据国内外经济学家的分析，由于人们消费习惯的稳定性，一般来说，短期内收入的增减对消费影响较小而对储蓄影响较大。

消费和储蓄存在着此消彼长的关系，我们只要研究其中一个部分，即可了解另一部分的动态。我们从储蓄角度分析，在一定的收入内，影响人们储蓄行为及其储蓄在收入中所占比率的，除了某些客观因素之外，主要有以下七个主观因素：（1）建立储备基金，以应付预料不到的事件或困难；（2）为可以预料到的未来需要作准备，如由于养老、添置耐用消费品、建造住宅等需要，目前要积累储蓄；（3）牺牲目前的消费，赚取利息和其他金融投资收益，以增加未来的收入，使未来能有更多的消费；（4）希望未来的生活水平能比现在高，而不至于比现在低，所以存钱留作今后享受；（5）即使心目中不一定有什么特殊的用途，也想存钱来维持个人的"独立感"和"有所作为"的感觉；（6）把钱作为遗产，留给后人；（7）纯粹的吝啬，以致节俭到不合理的程度。①

由于以上这些动机，消费者总是会把一部分收入储存起来，不在当期消费掉。这就是形成资金供应的基本原因。消费者储蓄的加总就

---

① 厉以宁. 消费经济学［M］. 北京：人民出版社，1984：48.

是消费者部门的储蓄总量，也就是消费者部门的资金总供应。资金总供应量在市场上与资金总需求量一起决定利率。当需求量不变时，供应量决定利率。

同时，我们也应看到，利率的高低对这部分资金供应也起调节作用。比如，上述第（3）动机表明，消费者储蓄的目的之一是赢取利息收入。这是因为，消费同一物品的时间会影响消费者的感受。假定其他条件不变，一般来说，消费同一物品，从时间上说，总是越早越好。如果让消费者选择在今年或在明年购买彩色电视机，消费者总是选择今年；让消费者选择现在或将来观看一部新电影，消费者总是选择现在。由此可见，要把当期消费换成未来消费，需要加上相应的"时间贴水"。换而言之，当个人获得收入时，他本可全部用于当期消费，但如果把其中一部分推迟为未来消费，他就会要求未来消费能加上一个"时间贴水"，从而达到与当期消费相同的满足程度。实际上，这就意味着未用于当期消费的收入即储蓄要能带来一定的利息收入。于是，当利率上下变动，与人们心理上"时间贴水"不一致时，收入中消费与储蓄的比率会相应发生变化。利率越高，人们推迟消费的愿望越大，储蓄也就越多。

（二）企业部门和国家部门的投资行为

在我国，主要的资金需求者是企业部门和国家部门。我们以企业部门为例，企业需要资金是为了从事简单再生产或进行扩大再生产。资金是多种投入（如原材料、劳动力、土地等）的必要条件。为使用资金而付出的利息是一种投入成本。尽管我们在上面已经指出，利息的最终物质来源是社会纯收入，对于企业来源则是新增价值部分。但就单个企业而言，它仍然把利息视作生产的成本。这是企业成本核算所要求的。如同工人的新增工资也是源于新增价值部分，但工资总是打入成本。企业在需求资金时必须有两个前提条件：（1）企业投资有预期收益；（2）企业投资的预期收益率能大于或等于资金利率。道理很简单，如果企业投资收益为零，企业支付利息的物质来源就不复存在；企业的预期收益低于借款利息时，企业就会停止借款。

我们还知道，不同企业或不同投资项目所能获得的收益，情况不一，也往往存在着量的差异。因此，比较或者选择各种投资项目，就成为企业在需求资金时的一个重要问题。诸如生产收音机或生产电视机是两个不同的投资项目，建造寿命五十年的桥梁或只需五个月就能投产的啤酒厂也是两个完全不同的投资项目，我们的抉择依据只能是一个年度百分比数字，即企业运用资金而获得的按百分比计算的年收益率（投资项目的纯收益率）。在企业可以选择资金用途的情况下，企业必然要把资金或投资项目的纯收益率与某种市场利息率相比较，从而作出选择。

当我们不断地把社会资源的一部分从当期消费转移到资金积累时，投资活动就会倾向于纯收益率越来越低的项目。例如，如果市场年利率为百分之十一，那么，寿命为五十年、年度纯收益率为百分之十的桥梁就不值得兴建。但是，当市场利率下降到百分之十或更低时，人们就会考虑修建这座桥梁。更确切地说，当国民收入增长率不断提高时，企业和政府的实际利润率或预期利润率也不断提高，如果这时利率水平没有相应提高的话，整个社会的投资规模就会相应扩大。

由此可见，一方面，企业纯收益大小规定了利率的变动范围；另一方面，利率变动又影响了企业的投资和资金需求。所有资金需求者与所有资金供应者汇聚的力量决定了利率水平。诚然，单个资金需求者或单个资金供应者的供求增减不足以影响整个利率水平①，但是，利率水平对投资或储蓄的影响却是逐个的。这是因为各投资项目的预期

---

① 也有例外，如中央政府需要大量资金时，或中央银行供应大量资金时。

收益都不同，如果利率水平提高，只有一部分投资项目会受到影响，而另一部分项目由于收益率仍高于利率则不受影响。储蓄也是这样，由于每个人的收入水平不同，本来储蓄占收入的比率就各不相同，因此，当利率变化时，也只是影响一部分人的储蓄倾向。当然这只是从短期观察，如果从长期着眼，则所有企业、所有储蓄者的行为都会随利率水平变化而作出调整，因此，投资、储蓄在长期会发生较大的变化。

（三）银行部门的创造信用行为

现在我们已经知道，利率是由资金供求关系决定的，而资金供应与资金需求又分别受供应背后的储蓄以及需求背后的投资所决定。在前面，我们假定经济社会只划分成消费者、企业和国家三大部门，资金从消费者部门直接流向企业和国家部门。然而实际上，我国经济中的消费者部门资金很少以直接方式流向企业和国家部门。消费者部门的储蓄资金往往通过一个中介过程再流向企业或国家，从而转换成投资资金。也就是说，资金供应与资金需求之间存在着一个资金中介，这个资金中介在我国主要就是各种银行机构。由于银行具有一些特殊功能，因此可以把它看作是与消费者、企业及国家并列的一个经济部门。

银行是资金的中介机构，但应区分单个的银行和整个的银行体系。单个的银行，从社会吸收存款，要支付利息；向企业或国家部门发放贷款，要索取利息。对单个银行来说，一头是资金的成本费用，另一头是营业收入，它要左右利率水平的可能性是有限的。但从整个银行体系来看，特别是如果把中央银行的信贷政策和措施也放在整个资金流动的过程中一起考察，那么，银行就不仅简单的是资金供求之间的中介或桥梁，银行在扩大或收缩信用规模方面，乃至在影响资金供求规模方面都发挥着不可低估的作用。在现代金融制度中，银行的各种信用工具大量地充当支付手段，不难看到，银行体系信用规模的扩大或收缩，必然影响市场上资金的供求，从而也影响利率。比如，银行部门扩大信用规模，社会资金供应总量就可能超过资金需求总量，这时，利率便会下降；反之，当银行收缩信用规模时，则可能导致利率上升。

（四）消费者部门的现金沉淀

现金沉淀又可称为非交易性现金需求，或称手持现金，主要是指消费者部门既不用于消费，也不用于储蓄的那部分现金收入。从本质上说，我们可以把非交易性现金需求视作资金需求的一个部分，它与企业、国家部门的资金需求一起，形成对利率的决定性影响。非交易性现金需求是消费者可支配收入减去消费和储蓄之后的余额，也就是在一定消费水平上，减少的储蓄额，即减少的资金供应量。由此可见，非交易性现金需求增加，利率会上升；反过来，在一定收入水平之内，利率发生变动，非交易性现金需求也会相应作出反应。比如，利率上升，人们感觉手持现金的"代价"增大，则会减少这种现金需求，增加储蓄。

通过以上分析，我们可以知道，利率由资金供求关系决定，而资金供求关系又是由收入、储蓄、投资、银行信用以及现金沉淀等各种经济行为或经济变量来决定。同时，这些经济行为与变量也并非各自独立，而是相互影响。比如，储蓄还受到人们的收入水平、消费习惯、非交易性现金需求乃至生活的价值观念、生活环境的左右。在这些互为因果的经济关系中，利率也决非被动地受其他因素决定。一定的利率水平表示了各种经济因素之间的某种平衡。一旦利率发生变动，各种经济行为会随之进行调整，各种经济因素会随之出现变化，直至形成新的平衡。

利率决定理论告诉我们的是，经济中各种变量都会互相影响，从某种意义上说,这种影响是呈循环形态的。要从中找出孰因孰果是比较困难的。然而,从经济学意义上说,弄清它们之间的联系,又是极其迫切的。实际上,也只有弄清其中奥妙,经济决策者才能根据客观经济现实来制定经济政策,以达到某种效果。

现在我们可以知道,调节上述某一种变量资金供求关系就会发生相应变化,利率也会由此发生某些变化。反过来,我们也就可以通过调节利率来影响其他各项变量。

二、 我国利率水平低的客观原因

利率决定虽然是一个理论问题,但它是实际情况的理论抽象。只有正确描述客观事物运动过程的理论,才能对实际工作产生指导作用,才具有生命力。联系我国的实际情况,我们可以看到,三十多年来,我国的利率并非如上面分析中所说的由各种经济行为或经济变量决定,而是由国家统一规定的;我国利率水平比较低,它未必真实反映资金的供求关系。但这里必须作两点说明:(1)我国长期以来的利率只能称为"受管理的利率",或者简称为"管理利率",而不是上面分析所说的由市场力量决定的市场利率;(2)国家在规定"管理利率"时,必须考虑客观经济规律的作用,必须有一个参照系。换而言之,在每一特定时期制定利率时都应分析当时社会收入、储蓄、投资以及银行信用等经济行为和经济变量。

我国利率水平由国家统一规定。与历史水平、其他国家水平相比,就利息占企业成本的比重并与物价动态水平相对照,我国的利率水平是比较低的。造成这种情况的原因是多方面的。如主观上的原因,在指导思想上把利息与剥削等同起来,片面认为低利微利是社会主义的优越性;再如体制上的原因,没有保证个人、集体、国家三者兼得利益的机制,吃资金"大锅饭",对资金使用不讲成本。关于这两方面的原因，理论界已经讨论甚多，这里不再赘述。我们主要讨论的是除去这两个原因之外的若干客观上的原因。

我国利率水平低的客观原因主要可概括为以下四个方面。

首先，从储蓄方面考察。我国消费部门的可支配收入大致可分解为消费、储蓄（指存入银行的那部分收入）以及现金沉淀三个部分，个人直接投资盈利的机会极少。一般来说，个人除把收入存进银行获取一定利息收入之外，别无其他获取收益的机会；另外，我国很长时期消费品供应数量不足，大量消费需求没有很快转化为实际消费，而作为潜在的购买力进入银行机构；同时我们也应看到，即使利率为零，人们也不会把收入全部用于当期消费，依然会保持一定比例的储蓄。由此可见，我国消费者部门的储蓄规模随国民收入的增长一直呈上升走向，这在客观上有压低利率的趋势。

其次，从投资方面考察。在经济体制改革之前，我国企业部门与国家部门实质上是一个部门。国家统一安排了大多数企业的投资和生产，企业自身没有扩大再生产的决策权，甚至连从事简单再生产的能力也受到指令性计划体制的约束。在这种体制之下，投资规模以及投资项目的选择都由统一的计划确定，投资与利率的关系已被割裂。企业的资金需求也就是国家的资金需求，而这种需求都反映在一定时期的计划上，无论这种需求的规模多么庞大，它也不会在客观上给利率造成抬高的压力。

再次，从收入分配考察。由于利息本质上是最终借款人向最终贷款人支付的一部分社会纯收入，因此，利率高低关系到国民收入的再分配。国家为扩大社会积累总额和减少社会投资总成本，总希望多集中一些社会纯收入，因此自然有压低利率水平的倾向。

最后，从物价方面考察。虽然新中国成立以来，零售物价指数和农村中工农副产品价格指数有逐步上升的趋势，但对信用资金需求最大的工业部门的产品出厂价格指数在多数年份呈下降形态，特别是从1965 年到 1978 年完全呈递减趋势。这种价格长期递减的现象无疑使人们产生价格总是逐步下跌的预期，而这种预期对利率水平又会发生压抑性的影响。

综上所述，我国利率水平低，既包括决策者指导思想上的原因，也包括体制上的原因，又包括储蓄、投资、收入乃至物价各方面的客观原因。

三、 我国利率方针的理论目标

由于以往几十年我国经济的特点，我国的各种利率（因为长期以来我国很少有个人或企业的直接投资，所以利率主要是指银行的各种存贷款利率）均受国家统一规定，这种利率符合集中控制、计划分配的经济要求。它基本上不是经济调节的杠杆，而只是表明借用资金要付出一定代价。虽然，它也受客观因素制约，但它毕竟没有反映资金供求的真实关系。

我们已经知道，收入、储蓄和投资等因素现实地影响着资金供求关系，而供求力量的对比客观上已经形成市场利率。从静态观点分析，一般来说，由国家规定的管理利率与市场利率基本一致时，资金供求保持基本平衡；管理利率与市场利率背离时，管理利率会产生某些政策效果。例如，西方国家中央银行规定的贴现率，当贴现率高于市场利率（如商业银行优惠贷款利率或国库券利率）时，表明中央银行放出了紧缩银根的信导；同时，由于商业银行从中央银行借款的成本提高，它们向企业贷款的利率也可能随之提高。在这种经济机制中，真正对资金供求关系发挥作用的还是市场利率。再例如，一些发展中国家的中央银行常对吸收存款的金融机构规定低于市场水平的存放款利率，结果就发生储蓄小于投资。在这种经济机制中，往往是管理利率发挥着实际作用。由此我们得出结论，不管是否存在管理利率，市场利率总是客观存在，它是经济内部各种变量相互作用的结果。同时，管理利率会有某些政策效果，其中还要区分两种情况：一是市场利率发挥实际作用时，管理利率具有指导性效果；二是管理利率发挥实际作用时，管理利率具有"指令性"效果。这里必须强调的是，即使在国家统一规定利率的模式中，市场机制并没有被完全排除掉，投资大于储蓄的情况，就表示市场供求未能平衡。实际上这也就是我们在前面提到过的所谓利率的扭曲形态。

近几年，我国经济正在朝着进一步发展社会主义的有计划的商品市场、逐步完善市场体系的方向迈进。由于对市场上各种经济力量诸如商品的供求力量、劳动力的供求力量等的人为抑制逐步减轻，市场体系本身含有的各种经济变量正在逐步扩大作用，并且从扭曲形态中挣脱出来。以往压抑利率水平的各种客观因素也在逐步瓦解。比如，社会集资迅速发展，各种类型的直接证券（如股票、债券等）应运而生，它们的利率水平往往高于现有银行利率，更接近于市场利率，这种现象使个人部门出现资产选择（债券或存款）的机会，以致对现有银行利率形成压力。其他变化还包括企业投资决策权的扩大、国家部门与企业部门的逐渐分离、物价水平的提高以及消费习惯的转变等，种种变化都使利率水平有上升的趋势。在这种新的变化着的客观形势下，国家利率方针面临着新的选择：是不顾新的客观情况，继续维持较低的利率水平，从而使管理利率与市场利率的差距拉大，还是根据新的客观情况，适当提高利率水平，并且逐步扩大市场利率的作用，变"指令性"管理利率为指导性管理利率？很显然，作前一种选择，只会加剧资金供求矛盾，储蓄减少，投资增加，社会总需求就会大大超过社会总供应。从发展和改革的观点出发，我们的选择只能是后者。

当然，从近期情况看，由于价格体系尚未理顺，以及企业部门尚未确立自负盈亏的独立法人地位等原因，市场利率的作用还难以充分发挥，"指令性"管理利率也难以很快转变为指导性管理利率。因此，需要有一个逐步的、与其他改革相配套的过程。然而，在这个过程中我们的利率方针应该有明确的理论目际，这种目标一方面要有利于上述转变的完成，另一方面也要有利于整个经济的发展和体制的改革。

根据我国的具体现实情况，概括地说，我国利率方针的理论目标主要包括以下四点：

（1）有利于提高社会经济效益，或者说有利于资源的合理有效配置，促进我国经济结构、投资结构的合理化。（2）有利于减少过高的总需求，降低投资水平，其中主要把投资大、效益差（预期利润率低于利率）的部门、企业或项目控制住，优胜劣汰。需要强调指出的是，随着市场体系的逐步完善，利率将成为经济运行过程内在稳定机制中的一个部分。比如，国民收入超速增长时，各种投资需求往往会随之扩大，这时如果允许利率灵活上浮，则可能抑制住一部分现实的投资需求，从而避免经济的"过热"。反之，当国民收入增长滞缓时，若能允许利率灵活下沉，则可能刺激一部分潜在的投资需求，从而促进经济发展。（3）有利于提高消费者部门的边际储蓄倾向，减少由于物价水平上升而给储蓄者带来的损失，以增加资金总供应。（4）有利于间接宏观控制体系的完善，加强中央银行的货币政策措施，特别要发挥中央银行贷款利率的调节作用。

从以上几个理论目标，我们可以看出，我国近期利率方针的着眼点应在于：（1）提高利率水平；（2）改革利率结构。其中前者是紧迫的任务，后者是一项较长期的、技术性较强的任务。可以预言，随着正确的利率方针的确定，利率的经济杠杆作用将在经济生活中日益明显，由此利率理论的研究也将日益深入。

格利和肖的货币"新论"*

一

约翰·G. 格利和爱德华·S. 肖都是美国斯坦福大学经济系的著名教授。1960 年由美国布鲁金斯学会出版的《金融理论中的货币》一书，是比较系统地反映他们的理论观点的一部重要著作。这部著作为西方经济学界对货币金融问题的研究开辟了一条新的道路。在这之后的一二十年里，格利和肖又致力于研究发展中国家的经济与金融。他们或者合作或者单独发表了许多著作和论文。格利在关于社会主义和资本主义的理论问题上也有深入研究。肖曾在 1973 年出版了影响颇大的《金融深化和经济发展》一书。

格利和肖的观点与他们之前西方传统的货币金融理论的重要分别在于：他们认为货币不是货币金融理论的唯一分析对象，货币金融理论应该面对多样化的金融资产，而货币只是无数金融资产中的一种；他们认为，除商业银行之外，形形色色非银行金融机构也在信用创造过程中扮演着重要角色；他们还认为控制货币的政策不是决策者可资依赖的唯一经济政策，影响金融制度乃至经济制度的应该是一套完整的金融政策，它包括了货币政策、债务管理政策以及财政政策。由此

---

* 本文来源于约翰·G. 格利、爱德华·S. 肖著，贝多广译：《金融理论中的货币》，上海，格致出版社、上海三联书店、上海人民出版社，2006。

可见，格利和肖试图建立一个以研究多种金融资产、多样化的金融机构和完整的金融政策为基本内容的广义的货币金融理论。这种理论的问世是与 20 世纪初以来特别是第二次世界大战后，美国金融领域出现的新情况、货币政策面临的新问题密切相关的。1955 年 9 月，格利和肖就联袂在《美国经济评论》上发表了《经济发展的金融方面》一文。1956 年 5 月，他们又一起在美国《金融杂志》上刊登《金融中介机构与储蓄—投资过程》一文。这两篇论文从新颖的角度分别对经济与金融的关系，各种金融中介机构在信用创造过程中的作用等项问题提出了与众不同的挑战性论点。1960 年出版的《金融理论中的货币》，是对以往提出的观点的进一步阐述，并且使他们的思想在理论结构上趋于完整。在该书中，格利和肖反复强调他们是在新古典学派的分析框架中讨论问题，实际上他们所说的新古典学说主要是指 20 世纪 30年代后期在西方经济理论界兴起的以凯恩斯为代表的理论，他们的分析基本上是以此发轫的。但是，还应看到，在货币金融的一些基本观点方面，他们与同一学派内的另一些经济学家——比如唐·帕廷金——有着重要的分歧。

格利和肖的理论，主要围绕着货币在经济增长过程中的作用这一论题与帕廷金的理论展开了争论。这大致表现在：第一，在理论上，他们认为，帕廷金的理论模型有一个重大缺陷，就是它没有包含一个货币系统——或者说，一个吞吐私人债务的中央银行，结果，除了引进政府债务的特殊情况之外，货币量的变动似乎对利率就不起作用，换言之，货币是中性的。他们认为，事实上，只要中央银行参与购置了不管是政府的还是私人的任何债券，货币量变动的作用都将不是中性的。第二，在方法上，他们在一定程度内引进时间因素，用动态模型取代了帕廷金的静态模型，从分析静止状态的经济走向分析增长着的经济，从而不仅考察货币变量对资本存量的作用，而且还估计了资本存量对货币变量的反馈。

　　格利和肖在《金融理论中的货币》一书中运用由简入繁的抽象思维方法，先从一个"初始模型"着手，然后逐步增加新的变量，进而提出一个比较完整的关于货币、债务以及经济增长的理论模型。这个模型把经济社会分成消费者、企业和政府（货币系统）三个部门，以及当期产出品、劳动力、货币及债券四个市场。从上述三个部门收入和支出的数量关系，推导出上述四个市场共同达到均衡状态的必要条件。[①]

　　他们通过这个增长模型表述了这样一个基本思想：在一个增长的经济中，各个部门可以在收入—产出账户上保持持续的赤字或盈余，这些赤字或盈余有其对应的金融流量。于是，货币流量的变动，无论是为购买商品或债券，还是为转移性支付，对产出规模和产出配置都将产生影响。

　　格利和肖建立的金融模型可以启示人们在经济增长的过程中重视金融事业的作用。格利和肖接受了凯恩斯学派关于在宏观经济中"事后"储蓄总是等于"事后"投资的结论。但是，他们认为，通过整体经济深入观察，就可以发现，实际上各个经济单位的"事后"储蓄和"事后"投资未必相等，而经济单位（或部门）之间的这种储蓄—投资差异正是金融制度存在的前提。格利和肖在方法上借鉴了莫里斯·科普兰等人在分部门的资金流量账户方面的研究成果，非常轻巧地把整个经济划分成盈余部门（收入大于支出）、平衡部门（收入与支出相等）以及亏损部门（支出大于收入）。他们认为，在整个储蓄—投资过程中，盈余部门是储蓄者，亏损部门是投资者，经济单位（或部门）在储蓄—投资过程中的这种"专业分工"，便是债务、金融资产以及金

---

　　① 参阅《金融理论中的货币》第 3 章及数学附录。

融机构的基础，它与经济单位（或部门）在生产—消费过程中的专业分工一样的重要。另外，金融制度的存在则是把资金从储蓄者转移到投资者的必要条件。因而，一个经济社会能否最有效地运用其资源，在一定程度上取决于它的金融制度的效率。

在经济社会中，投资者所需资金在相当程度上靠内部筹措。然而，格利和肖认为，只要经济部门之间存在着亏损和盈余，投资者从外部筹资便是不可避免的。外部筹资的规模就由经济单位中亏损（或盈余）的总额决定。格利和肖又认为，外部筹资有两种形式：直接融资和间接融资。由盈余部门购入亏损部门发行的初级证券而进行的融资是直接金融；由盈余部门购入金融中介机构发行的间接证券而进行的融资是间接金融。一般来说，初级证券的发行依赖于亏损部门的赤字规模，后者又与收入水平有关。盈余部门出于金融资产多样化的考虑，不仅对初级证券有着需求，而且还需要金融中介机构发行的间接证券。于是，金融中介机构在买进初级证券、卖出间接证券的基础上成长起来。金融中介机构可以分为货币系统和非货币的中介机构两种，前者供应货币，后者提供非货币的间接证券。随着收入的提高，对货币的需求会增加，对非货币的间接证券的需求也会增加。非货币的中介机构的发行会与任何形式的货币激烈竞争。格利和肖从这一意义上认为，非货币的中介机构的扩张对货币系统的发展增长是一种掣肘。

格利和肖比较清晰地描述了经济与金融的关系，以及货币金融系统内部的各种复杂关系，他们特别把"非银行"或"非货币"的金融中介机构"自大多数经济理论所放弃的废墟中捡回来"[1]，深入探索这些机构对实际经济活动及货币系统的影响，这无疑使货币金融学科的研究视野得到大大拓宽。

---

[1]　参阅唐·帕廷金所著的《货币经济学之研究》，1976 年台湾版，第 39 页。

二

从西方货币金融理论的发展来看，《金融理论中的货币》一书的贡献主要在两个方面：一是关于银行与非银行金融机构的异同问题；二是关于"内在货币"与"外在货币"的区分问题。也正是这两个方面，在西方经济学界引起较大的争议。

货币金融理论的传统观点认为，商业银行在现金准备的基础上和在以放款和投资为形式的信用扩张过程中，拥有创造货币的能力，而其他金融机构，在美国如储蓄贷款协会和互助储蓄银行等，仅仅起到筹集公众储蓄用于投资建设的作用。如前所述，格利和肖率先对这种传统观点发起了挑战。他们认为，商业银行在金融机构中唯一有能力创造活期存款形式的货币，但是同样，其他金融机构也能创造某种独特的金融债权凭证，它们通过放款和投资与商业银行分享着扩张信用的能力。詹姆斯·托宾在一篇论文中也申述了相同的思想，并称这种思想是货币金融理论的"新观点"。[①] 但另有一些经济学家对这种"新观点"提出了质疑和争论。他们认为，商业银行支配着支付体系，并能成倍地扩张贷款，资金很容易以支票形式在银行之间进行转移；而非银行金融机构的活动依赖于收入创造过程以及人们的储蓄行为；因此，即使非银行金融机构能创造信用，但它们的"创造过程本质上不同于商业银行"。[②]

近20年来，西方国家（特别是美国）呈现的金融机构和金融工具

---

① J. Tobin, Commercial Banks as Crealors of Mongy ［J］. in D . Carson （ed.），Banking and Monetary Studies, Home Wood, 1963；pp. 408 – 419.

② R. Teigen （ed. ）. Readings in Money, National Income and Stabilization Policy, Home Wood 1978，ch. 2.

多样化的趋势证实了格利和肖的观点。应该承认，格利和肖在这种趋势刚露端倪之时，便敏锐地觉察出来，并且把它置于金融理论的重要地位予以重视，这是值得充分肯定的。

实际上，在 20 世纪初，美国的金融机构和金融工具就显示了多样化的迹象，但在将近 50 年里，这种迹象是否会演变成一场趋势，人们都不敢预卜。第二次世界大战后，随着美国各色金融机构的竞争越趋激烈，多样化的进程也就日趋加快。其中最具代表性的现象就是，原有的和新生的种种金融机构不断地创造出形式繁多的货币替代品，如可转让提款命令单、电子资金转账、电话付账业务和信用社股份提款单等，并且侵入商业银行传统经营的业务范围，使得银行与非银行的差别日益模糊，货币与"准货币"也难以分辨。20 世纪 70 年代涌现的货币市场互助基金、20 世纪 80 年代问世的货币市场存款账户、超级可转让提款命令单等，更使多样化的趋势不可逆向。这种多样化的趋势并非偶然，按照格利和肖的观点，其本质是"避免风险"。实际上，它是经济金融活动多样化进程中的一个部分。金融机构间的竞争、电子计算机和通信技术的突破、金融管理体制的变革以及十几个年头的严重通货膨胀和高利率都促进和加速了这一多样化步伐。正如格利和肖所指出的，多样化会影响金融制度以及整个经济制度。事实证明，金融机构和金融工具的多样化对货币的演变发展、对金融机构的竞争格局、对货币政策的效果，乃至对经济总量和经济结构都发生了不应低估的作用。说到底，金融多样化是生产社会化的一个必要的要求。

应当指出的是，《金融理论中的货币》出版之后，格利和肖（以及托宾）所提出的"新观点"并没有立即引起美国货币当局的足够重视，在一个相当长的时期里，货币当局仍然只注重控制商业银行的活期存款，而忽视了其他流动性金融资产，特别是忽视了非银行金融机构在信用创造方面的作用。机构和工具多样化把这一缺陷充分显示出来。

现在已经有越来越多的经济学家认识到，为求稳定货币与稳定经济，必须扩大政策的影响范围，并注意政策的均衡性。

除了在金融机构理论方面的贡献之外，格利和肖在货币研究领域也提出了独具匠心的见解，他们主张把货币区分成"内在货币"和"外在货币"来加以分析。

格利和肖认为，货币资产有着不同的类型，这些不同的资产来源于不同的途径；不同类型的货币资产的名义扩张或名义收缩，对实际经济活动产生的效果各不相同。

格利和肖认为，一般充当货币（作为支付手段）的资产，或者是政府的债务，或者是私人金融机构的债务。由政府购买商品、劳务或转移支付而产生的货币资产称作"外在货币"，因为它们代表政府对私人部门（或者说是"外在于"私人部门）的债务净额。由于存在"外在货币"，价格水平的变化便会影响财富在私人和政府部门之间的转移。另外，他们把由私人金融机构债务组成的货币资产称作"内在货币"，因为它们代表"内在于"私人部门的资产和负债。一般来说，可以假定金融机构不从事购置商品和劳务的活动，金融机构的债务只产生于购置初级证券的行为之中。因而，"内在货币"是"以私人内部债务为基础"，它与非货币间接证券的总和，与企业的初级债务正相平衡。由于价格水平运动引起的"内在货币"实际价值的变动，不会导致私人和政府部门之间的财富转移，而只会引发两个私人部门间的财富转移，一个部门得益而另一个部门遭受同量的损失。

格利和肖批评了所谓"净额货币论"的分析方法，他们认为这种方法只考察经济中的"外在货币"，而忽视了由"内在货币"引起的财富转移对劳动力、当期产出品和货币的需求总量的影响，特别是忽视了非货币金融的发展对实际经济总体行为包括货币市场的影响，因而是片面甚至是错误的。他们主张用所谓"总额货币论"的分析方法来研究货币与经济的关系，也就是既考虑"外在货币"对经济的作用，又考虑"内在货币"对经济的作用，并且找出这两种作用的不同点。格利和肖认为，当经济中同时并存"外在货币"和"内在货币"时，货币对经济的作用肯定不是中性的。他们又认为，即使经济中只存在"内在货币"，名义货币的变动也可能会引起利率、产量和财富的变动。理由是，货币系统只买卖几种未清偿证券，因而一定会改变某些经济单位的资产构成。在引入非货币的中介机构之后，格利和肖又进一步判断，当"内在的非货币间接资产"与"外在的非货币间接资产"①同时并存时，货币的中性也将遭到破坏。

格利和肖在分析货币与经济的关系时，不仅从总的货币存量角度进行考察，而且还从创造不同类型货币的不同渠道考察它们给经济带来的不同影响，这对于货币金融理论的研究来说是深入了一步。此外，值得指出的是，他们关于"内在货币"与"外在货币"的区分对我们研究社会主义经济中货币的"经济发行"或"财政发行"等问题也有一定的参考价值。

三

格利和肖以现代金融制度的实际为基础，建立了体现在《金融理论中的货币》中的理论结构。除此之外，本书的优点还在于"把其理论分析与政策建议结合在一起"②。

格利和肖的政策建议主要有这样三个方面。

---

① "外在的非货币间接资产"主要是指货币系统发行的定期存款。参阅《金融理论中的货币》第 6 章。

② 参阅唐·帕廷金所著的《货币经济学之研究》，1976 年台湾版，第 42 页。

第一，提出最起码的货币控制要素。格利和肖在《金融理论中的货币》一书的最后一章，对资本主义国家货币当局习惯运用的货币政策"三大武器"提出了批评。他们认为，公开市场业务中常常传递的是"混乱的信号"，贴现率政策则可能是"相当笨拙的办法"，而法定准备金限额更会使银行业成为一个"失衡的体系"。为此，他们提出了中央银行进行货币控制的最起码要素：一是管理银行储备的名义存量。二是规定储备—余额利率（中央银行向商业银行储备存款余额支付的利率）。他们认为中央银行若能自由运用这两个手段，便能有效推行其价格水平政策，具体来说，中央银行就能阻挠其成员银行自行改变它们的实际储备量，从而达到控制名义货币量和稳定价格水平的目的。三是控制商业银行的存款利率，以稳定社会对实际货币的需求量以及银行自身的资产负债规模。格利和肖认为，中央银行只要掌握这三项要素中的任何两种，就能管住经济体系中的一切名义变量。

第二，主张把货币和公债的管理结合起来。格利和肖认为，一个有能力既管理名义货币量又管理公债的金融当局，也能在短期内掌握利率，在长期内掌握价格水平和实际经济变量，而这些是传统的中央银行所无能为力的。因此，他们设想由中央银行来承担管理公债的责任，而财政部只对债务利息和交易费用负责。据说这样把货币管理与公债管理结合起来后，中央银行对整个金融市场的管理就"具有最有力和最直接的效果"。

第三，建议扩大货币控制范围。格利和肖认为，在资本主义经济中，货币系统由中央银行和私人商业银行体系构成，这两者都具备创造货币的能力。但是，由于私人商业银行体系的内在动力是利润最大化目标，这种目标经常与中央银行控制货币的政策相抵触，因此，在现实经济社会，不是商业银行为追求利润而削弱了货币政策，就是中央银行为控制货币而减少商业银行的可得利润。如果说，"看不见的手"在资本主义商品生产领域还起作用的话，那么，它在货币领域是否还发挥效能，格利和肖对此是怀疑的。而且，他们根据美国的实际状况指出，由于中央银行的强制力量以及把控制焦点对准商业银行，因此，与其他各种金融机构相比，美国商业银行处于利润不佳的境地，它们的净利润和资本占资产总额的比率在长期内呈下降趋势。为此，他们开出一系列药方：政府投资于银行股份，政府为银行存款保险，对银行资产投资规定更严格的限制并强化对银行的检查程序等。但同时他们又认为这些还只是短期措施，要在长期中消除这种局面，还必须采取另外一些更激进的办法，如规定百分之百的储备、银行体系国有化，或者把控制范围扩大到商业银行之外的私人非货币的金融机构。

实际上，在资本主义经济社会，上述办法中的大多数是难以实行的，真正具有可行性的只有最后一条；从格利和肖的整个理论来看，他们的政策设想重心可能也在于此。从这几年美国金融制度的实际情况来看，美国货币当局受客观形势所迫，已经把控制的触角伸展到商业银行以外的各类非银行金融机构。货币政策与财政政策和公债管理政策的配合协调问题也越来越受到人们的注目。这一切反证了格利和肖在当年提出的政策建议的价值。当然，格利和肖试图在资本主义体系内实行银行国有化等激进措施，未免显得过于书生意气。

需求膨胀和储蓄投资的关系[*]

金融理论是可以分为微观和宏观两个部分的。一般来说，微观金融主要包括金融市场的运行、专业银行的经营以及经济单位的融资环境等范畴；宏观金融是宏观经济中的一个重要方面，它涉及总量意义上的储蓄与投资、社会资金的规模与流向以及对货币金融流量的宏观调节政策等领域。本文主要是结合我国的具体实践来讨论日益引起人们兴趣的宏观金融中的若干理论问题。

一、 储蓄与投资的分离

从经济分析的意义来说，金融事业的存在是以储蓄与投资的分离为前提的。这正如商品经济以生产与消费相分离为前提条件一样。马克思对生产和消费的分离做过比较深入地研究，他在《资本论》（第二卷）中引用了一位俄国人的话："因此，生产和消费表现为两个在空间上和时间上相分离的行为。"这句话非常重要，它揭示了商品经济的一项本质特性。但是对于一个完整的商品经济来说，它还必须具备的另外一项本质特征，就是储蓄与投资在空间和时间上的分离。

在任何特定时期内，如果我们舍弃收支恰好相抵的经济单位，这种单位肯定为数不多，那么，所有经济单位或者是进行储蓄，或者是进行负储蓄（如动用以往的储蓄）。人们可以发现，各个经济单位在储

---

* 本文载于《社会科学评论》1988 年第 9 期。

蓄和投资之间所处的位置大相迥异。有些经济单位通常是储蓄大于投资，因此可以称作储蓄盈余单位，它们把资金存放于金融机构，以换取现金、存款或其他各种类型的金融资产。当然盈余单位并不意味着不从事投资，它只表明其在一定时期内投资小于储蓄。另一些经济单位可以被称作是储蓄亏损单位，它们的投资支出超过了自身的储蓄。这些单位从金融机构吸收资金，并代之以负债数额增加。第三种类型的经济单位就是储蓄相等于投资的中性单位。

假如一个国家中所有经济单位都处于中性状态，作为储蓄与投资之间媒介的金融机构就不会存在，货币也仅仅充当商品中瞬间易手的交换媒介，至于金融资产或负债则都将是"多余的话"。在概念的另一个极端，假如一个国家中的储蓄（或负储蓄）与投资处于彻底分离的状态，那就意味着所有盈余单位的投资和所有亏损单位的储蓄都等于零；一个经济单位的全部投资都是来自外部融资或者是直接从其他单位筹取，或者是从金融机构间接获得。

在人类已经走过的路程中，没有金融的社会曾经出现过。比如，在原始社会里，既没有货币也没有借贷，储蓄只能采取增加个人家庭所拥有的货物储存的形式。当一个家庭希望多储蓄一些的时候，他们就少吃些当年的收获，或在谷仓里多储存一些东西。高度集中的中央计划经济，比如，经济改革之前的我国经济，非常接近于这种极端情况。由于投资规模和方向几乎全部由政府决定，因此政府也就有必要控制集体储蓄的总额。那时，银行主要是承担社会簿记的职能，而不是发挥储蓄与投资之间的中介作用。"大锅饭"，就是对这种经济的最形象描述。

然而，商品经济，尤其是现代意义上的商品经济，总是介于上面所说的两种极端情况之间。也就是说，盈余单位主要从事储蓄，亏损单位主要从事投资。而且，按制度性质划分的经济部门在盈余或亏损位置保留着一定的规模。比如，家庭部门一般是储蓄盈余单位；企业和政府部门通常是储蓄亏损单位；国外则能够平衡国内诸部门储蓄与投资之间的差额。表 1 所反映的我国部门储蓄与投资的盈亏状况证实了被国际经验已经证明过的这一规律。遗憾的是，根据目前我国有限的统计资料，我们还不能把企业部门与政府部门区分开来，当然更难以进一步划分出一些子部门。

表 1　　　我国部门储蓄与投资的盈余或亏损（1979—1986 年）

单位：亿元

部门	总储蓄（1）	净储蓄（2）	折旧额（3）	总投资（4）	净投资（5）	盈余（＋）或亏损（－）（6）
1. 家庭部门	4518	4068	450	1828	1378	＋2690
2. 企业和政府	12075	9534	2541	15190	12649	－3115
3. 总额	16593	13602	2991	17018	14027	－425

注：假定家庭部门不持有国外金融资产。

有限的资料已经反映出，在各种经济部门中，家庭部门是唯一的资金供应者。它们的储蓄远远超过它们的投资支出。在 1979—1986 年的八年里，家庭部门储蓄盈余已经接近于这一部门总储蓄的 60% 和净储蓄的 66%。

作为经济中主要投资主体的企业和政府，面临着巨额的储蓄亏损，甚至于全部家庭部门储蓄盈余也满足不了企业和政府对投资资金的需求缺口，因此在八年中我国从国外部门引进 425 亿元的投资资金。企业和政府在投资中的借入资金大约占它们总投资额的 20% 和净投资额的 25%。

从储蓄与投资相互分离的现状出发，我们已经可以洞察当前我国金融事业兴旺的基础。如果把时轮推回到 1978 年之前，我们肯定预料不到这一前景，因为当时我国的部门储蓄结构基本覆盖了部门投资结构，储蓄和投资几乎没有差异。[①] 今天我国金融事业的发展，将得益于储蓄与投资的分离，后者又将得益于国民收入分配流程的变化，而收入分配的变化又是经济体制改革的结果。于是，我们可以把我国金融事业发展的逻辑归纳如下：

经济体制改革→国民收入分配流程变化→储蓄与投资相互分离→金融事业发展。

由此我们也可以看出，那种忽略储蓄投资过程而认为经济发展必然带动金融发展的观点是不正确的，至少是过分简单化的。

金融是自给自足的反义词。随着储蓄与投资相分离，联结储蓄与投资的资金流动过程以及经过这一过程的金融流量就越对经济产生影响。

二、 资金流动的重要性

一个经济部门从消费过程中释放出节余的生产要素，另一个经济部门在实际投资过程中吸收这些要素，这时，金融资产和债务以货币和非货币的形式积累起来。我们把这种过程称为与储蓄投资有关的资金流动过程。资金流动的速度在很大程度上取决于转移储蓄为投资的手段组合。

资金流动和经济发展的关系犹如血液流动和人体生存的关系，其重要意义自不待言。但是，由于很长一段时期内，人们在很狭窄的范围内思考资金流动问题，因此使宏观金融理论一直得不到拓展，资金流动的重要性也因而得不到真正的理解。需要澄清的两个基本问题是：一是资金定义的选择；二是融资手段的选择。

---

① 我曾经在另一篇论文里，已经对我国改革前后的储蓄和投资结构进行过比较。参见作者《储蓄结构、投资结构和金融结构》载于《经济研究》1986 年 10 期。

先讨论资金定义问题。从目前可参考的文献中，我们可以把关于资金定义的见解归纳为三种：第一，资金是物资的货币反映，或资金是物资的筹码；第二，资金是一种"资本"，但它不反映已经在社会主义经济中被消灭了的以雇佣劳动为基础的雇佣关系；第三，资金是作为价值的物质资料和货币的总和。

以宏观金融分析而言，这三种定义都有不同程度的欠缺。我们知道在整个经济运行过程中，一方面有对应于实物资产（物资）流动的资金流动，比如家庭在市场上购买消费品，企业用销售收入支付职工工资等；另一方面还有金融资产领域内部的资金流动，比如家庭用现金购买银行存款，银行向企业发放贷款等。上述第一种定义只承认实物资产性的资金流动而不承认金融资产性的资金流动，显然，用这种定义去分析现实的社会资金流动，只能获取片面残缺的结果。第二种定义似乎是强调了资金的质的规定性，实质上，它对量的范围也有明确的限定。经典马克思主义经济学认为，资本是带来剩余价值的价值；生产资料和货币本身并不是资本，只有在一定的历史条件下，即当它们为资本家所有，并用作剥削手段时，才成为资本。从原则上讲，在社会主义经济中，已经不存在资本对劳动力剥削关系，因此，在社会主义经济理论中，把资金比作"资本"，主要是为了突出资金在循环过程中的增值性。从这一意义上讲，把资金视作不含剥削关系的"资本"的观点是揭示了资金的本质。根据这一观点，机关、团体、部队、学校这些单位在银行的存款不算资金，家庭、个人购买消费品的货币也不算资金，证券交易市场上股票债券在交易者之间的易手也不能算作资金流动。很显然，从这一定义出发的资金的量的范围非常狭窄。我们无法否定这种观点在揭示资金本质方面的科学性以及在探讨资金在循环过程中的物质性、补偿性和增值性时的有用性。然而，必须指出的是，在研究宏观经济运行机制，特别是资金的流向和流量时，仅仅以这一定义为依据是不敷使用的。而且这一定义通常成为财务经济研究者超出企业资金观察社会资金，理论经济研究者超出实物资产观察金融资产的心理障碍。前述第三种定义已经把货币囊括在内，因此它的含义较为广泛。但是在现代货币经济中，货币还只是金融资产中的一种而不是全部。所以，这种定义依然不够全面。

适合于宏观金融分析的资金定义，应该既包含实物资产，又包含金融资产。任何金融资产比如货币，在物理属性上的价值都微不足道，实际上，任何面额的货币当它处于静止状态时，对经济确实不起什么作用。但是，众所周知，货币的运动会对经济发生令人惊奇的影响。由此可见，在分析宏观经济中的资金时，关键不在于对它的内在属性下一个定义，关键在于能够发现资金的动态性质，也就是发现资金流动的重要性。具体来说，宏观金融理论的一项重大课题是研究在经济建设过程中（尤其在储蓄与投资出现重大分离的今天）社会资金的来源与社会资金的运用。现有关于资金的定义恰巧在这一重大领域无法为我们提供准确的指南。

我们再讨论融资手段的选择问题。一般来说，一个经济社会存在四种可供选择的融资手段，即国际金融、自生融资、政府融资以及国内借款。国际金融主要是指从国外引进用于经济建设的资金；自生融资就是指各投资主体积累自有资金，改革之前经济体制下的政府采取集中利润折旧、价格管制和工农业生产品"剪刀差"等办法来为建设筹集资金，就是自生融资的典型形式；政府融资可以包括政府税收和政府借款两个方面；国内借款则是指投资主体通过国内金融机构和金融市场谋取投资资金。这四个方面都可以归入宏观金融理论加以讨论。但是这里我们仅限于有关国内借款手段的选择问题。

国内借款手段主要有直接融资和间接融资两种方法。在改革的讨论中，一些同志提出了在我国发展直接融资技术的必要性。但是还有相当多的同志认为与其发展直接融资还不如发展间接融资。当现行金融制度使直接融资技术难以顺利成熟起来的时候，后一种观点似乎更加有理。熟悉西方经济的同志甚至搬出西方货币金融理论中间接融资优于直接融资的原理，来作为论证的依据。

不可否认，间接融资与直接融资相比较，确实具备了减少融资成本、产生规模经济性以及在更大程度上满足借贷双方需求等优势。然而，中国的经济体制改革探索者必须清醒地认识到，任何一项相对优势都是基于一定的历史条件产生的。比如，从理论上看，集体化大农业总是优于承包制农业，但是现实是中国却必须走承包制农业发展道路。间接融资的种种优势是以直接融资作为基础的，所谓"银行制度为表，证券制度为里"就是反映了这一道理。同时，如果我们把这一问题的讨论推广到整个经济范畴，那么，直接融资的好处就显得更加明白：一是向现有金融体系注入竞争机制；由于直接融资（如企业发行股票、债券等）采取反映市场供求的利率，因此迫使现有银行改变僵硬的利率结构。同时直接融资的趋势能够推动银行经营效率的提高。二是直接融资技术的高低优劣直接关系到企业股债和政府债券等市场的生存能力。可以说，直接融资是深化金融改革的重要杠杆。三是为企业转变为股份制提供了可能性。当企业以及政府可以通过直接融资机制自由买卖股份时，股份制企业就不再是一种可望而不可即的理想模式了。四是有利于焕发企业家精神；企业不是躺在现有的"大锅饭"里，而是在金融市场自由争揽资金，这对提高企业资金使用效率和培育创业精神具有积极作用。①

从改革和发展的眼光来看，在我国发展直接融资技术具有很强的

---

① 笔者在全国第一家发行股票的企业调查时，该企业经理告知，他是在能够获得银行信贷的条件下决定发行股票的，其根本动机是焕发企业家的创新精神。

现实意义。它使传统的纵向型资金流动转变为纵向和横向交错、范围更广、渠道更深的资金流动。不过，资金流动过程时常会受到通货膨胀因素的干扰，这使得宏观金融态势变得更加扑朔迷离。

三、 需求膨胀与储蓄投资的关系

需求膨胀为大多数人所诟病。但是需求膨胀却经常成为我们无法回避的现实。经济学家们在讨论超额需求的产生和根源时，总是见仁见智，众说纷纭。一种时髦的说法叫"国民收入超分配"。有人认为超分配是因为企业行为的短期化，也有人把责任推向家庭部门的"消费早熟"，还有人归咎于政府机构非生产性开支的过度增长。即使掌握大量统计资料，要对"谁是谁非"作出评判，仍然会是一种棘手的事情。举一个简单的例子，假定我国今年的国民收入是1000元（按上年价格水平），家庭部门打算购买500元，企业想要400元，而政府部门至少想要400元。它们都可能得到满足，结果总支出为1300元，但从实物价值上说只相当于当年的1000元。试问，哪个部门的需求是超额的？很明显，这个问题是难以回答的。

但是，迫切需要宏观金融研究者回答的一个问题是，需求怎么会变得太高？如果说国民收入、国民产品以及国民支出反映的是一个相同的量，区别只在于在收入循环流程中所处的位置不同，产品创造收入，收入引起对产品的需求，那么，国民收入何以出现超额分配，需求又何以膨胀得推动物价上涨？

可能的答案在于货币范畴。我们知道，储蓄伴随着需求的减少，这是因为减去储蓄后的需求无法重新产生原有规模的所有收入。同样道理，负储蓄却能够扩大需求。负储蓄既可以来自从银行提取存款，也可以来自从银行获取贷款。减少银行存款余额和增加银行贷款在扩大需求的效果上非常类同。一般我们不把储蓄存款看作货币，于是，当人们从银行账户中提取现金时货币就创造了。银行贷款更是创造货币的源头，毋庸讳言。当货币量没有扩大时，人们只能心存扩张消费或投资的愿望（desire）而不能形成需求（demand），货币量一旦扩大，超额需求便成为现实。由上得知，尽管在决定经济单位的需求规模时，收入是一个重要因素，然而使需求成为可能的不是收入而是货币。推而言之，与货币有关的一些现象，比如"窖藏货币"进入市场（现金余额下降）、货币流通速度上升等，都会引发需求扩大。

我国这几年的情况是，家庭部门在银行的储蓄存款余额非但不见减少，反而急剧上升。1985 年城镇储蓄存款年末余额是 1979 年的 5 倍以上。由此可以排除家庭提取存款造成需求膨胀的可能性。另外，现金余额没有下降，货币流通速度没有上升。再看银行贷款。1985 年我国各项贷款（包括建设银行数字）规模接近于 1979 年的 3 倍，年平均增长速度为 16.4%，大大超过经济增长速度。

我国银行贷款的主要发放对象是企业和政府，家庭部门可以获得的贷款微不足道。企业和政府借取资金主要是用于投资，包括固定资产的投资和存货储备的投资。如果不是信用扩张，银行就会把家庭自愿储蓄转化为企业和政府投资的中介机构。如果银行实行信用扩张，企业和政府的实际投资迫使家庭部门进行非自愿的储蓄。当然，在企业和政府提高投资需求（包括政府的消费需求）扩大时，家庭主动自愿地减少消费需求，总需求则可能维持不变。但是假若家庭部门毫不示弱地力图维持（甚至还想超过）原有消费需求时，需求膨胀就不可避免。在需求膨胀的过程中，家庭部门收入和支出之间的时间滞差、各经济单位对价格的预期以及各经济单位的借款能力都起着重要的作用。

中央银行能控制住货币供应量吗*

一、 货币供应量的内生变量货币当局无法控制

货币量的决定是经济中一切金融变量和实际变量同时决定过程中的一个部分。它不仅受中央银行政策行为的决定，而且还受各种商品市场和资产市场上各个经济部门行为的决定。因此，中央银行是否能够确定经济部门（包括银行系统）行为的规律性，并且作出准确的预测，就成为它最终是否能控制住货币量的关键。

经济学家经常使用的货币量均衡条件方程是：

$$M = \frac{1 + C}{r(1 + S) + C}A$$

其中，C 是流通中现金与支票存款的比率，S 是储蓄存款与支票存款的比率。r 比率很大程度上决定于对支票存款和储蓄存款的准备金规定。凡是基础货币，它特指专业银行在中央银行的存款和流通于银行系统之外的现金。它们的来源是中央银行对政府部门的贷款净额，中央银行对专业银行的贷款以及中央银行的外汇资产净持有量。一般来说，中央银行对政府的信贷（财政借款）由政府部门的预算业务支配，金融部门很少具有影响力量。于是，基础货币的中央银行对专业银行的贷款，通常成为中央银行进行货币控制的手段。中央银行的外汇储备不仅受出口、进口和资本运动的波动，而且还受到国内经济中总需求

* 本文载于《金融体制改革》1988 年第 3 期。

和总供应变化的直接影响，而这些初始变化往往不受中央银行行为的支配，因此，外汇储备很可能在短期内是不稳定因素。

以上分析表明，除去可能管理的 r 比率以及中央银行对专业银行的再贷款之外，货币供应量基本上由内生变量决定，当然，中央银行仍然可以根据一定的目标和愿望来控制货币量。然而，这有赖于中央银行可以选择的货币控制手段。

二、 我国金融结构的单调性和不发达使货币工具难以有效开展

从资金流动分析角度来看，限制我国货币政策的作用和范围的最主要制度因素是，经济运行过程中金融结构的单调性和不发达。金融资产的单一和货币化程度偏低会减弱银行系统根据准备金增量创造信贷增量的能力，相应地也限制了其倍数伸缩信用的能力。正是由于缺乏金融市场（包括短期资金和长期资金的市场），大多数传统的货币控制手段面临许多技术上的限制。比如，贴现率，在利率水平和利率结构遭到人为地扭曲的情形中，难以想象它对调节信贷成本会十分有效；同样，在没有层次清晰、基础广厚的证券市场的条件下，公开市场业务不可能有效地影响信用成本和规模。

相形之下，只有变更专业银行法定准备金比率，更重要的是，直接控制中央银行对专业银行的信贷，才是货币政策潜在有力和有效的工具。但是，这在很大程度上与长期以来的计划控制办法没有太大区别。即使是法定准备金比率，也有一些不足之处。如果专业银行保留大量超额准备金，中央银行变动法定准备金比率则只能影响超额准备金的规模而未必影响货币信贷规模；如果专业银行不保留超额准备金，中央银行变动法定准备金比率又会对货币信贷规模产生过分猛烈和直接的影响，因此，无法胜任对货币信贷规模进行"微调"的任务。

大多数发展中国家包括我国，在贯彻货币政策时扩张货币容易而

收缩货币难的非对称性使中央银行难以确定在多大范围实行控制措施。假定由政府财政赤字引发货币供应量增加，以及接踵而来的第二轮货币供应扩张往往造成物价上升和企业部门成本的推进，从而形成对经济的膨胀性压力。面对这一情形，中央银行会力图抽紧银根。但是，提高了的成本水平具有"棘轮作用"，限制性货币政策至多只能使物价水平不再进一步上涨，而不能使旨在保证生产的贷款规模不（随成本上升）扩大，否则经济的增长速度会受到阻滞，社会代价更大。从本质上说，控制货币量与维持经济增长已经成为中央银行的一个重大选择，在很多情况中，市场信号明确指示出货币量的过多，但是为了不妨碍经济的持续增长（有时是政治上的原因），而不得不听任货币量的泛滥。

金融机构多样化对货币政策的干扰[*]

  第二次世界大战后，特别是 20 世纪 60 年代以来，金融机构的多样化，已经在美国金融市场形成一种趋势。美国各色金融机构通过一二十年的竞争博弈，终于使美国的金融结构发生重大变化。原先由商业银行集中控制金融市场的日子已经一去不复返，其他众多的金融机构与之平分秋色。更多的金融机构适应了市场需求，不同类型的金融机构吸引了爱好不同的客户。所有这一切的共同特点是：客户越来越趋于分散，每分散一次都增加了金融机构的多样性。

  这种多样化趋势并非偶然，它是整个社会走向多样化进程中的一部分。金融机构间的竞争、电子计算机和通讯技术的发展、金融管理体制的变革以及严重的通货膨胀和高利率都促进和加速了这一多样化步伐。金融机构的多样化对经济总量和经济结构会产生重要影响，对货币的演变发展、对金融机构的竞争格局以及对货币政策的效果都会发生不可低估的作用。从总的方面来说，金融机构多样化在微观上能促进竞争、增强活力、润滑融资机制；但是，从宏观方面观察，金融机构的多样化有可能削弱宏观货币控制政策。

  本文对金融机构多样化给美国经济带来的很多好处不展开论述，而仅着重阐述金融机构多样化有可能对美国货币政策造成的干扰。

---

  * 本文载于《世界经济研究》1986 年第 4 期。

一、 传统的货币倍数模型

传统的货币定义，M_1 是指通货加活期存款。通货是中央银行的负债，活期存款是商业银行的负债。要控制 M_1 无非是把握住中央银行和商业银行。很长一段时期内，在美国大多数经济学家的货币供应模型中，一般就盯住联邦储备银行和商业银行，忽略了其他非银行金融机构。这些货币供应模型的基本特征就是认为货币存量是法定准备金的某个倍数。美国经济学家把准备金看作是对货币供应量关系重大的"高能货币"（high-powered money），认为通过调节准备金数量就可以实现宏观上的货币控制。

这种简化模型可以表述如下：

A. 假定不存在提取现金和活期存款转变为定期存款的情况。则

$$\frac{1}{Rd} \times ER = P_1$$

其中，Rd 表示活期存款的法定准备率；ER 表示银行体系的超额准备金；P_1 表示活期存款和贷款的最大可能扩张额。

B. 假定存在提取现金和活期存款转变为定期存款的情况。则

$$\frac{1}{Rd + C + (Rt \times t)} \times ER = P_2$$

其中，C 表示现金与活期存款之比；t 表示定期存款与活期存款之比；Rt 表示定期存款的法定准备金率；P_2 表示银行体系活期存款的最大可能增加额。

C. 如果银行在活期存款额增加时，相应增加持有超额准备金。则

$$\frac{1 + C}{Rd + C + (Rt \times t) + x} \times ER = \Delta M^{①}$$

---

① $\dfrac{1 + C}{Hd + C + (Rt \times t) + X} \times ER = \dfrac{1}{Rd + C + (Rt \times t) + X} \times ER + \dfrac{C}{Rd + C + (Rt \times t) + X} \times ER$
即活期存款增量加现金增量等于货币供应增量。

其中，X 表示超额准备金与活期存款之比；ΔM 表示货币供应增量。

D. 由于货币当局不能决定银行体系的超额准备金规模，但它可以决定全国的通货发行规模以及联储会员银行的法定存款准备金率，因此，对于货币当局推行货币政策直接有意义的是引进"高能货币"概念。则

$$\frac{1 + C}{Rd + C + (Rt \times t) + X} \times H = M$$

其中，H 表示高能货币（流通中通货加存在联储的准备金）；M 表示货币供应量。随之又得到

$$\frac{1 + C}{Rd + C + (Rt \times t) + X} \times \Delta H = \Delta M$$

其中，ΔH 表示高能货币的增量。

ΔH 左端的式子就是货币倍数。实际上，这个倍数关系式概括了许许多多的不同金融机构，也包括了形形色色个人和企业的行为。它虽是极端的简化，但却反映了总体经济中货币供应的基本状况。

然而，这种货币倍数模型明显存在着一个缺陷，就是它忽视了许多非联储会员银行在货币供应中的作用，特别是它忽视了无数非银行金融机构正在孜孜不倦地创造各种货币替代品。诚然，如果联邦储备体系提高法定准备金率，会产生减少货币供应的效果。因此，有不少经济学家认为，只要掌握美联储会员银行的法定准备金率，就足以操纵全国的货币供应大势。但是，也有一些经济学家指出，忽略非银行金融机构的观点失之偏颇。他们认为，当推行紧缩性货币政策以限制货币供应和银行信用规模时，非银行金融机构有可能通过吸引存款和增加贷款进行扩张，从而削弱了货币政策的紧缩效果。后一种看法就是所谓"新观点"。

二、 一种 "新观点"

第二次世界大战后，随着美国金融机构趋于多样化发展，各种非银行金融机构蓬勃兴起，面对金融市场中新的形势，一些美国经济学家对稳定的货币倍数理论和银行本质上不同于其他金融机构的说法提出了严峻质疑。最完整的质疑最初来自格利和肖两人。1955 年，他们在《美国经济评论》上就发表了《经济发展中的金融问题》一文，以后又陆续发表了一些著作和论文。1963 年，托宾发表了《作为货币创造者的商业银行》和《金融中介机构与货币控制的效果》两文，使"新观点"进一步完善。

格利和肖强调了不同金融中介机构的类同性，并指出因为只有银行能够创造活期存款和通货，所以银行存款与其他金融机构的负债不尽相同，但这不能成为把银行区别对待的理由。各种非银行金融机构的负债与银行负债也不同，同时它们相互之间也有很多差别。托宾指出："人寿保险公司的保险单与其他中介机构，包括银行的负债也不同，但还不能说一种区别就可作为特殊分析对待的理由。"根据他们的看法，区分金融机构的合适标准应当是各种金融机构扩张信用的能力。格利和肖认为除银行能创造可贷资金之外，其他中介机构也发挥转移可贷资金的中介职能，因而也产生可贷资金。托宾也赞同这种说法，归纳起来，他的观点主要有以下五个方面：

（1）传统的经济学把商业银行与其他金融机构之间的差别描绘得太大。差别确实存在，但只在程度上，而不在种类上。

（2）现存的差别对银行负债的货币性质影响很少。

（3）重要的差别仅在于货币当局对金融机构采取了不同的管理方式。商业银行要受制于法定准备金和利率上限。

（4）无论从个别的，还是从整体的角度讲，商业银行都未必具有无限扩张信用的能力。

（5）银行存款和资产的规模受到存款人偏好、银行贷款机会和投资机会的影响。

当美国金融机构多样化趋势尚不十分明显时，这些"新观点"并没有引起人们的十分重视。直到近 10 年里，这种观点的正确性才日益显示出来。尤其是银行未必具备无限扩张能力，非银行金融机构也能创造信用，甚至创造货币的观点已为众多经济学家所接受。

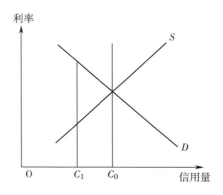

图 1　银行扩张的限制信用量

我们用图 1 就能清楚地说明银行以倍数扩张信用和存款的能力只是一种幻觉。如果在规定的准备金规模下，可支持信用量为 OC_1，但银行仍不能达到市场均衡。这时，如果再增加准备金，信用量和银行存款额就会出现倍数扩数。但是，假如我们从 OC 的位置出发，存款扩张就不复可能。很显然，银行准备金与货币存量之间并没有简单的倍数关系。具体来说，银行信用的需求倒是关键因素。当社会生产处于饱和状态，或者处于危机状态时，银行无论供应多大信用也不能推动经济再往前走。美国几次危机时期，扩张的货币政策无法推动生产的例子就证明了这一点。

可见，即使货币政策仅仅控制银行信用规模也未必一定达到预定的目的。当你要扩张时，未必真的扩张；当你要收缩时，也未必真的收缩。然而，假使再加入众多的非银行金融机构，货币政策的效果更会大打折扣。"新观点"给我们的启发就在这里。

三、 宏观货币控制政策的困难

为维持整体经济的稳定，美国货币当局主要职能是推行宏观货币政策。宏观货币政策的特点是：它们间接地起作用，即由美联储增加或减少货币供应量，从而影响利率，然后通过利率的升降来增加或减少投资，使总需求与总供应趋于一致。但是，政策的推行过程步履维艰，困难重重。根本困难在于美国的资本主义生产方式内部蕴含着不可克服的基本矛盾。虽然，美国决策阶层为维持统治总是力图采取各种措施以缓和矛盾，但基本上都是治标不治本，无济于事。这种局面决定了美国宏观货币政策终究是事倍功半。

此外，在实际操作宏观控制政策时，也并非得心应手，同样存在着众多的障碍和困难。尤其是第二次世界大战后美国金融市场中非银行金融机构作为一股力量对金融局势乃至整体经济受很大影响，金融机构中商业银行一统天下的状况已经打破，业务和机构都朝多样化方向发展，这就进一步削弱了宏观货币控制的效果。

非银行金融机构主要从两个方面削弱宏观控制效果：一是改变货币流通速度；二是改变货币定义。

（一） 改变货币流通速度

从根本上说，非银行金融机构能够而且事实上促进了支出流速的加快。当美联储试图通过紧缩性货币政策来对付通货膨胀压力时，市场上证券收益率会随可贷资金的需求而上升。这时，非银行金融机构也会迅速反应过来，以提高利率吸引储蓄。

　　如果有一位储蓄者，一直把储蓄放在商业银行作为活期存款。当他发现非银行金融机构的收益率胜于活期存款流动性较强的好处，他就会从支票账户提款转存于非银行金融机构账户。这时，货币供应量不变。原先属于存款人的活期存款现在成为非银行金融机构的资产。如果非银行金融机构用这笔款项（活期存款）购买一笔住房抵押业务，住房建造者再用这笔原先闲置的活期存款去进行建筑投资，货币量依然不变，而支出增加了。

　　在这个例子中，非银行金融机构扮演的特殊角色就是使原先的闲置存款拥有者相信，他只是失去一点流动性，而得到更吸引人的报酬。

　　观察金融机构在这方面影响的另一条途径是考察两种情况下可能出现的信用扩张。一是只有商业银行扩张；二是加入非银行金融机构。假定商业银行体系有 A、B 两家银行，其中有 100 美元超额准备金，法定准备金率为20%，没有其他准备金流出。如果只有商业银行按照倍数扩张则最后增加 500 美元信用，创造出 500 美元新的活期存款。

　　如果 A 银行最初有超额准备金 100 美元，它会全部贷出：

A银行	
贷款　+$100	活期存款　+$100

　　然后，新创造货币的借款者会签发支票给贷款人，比如说是约翰先生，他又把它存于 B 银行。B 银行则通过美联储收取钱款。

A银行		B银行	
美联储账户　−$100	借款人的活存　−$100	美联储账户　+$100	约翰先生的活存　+$100

　　这时，约翰先生如果被非银行金融机构的丰厚利息所吸引，把 100 美元转存那里，情况就如同以下：

B银行		非银行金融机构	
约翰活存 −$100		在B银行活存 +$100	约翰的存款（股份） +$100
非银行金融机构活存 +$100			

现在，非银行金融机构发现自己有了额外的流动性资金，就用 100 美元进行抵押贷款（假定它不保留准备金）。

B银行		非银行金融机构	
非银行金融机构的活存 −$100		活期存款 −$100	
抵押持有者的活存 +$100		抵押 +$100	

于是，抵押持有者将借得的资金去购买住房等，总需求上升，必须注意的是，即使非银行金融机构已经贷出 100 美元，商业银行的总准备金和活期存款都未受影响，它们仍然处于（全部）扩张可达 500 美元信用的位置上。结果是非银行金融机构促进了更大规模的可贷资金供应（尽管不是货币），加快了货币流通速度。如果没有非银行金融机构的存在，也就不会出现这些情况。

（二）改变货币定义

第二次世界大战后，美国金融市场出现许多类似货币的金融资产，它们大多是非银行金融机构发明，然后在全国推广。多样化的金融资产固然满足了各种需求，但是它们成为货币的替代品后，如果不在美联储控制之下，则可能成为美联储推行货币政策（尤其是紧缩性政策）的羁绊。

美联储通过公开市场业务活动，调节和控制交易余额的供应量。它主要就是依靠可预测的货币倍数来达到控制 M_1 的预期目标。然而，金融资产的多样化使这一工作非常困难。原因之一，替代活期存款和通货的生息资产增长迅速，使 M_1 难以成为可靠的总交易余额指标；原因之二，这些替代品的增长难以预测。而且，因为许多提供交易余额的金融机构没有责任向美联储定期汇报，所以美联储手中的金融信息也是不完整的。于是，当 M_1 变动时，究竟是总交易余额发生变动，还是公众新创造的短期资产对活期存款的替代，美联储就难以分辨了。这表明，即使货币倍数仍然比较稳定，但美联储也难以估摸出为影响总交易余额应怎样控制"高能货币"，因为 M_1 已变成不甚可靠的货币指标。

鉴于已经存在许多完全类同活期存款的资产，美联储在 1980 年改变了原有的货币定义，把 M_1 范围扩大，除原有私人持有的通货和活期存款之外，还包括其他支票存款，其中有：（1）所有 NOW 账户；（2）自动转账业务；（3）信用社股份提款账户；（4）非银行公众拥有的、除商业银行外其他存款机构发行的活期存款（以及未结算旅行支票）。即使如此，类似于 M_1 的资产还在快速增长，M_1 的定义也就模糊不清，难以回答。这样，以"高能货币"作为依据的货币政策，也就举棋不定，无所适从了。

而且，事实上，正是由于活期存款被许多其他形式的流动资产所替代，货币倍数也发生变化。因为在 1980 年之前法律规定银行持有活期存款的准备金比率（从 7% 到 16.25% 不等），高于其他替代品的法定准备金率。例如 NOW 账户的法定准备金率只为 3%。这表明如果存款人把活期存款转变为 NOW 账户或 RP^1s（回购协议，属 M_2），就会创造出超额准备金，使金融体系得以扩张贷款，增加存款负债，换而言之，货币倍数也会随活期存款转变为 NOW 账户或 RP^1s（使货币定义发生衍变）而提高。假若替代品的法定准备金率保持在很低水平，货币倍数就会变得很大。倍数越大，预测误差可能越大，对货币增长率的宏观控制也就越困难。

上述分析基本上还限于 M_1 范畴，如果再考虑第二次世界大战后美国 M_2 和 M_3 的增长速度，以及 M_2 和 M_3 对 M_1 的替代性，货币控制的效果就更加削弱了。

1980 年通过的《新银行法》在鼓励竞争、放松管制的同时，也扩大了宏观控制的范围。它规定所有创造交易账户的存款机构都得向美联储缴纳准备金，同时，对准备金比率也作了统一规定。对 2500 美元及以下的交易存款（包括活期存款、NOW 账户、自动转账存款以及类似的存款）实施的准备金比率为 3％。这些措施能够强化货币控制手段。但是，多样化已成为当今美国金融业的一大趋势，美国的货币政策能否赶上这股趋势，每当一种新资产出现，就把它纳入控制体系，这种能力是值得怀疑的。事实上，每当美联储扩大控制范围，金融市场就会出现更新的不受管制的资产（货币替代品）。更何况，计算机技术在美国的普及，使得创造出新颖的、不受管制的货币更加容易，多样化趋势更加无法逆转。于是，一方面，要鼓励竞争，让金融市场和金融机构充满活力；另一方面，要在宏观上控制货币供应量，以稳定币值、稳定经济。美国现有的货币政策手段已经难以适合要求，正面临两难境地。

一种新的货币现象：人民币对外升值与对内贬值并存[*]

一、 引言

在信用货币制度下，一国货币的对内价值就是该国货币的对内购买力。其大小由单位货币所能购买的商品和劳务决定，因此货币的对内购买力通常与一国国内物价水平呈反向相关关系。货币对外价值是指一国货币对外的兑换能力，通常通过汇率来表现，兑换的外币越多，说明对外价值越高，反之则反是。按照经典的"一价定律"（law of one price），在经过汇率折算后，除了运输成本以及其他必要的交易费用，一国货币的对内价值和对外价值应当一致。尽管由于外汇市场受到多种因素的影响，短期汇率由供求决定，但从长期来看，一国货币的价值是其经济健康程度和长期经济增长能力的体现，因而内外价值的升贬方向是一致的。

然而，我国近年来的实践表明，人民币的内外价值走向出现差异，并且有不断扩大的趋势。随着我国经济持续高速增长，外汇储备屡创新高，人民币对外升值的倾向持续增大；与此同时，人民币在国内按购买力计算的对内价值趋于下跌，其表现一是国内资产的价格（如地价、房价、股价等）大幅上升；二是消费品物价指数（CPI）虽上涨不

* 本文作者为贝多广、朱晓莉，本文载于《经济研究》2007 年第 9 期。

突出，但也已面临通货膨胀的压力，而且，在对外升值预期大于实际升值幅度的情况下，人民币也面临进一步对内贬值的压力。由此可见，人民币对外升值和对内贬值的并存已经成为一种新的货币现象。本文试图分析这种货币现象出现的原因以及其对中国的宏观经济和货币政策所形成的挑战。

二、 新货币现象的产生

首先，我们回顾人民币汇率并轨以来的汇率调整以及同期的国内通货膨胀水平。1994 年 1 月 1 日，人民币官方汇率与外汇调剂市场汇率并轨，开始实行以市场供求为基础的、单一的、有管理的浮动汇率制度。在此之前，由于人民币汇率由官方维持在较高的水平，对美元有巨大的贬值要求，同期，国内的通货膨胀率也在 1993 年、1994 年达到高峰，因此，在汇率并轨时，人民币汇率一次性下调 33.3%。其后，直到 1997 年亚洲金融危机前，人民币对外实现了小幅升值，而国内 CPI 增长率也逐步下降，实现了经济的稳定发展。从 1997 年亚洲金融危机到 2002 年，由于周边国家汇率大幅贬值，为了稳定汇率和减少金融危机的影响，我国实质上实行了盯住美元的固定汇率制度，同期经济增长受到一定程度的影响，CPI 指数也不断下降。2002 年以后，在全球经济回暖的背景下，伴随国内生产率的提高，人民币汇率逐步迎来升值预期强劲的时期，而同期国内通胀率极低，国际上出现了“中国在向全球输出通货紧缩”的言论，来自各方的人民币升值压力也不断加大。2005 年 7 月 21 日，人民币汇率制度再度改革，实行以市场供求为基础、参考一篮子货币进行调节、有管理的浮动汇率制度，人民币汇率一次性上调 2.1%。其后，人民币进入了持续升值阶段，截至 2007 年 6 月 2 日，相对汇改以来的 8.11 元/美元，人民币对美元进一步升值了 5.7%，为 7.6497 元/美元。

　　由于我国仍然实行资本账户下的外汇管制，人民币即期汇率仍在
较大程度上受到管制，无论是升或贬，都具有相当的压抑性。如果考
察离岸外汇市场上人民币远期合约的价格，能更好地发现人民币真实
对外价值和国际市场对人民币汇率变化的预期。图1将反映市场供求
的人民币12个月远期无本金交割合约价格与官方管制的人民币即期汇
率进行对比，可以看到，1998—2002年市场汇率在官方汇率之上，表
明当时市场对人民币的预期是贬值的，而自2002年开始市场汇率走到
了官方汇率之下，反映出市场对人民币的升值预期。可见，2002年是
人民币升贬值预期的分水岭（见图1）。

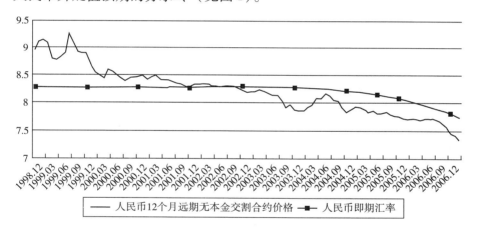

资料来源：彭博资讯。以下图4、图6及表2同。

图1　1998年以来人民币12个月远期无本金交割合约价格及人民币即期汇率

　　与此同时，国内人民币的购买力却呈现出另外一种景象。如果仅
仅考察CPI指数的变化，20世纪90年代初期我国曾经有过两位数的通
货膨胀和经济过热。1996年后在逆周期的货币政策作用下，我国的通
货膨胀率已经得到有效控制。1997年亚洲金融危机之后，CPI甚至出
现连续负增长（见表1）。实行临时的固定汇率政策、积极的财政政策
以及成熟的宏观调控手段都使得2001年以后我国GDP进入了相对稳定

的快速增长阶段。在 2002 年以前，人民币出现了对外有贬值预期，对内却小幅稳步升值（通货紧缩）的情况，同期除居民消费品外的重要投资资产价值也相对稳定。

新的货币现象发生在 2002 年以后。国内 CPI 出现了升温的迹象，但尚不显著，投资品价格和资产价格开始较大攀升，频繁的宏观调控措施相继出台，表明货币当局担忧通货膨胀的危险。

实际上，人民币对内贬值主要反映在资产领域。通常，人们习惯以居民消费品价格指数（CPI）来考察一国的通货膨胀水平，同时，也以此考察一国货币的对内购买力。然而，在货币经济高度发达的今天，很多资产都具有更大的流动性，人们已习惯于将金融资产（如债券、股票、基金以及各类有价证券），乃至实物资产（如贵金属、房地产、收藏品等）作为保值增值的手段。考察一国货币的对内价值，仅仅考察其对生活必需品、消费品的购买力是远远不够的。对于资产价格与传统意义上通货膨胀的关系，经济学界已有较多研究。从 Alchian 和 Klein（1973）跨期生活费用指数①、Shibuya（1992）的动态均衡物价指数②，到 Goodhart（1999）提出的"资产价格的变动能够准确反映未来消费的物价的变化"观点③，以及 Bryan 和 Cecchetti（1993）探讨的核心通货膨胀率④，都是试图证明资产价格与通货膨胀有直接关系，并建立一种包括各种资产价格在内的广义通货膨胀指标，旨在更加真实地反映货币的购买力。因此，在 CPI 之外，有必要进一步考察近年来我国投资资产的价格走势。

众所周知，房产和股票已成为我国居民的两大主要投资资产，近年

---

① Alchian A. A. 和 B. Klein（1973）。
② Shibuya Hiroshi（1992）。
③ Goodhart C.（1999）。
④ Bryan M. 和 S. Cecchetti（1993）。

来，它们的价格都实现了大幅增长。尽管通过宏观调控，房地产价格的增速有所回落，但仍明显高于 CPI 的增长水平。因此，如果考虑投资资产的价格因素，人民币对内正在经历一个贬值的过程。对内贬值的另一项证明就是银行存款利率实际上已是负数。当实际利率为负数时，作为 M_2 主要组成部分的银行存款已贬值。即使 CPI 的绝对值看似并不太高，但当名义利率比它更低时，实际利率就已经是负数了（见图 2）。

表 1　　　　　　　中国实际 GDP、CPI、房地产指数增长率、

上证 A 股指数和上证 A 股市盈率水平

年份	实际 GDP 增长率（%）	CPI 指数 同比增长率（%）	PPI 指数 同比增长率（%）	房地产价格 指数同比 增长率（%）	上证 A 股指数 （每年最后 一个交易日）	上证 A 股 指数平均 市盈率（%）
1998	7.8	−0.8	−4.1	1.0	1220	34.77
1999	7.6	−1.4	−2.4	0.7	1452	37.67
2000	8.4	0.4	2.8	1.2	2192	58.76
2001	8.3	0.7	−1.3	1.8	1713	46.26
2002	9.1	−0.8	−2.2	3.5	1419	34.5
2003	10	1.2	2.3	5.1	1569	36.64
2004	10.1	3.9	6.1	10.8	1330	24.41
2005	10.4	1.8	4.9	6.5	1221	16.38
2006	11.1	1.5	3.0	5.3	2815	33.38
2007−05−31						44.9
2002—2006 年 年均复合 增长率（%）	10.40	2.09	4.06	6.90	18.68	

资料来源：彭博资讯、中国国家统计局。

因此，我们判断，自 2002 年以来，人民币在对外升值的同时，对内贬值的压力正不断加大，而这一新的货币现象在我国出现，对我国的内外经济政策都将带来挑战，并可能对未来的经济发展产生深远的影响。

同时，在世界其他国家经济发展历程中，货币内外价值背离的情况也并不鲜见。

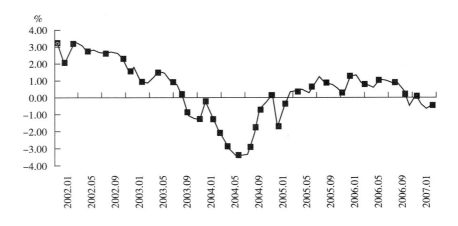

资料来源：中国人民银行、国家统计局。

图2　2002年以来中国实际利率走势

先简要考察日本20世纪80年代的资产价值膨胀情况。日本在20世纪50年代后期至1974年实现了经济的高速增长，随着经济实力的增强，日元对外升值的压力不断加大。1985年"广场协议"（Plaza Accord）后，伴随着日元的升值，日元对内的资产购买力不断下降（境内证券资产和实物资产的价格大幅攀升），而当时日本由于产业空心化和货币政策失当（陷入低利率流动性陷阱），在20世纪90年代后进入了长达十余年的经济萧条，经济增长率一直低迷甚至为负，通货紧缩持续（见图3）。

德国则是一个比较成功的例子。德国同样在"广场协议"中承诺本币对美元升值。由于德国早在1973年布雷顿森林体系解散后就逐步实现了马克的自由浮动，因此，在"广场协议"后尽管也面临本币迅速升值、国内流动性增加以及本币资产价格上扬的局面，但由于较早地解决了"蒙代尔三角"（Mundell，1971）中的汇率浮动，因而较好地掌握了货币政策的主动性，从而在很短时间内通过内部从紧的货币和财政政策，以上调基准利率来有效地控制本币对内大幅贬值风险，实现了以抑制通

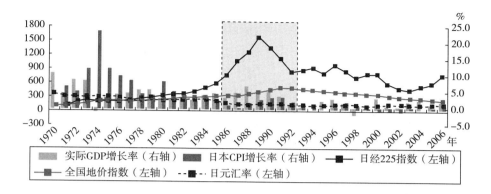

资料来源：彭博资讯、日本统计年鉴。

图 3   1970—2006 年日本股市/房地产市场情况、

当时汇率走势及当期 GDP/CPI 增长率

货膨胀为单一目标的货币政策的独立。在度过流动性冲击后，德国不但维护了本国经济的稳定，还通过在欧共体内部的协同作用，有效分担外汇投机风险，并最终在 20 世纪末推动了欧元的诞生（见图4）。

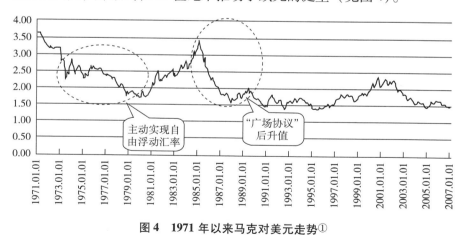

图 4   1971 年以来马克对美元走势①

———————————

①   1999 年 1 月 1 日欧元诞生，2002 年 7 月 1 日马克退出流通。图 4 中 1999 年 1 月 1 日后马克对美元的汇率，按欧元对美元汇率折算，其中 1 欧元固定换算为 1.95583 马克。

三、 人民币对外升值的原因分析

第一，我们正处于国际上美元趋贬的大背景之中，美元贬值可能是美国长期"双逆差"的结果，也可能是美国货币当局长期采取宽松货币政策的结果。从长期看，这种贬值很难改变。世界主要国家的货币普遍对美元相对升值，人民币也不会独善其身。从表 2 可以看到，在全球范围内，除了日本由于本国经济原因对美元有所贬值外，其他主要发达国家和发展中国家货币的汇率都在近三年内相对美元有较大幅度的升值。然而，人民币对美元的升值幅度一定程度上低于很多主要贸易国货币对美元的升值幅度。相对英镑、加拿大元、澳大利亚元、新加坡元以及"金砖四国"（BRICS）① 对美元汇率，人民币升值几乎是最小的，某种程度上说是压抑的。从实际有效汇率角度看，人民币对美元名义汇率的升值尚不能说明人民币在全球范围内的升值。因此，从综合贸易条件看，近年来人民币的实际汇率还没出现大的升值。反过来正说明，人民币承受着巨大的升值压力。②

表 2　　　　　　　　　近 3 年美元对主要货币走势

时间	欧元	英镑	日元	加拿大元	澳大利亚元	新加坡元	韩元	俄罗斯卢布	巴西雷亚尔	印度卢比	人民币
2004.06.30	100.0	100.0	100.0	100.0	100.0	100.0	100.0	100.0	100.0	100.0	100.0
2004.09.30	98.5	100.7	101.8	94.7	96.6	98.2	99.7	100.5	91.8	99.8	100.0
2004.12.31	89.0	93.9	94.1	89.7	88.9	94.9	89.6	95.4	85.4	94.4	100.0
2005.03.31	93.8	96.2	98.2	90.1	89.5	95.8	87.9	96.0	86.1	95.0	100.0
2005.06.30	100.9	101.0	101.7	91.6	91.1	98.0	89.4	98.6	75.8	94.5	100.0
2005.09.30	100.9	102.6	104.1	86.8	91.0	98.3	90.2	98.1	71.3	95.7	97.8
2005.12.30	102.8	105.1	107.9	86.4	94.4	96.7	87.2	99.0	74.8	97.9	97.5
2006.03.31	100.5	104.4	108.1	86.5	97.2	94.1	84.1	95.4	70.4	96.8	96.9

---

① Goldman Sachs Global Economics Group（2006）.

② 国际金融界称之为"人民币的低估"。

续表

时间	欧元	英镑	日元	加拿大元	澳大利亚元	新加坡元	韩元	俄罗斯卢布	巴西雷亚尔	印度卢比	人民币
2006.06.30	95.6	98.8	105.3	82.6	93.2	92.2	82.1	92.7	70.2	100.0	96.6
2006.09.29	95.9	96.9	108.3	82.8	92.9	92.1	81.9	92.2	69.9	99.8	95.5
2006.12.29	92.3	92.3	109.2	86.1	87.7	89.1	80.5	90.6	68.7	96.0	94.3
2007.03.30	91.4	92.5	108.4	85.7	85.8	88.2	81.4	89.6	65.8	93.4	93.3
累计对美元升值幅度（％）	8.6	7.5	−8.4	14.3	14.2	11.8	18.6	10.4	34.2	6.6	6.7

注：为了便于比较，各国货币汇率均在转为直接标价法后，以100为起点。

　　第二，中国经济增长强势背景下，中国国际收支双顺差。人民币对外升值最直接和明显的原因是国际收支变化的结果。多年来，我国的对外贸易顺差持续增长，1996年的外贸盈余为122.8亿美元，2006年增至1774亿美元，10年的年均复合增长率达到30.6%。加之我国的出口贸易中60%以上是出口加工贸易。人民币的小幅升值将使加工贸易的原材料变得更为便宜，使外国直接投资所需引入的设备和专利技术的进口更为便宜，从而降低了出口加工贸易企业的生产成本，并降低了国际产业布局调整的"成本"，进而鼓励出口导向型企业的增加以及出口的增长（见图5）。

10亿美元

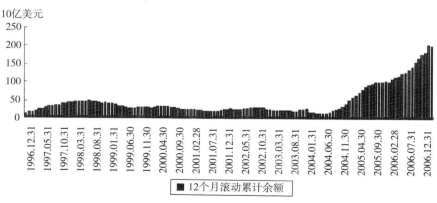

资料来源：CEIC。

图5　中国历年的贸易盈余

考察同期的资本项下的外汇流动，我们还可以发现，1997 年以来流入中国的外国直接投资（FDI）实现了稳步增长，而外国投资者在国内进行的证券组合投资一直微乎其微。但同时，如果分析代表一国资本项下外汇流动的指标——"非 FDI 资本流动"，即用国际收支平衡表中的储备变动额减去经常项目差额，再减去直接投资差额后的余额（它可以用来考察除直接投资外的资本项下的外汇流动），就可以看到 1997 年以来中国的资本项下非 FDI 外汇流动经历了外流→外流规模扩大到缩小→外流变为内流→2005 年汇率制度改革后又外流的过程。资本项下外资的大规模流入也是经常项下贸易顺差以外流推动人民币升值的一种力量，而这几年非 FDI 资本流动的变化说明在人民币汇改前，由于人民币的对外价值由贬值预期向升值预期转化，外汇非 FDI 资本由外流转为内流，而随着外汇流入，国内资本充裕以及人民币汇改后人民币的不断升值，部分内资可以进行国外证券投资，部分升值收益兑现的外资流出，近两年外汇资本出现了净流出。随着国内经济情况的变化以及人民币对外币升值预期的维持，非 FDI 资本流动将如何进一步变化还有待考察（见表3）。

表3　　　　　　1997 年以来中国的资本项下外汇流动情况　　单位：亿美元

年份	FDI	证券组合投资	非 FDI 资本流动
1997	416.74	69.42	(429.13)
1998	411.18	(37.33)	(661.63)
1999	369.78	(112.34)	(495.87)
2000	374.83	(39.91)	(474.54)
2001	373.56	(194.06)	(74.36)
2002	467.90	(103.42)	(67.04)
2003	472.29	114.27	239.19
2004	531.31	196.90	845.73
2005	678.21	(49.33)	(216.23)
2006	602.65	(675.58)	(631.06)

资料来源：国家外汇管理局。以下图 8 同。

第三，随着我国国力的增强，周边国家对人民币的认可度不断提高，人民币在边境地区的使用增加。历史上使用金属货币的年代里，出现过所谓"劣币驱逐良币"的格雷欣法则，而在纸币年代，人们还是倾向于多持有具备升值前景的"良币"而放弃面临贬值风险的"劣币"。我们观察到，随着外汇市场对人民币升值预期的增强，在周边国家出现了"良币驱逐劣币"的现象。即当人民币升值预期较强，而在官方市场上，人民币汇率保持稳中小幅升值的情况下，周边国家在贸易中将更趋向于选择人民币而不是本币作为收款货币，从而提高了人民币在周边国家的流通量。[①]

事实上，2005年7月21日汇率制度改革后，在香港，不断走强的人民币正在挑战着港元的权威，香港居民正被迫在港元与人民币之间作出痛苦的选择。紧邻香港而居的中国内地居民近来已不再青睐港元。在深圳，不仅是出租车司机，就连星巴克也开始拒收港元和美元了。香港的部分商店已拒绝接受港元硬币，因为港元的贬值导致银行上调了受理硬币存款的收费。从人民币及港元的汇率走势我们可以清晰地看到这一现象背后的人民币强势现实（见图6）。

综上所述，我们看到，在内外多方面因素的作用下，人民币对外升值压力不断积累，且近期人民币对外升值正在加速。

四、 人民币对内贬值的原因和状况

如果说当今中国的货币对外升值已显而易见的话，货币的对内贬值可能还若隐若现。从CPI的数据来看，自1996年之后，CPI同比增长率从来没有超过5%，相当长时期还是通货紧缩，即CPI同比出现负

---

① 这方面的数据相对缺乏官方统计，但可从边贸以及周边市场在结算时对人民币的接受程度观察到。

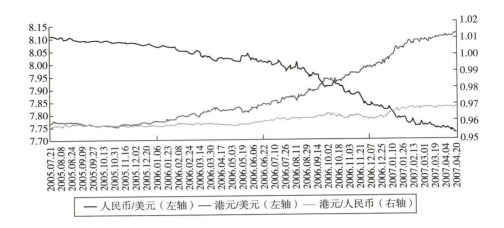

注：由于香港实行联系汇率制，港元兑美元汇率在7.8附近窄幅波动，因此，人民币兑美元的升值过程就是人民币兑港元的升值过程。

图6　2005年汇率改革以来人民币和港元兑美元的汇率及
人民币兑港元的交叉汇率走势

增长。2003—2004年的CPI上升也只能算是温和的通货膨胀。从更为专业的指标来观察，利率水平长期走低，收益率曲线更是呈现出平坦的迹象，① 这似乎反映了人们对通货膨胀的预期是相当微弱的。人民币是否在对内贬值？似乎是有疑问的。

但是，货币学的常识告诉我们，当过量货币追逐物品时，物价会上涨。中国的货币供应量到底多不多？这是回答人民币是否已经或正在面临对内贬值的关键所在。

一国的货币供应量主要由内源货币和外源货币形成。内源货币主要是银行信贷创造货币的机制；外源货币则是外汇储备的积累产生对应的国内货币（参见贝多广，1988）。我们先来看近几年我国银行信贷

---

① 当我们正在进行本课题研究的过程中，收益率曲线已经出现上移和变陡的倾向。这有助于证实本文的观点。

增长情况。从 2003 年以来我国金融机构的贷款余额的净增加额可以看到，由于 2003 年以来国内商业银行逐步进行改革，内部控制加强，月度贷款余额的增加具有一定的波动性。与此同时，从整个金融体系的贷存比看，2003—2006 年四年间下降了约 10%（见图 7）。也就是说，在基础货币供给的增长中，商业银行信贷实际上是负增长。

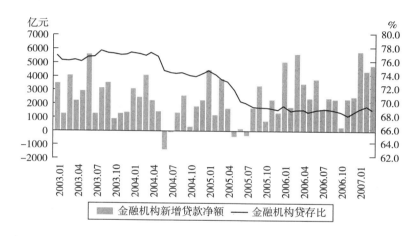

资料来源：中国人民银行。

图 7　2003 年以来金融机构贷款月度净增加额和贷存比

在外源货币方面，图 8 展示了 1998—2006 年我国外汇储备增加额的情况。在我国现有的结售汇制度下，外汇储备的增加导致货币供应量的大幅增加。当人民币与美元汇率为 1:7.7 时，1 万亿美元的外汇储备就会创造出 7.7 万亿元的人民币（这里仅指存量概念）。通过分析 1998 年以来外汇储备每年的净增加额可以看到，2001 年以来，由于净国外资产带来的基础货币增加迅速扩大，从 2004 年开始每年带来的基础货币投放一直超过 15000 亿元。为此，人民银行采取了对冲措施，从 2003 年开始发行中央银行票据，并择时定向发行。在图 9 中，人民银行净信贷投放主要就反映了中央银行的收缩性措施，2002 年以来的多数年份都表现为负数。2004 年、2005 年、2006 年中央银行票据的净增加额分别高达 8331 亿元、8992 亿元、9600 亿元，但仍不足以对冲外汇占款带来的基础货币增量。由此可见，外汇储备的增长不但抵消了整个银行系统的信贷下降，还使基础货币供给的增长维持在 10% 附近。

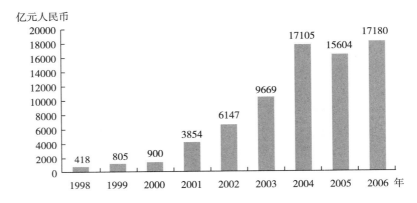

注：数据已按当年年末人民币兑美元汇率折成人民币。

图 8　1998—2006 年外汇储备净增加额

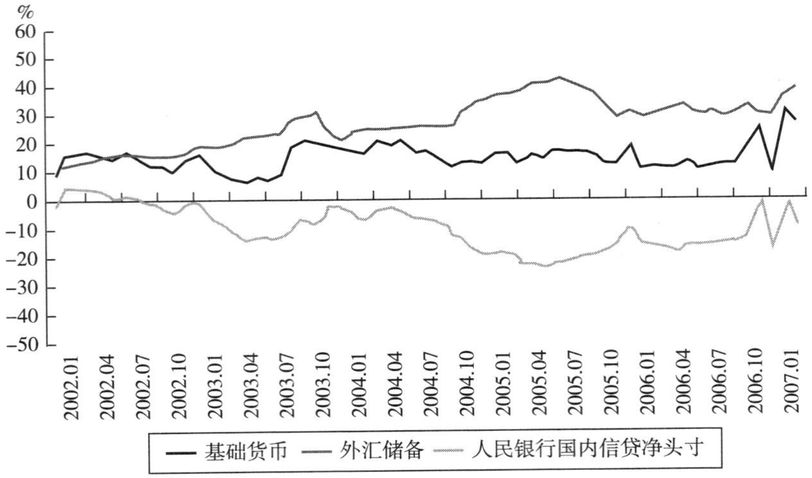

资料来源：中国人民银行、CEIC。

图 9　人民币基础货币增速构成

正由于外汇储备大幅增加，基础货币投放也变得难以控制。在此基础上，比较近年来我国 M_0、M_1、M_2 的增速和 GDP 的增速，可以看到，不论何种货币供应口径下，与实体经济的需求相比，货币供应量都显得偏高。[①] 结果就形成了所谓的"流动性过剩"（见表4）。

表4　　　　2002 年以来 M_0、M_1、M_2 增速及 GDP 增速　　　单位:%

时间	M_0 同比增速	M_1 同比增速	M_2 同比增速	GDP 增长率
2002Q1	8.2	10.1	14.4	8.0
2002Q2	8.3	12.8	14.7	8.0
2002Q3	7.8	15.9	16.5	8.1
2002Q4	10.1	16.8	16.8	8.1
2003Q1	10.1	20.1	18.5	10.3
2003Q2	12.3	20.2	20.8	7.9
2003Q3	12.8	18.5	20.7	9.6
2003Q4	14.3	18.7	19.6	9.9
2004Q1	12.8	20.1	19.1	9.8
2004Q2	12.2	16.2	16.2	9.6
2004Q3	12.1	13.7	13.9	9.1
2004Q4	8.7	13.6	14.6	9.5
2005Q1	10.1	9.9	14.0	9.9
2005Q2	9.6	11.3	15.7	10.1
2005Q3	8.5	11.6	17.9	9.8
2005Q4	11.9	11.8	17.6	9.9
2006Q1	10.5	12.7	18.8	10.4
2006Q2	12.6	13.9	18.4	11.5
2006Q3	15.3	15.7	16.8	10.6
2006Q4	12.7	17.5	15.7	10.4

资料来源：国家统计局。

---

①　由于货币流通速度较难量化，是否货币供应增速高于 GDP 增速就意味着流动性过剩一直是理论界争论的议题，但仅从增量指标对存量余额的影响看，货币增速持续高于 GDP 增速至少意味着货币供应与实物交易产生的货币需求的缺口在不断拉大，且从我国历年数据看，这一缺口在加速扩大。因此，只要我们相信货币流通速度在短期内相对稳定，在长期内也不必然是一种持续减缓的过程，就可以合理判断目前我国货币供应量处于过剩状态。

既然流动性如此泛滥，货币供应量如此膨胀，为什么反映不到传统意义上的物价上涨或通货膨胀呢？CPI 为何上涨如此迟缓呢？我们的解释是：第一，消费品中大多数物品仍然供大于求，存在结构性过剩现象，如服装等一般日用品；第二，人们日益明白面临通货膨胀时，与其大肆抢购日用品还不如买一套房屋保值，行为发生了变化；第三，由于政府继续对基础资源类物品（如水、电、气、交通费等）进行价格管制，CPI 实际上也是扭曲的，或者说是低估的。

在基础货币投放增加的情况下，由于我国基本生活必需品尤其是水、电、煤、气等的价格基本固定，而居民消费品的消耗也是有限的。因此，货币投放的增加将进一步扩大对投资资产的需求。而与此同时，为了避免本国高利率引起的外资流入，近年来我国的基准利率一直维持在较低水平。这样，在资产价格上升时，其抵押价值增加，而抵押贷款成本却远低于资产价格同期增幅。从而形成了基础货币供应增加，推高资产价格；资产价格提升，提高资产抵押后可贷资金规模；资产抵押贷款资金进一步用于购买投资资产；资产价格泡沫被逐渐吹起这样一种循环。而在此情况下，以货币能够购买到的资产量计算的人民币对内价值显然进入了下跌通道。

因此，顺应居民调整金融资产结构的需求和证券市场财富效应的显现，2006 年下半年以来，居民储蓄存款由银行向资本市场迁移。经济中的"流动性过剩"对我国的股票市场造成了一场"流动性冲击"。由于我国股票市场的规模依然较小，我国 A 股流通市值与货币供应量、储蓄存款规模的比值远小于周边国家。当居民储蓄向股市转移时，短时间内股票价格就被急剧推高（见表5）。

表 5　　　　　　　　　　**中国股票市场供应规模相对太小**

国家（地区）	M₁/股票市场市值	M₂/股票市场市值	存款/股票市场市值	居民储蓄存款/股票市场市值	机构存款/股票市场市值
中国	4.24	11.57	11.61	5.32	6.29
印度	0.12	0.12	0.71	NA	NA
印度尼西亚	0.29	1.13	1.07	0.47	0.6
韩国	0.49	1.60	0.82	0.44	0.38
马来西亚	0.17	0.85	0.95	0.36	0.59
泰国	0.18	1.36	1.61	1.1	0.51
中国台湾	0.39	1.21	1.22	0.92	0.3

注：中国股票市值以可流通市值（不在禁售期内的可上市流通股份）计算，数据截至 2007 年 1 月 31 日，中国以外市场市值数据截至 2006 年 12 月 31 日。

资料来源：CEIC、中国人民银行。

通常一国货币当局以消费物价指数作为货币政策的先行指标，以这一指标是否过高来决定一国的基准利率调整和货币投放。而我们关注到的是，随着资本市场的发展和资产流动性的增强，许多非货币投资资产已日益具有较强的流动性，成为人们财富持有的重要手段。但与此同时，它们往往价格波动大且风险高，房地产和股票就是明显的代表。对于本国居民而言，消费品和投资类资产都是其货币交换标的，而且后者是其财富的主要构成部分，因而在计算本币的购买力或者说价值时理应加入本国投资资产的价格成分。

我们尝试着将资产因素综合考虑以后，计算出一个更加反映货币购买力的物价指数。Alchian 和 Klein（1973）指出，货币当局在考察物价水平以制定货币政策时需要关注一般意义上的货币购买力，而不仅仅是即期消费品的价格水平。为考察一般意义上的货币购买力，需要引入名义持久收入（nominal permanent income）概念，在个人的跨期消费支出中，必然有部分当期收入被储蓄作为未来购置资产的储备。这时，分析货币购买力需要考虑名义持久收入的跨期折损（deflation）。因此，可以发现，如果价格指数中未包含衡量即期货币的未来购买力的资产价格，当资产价格的变动幅度与消费品价格变动幅度不一致时就会产生"未纳入商品偏差"（excluded goods bias）。

Pollack（1989）、Shibuya（1992）、Wynne（1994）、Shiratsuka（1999）、Flemming（1999）、Goodhart 和 Hofmann（2000）分别对用生活成本指数（the cost–of–living index）和将资产价格纳入价格指数以衡量通货膨胀水平进行了实证分析。这些实证研究通过不同方法计算了如果考虑消费品之外的其他商品或资产价格，整体价格指数的变动情况，但并未解释资产价格变动与普遍意义通货膨胀的关系。

因此，为了更好地衡量通货膨胀水平并对一国的货币政策起到信号作用，需考察如何将资产价格纳入价格指数，这里包括考虑哪些资产的价格以及如何确定各类资产价格的权重的问题。Bryan 和 Cecchetti（1993）指出在计算价格指数时要排除不同商品和资产价格变动的干扰信息。某类商品或资产的价格的变动原因可分为两类：一类是整体价格水平变动产生的价格波动，另一类是由于消费偏好、技术进步以及替代品的推出等原因导致的相对价格变动。如果要衡量普遍意义上的整体价格变动情况，进而为货币政策提供参考，就必须排除后一类价格变动的干扰。为此，假设不同商品价格的后一类变动是相互独立且随机的，因而，选用一定的权重可以使这类价格变动相互抵消，也就是说反映各类商品自身特殊原因导致的价格变化在合适的权重下将合计为零。而采用这样的权重计算整体价格指数就能够动态地排除与普遍意义上的通货膨胀无关的干扰信息。为此，Bryan、Cecchetti 和 O'Sullivan（2002）提出了一种权重计算方法。首先假设：

$p_{it} = \pi_t + x_{it}$，即 i 商品的价格变动等于反映整体价格水平变动的 π 与其自身特殊因素引起的价格变动 x 之和。

Ψ (L) $\pi_t = \delta + \xi_t$；θ_i (L) $x_{it} = \eta_{it}$；其中，Ψ (L)，θ_i (L) 是多项式向量，ξ_t，η_{it} 是独立同分布的随机变量，因而，π_t 和 x_{it} 都满足二阶自回归方程（AR (2)）。

因此，根据移动平均最小二乘法求解效用函数，可以得到：$\hat{\pi}_t = \sum_i \hat{\omega}_i$ (L) p_{it}。其中，$\hat{\omega}_i$ 在简单方差加权价格指数中的值：$\omega_i = \dfrac{\dfrac{1}{\sigma_i^2}}{\sum\limits_{i=1}^{N} \dfrac{1}{\sigma_i^2}}$。

这里，σ_i^2 代表商品 i 价格变化的方差。

从价格包含的信息而言，理想的价格指数应包括所有的商品和资产，并用上述公式计算各类商品、资产价格的权重，从而最终计算价格指数。当用于计算价格指数的商品篮子中的商品种类越少，或者越简化时，计算得到的价格指数的"未纳入商品偏差"越大。

为计算我国纳入资产价格后的通货膨胀率，考虑除现有 CPI 中包含的商品外，首先应加入工业产品出厂价格（计算时以 PPI 来换算）和房产价格；其次，考虑是否应该纳入金融资产的价格，尽管金融资产与实物资产无关，但由于金融资产反映了对实物资产未来收益的所有权，且金融资产是居民用于对拟用于跨期消费的储蓄进行保值的重要手段，因而金融资产起到了媒介各期消费和平滑居民支出曲线的作用。但同时，由于金融资产价格波动较实物资产激烈和迅速，因而其价格波动中包含的普遍意义上的货币购买力变化信息占比可能较小，其更多地反映了不同时间点上投资者对未来价格预期的变化；同时，金融市场发达程度不同、国家的金融资产在居民资产组合中的地位不同，其价格变动对居民未来购买力的影响也不同，而我们预期对中国居民而言，尽管金融资产价格变动日益受到关注，但其对货币购买力的影响还处于起步阶段。

在上述分析的基础上，我们选取现有 CPI、PPI 以及囊括同类资产最全的反映我国房产、股票和债券的三个指数——中房指数、A 股指数和债券总指数①来计算在"简单方差加权价格指数"方法下我国的通货膨胀水平（见表 6 至表 9）。

表 6　2002 年以来 CPI 累计值、PPI 月度值、A 股指数月度值、债券总指数月度值、中房指数季度值

时间	CPI 累计值	变化率（%）	PPI 月度值	变化率（%）	A 股指数	变化率（%）	债券总指数	变化率（%）	中房指数季度值	变化率（%）
2002.01	99		95.81		1537.51		100.912			
2002.02	99.5	0.5	95.8	-4.2	1578.26	2.7	101.576	0.7		
2002.03	99.4	-0.1	96.02	-4.0	1673.35	6.0	102.992	1.4	104.3	4.3
2002.04	99.3	-0.1	96.94	-3.1	1742.26	4.1	104.635	1.6		
2002.05	99.2	-0.1	97.37	-2.6	1590.08	-8.7	106.14	1.4		
2002.06	99.2	0.0	97.52	-2.5	1810.47	13.9	105.228	-0.9	102.8	2.8
2002.07	99.2	0.0	97.66	-2.3	1726.71	-4.6	104.103	-1.1		
2002.08	99.2	0.0	98.27	-1.7	1741.89	0.9	103.268	-0.8		
2002.09	99.2	0.0	98.62	-1.4	1647.87	-5.4	103.566	0.3	104	4.0
2002.10	99.2	0.0	98.97	-1.0	1565.45	-5.0	102.895	-0.6		
2002.11	99.2	0.0	99.59	-0.4	1476.02	-5.7	103.059	0.2		
2002.12	99.2	0.0	100.41	0.4	1397.95	-5.3	103.766	0.7	103.5	3.5
2003.01	100.39	1.2	102.38	2.4	1539.01	10.1	104.189	0.4		
2003.02	100.29	-0.1	103.97	4.0	1552.53	0.9	104.674	0.5		
2003.03	100.5	0.2	104.6	4.6	1541.6	-0.7	105.126	0.4	104.8	4.8
2003.04	100.63	0.1	103.62	3.6	1539.45	-0.1	105.674	0.5		
2003.05	100.64	0.0	101.96	2.0	1602.85	4.1	106.065	0.4		
2003.06	100.6	0.0	101.34	1.3	1496.57	-6.6	105.579	-0.5	105	5.0
2003.07	100.58	0.0	101.39	1.4	1478.14	-1.2	106.329	0.7		
2003.08	100.62	0.0	101.38	1.4	1428.12	-3.4	106.201	-0.1		
2003.09	100.68	0.1	101.37	1.4	1365.57	-4.4	104.262	-1.8	104.1	4.1

---

① 中房指数包含样本城市的商品住宅、办公楼和商业用房的价格；A 股指数包含上海和深圳 A 股的全部上市公司；债券总指数包含现仍发行在外的所有债券。选取这三个指数是为了尽可能广地考虑所有可交易资产，同时，指数所涵盖的资产越多，各资产内部的特殊信息相互抵消后更能反映共同的价格变动。

续表

时间	CPI 累计值	变化率（%）	PPI月度值	变化率（%）	A股指数	变化率（%）	债券总指数	变化率（%）	中房指数季度值	变化率（%）
2003.10	100.8	0.1	101.2	1.2	1334.68	-2.3	103.146	-1.1		
2003.11	100.99	0.2	101.92	1.9	1369.56	2.6	103.112	0.0		
2003.12	101.17	0.2	102.99	3.0	1447.64	5.7	104.665	1.5	105.1	5.1
2004.01	103.2	2.0	103.47	3.5	1539.99	6.4	103.688	-0.9		
2004.02	102.63	-0.6	103.54	3.5	1639.76	6.5	103.842	0.1		
2004.03	102.77	0.1	103.99	4.0	1701.09	3.7	103.359	-0.5	107.7	7.7
2004.04	103.02	0.2	105.01	5.0	1540.13	-9.5	100.568	-2.7		
2004.05	103.29	0.3	105.7	5.7	1499.96	-2.6	101.258	0.7		
2004.06	103.57	0.3	106.4	6.4	1337.01	-10.9	101.617	0.4	110.4	10.4
2004.07	103.8	0.2	106.38	6.4	1322.45	-1.1	102.368	0.7		
2004.08	103.98	0.2	106.81	6.8	1273.78	-3.7	101.848	-0.5		
2004.09	104.12	0.1	107.9	7.9	1334.86	4.8	102.189	0.3	109.9	9.9
2004.10	104.13	0.0	108.43	8.4	1261.15	-5.5	101.971	-0.2		
2004.11	104.01	-0.1	108.1	8.1	1283.21	1.7	101.357	-0.6		
2004.12	103.88	-0.1	107.07	7.1	1204.62	-6.1	102.135	0.8	110.8	10.8
2005.01	101.91	-1.9	105.81	5.8	1131.49	-6.1	102.688	0.5		
2005.02	102.93	1.0	105.38	5.4	1239.29	9.5	103.813	1.1		
2005.03	102.85	-0.1	105.64	5.6	1118.8	-9.7	104.866	1.0	109.8	9.8
2005.04	102.59	-0.3	105.78	5.8	1089.05	-2.7	106.344	1.4		
2005.05	102.42	-0.2	105.9	5.9	997.78	-8.4	107.331	0.9		
2005.06	102.29	-0.1	105.24	5.2	1003.85	0.6	108.85	1.4	108	8.0
2005.07	102.22	-0.1	105.19	5.2	996.93	-0.7	110.611	1.6		
2005.08	102.1	-0.1	105.26	5.3	1085.02	8.8	110.841	0.2		
2005.09	101.96	-0.1	104.5	4.5	1081.64	-0.3	111.8474	0.9	106.1	6.1
2005.10	101.89	-0.1	104.01	4.0	1020.71	-5.6	112.4451	0.5		
2005.11	101.83	-0.1	103.21	3.2	1026.4	0.6	111.4732	-0.9		
2005.12	101.81	0.0	103.22	3.2	1085.19	5.7	112.9149	1.3	106.5	6.5
2006.01	101.89	0.1	103.05	3.1	1178.81	8.6	114.0205	1.0		
2006.02	101.37	-0.5	103.01	3.0	1220.24	3.5	114.0773	0.0		
2006.03	101.18	-0.2	102.49	2.5	1232.35	1.0	114.223	0.1	105.5	5.5
2006.04	101.19	0.0	101.87	1.9	1380.78	12.0	114.0111	-0.2		
2006.05	101.23	0.0	102.43	2.4	1622.82	17.5	114.1708	0.1		
2006.06	101.27	0.0	103.52	3.5	1663.45	2.5	113.5044	-0.6	105.7	5.7
2006.07	101.24	0.0	103.58	3.6	1535.63	-7.7	113.0337	-0.4		

续表

时间	CPI 累计值	变化率（%）	PPI 月度值	变化率（%）	A 股指数	变化率（%）	债券总指数	变化率（%）	中房指数季度值	变化率（%）
2006.08	101.25	0.0	103.4	3.4	1588.1	3.4	113.7932	0.7		
2006.09	101.28	0.0	103.45	3.5	1666.2	4.9	115.0697	1.1	105.5	5.5
2006.10	101.29	0.0	102.9	2.9	1724.46	3.5	115.762	0.6		
2006.11	101.34	0.0	102.78	2.8	1966.08	14.0	115.8067	0.0		
2006.12	101.47	0.1	103.05	3.1	2427.6	23.5	115.8752	0.1	105.3	5.3
2007.01	102.17	0.7	103.3	3.3	2631.14	8.4	116.124	0.2		
2007.02	102.44	0.3	102.6	2.6	2771.5	5.3	116.0543	-0.1		
2007.03	102.72	0.3	102.65	2.7	3073.11	10.9	115.6718	-0.3	105.9	5.9
2007.04	102.8	0.1	102.87	2.9	3730.72	21.4	115.2766	-0.3		

注：表中 CPI 累计值、A 股指数、债券总指数为累计值，其对应的商品和资产价格变化率＝（当期值/上期值）－1，PPI 月度指数和中房季度指数为环比值，其对应的生产资料和资产价格变化率＝（当期值－100）/100。

资料来源：中国国家统计局、天相、财汇金融、CEIC。

表 7 不同期间上述大类指数变动率的方差 单位：%

	2002 年 1 月至 2007 年 4 月	2003 年 1 月至 2007 年 4 月	2004 年 1 月至 2007 年 4 月
CPI	0.0019	0.0023	0.0026
PPI	0.0852	0.0343	0.0302
A 股指数	0.5593	0.5752	0.6782
债券总指数	0.0072	0.0068	0.0067
中房指数	0.0547	0.0472	0.0435

从上述计算可以看到，在三个不同的时间段中，加入资产价格因素后，新价格指数的涨幅都明显高于原 CPI 指数的同期涨幅。

通过"简单方差加权"方法计算不同资产价格权重可以看到：

第一，在三个不同的时间段的考察中，越临近当前的时段，资产价格在新指数中的权重越高，这可以通过近年来货币供应量一直增长较快，而居民可支配收入中消费占比下降来解释，即近年来居民的投资开支或经过居民储蓄转入实业经济部分的生产资料投资占比上升，从而使总体价格指数中实物资产的权重提高。

表 8　　　　　　　不包括金融资产不同期间新价格指数权重及

涨幅与同期 CPI 涨幅比较　　　　　　单位:%

	2002 年 1 月至 2007 年 4 月	2003 年 1 月至 2007 年 4 月	2004 年 1 月至 2007 年 4 月
新价格指数权重			
CPI	94.49	89.62	87.09
PPI	2.15	6.01	7.62
中房指数	3.35	4.37	5.29
新指数期间涨幅	3.82	6.17	4.35
CPI 同期涨幅	2.09	3.63	1.61

　　第二，如果不考虑金融资产价格，PPI 随着时间段的临近，在新指数中的权重增长较快，这是否反映了近年来我国生产资料价格包含了较多的整体价格水平信息，因而应该在未来的货币政策参考指标中加大对 PPI 的考量。

　　第三，如果加入金融资产价格，新的价格指数的涨幅要大于不考虑金融资产价格的新价格指数涨幅，这说明在我国金融资产已经包含了一定程度的普遍价格波动信息。同时，也意味着尽管货币当局不需以金融资产价格的变动为货币政策的指针，但需密切关注金融市场的动向。

表 9　　　　　　　包括金融资产的不同期间新价格指数权重及

涨幅与同期 CPI 涨幅比较　　　　　　单位:%

	2002 年 1 月至 2007 年 4 月	2003 年 1 月至 2007 年 4 月	2004 年 1 月至 2007 年 4 月
新价格指数权重			
CPI	75.0	68.6	64.5
PPI	1.7	4.6	5.6
A 股指数	0.3	0.3	0.3
债券总指数	20.3	23.2	25.6
中房指数	2.7	3.3	3.9
新指数期间涨幅	6.45	7.76	6.22
CPI 同期涨幅	2.09	3.63	1.61

第四，在包含金融资产价格的新指数中，债券总指数的权重非常突出，房产价格的权重也要远大于股票的权重。这一结果可能是由于中国的金融结构中依然是信贷占主导地位，因而传统金融机构的资金运用主要集中于债券市场，对应地，债券是绝大部分资金的保值渠道，因而债券价格的变动在总商品资产篮子中的权重更高；而在住房制度改革后，房产作为居民必要生活和投资资产，其在居民整个支出结构中的比重也不断提高，因而相对于股票，房产价格的变动对考察人民币对内购买力的意义更大。与前两者对应，随着中国证券市场的发展，股票的价格效应将逐步显现，而在当前其对整体通胀水平的影响力还相对较弱。

因此，在考察货币对内价值时，不能仅以 CPI 为衡量标准，综合考察资产价格，才能更好地判断本国的货币情况。当我们把视野扩大到更广范围，即包括各类资产如土地、房产、股票以及各种投资品（如邮票、艺术品、古董家具等）市场，情况就比较明了了。从我国目前的资产价格现状来看，投资资产供应不足，过多的流动性追逐有限的投资品种造成证券、房产等的价格高企。从长期来看，过多的货币必然表现为货币贬值。

五、 人民币对内贬值对外升值并存对货币政策乃至宏观调控的挑战

人民币在对外价值和对内价值上出现不同方向的走向，似乎是一件异常的事情。然而，通过分析发现，对外升值与对内贬值却相互关联，甚至在某些情况下互为因果。

近 30 年以来，鼓励出口的政策培育了以出口导向型为特征的中国经济，"世界工厂"在中国的珠三角、长三角以及更大范围的沿海省份逐渐形成。对于宏观经济和货币政策产生直接影响的就是持续的贸易

顺差，尤其是 2004 年以来，主要由顺差所累积起来的外汇储备更是以不可遏制的速度飞跃性扩大，成为国内货币供应量的最重要源泉。在这种格局下，出口越多，顺差越大，外汇储备就越大，货币供应量也就越大。同时，由于我国汇率制度改革起步不久，尤其是亚洲金融危机后的一段时间实际实行的是固定汇率制度。因此，汇率的调节灵活性较小，这时由于人民币升值压力无法通过调整汇价释放，对内的通胀压力就同步积累。简单地说，压抑的对外升值会加剧对内贬值。由此可见，正是中国经济目前的特征造成了货币在国内贬值的倾向。

如前所述，今天的货币对内贬值，已不是简单意义上的以消费品物价膨胀为代表的通货膨胀，而是资产价格的稳步上升。资产与一般消费品最大的区别在于，资产有良好的二级市场，诸如股票市场和房地产市场，土地更因其供给刚性而日益供不应求。于是，当流动性泛滥时，典型的"货币幻觉"主要表现在资产市场上。明明是同一股票须用更高的价格购买，同一房屋须用更多的货币购买，但大多数人不觉得是货币贬值了，而是资产升值使然。在二级市场上，人们以为总会有人用更加高昂的价格来接盘。这种预期促使更多的人用更多的货币投入资产市场。于是，资产价格膨胀就不可避免了。值得注意的是，在这一过程中，海外资金（当然是以外汇形式）也扮演了推波助澜的角色。

综上所述，人民币的对外升值与对内贬值交织在一起，成为近几年我国货币领域的一种新现象。而且，考虑到劳动力供应、出口导向型经济的转轨、内需提振以及经济的强势性等因素，这一现象很可能具有长期性。

这一新的货币现象给予货币政策乃至宏观调控带来新的挑战。当前，货币政策的目标，一方面，要抵御对外升值的压力；另一方面，要防止对内贬值的趋势，已是腹背受敌。已有的货币政策工具，诸如调整法定准备金率、调整基准利率、通过买卖中央银行票据来进行公开市场操作等，对局势的恶化起到了一定的遏制作用，但持久的有效性日益受到怀疑。

我们认为，以下两个方面从中长线看是缓解所处困境的可能出路。

首先，进一步发挥资本市场的战略性作用（参见贝多广，2004）。当前，过剩的流动性已经涌入资本市场，一方面资本市场是过剩资金自我寻求出路的必然渠道，另一方面也是改善我国整体金融结构和提高资本配置效率的必然途径。近几年，国内外的理论和实践表明直接金融的效率高于间接金融，过去，中国的资本市场由于信息披露问题、政策管制问题往往缺乏资金，总是处于缺血状态。现在我国资本市场在流动性充裕的大环境下已经获得了巨量资金的参与，目前股票流通市值3.5万亿元，机构持有1.69万亿元，散户约1.8万亿元，其中机构是指基金、保险和QFII。此时正是平稳实现投机与投资的过渡，以及更好地发挥直接融资作用的最佳时机。同时，通过扩大资本市场供给舒缓流动性压力，并使我国的资本定价更为有效，对我国经济的长期稳健发展也具有重要意义。因此，在警惕我国的A股市场在短期内积聚泡沫的同时，也要考虑用增加供给的方法来疏导巨额的资金，一方面，可以通过进一步推进A股市场公开发行的市场化改革来加速新股上市，并通过适量减持国有股充实社保基金；另一方面，也可以借机调整我国一直极度失衡的直接融资和间接融资比重，使资本市场成为信贷资金以外的推动中国企业发展的重要融资渠道，更好地发挥资本配置的作用。

其次，加快人民币汇率改革步伐和推进人民币国际化。鉴于新的货币现象主要是由经济的外向性质以及派生的顺差导致外汇流入形成的，政策的着重点似乎还应该在对外经济方面。可以看到的两个方面：一是汇率，二是国际收支。如果说压抑的对外升值确实会加剧对内贬值的话，汇率政策上作更大的调整就是理所当然了。在目前有管理的汇率机制下，加快推进汇率制度改革，放宽人民币汇率浮动期间，短期内加快人民币升值步伐可能是变被动为主动的一项重要选择。在国际收支方面，目前仍然限制资本流动，尤其对人民币的外流限制，已是一种过分保守的制度安排。在开放经济条件下，国际收支制度的改革已不能满足于"存汇于民"或放宽居民用汇额度等，而应该实实在在地研究和推进人民币的国际化问题。

在当前的全球宏观经济形势下，全球预期美元将进一步贬值。未来几年，各国政府和机构甚至个人都会重新调整资产配置，其中一项重要内容就是减少对美元资产的持有，代之以其他具有升值潜力的货币。人民币如何在这一历史机遇中脱颖而出，从封闭走向开放，真正朝国际化方向迈出实质性步伐，已是我国最值得研究的重大课题之一。

从一国货币是否符合国际化条件来看，由于人民币尚未实现资本项下的可自由兑换，其国际化的历程必将是长期的和有反复的。但稳步推进国际化，有利于本国经济的均衡发展，并可能逐步分享国际货币享有的铸币税已是不争的事实。而欧元和日元不同的国际化进程和结果也已给人民币的国际化树立了范例。应该说，欧洲经济共同体的发展和欧元区的建立很大程度上是马克国际化的过程，而马克国际化的成功与日元在"广场协议"后大幅升值却难以在亚洲获得坚固的主导货币地位形成了鲜明对比。因此，1999 年以来日本政府也加强了对日元国际化的重视，希望以此修复国内经济的不平衡并推动本国经济复苏。

回顾马克和日元不同的国际化历史，我们可以看到，马克首先在欧洲大市场内建立了一个汇率屏蔽空间，即通过与欧共体其他国家实现自由兑换和保持汇率有限浮动区间，将对马克的国际投资分解为由欧洲各国货币共同承担，从而在其国际化的过程中避免了币值的大起大落，而对欧洲共同体国家实现人力、信息和资金要素的自由流动也是奠定马克国际化的重要基础，如果没有好的投资和经营环境，缺乏合理的要素定价机制，过剩的资金和国际资本将通过投机而非投资的形式进入一国经济运行，这必将不利于本国经济的发展。

因此，人民币可以考虑逐步在周边地区实现有条件的流通，例如，在香港地区、澳门地区，同时，在许多边境贸易中人民币已经成为硬通货的事实要继续保持。而仅仅实现货币的流通还不够，更多地要通过沟通周边地区的生产资料市场来拓宽人民币的使用渠道和定价作用，从而将对人民币的投机冲击和升值预期逐步地分摊到周边地区，用疏而不是堵的方式化解流动性过剩危机，并在人民币国际化过程中逐步实现人民币汇率在更大范围内的自由浮动。

最后需要回答的一个问题是，在对外升值与对内贬值并存的前景下，我们是否还可以通过控制资产价格的膨胀来缓解困局呢？资产价格膨胀对于整体经济来说具有两面性，一方面它成为吸收过剩的流动性的重要水库，对于大多数追逐资产的人们来说，资产是投资对象而不是消费对象（低收入人群购买基本需求的住房除外）。当资产价格上升时，投资者判断投资正在取得成功。投资者往往沉湎于膨胀的喜乐之中，后来者则唯恐"踏空"，趋之若鹜。这时的资产价格膨胀会带来明显的"财富效应"，消费和投资都会相应提高。从这一意义上说，在政策层面上主动控制资产价格的意愿恰好与投资者的意愿相左。另一方面，资产价格膨胀实际给人的是一种假象，因为人们获得的多是账面盈利。而当人们普遍觉得应该落袋为安时，或者经济增长的前景遭到普遍怀疑时，膨胀的气球就可能破碎，账面盈利也可能化为乌有。尽管"玩"资产的多为高收入人群或者是人们的"闲钱"，但气球破碎的杀伤力可能会改变人们对经济前景的正面预期，进而影响整体经济中的消费和投资。日本在资产泡沫破灭后十余年的经济低迷已是很好的警示。从这一意义上说，关注资产价格膨胀，配合宏观经济政策适当抑制资产价格上涨速度而不致使其失去控制最终导致泡沫破裂，可能是政策层面的理想目标。

　　然而，资产价格的上升具有较高的复杂性，它既可能是由货币流动性推动的，也可能是由经济基本面因素推动的。比如，土地因其稀缺性有价格长期上涨的趋势；股票价格会因公司业绩前景良好而上升；即使是房产，也会因人们总有不断改善住房条件的需求而发生价格上涨。可见，资产价格膨胀总是实际经济与货币因素交织的结果。无论是货币政策还是宏观调控，在作出任何动作以影响资产价格之前，是否能够确信资产价格膨胀的主要动力就是来自货币因素，同时又能准确无误地预料出资产市场泡沫破灭的时间。如果答案是否定的，任何试图主动调控资产价格就会是盲目的，甚至是有害的。根据伯南克等人的研究，只有当资产价格引发传统意义上的通货膨胀时，中央银行才有必要采取行动。任何针对资产价格的行动都可能对市场心理造成难以估量的负面影响①。因此，面对对外升值、对内贬值的新货币现象，我国货币当局的任何决策都需要高度的谨慎和极大的智慧，并将经历不断的学习和探索过程。

---

　　①　参见 Bernanke Ben S.、Mark Gertler（2000）。

资金流量分析方法的发展和应用[*]

资金流量分析是建立在资金流量账户基础上的一种经济分析方法。资金流量账户在社会核算领域，乃至在整个经济统计学领域，已经取得了令人尊敬的地位，并成为联合国在世界各国推广的"新国民经济核算体系"的五大组成部分之一。^① 资金流量分析与一般的金融市场实证分析有很大的区别，后者主要是根据利率、股价、证券交易总量、银行存贷款增长等数据，来研究金融市场的现象，但是却并不适合用来揭示金融体系和实体经济之间的关系（Dawson，1996）。而资金流量账户以及在此基础上产生的资金流量分析方法，为填补这个空缺提供了一种可能性。因为资金流量账户提供了一个系统的、综合的、一致的描绘和分析事实的框架，它在经济中各种金融行为彼此之间，以及产生收入和支出的非金融行为的数据之间，引入了详细的统计关系（Goldsmith，1965）。

本文对资金流量分析方法进行综述，以便为我国资金流量研究提供文献背景。第一，简要叙述资金流量账户的基本框架；第二，讨论资金流量分析方法的发展；第三，考察资金流量分析方法的最新应用。第四，资金流量分析在中国的应用、存在的问题和前景。

---

 * 本文作者为贝多广、骆峰，本文载于《经济研究》2006 年第 2 期。

 ① 五大组成部分是指国民收入账户、国民财富账户、国际收支账户、投入产出账户以及资金流量账户。

一、　资金流量账户的基本框架

资金流量从一个经济体所发生的交易中产生——无论是涉及商品和服务的购买或售卖，还是资产和负债的交换。资金流量账户就是采用复式账户或矩阵账户的方法，记录核算期内国民经济各机构部门之间以及国内与国外之间的收入分配过程和发生的各种金融交易。这是广义的资金流量核算，它将金融交易同与之相关的储蓄投资活动以及收入分配活动结合起来，全面反映收入分配和储蓄投资过程的价值运动以及融资过程的资金运动，包括了货币资金运动和实物资金运动两个层面。而狭义的资金流量核算是指经济社会中部门之间与金融交易有关的经济活动，它是一套显示经济单位间由经济活动所引起的金融资产所有权变化以及相应发生的金融负债的社会经济账户。

表1是一张典型的资金流量表，它实际上是各部门资金流量账户表的综合。表1的主栏一般是经济交易的项目，分为实物交易和金融交易两大类；宾栏则按各个机构部门划分。每个部门下又分为资金来源和运用两栏。其中，资金来源反映了当期收入、储蓄和负债的变动，资金运用反映了当期支出、投资和金融资产的变动。根据复式记账法的原则，某个部门的某种资金运用，必然对应着其他某个或某几个部门的等额资金来源。在这种关系的基础上，所有部门资金来源的总和，必然等于它们的资金运用的总和；不仅如此，通过各金融工具借入的资金总额也必然等于通过这种金融工具借出的资金总额。①

---

① 理论上讲存在这样的恒等式关系，但是实际得到的统计资料未必保证这些关系成立。为了平衡这种关系，编表者往往引入一个误差遗漏项。

表1 典型的资金流量表

机构部门〈交易项目	部门1		部门2		……		部门 n		合计	
	资金运用	资金来源	资金运用	资金来源	资金运用	资金来源	资金运用	资金来源	资金运用	资金来源
实物交易：										
1. 可支配收入										
2. 储蓄										
3. 投资										
4. 储蓄投资差（$S-I$）										
金融交易：										
1. 净金融投资（$S-I$）										
2. 直接金融工具										
3. 间接金融工具										
4. 国外金融资产										
合计										

　　一般来说，人们可以把资金流量看作是国民生产总值在金融层面的对应物，但是，还没有人计算出类似于国民生产总值账户中产出总量的一个资金筹集总额。在货币流通估计数和国民生产总值的估计数的关系方面，这个问题悬而未决。大概是由于社会会计学家[①]在国民生产总值中区分企业的最终和非最终产品开支的方法所致（龙克，1987）。

　　就资金流量表的编制而言，美联储是一个拓荒者。在 Copeland 以及其他一些学者的努力下，美联储从 1948 年开始具体研究资金流量核算及其账户编制方法，并于 1955 年正式发布"1939—1953 年美国资金流量表"。从 1959 年开始，美联储按季度公布资金流量表，进一步推动了资金流量数据的即时可得性和实用性。

―――――――――

　　① 即专职于国民经济核算的国民核算会计学家。

由于资金流量账户提供的这个全面的分析框架对解释现有的经济数据很有帮助，并能够为经济政策的实施提供指导，因此，资金流量账户的编制和研究工作引起了主要市场经济国家的效仿。到20世纪60年代前半期，主要发达国家都开始了资金流量核算研究。其中，在资金流量账户的编制和资金流量分析方面比较成熟的国家有美国、日本、英国、德国、加拿大等。

我国的资金流量核算研究，始于20世纪80年代中期国民经济核算体系由物质产品平衡表体系（MPS）开始向国民账户体系（SNA）过渡之后。[①] 20世纪90年代初正式编制资金流量表，并在总结实践经验和对1993年SNA进行深入研究的基础上，对资金流量表的基本指标设置和编表方法进行了系统的修订，形成了比较规范的表式和编制方法。[②] 中国人民银行自1994年以来开始编制"中国资金流量表（价值型）"，国家统计局按联合国SNA1993核算体系编制"中国资金流量表（实物型）"。到目前为止，已经编制出1992—2003年12张资金流量表。

二、 资金流量分析方法的起源与发展

在资金流量分析的发展历程中，有不少经济学大师曾参与其中：丁伯根、斯通、托宾等，其中Copeland将会计思想天才地运用到宏观金融分析领域的创举奠定了资金流量分析的基础。此后经过数十年的发展，资金流量分析方法取得了长足的进展，但也暴露出不少问题。

[①] 1986年，国家计委、财政部、中国人民银行和国家统计局联合研制小组开始研究资金流量核算问题。

[②] 关于中国资金流量表的编制及相关介绍，可参考许宪春（2001）、《中国国民经济核算年鉴》等。

（一）资金流量分析的起源及 Copeland 的贡献

在国民经济核算体系中，关于国民收入和产出核算的思想可以追溯到威廉·配第、亚当·斯密等经济学家，而关于资金流量核算和分析的研究，一般被认为是 Copeland 的独创性工作。

1944 年，Copeland 应美国国家经济研究局（NBER）之邀，开始了资金流量核算研究的先驱性工作。1947 年，Copeland（1947）在 NBER 宣读了论文《通过美国经济追踪货币流通》一文，使得资金流量核算引起了广泛的关注。1952 年，Copeland 发表了公认的对资金流量分析具有最大贡献的经典著作《美国货币流量的研究》一书，标志着资金流量分析的正式创立。① 在书中，他收集并分析了完整的"货币流量表"，该表覆盖了 1936—1942 年美国经济中的所有交易——商品、服务（包括要素服务）、资产和负债，并且区分了每一项目中的购买和售卖。此外，Copeland 利用这些时间序列数据，辅之以实证分析的手法，对考察期内的美国货币流的循环进行了分析。有的学者就认为，Copeland 的最大贡献不仅仅局限于资金流量账户的创设，而在于对该账户所进行的阐释和分析（Cohen，1972）。

Copeland 的理论贡献可以归纳为以下四个方面：第一，他的关于货币流量的研究，可以被视作是对货币数量论的一次彻底挑战（Millar，1991）。Copeland 将货币流量界定为通过"主要货币循环"（the main money circuit）的交易产生的货币流，而不包括诸如银行间的支票结算这样的不使用货币的"技术性交易"（technical transaction）。也就是说，"主要货币循环"就是为了实行经济调整而发挥了实质性作用的货币流量。换而言之，"主要货币循环"的统计量，类似于一般均衡理

---

① 也有学者，比如辻村（2004）认为 Copeland（1947）代表了资金流量分析的诞生。

论，或者就业、利息和货币理论所需要的货币流的统计量。[①] 通过这个概念，Copeland 就在正常交易（包括商品服务的买卖加上净转移流量）和金融交易（净借入或者借出的资金）之间架起了一座桥梁，而这座桥梁恰恰是货币数量论所缺乏的。

第二，资金流量账户为宏观经济分析提供了一个更为广阔的分析基础，并且，它能够解释经济活动是如何通过金融渠道扩张和收缩以及货币和银行体系在其中的作用。资金流量分析就是分析资金在各部门间的流向和流量，从而为调剂国民经济各部门间的资金余缺提供依据。而分析部门项下的投融资工具，可以进一步了解宏观资金流动的方式和途径，掌握金融市场的发展程度和结构性问题。

第三，Copeland 的资金流量分析，在方法论上突破了新古典主义经济学的研究范围。新古典主义的关注焦点是微观经济的个体，即个人、单个家庭或者企业，并考察这些经济个体在作出经济决策时的成本—收益比较。在资金流量账户中，Copeland 以参与经济交易的部门为基本单位，通过考察各个部门之间资金的来源和用途来了解整个经济的结构和状况。

第四，Copeland 作为一名（老）制度主义者，还强调制度分析的重要性。Copeland（1952）根据货币循环体系，提出了用于解释经济活动扩张和收缩的"相机抉择假说"（discretionary hypothesis），并且使用各机构部门在经济交易中的不对称"相机抉择"的概念，为理解短期内总需求和总供给的不一致提供了一个制度的和实证的基础。而忽略了机构部门制度分析的凯恩斯主义，则令其分析框架中缺少了总供给分析的要素。

---

① 货币数量论的交易方程计算出来的右端的统计量，由于没有排除这类"技术性交易"，因而必然大于 Copeland 货币流量的统计量。

（二） 资金流量分析方法的发展

Copeland 之后的约 30 年内，有关资金流量的研究主要从两个方向展开：一是关于资金流量账户；二是资金流量分析的方法。

资金流量账户主要涉及概念性和统计性。比如，如何确定流量和存量、如何对资产进行分类和估值、如何划分经济部门和经济子部门，以及如何在统计上确定净额的程度等（Goldsmith，1965）。对于不同国家资金流量数据的可得性问题，Heth（1970）作了较全面的考察。对于资金流量与资产和负债存量的一致性、金融资产净持有的一致性，[①]Stone 等（1942）、Barker 等（1984）、Central Statistical Office（1989）等作出了贡献。此外，为了提高其准确性以及对政策制定和学术研究的价值，资金流量账户也作过相应的修订。由于本文侧重于资金流量分析方法在经济学中的运用，而资金流量账户的编制更主要涉及经济统计的问题，因此，我们在此不作进一步讨论。

在资金流量分析的方法上，可以从以下四个方面来观察这一分析方法的发展变化，即资金流量账户作为数据来源、分部门分析和流动性分析、固定技术系数方法（投入—产出法）和金融计量模型（Bain，1973）。

1. 作为数据来源的资金流量表

一般来说，大多数资金流量表中的数据来源于金融机构和政府的统计报告，还有一些通过调查所获得的统计数据，因此，其数据的可信度是相当高的。而国民收入账户中的数据（除了中央政府的直接数

---

① 理论上讲，金融资产的净持有既可以通过计算资产和负债交易的总和得出，也可以通过计算总投资（加上净资本转移）和总储蓄之间的差额得出。同样，任何一段时期某一资产存量的变动应该必然与该资产的净交易量（资金流量）及持有该资产的资本收益或损失之和相等。但是，不同来源的数据所计算得出的最后结果往往是不一致的，这就是所谓的"不一致问题"。

据），则有一大部分是从劣质的抽样调查得到的（Gorman，1983）。资金流量账户在宏观金融研究中最为直接的应用，是共同使用账户中的数据和其他来源的数据，它们为理论研究或者实践工作提供一个分析的基础。Green 和 Murinde（2000）曾指出，本质上讲，所有的宏观经济模型都需要部分资金流量表中的数据。而我们这里所说的直接应用资金流量账户数据的资金流量分析方法，显然并非这种包罗万象、笼统的应用，而主要是采用了资金流量账户数据，并且以此为出发点，对账户中隐藏的恒等式关系进行分析的方法。

最早以资金流量账户作为数据来源的实证分析，毫无疑问当属Copeland（1952）。Copeland（1952）利用货币流量数据描述了 1936—1942 年美国经济的发展。Hood（1959）运用国民交易账户重点研究加拿大经济中的融资行为，他以综合处理金融行为，以及详细讨论作为资金流量调节器的结构性因素而著称。在这篇文章当中，Hood 提出了三大调节器——政府影响，就是所谓的各种央行操作，投资实践中的税收和立法限制；价格体系，它既影响金融市场上的相对收益，又影响经济单位的融资能力；其他调节器，诸如传统、惯例和必要的退休准备金。

在资金流量分析的早期应用中，Goldsmith（1965）的研究工作具有深远影响。他应用资金流量账户建立了自己的资本市场分析框架，考察了因资本支出而引发的融资活动，包括内源融资与外源融资，以及各经济部门资金来源和资金运用的结构，进而深入到资本市场中的五个部分，即政府债券、州和地方政府债券、公司债券、股票市场以及住房抵押贷款市场，对各种金融工具的技术特征、供求的来源以及对借贷双方各自的意义都作出全面揭示。

以资金流量账户作为数据来源的资金流量分析方法，其特征是描述事实的功能远胜于经济分析。Dawson（2004）因此总结到，"资金流动分析没有看到的问题（至少不是立即看出来的）是那些可能通过价格效应（比如利率）或者制度影响（例如监管）而起作用的具有因果关系的因素。然而，即使在这里，资金流动提供的线索提示我们在这些账户之外进行进一步的调查。这种初始的解释性的资金流动分析形式似乎是强有力的"。

2. 资金流量账户的固定系数分析

资金流量表除了我们前文介绍的标准式之外，还有一种投入—产出式。类似于投入—产出分析，根据投入—产出式的资金流量表，可以建立资金流量模型。

Stone（1966）、Stone与Roe（1971）最早提出基于资金流量的投入—产出模型，并且尝试在英国应用这一模型。根据投入—产出分析的逻辑起点，这种模型假设在各部门的资产负债表之间存在某种固定的系数（联系）。

设 A_{jk}（$j=1\cdots n$，$k=1\cdots m$）是（$n\times m$）矩阵，m 种金融工具由 n 个部门持有作为资产，L_{kj} 是相应的（$m\times n$）型负债矩阵。两个系数矩阵可相加，一个反映了一种金融工具作为资产在部门中的分布情况，另一个反映了每个部门的负债总额在各种金融工具中的分布情况。

因此定义（$n\times m$）系数矩阵 A_{jk}^{*} 为

$$A_{jk}^{*} = A_{jk}\hat{a}_{k}^{-1} \tag{1}$$

这里 $\hat{a}_{k}$ 是作为资产的 m 种金融工具的持有总额的（$m\times l$）向量，表示为一个（$m\times m$）矩阵。A_{jk}^{*} 的行之和为 1，矩阵的元素表示由各部门持有的每一资产总额。对应的负债矩阵是

$$L_{kj}^{*} = L_{kj}\hat{x}_{j} \tag{2}$$

这里 $\hat{x}_{j}$ 是 n 个部门负债（包括净值）总额的（$n\times l$）向量，表示一个（$n\times n$）矩阵。L_{kj}^{*} 表示在部门负债总额中各金融负债的份额，行

总和是 -1，表示部门净负债值和其总负债的比例。这些系数矩阵假设是固定的。

设 w_j 是第 j 个部门的资产总额（金融资产和实物资产）；e_j 是由第 j 个部门持有的实物资产；l_k 是由所有部门持有金融工具 k 的负债总额。那么，

$$w_j = A_{jk}^* a_k + e_j \tag{3}$$

$$l_k = L_{kj}^* x_j \tag{4}$$

$$w_j = x_j \tag{5}$$

$$a_k = l_k \tag{6}$$

因此，

$$w_j = A_{jk}^* L_{kl}^* + e_j = (I_{jt} - A_{jk}^* L_{kl}^*)^{-1} e_t \tag{7}$$

这里的 I_{jt} 是 n 阶单位矩阵，同样

$$l_k = L_{kj}^* (I_{jt} - A_{jk}^* L_{kt}^*)^{-1} el \tag{8}$$

方程（7）中的 $(I_{jt} - A_{jk}^* L_{kt}^*)^{-1}$ 矩阵乘数，是把各部门持有的实物资产转化为各部门持有的总资产向量（实物资产和金融资产）。方程（8）表述金融负债总额与持有的实物资产相对应。

这种模型需要参照资产负债表的数值，但是可通过计算各部门所持有的实物资产的变化值来转化为资金流量模型（Bain，1973）。该模型假设的关键是资金来源和支出之间存在着一个比较稳定的系数（用 L_{kj}^* 矩阵表示）；新发行的金融负债总额按固定比例在各部门的资产投资组合中分配，由矩阵 A_{jk}^* 表示。

然而，如同列昂惕夫的投入—产出方法必须要检验投入—产出系数的稳定性一样，资金流量的固定系数分析方法也同样必须关注这种稳定性问题。为此，Stone 和 Roe（1971）在英国进行了一项相关系数稳定性的实证检验。运用投入—产出模型计算他们根据方程（1）到方

程（7）预测的英国在 1962 年到 1966 年的矩阵乘数，应用 5 个部门和 43 种金融工具，比较这五个年度的结果。他们发现，某些系数确实发生剧烈变动，尤其在国外部门和政府部门，可以推断出国际资本市场发生了快速增长和政府融资发生了变动。在检验负债发行系数的稳定性时，他们发现这些系数甚至可以出现更大的变动。于是，他们最终得出的结论是，固定技术系数方法不适用于像英国等具有复杂金融体系的国家。而与此相对照的是，列昂惕夫关于投入—产出系数稳定性的研究表明，大多数系数具有长达 20 年的稳定性。

造成这种差异的原因在于，就短期和中期而言，一个社会发生巨大技术进步的可能性是很小的。尤其在列昂惕夫研究的时期内（1919—1939 年），并没有发生足以使整个经济结构发生巨变的技术革命，那么，在这段时间里的投入—产出系数是比较稳定的。而金融体系的结构本身具有很大的弹性，任何相对收益的变化都可能造成巨大的反应。这种变化不仅在中期容易实现，甚至在短期内都是有可能发生的。尤其是处于经济转型、经济结构调整中的发展中国家，金融结构在短期内有可能发生比较大的变化，从而引起固定系数变动频繁，这将使该方法在实际预测当中失去准确性。

但是，Bain（1973）指出，"这并不意味着这种方法毫无用处。该方法可应用于存在中期融资规划问题的金融体系中，这种金融体系没有达到较高的发展程度，或者对市场实行管制而不是按市场偏好购买资产和发行债务工具"。在法国和印度，Barthelemy（1969）和 Bhatt（1971）分别描述了适用于中期融资规划的方法。而 Cohen（1957、1961、1963、1968）在关于金融规划的研究中把固定技术系数的概念应用于构造经济周期流量模型和某些支出决定因素的实证分析中。这些研究认为使用固定系数假设或近似固定系数假设是不合理的，其结果也是不清楚的。

资金流量的固定系数分析方法以及与其相关的金融规划曾经是资金流量分析在 20 世纪 60 年代的两大重点之一，但是随着技术进步、经济理论由凯恩斯主义到新古典主义的复辟、市场化和全球化进程的推进，各个国家的金融体系已经越来越复杂、越来越开放。在这种情形下，资金流量的固定系数分析方法已经逐渐失去了其合理存在的土壤，这可能正是该种方法的应用日渐式微的原因所在。

3. 分部门分析和流动性分析

当 20 世纪 60 年代资金流量分析方法逐渐推广的那段时间，也正是凯恩斯主义宏观经济学大行其道的时候。凯恩斯主义者认为，经济中投资的增加将通过乘数效应导致产出的增加，从而使得整个经济扩张。但是如果某部门的投资受到同期储蓄的约束，那么投资增长对于整个经济的扩张的影响是有限的。Dorrance（1966）指出，"企业在自身储蓄之内投资融资，对扩张或紧缩投资的影响是中性的……在一段时期，净扩张的压力来自那些希望借入比借出多的企业，而净收缩的压力则来自那些希望借出比借入多的企业"。这样，关注分部门的金融盈余和赤字，进而描述和分析过去的宏观经济行为和预测未来经济的发展则成为题中应有之义——资金流量分析则为这方面的研究提供了一种直接的方法。

Taylor（1958）讨论了美国的经验，英格兰银行在《季度公报》多年来定期发布的金融分析一直与部门盈余和赤字密切相连，而以色列银行则在分析上迈出了开始研究分部门"需求盈余"的一步（Heth，1970；Bank of Israel，1972）。Beales 和 Berman（1966）呼吁尤其要注意公共部门的金融盈余，因为这对货币供给非常重要。

Wallich（1969）对上述说法进行了评论，他认为对于一个有着强大的国内部门的开放型经济来说，这种分析方法可能是最有效的。对于开放型经济，其国内部门的金融盈余总量不必为零，这些部门盈余极小的变动，都可能反映出国外部门盈余的变化。针对开放型经济，张南（2004）提出了国际资金循环分析的理论框架。资金流量表中的国内部门的资金盈余或不足是通过国外部门的净金融投资与国际收支的经常账户调整的，而资金流量表中的国外资金流出与流入与国际收支的资本账户相对应，因而他主张综合储蓄—投资流量、对外贸易流量和对外资金流量来分析国际资金循环。这一思路使得注重国内部门的部门分析更加全面。

在考察部门余额规模的基础上，有许多研究侧重于考察部门净资产或赤字的融资，而非仅仅关注它们的规模。这就是资金流量的流动性分析。Holtrop（1957）指出，"货币扰动的本质……将通过有效购买力的实施高于或低于对实际产出的贡献被发现。这只有通过新的货币创造为支出融资和提取流动性准备金，或者，反之，依靠手持货币或让其退出流通而形成的准备金才能完成"。我们注意到，Holtrop 并未将通过资本市场进行的资金转移纳入到分析中去，这么做是"因为这只不过是正常的资金流的一小部分，它与实际的和潜在的货币扰动关系不大"（Holtrop，1957）。

Segré（1958）对 Holtrop（1957）不考虑资本市场的做法提出了批评，并且利用图表分析法对流动性分析进行了重新阐释。之所以考虑资本市场，是因为上述短期借入的增加和流动资产的减少虽然会引起通胀的压力，但是这部分压力却也会被资本市场上的反向资本流动所冲抵。流动性的变动与资本市场的资本流动相比，前者对部门的支出决策影响更为直接，而且更容易受到其他部门支出决策的影响。

但是，这种金融分析方法事实上并未广泛应用，有四个原因：第一，实际操作的原因。在大部分国家，相关的信息要么根本无法得到，要么不足以用于政策性目的。第二，许多人支持 Wallich（1969）的观点，他认为货币体系提供了过剩的资金，所以不必关注金融体系其余部门的行为。第三，难以在流动资产和长期资产之间划清界限，资产投资组合的头寸对不同资产的相对回报率的变化相当敏感。第四，没有足够的实证性的著作，介绍支出部门的短期流动性资产盈余或赤字与其在商品和服务相应支出之间有联系；因而，难以把有关部门流动性资产头寸的信息整合进经济预测程序（Bain，1973）。

4. 资金流量的模型分析方法

20 世纪 50 年代之后，实证经济模型在宏观经济研究领域取得了重大的发展。这种突破不仅得到计量经济技术的提高和渐趋复杂的计算机的大力支撑，而且也离不开统计数据来源的扩大，其中就包括资金流量账户的开发。因此，在 20 世纪 60 年代，当建模者要对模型中的金融体系进行改进与完善时，与资金流量分析的结合就成为自然而然的事。

这里的资金流量的模型分析，不等同于资金流量表在宏观经济模型中的运用，而是有其内在的规定。作为一个合适的资金流量模型，必须具有以下特征：第一，其覆盖范围必须广泛，必须能够按部门和金融工具进行划分，而且必须解释各部门对每种金融工具或特定金融工具组合的交易。第二，资金流量模型必须说明各部门在金融资产中的交易净额。第三，资本市场各部门的供求函数必须能明确的阐述。每一个金融工具的收益率是这个系统内生的，要么满足一个利率方程，或者满足市场出清条件（Bain，1973）。事实上，同时满足这三个条件的资金流量模型是十分罕见的。而 Green 和 Murinde（2000）指出，"'资金流量模型'这一表述有其特定含义，它指对资金流量及其在利率决定中的地位进行模型化并深入理解的一般方法"。由此可见，Green 和 Murinde 更加侧重于 Bain（1973）的第三个条件。"模型方法"的最新进展也表明：这种界定更契合主流经济学的研究偏好。

与上述三种资金流量分析方法不同，"模型方法"不仅仅是对资金流量表中数据的直接运用和描述，它的重点在于追寻这些数字背后的均衡关系。一个资金流量模型，一般而言，是假设资金流量矩阵的每一项是一个可以被资产需求函数解释的变量。每一列总和就是一个部门的预算约束，每一行的总和代表市场的出清状态。因为各部门对某一资产的意愿购买和出售（由资产需求函数决定）必然是相等的。如果我们假设一个部门在期初对某资产是一个净持有，那么这部分资产，以及资产需求和市场出清状态就共同决定了资金流量、利率结构以及资产价格的均衡。资产和负债存量的期末价值，就等于期初的存量、净资本收益和资金流量之和。在下期，本期的资产存量又会和新的资产需求一起决定一个新的均衡。那么在长期均衡中，资产存量将在各期保持平稳。

与单部门的资金流量分析不同的是，"模型方法"实际上是一种一般均衡的方法，因为后者在一个一致的框架内同时解释资金流量和利率的变动。根据这种思路，现代意义上的资金流量"模型方法"的 Tobin（1963）成为我们考察的起点。而之前的 Dawson（1958）则是最早在资金流量"模型方法"领域进行了开拓性工作。

（1）Dawson 模型及早期的资金流量模型。

Dawson 模型（1958）对资金流量在模型中的地位和作用进行了探讨，这也是资金流量分析领域的起点。模型包含 5 个经济部门（住户、公司、政府、银行和人寿保险公司）关于各自相应的金融资产（分别为货币、政府债券、公司证券、银行贷款和抵押）的供求函数，以及两个利率方程（联邦与公司债务的平均收益率以及这些收益率间的差额，均为可贷资金供求的函数）。Dawson 模型将所有实际变量（除住户住宅投资支出外）都视作外生变量，从而使模型的重心集中于各部门亏损的弥补或盈余的支配行为分析上。

由于当时的资金流量账户还包括实物交易部分，所以 Dawson 模型对实物交易的数据同样适用，这对分析实物交易与金融经济的相互关系是极为有利的。这个模型可以用来说明实物交易和金融部门的结构变动、财政政策与货币政策措施对金融流量和利率的作用。与早期的资金流量分析状况雷同的是，Dawson 模型缺乏一个特定的经济理论，各部门的子模型仅仅是对数据行为的粗糙解说（Dawson，1996）。

其他早期的模型，如 Kleine – Goldberger 模型（1955）是经济计量学第一次与凯恩斯体系的结合，包括约 20 个方程。其中的金融模块以凯恩斯的流动偏好理论为理论基础，包括两个流动偏好方程：企业方程和住户方程；模型也包括两个反映利率期限结构即长期利率和短期利率的方程，其中长期利率是过去的短期利率的函数；货币供给用银行超额准备金代表。

作为 1960 年分析美国经济周期的季度模型 Brookings 模型的金融子模型，Frank De Leeuw 开始研究银行准备金模型。[①] Leeuw 模型（1969）详尽地分析了金融体系的运行，它的研究对象包括自由准备金市场、活期存款市场和定期存款市场；这三个市场的变动与三个利率相联系——三个月期国债收益、美国长期证券利率和商业银行定期存款利率，由 6 个方程来反映。该模型的一个突出特点是运用利率期限结构来反映金融市场的种种联系，并对货币存量及短期与长期利率提供了内生性解释。

（2）资金流量模型一般均衡理论基础的奠定。

Tobin（1963）、Brainard（1964）最早从金融资产存量和利率之间的关系上提出资金流量模型的一般均衡分析。然而，资金流量的静态模型却无法解释资产存量的自相关的时间序列特性。至 Tobin 和 Brainard（1968）那篇著名的《陷阱（Pitfall）模型》论文，"一般非均衡"

———————

① 这项工作后来由美联储接手。

模型被提了出来。这类模型的特征主要是：首先，由于交易费用和调整成本的存在，短期内对任何资产的需求与其长期所处的水平不同；其次，对资产的短期需求必定既和这种资产的非均衡有关，还和其他所有资产持有的非均衡有关，而后者的非均衡也许会"溢出"对所讨论的资产的过多需求（Smith，1975）。"陷阱"模型是一个经过调整的局部均衡模型。这个模型的解，决定了资产价格和存量，然后，通过计算资产持有的变动和净资本收益之差，可以间接得到资金流量。

我们可以从两个角度来看待"陷阱"模型对利率的决定作用。首先，我们可以直接从模型的资产存量的供给和需求来决定利率。然而，我们又可以将利率间接地视作由流量供求所决定。这种思路实际上与上文资金流量从存量上得出这一点得到启发。这样，利率由资产的"存量"还是"流量"决定的争论实际上可以归结为存量资产的调整成本的问题。如果这种成本越大，那么资金流量在利率决定中的地位也就更为重要，反之亦然（Friedman，1977）。

为了应付"陷阱"模型的局部调整方案过于简化的缺点，Friedman（1977）发展出了一种"最优边际调整模型"，这种模型认为，投资者会发现配置新的资金流量的成本将会少于重新安排现有的组合存量。Roley（1980）通过甄别资金的流入和流出的调整速度的差异扩展了模型，而 Green（1984）则构建了一种资本收益对调整速度产生影响的模型。Friedman（1979、1980）和 Roley（1980）使用最优边际调整模型来估计美国公司债和政府债市场的模型。这个模型的拟合结果不错，但问题在于该模型很难从一个简单的目标函数中得出。反之，局部调整模型则可以简化为一个二次型的成本函数（Sharpe，1973）。

"陷阱"模型的估算是采用人工数据和校准相关系数进行的。但由于利率之间存在多重共线性和测算误差，使得该模型的实证结果并不理想。此外，由于规模庞大，实践中难以处理，因而在小规模的研究中这种模型并不普及。Johnson（1970）称这类模型中的一切都依赖于其他的一切，没有任何东西可以被清楚地说明。资金流量模型估算上的难度致使 Backus（1980）使用贝叶斯方法进行估算。但是这种方法仍然存在很大的难度，因为它要求模型中所有相关系数以及它们的协方差矩阵在事前必须被设定。

（3）多国模型。

资金流量的多国模型主要研究国际间的资本流量和汇率决定。其思想可以追溯到由 Kleine 指导的始于 1968 年的 LINK 项目，该项目的主导思想是将各个国家模型联结起来以探讨国际传递机制。20 世纪 70 年代期间，随着弹性汇率的出现和国际资本流动管制的放松，LINK 的研究转到了现在的层面上（刘仕国，2002）。

国际间资本流动的原因，一般认为有以下几种：①国内和国外证券收益差异；②通货膨胀率差异；③国际收支经常项目差额。而①和②存在的不确定性，必然要求建模者考虑预期、风险等难以量化的因素。事实上，考虑了如上因素的多国模型在规模和复杂程度上已经远远超过了单个国家的资金流量模型，而后者的建模和估计已被证明难度极大。

由于模型的内在一致性要求和各国资产需求行为方程的独特性不能兼容，使得数据处理不可避免地要忽略掉大量的信息，而这些信息往往在单个国家的模型中被证明是不可或缺的。对资本流量的淡化和汇率内生化处理的失败严重影响了模型的拟合效果。

Dawson（1996）对这些模型提出了批评：第一，这些模型都套上了极端简单化的教条，如货币数量理论、流动偏好理论、购买力平价和资本完全流动性。以这些理论为指导，建模工作必然会远离资本流量和汇率的即时决定。第二，对复杂问题，比如对预期建模的研究才刚刚开始，假定当前预期与过去的机理存在联系是有问题的。在非金融经济中，专家们正在研究怎样通过计划和信心调查观察当前预期。第三，并非经济体中的所有部分都能成功地建模，某些部分可能更像是历史过程的发展而非某种规律的重复。

（三） 资金流量分析方法的新方向

从 Tobin 和 Brainard （1968） 开创的 "一般均衡" 资金流量模型出发，要求资产的供给和需求相等并解出利率。在这种范式中，资产的供给被当作是外生给定的，而利率则是模型内生的。按照这种思路，利率决定模型的建模应该是将利率当作被解释变量放在回归方程的左边，而资产的供给则当作解释变量置于回归方程的右端。这种 "倒置的资产组合模型" 利用了资产组合理论和资产定价理论之间的联系，尤其是资本资产定价模型 （CAPM） （Green 和 Murinde， 2000）。[①]

那么，在资产定价理论已经占据主流经济学、金融学研究领域重要地位的同时，资金流量模型方法是否还有必要性和可能性继续存在并发展呢？正如同非整合性 （nonintegrated） 的资金流量模型和 CAPM 之间有着密切联系一样，在整合性资金流量模型和跨期的资本资产定价模型 （ICAPM） 之间也有联系。后者的逻辑起点在于假设经济中的代表性个人交易资产以便最大化自己的跨期效用函数，以及平滑消费。Merton （1973） 的 ICAPM 所设定的资产需求函数和消费函数实际上与 "陷阱" 模型中的设定非常相似。由于连续时间版本的 ICAPM 难以检验，Breeden （1979） 所提出的基于消费的资本资产模型因为绕过了资金流量而在实证中更为方便。该模型试图用消费的变动来解释资产收益。但是在一个不完备的市场上，总消费并不能单独构成对资产收益的充分解释，Mehra 和 Prescott （1985） 所提出的 "资产溢价之谜" 便是一个注脚。在这种情形下，重新考察资产组合与资金流量便具有十

[①]　CAPM 即是在供给外生给定的前提下考虑资产需求所导出的。

分重要的意义。因而，金融研究的下一个理所当然的步骤便是重新综合资金流量和跨期资产定价理论，这将有助于资金流量及其利率、资产价格、收入和费用之间的关系得到完整的综合性描述（Green 和 Murinde，2000）。

三、 资金流量分析方法的最新应用

作为一种方法，资金流量分析渗透到金融领域的各个分支。在这种方法的最新运用中，既涵盖了经济增长、金融结构、货币政策冲击、政府收支行为、资本累积等传统的主题，又涵盖了"新经济"、"东南亚金融危机"等崭新的课题。

石田（2004）使用了日本银行调查统计局的"资金循环统计"数据，以长期视角对日本经济战后 50 年的资金流量趋势和变动做了描述和分析，并提出为了应对日本的通货紧缩问题，需要从处理不良债权、稳定金融体系和产业再生等几个角度入手的政策建议。金玩庆（2004）通过资金流量表系统地考察了韩国的资金流动历史以及金融结构的变迁，并把焦点集中在韩国政府的收支行为上，得出了韩国政府作为资金盈余部门对韩国的资金循环作出了重大贡献的结论。

各国通过资金流量表研究金融结构变动的文献不少。但是，公开的资金流量表几乎都是按部门记载资产和负债增加额的账户形式。因此，根据资金流量表进行的金融结构的分析，大多都侧重于研究经济周期或是经济增长过程中各部门资产和负债的增加额或者其结构的变化。或者利用结构方程构造宏观模型，并以此来分析金融结构。因此，迄今的资金流量表的分析，要想研究资金如何从一个部门流入另一个部门、从整体把握金融结构及其变化是十分困难的。井原哲夫（2004）从这个目的出发，利用日本中央银行公布的资金流量数据构造了一张资金从一个部门流入另一个部门的金融关联表，并使用这份金融关联

表构造了一个金融关联模型来分析日本金融结构的变动。

在货币政策研究领域，Christiano 等（1994）使用资金流量账户来评价货币政策冲击对经济各部门借贷活动的影响。他们发现，首先，继货币政策的紧缩冲击之后，商业部门的融资会在 1 年内增加。之后，随着政策冲击引致的衰退的深化，商业部门的融资会开始减少。这种模式并不能由现存的货币商业周期模型来刻画。其次，在货币冲击后的头几个季度，家庭部门不会调整它们的金融资产和负债。

关于基层政府收支行为的研究，一般都是以美国为研究对象的。其他国家（甚至发达国家）的研究极为少见，而发展中国家这方面的研究为零。Odedokun（1990）为了填补这一空白，对 1980 年到 1983 年的尼日利亚政府进行了研究，通过对资金流动的跨部门分析，考察了在这一时期每个尼日利亚州政府的预算中起决定作用的因素。

Ferrari 等（2001）使用了资金流量方法研究了 1997—1999 年的意大利"新经济"，并对信息通信技术产业为代表的"新经济"部门的附加值、收入分配和融资方式进行了重点考察，从而对"新经济到底有多新"这个问题作了回答。

Odedokun（1993）利用 15 个发展中国家从 20 世纪 70 年代到 80 年代中期各段时间的年度资金流量面板数据（panel data），从中识别了决定资本累积账户各种成分的要素，并探讨了这些要素对各部门储蓄率和投资率以及部门间金融流动所造成的影响的大小和方向。检验的结果显示这些要素至少对其中的一些资金流量变量具有显著性的影响，并且在大多数情况下，这些影响的方向与人们的预期相吻合。

关于资金跨国流动的领域，Zhang Nan（2003）利用资金流量数据考察了 20 世纪 90 年代东亚（包括 NIEs、ASEAN 和中国）的资金流动，并得出东亚的资金流动不仅在量上发生了改变，而且在形式和本质上都发生了变化的结论。之后，该文还分析了东亚经济资金流动的结构转型，以及中国外流资金的特征。Dawson（2004）是对1996——
1997年亚洲金融危机期间以泰国为例的资金流量分析方法的一个运用。
文章以泰国为例，介绍了一种利用IMF出版的月刊《金融统计数据》
中的国际收支平衡表、银行业部门和政府部门账户等来估计季度资金
流账户的方法。之后，使用泰国的数据对泰国危机进行资金流动分析。
在分析中，Dawson指出东亚金融脆弱性的核心问题在于短期外债缺乏
相应的短期资产相匹配。文章还涉及了金融脆弱性的其他方面：银行
贷款质量问题（如未偿还贷款）、风险融资（如房地产和资产信贷）、
摇摆不定的金融公司的作用以及银行监管的质量。

　　Bain（1973）认为，资金流量分析方法在未来的应用和发展，关键
在于能否提高和应用标准的经济理论，建立线性固定系数模型和综合平
衡模型来分析金融市场。尤其需要注意的是综合资金流量模型与资产定
价理论的整合，这将有助于资金流量及其利率、资产价格、收入和费用
之间的关系得到完整的综合性描述。另外，应该扩大资金流量方法在发
展中国家的应用。Murinde（1996）、Green和Murinde（1998）建议资金
流量模型方法应该被视作金融市场发展不成熟的发展中国家采取和分析
公共选择的框架。虽然，在这些国家往往存在着严重的数据缺乏问题，
但Dawson（2004）、Green等（2002）等都提出了如何从其他途径的数据
构造资金流量表的方法和建议。资金流量模型方法在分析发展中国家的
金融部门和实际部门、部门间资金流动及其波动、金融机构在经济中的
作用，尤其对储蓄进入生产性投资的通道、企业部门的投资及其在利率
和资产价格的决定中的作用的研究大有裨益。

四、　中国的应用、　问题和前景

　　作为发展中国家的中国，资金流量分析方法将仍然大有用武之地。
Green等（2002）指出，资金流量分析在发展中国家的重要性，可能超

过工业化国家。因为经济分析和政策制定所依据的是经济体中交易的价格和数量。工业化国家可以通过其广泛的有组织市场和非正式市场的价格机制得到信息，而在商品市场分割、证券市场薄弱并缺乏流动性的发展中国家，价格的信息显示作用是有限的。这样，资金流量表所能提供的关于交易量的数据，便为发展中国家的政策制定者提供了宝贵的信息。

至于资金流量分析方法在中国的应用，最早引入资金流量分析方法的著名经济学家王传纶（2002）曾经总结资金流量分析方法有三个层面的应用：一是宏观层面的分析，资金流量账户是按会计借贷原理应用的，统计数据反映的事后的资金平衡，但我们可以据此建立模型对未来的发展趋势进行估计。二是中观层面的分析，例如，金融市场上行为主体的特征都反映在资金流量上；通过对不同金融子部门资金来源和运用情况的分析发现规律与趋势；从资金流量的匹配与脱节情况分析金融安全与金融稳定。三是微观层面的分析，包括不同金融工具（金融产品）的作用，具体到企业就是融资与投资。从我国已有的研究来看，主要集中在宏观和中观的层面，微观层面由于数据的不可得性无法展开。

王传纶（1980）最早在中国介绍了资金流量分析方法。20世纪80年代，黄达、王传纶等通过教学工作，开启了资金流量分析方法在中国的传播。

贝多广（1995）开创了对我国宏观资金流动的系统研究，通过对资金流量分析方法的借鉴和对宏观经济分析方法（凯恩斯主义的储蓄—投资分析框架）的利用，扩大了资金平衡所包含的内容，为传统的综合平衡理论增添了"时间因素、空间因素和价格预期因素"，丰富了资金流量分析方法，引入居民部门（住户部门）、企业部门和国外部门，并且在"资金流动理论分析"中总结了创新的概念、分析方法的综合平衡——"社会资金流动的综合平衡"。他以中国1979—1986年的经济数据对此作了实证研究，描述了我国改革开放初期资金流动格局的基本特征，并在此基础上指出"资金流动过程的一般发展趋势就是制度变革及创新的趋势，明确地说，就是计划机制与市场机制逐步走向协调的趋势。"贝多广（2004）弥补了前文由于历史原因未能纳入资本市场的缺憾，论证了资本市场在中国储蓄—投资转化机制当中的重要意义。

李扬（1998）运用资金流量分析方法分析了中国对外经济部门的资金流动，验证了国际资本流入和国内储蓄过剩同时并存所造成的中国资金"迷失之谜"。张南（2004）进一步指出，中国对外资金循环最显著的特点就是国内储蓄—投资缺口与国际收支经常项目顺差的递增、大规模的国际资本流入与国内资本流出同时并存，以及对外资金净输出的资金循环模式。他指出，在考虑国际储备变动与资本外逃之后，中国实际上是一个资金净输出国，而中国的金融压抑和国内外企业的待遇差别则是造成这一结果的原因。

李鹰（2001）将综合平衡方法和资金流量分析方法结合起来，重点从居民储蓄角度考察了中国社会资金的宏观配置问题，为社会主义市场经济条件下运用财政、金融综合平衡方法做了有益的探索。

许宪春（2002）利用我国 1992—1997 年资金流量核算资料，对我国经济总体和这些机构部门的收入分配、储蓄、非金融投资和金融投资情况进行了分析。文章通过我国国民总储蓄和资本形成总额计算出了我国的总体资金余缺，并得出了中国并非资金缺乏国这一与大多数人印象相左的结论，有助于回答中国作为一个急需资金的发展中国家同时又是资金输出国的问题。[①]

应该说，从 20 世纪 80 年代至今，资金流量分析方法在中国有了一定的发展。但是就目前的情况来看，还存在如下的问题。

---

① 陈德兵（2005）将中国资金迷失之谜、资金流动怪圈（流出资金的低收益和流入资金的高成本）以及本问题称为"中国资本流动"的三大谜团。

第一，资金流量表问题。首先，目前我国的资金流量表还是比较粗糙的，与美国相比，部门和金融产品的划分都是比较粗线条的。其次，以年度为单位进行编制大大降低了其实用性，而美国、日本等国家已经实现了季度编制。而且我国的年度编制还存在着时滞，不利于及时掌握资金流动的具体情况。最后，由于地下融资规模巨大，很难说现有的资金流量表能够客观准确地反映资金流动的真实信息。

第二，资金流量方法应用的单一性。从我国已有的资金流量分析研究来看，几乎都为前文所述的基于资金流量表的分析。这种分析的特点在于事后的描述和说明，不利于进行事前的预测。

第三，市场化程度制约着资金流量分析方法的进一步应用。建立资金流量模型往往涉及各种金融产品的收益率，而我国目前缺乏一个市场化的基准利率以及相对应的收益率曲线，这个问题严重制约着资金流量模型的建立。

尽管如此，资金流量分析方法作为"价格"分析的替代品，一定程度上对于转型经济的分析是比较方便的。特别是在金融结构分析方面，资金流量分析方法具有相当的优势，这对于分析和解决我国目前比较严峻的结构性问题，是非常有帮助的。在宏观经济政策的层面上，通过资金流量分析可以解读各部门资金流动的规模和方向，从而为政府部门制定经济政策提供参考。从防范金融危机的角度而言，资金对外流动模式的异常可成为重要的预警，这对于我国的金融稳定和安全而言是非常有价值的。[①]

我们相信，完善资金流量表的构造并推动资金流量方法在我国的应用，不仅有助于我国的金融研究，也必然会给这种方法本身带来新的生机。

---

① 这项功能必须在季度资金流量表出现后方有可能实现。

宏观金融十字路口的若干思考[*]

改革开放三十多年来，中国金融业经历了一些分阶段的趋势性变化。大体划分来看，前十年是从财政主导型金融结构向银行主导型金融结构转变，其内涵是政府部门在资金分配中的作用相对减弱，而银行部门的作用日益增强；中间十年是银行主导型金融结构向银行为主、资本市场为辅的金融结构演化，以股票交易所为代表的资本市场开始发挥影响资源配置、推动国企改革的作用；后十年至今是由银行为主、资本市场为辅的金融结构向多元化金融市场主导型金融结构推进，其目标是形成比较成熟的股票市场、债券市场以及货币市场，除银行以外的各类非银行金融机构蓬勃发展。不过，坦率地说，由于中间十年的转型不太成功，中国的资本市场没有在金融结构中真正发挥出其应有的作用，因而后十年的趋势性演化也显得困难重重。从目前情形来看，银行仍然在中国金融结构中比重太大，加之其基本上的国有国营特色，中国金融结构相对于发展更快的经济结构已成为致命的掣肘。从这一意义上说，中国金融业方向何在，正处于十字路口。

造成这种状况的原因众多，金融因其具有系统风险特征，因而改革开放的步骤比较谨慎，略显滞后。国有银行经过改制上市之后如何进一步走向市场化，在现有社会经济格局下无疑是一项重大挑战。然而，事关金融结构的演变方向，人们对金融改革、金融发展乃至金融

---

　　* 本文来源于贝多广：《大变革时代的中国经济》，北京，中国人民大学出版社，2015。

创新已经展开了无数的讨论，但对一些重大问题，依然众说纷纭，有些关乎基础性认识范畴，有些则可能涉事政策选择。

一、 关于利率市场化

从过去30多年的资金流动变化看，除了银行系统继续成长壮大之外，非银行金融机构也有了超乎想象的发展，其中，尤其是以资本市场为平台的经营各类证券业务活动的金融机构从无到有，形成了金融业中的子行业。金融业中的三大子行业，银行业、证券业和保险业，成为中国资金流动的三大主渠道。其实，还有第四大渠道，就是围绕着信贷或融资业务开展活动的各类非银行金融机构，如信托公司、租赁公司、财务公司、小额贷款公司等，这几年表现格外生猛，但它们仍在银监会监管范围内。所以，人们通常习惯于说金融业有三大子行业。证券业中可分证券公司、基金公司、期货公司等。保险公司虽然主营保险产品，但因为其巨大的资金聚集能力而逐步演变成为资产管理业中的主要力量。尽管如此，到目前为止，中国的商业银行仍然在中国金融版图中占据支配性的地位。可以预见今后相当长时期，商业银行仍然是金融业的主导领域。

当然，随着利率市场化进程的推进，以及金融压抑的进一步放松，广泛意义上的非银行金融机构会有实质性的成长，甚至假以时日，形成与银行业分庭抗礼的格局。这种格局是否成立取决于以下三点因素：第一，金融监管当局将利率市场化的目标，确定在通过不断鼓励非银行金融机构发展壮大，以蚕食银行业在金融资源配置中的现有份额，促成事实上的"金融脱媒"，用市场中的利率来扩大利率市场化的广度和深度。当然，如果监管当局志在保护现有银行业的既得利益，只在银行业范围内推进利率市场化，同时限制非银行金融机构的扩张，格局将会是另一种情形。第二，证券业和保险业摆脱子行业的心理误区，走出证券业和保险业藩篱，走向资产管理的蓝海，比如，证券公司用各种创新的货币替代产品来挑战银行的储蓄产品，保险业用资产管理计划来分食银行业的贷款禁脔。当然，这些行为很大程度上受制于监管当局的眼界和容忍程度。第三，国际上大多实行混业经营的金融机构被允许自由进入中国市场并推广它们的金融产品，在中国分业监管、分业经营的金融业中产生"鲶鱼效应"，冲击现有的监管限制并带动国内同行如法炮制，形成全面金融创新的态势。当然，这也取决于监管当局的认知程度和执行力度。

对于非银行金融机构的发展，国内向来见仁见智。20 世纪 80 年代叫作"体外循环"，现在时髦的叫法是"影子银行"。实际上，银行的特定含义是指能创造信贷（进而创造货币）的金融机构，大多数所谓"影子银行"并不具备创造信贷的功能，至多是配置信贷的功能，由于没有信贷扩张的"乘数效应"，对于经济不会产生膨胀的作用或泡沫，就像发行债券可以替代银行贷款，但区别在于发行债券是吸收经济中的闲散资金，而银行贷款则因为其内在机制可能存在信用膨胀的风险。所以将非银行金融机构一棍子打入"影子银行"施加限制，显然缺乏理论依据。在中国的特定金融背景下，反而应是积极鼓励各类非银行金融机构的成长，用此市场化的金融业态来倒逼相对保守的银行业的改革和开放。

二、 关于储蓄与投资的关系

人们经常顾虑的一个问题是，非银行金融机构提供融资的后果往往会扩大投资，从而在中国已经产品过剩的情形里雪上加霜，造成新的投资过剩。坦率地说，这是一种糊涂观点。我们从宏观经济角度考察，中国现阶段投资率较高，不是人为的结果，而是客观形成的。简单地说，就是人们一年获得收入之后，只消费了 50% 左右，剩下 50%

都作为储蓄。储蓄的形成不是政府计划的结果,也不是"事前"的概念,而是"事后"的概念,也就是事实上每年就有50%的国民收入没有被消费掉。储蓄多了,怎么用?只有两条渠道:一是投资,二是出口。出口比较好理解,国内没有消费掉,出口给外国人消费,更何况我国多年来以出口为导向,即生产目的就是为了出口。投资稍微复杂一点。这几年鼓励对外投资,相当于国内居民省下钱到海外去进行投资。随着中国国力增强,对外投资会有很大发展空间,但是短期内未必形成很大规模。还有一种投资实际上就是已经生产出来但没有消费掉的产品,在统计上叫作存货投资。从经济效率上看,这部分投资越少越好。但市场经济的主要特征是供大于求,有一定规模的存货投资也属正常。超过了经验指标,可能出现产品过剩,也就是投资过剩。投资中最主要的部分,是基础设施建设和技术改造,它们的投资资金来源就是依赖当期未消费掉的储蓄。有这么高的储蓄率就一定对应这么高的投资率。改革开放初期,由于社会储蓄还没上来,我国的投资资金缺口靠引进外资来弥补,这会带来外债负担甚至宏观失衡。如今,仰赖国内储蓄支持的投资,从宏观总量上说,高枕无忧。反之,如果压抑投资,反而造成充沛储蓄无法顺利转化成投资,经济就会收缩甚至衰退。

许多人担忧中国投资过多,实际上是用规范经济学来讨论实证经济学,规范经济学解决经济应该怎样运行,实证经济学解释经济如何运行发展。即使按规范经济学来观察,中国真不需要投资了吗?答案显然是否定的。与发达国家相比,我国仍然是发展中国家,比如,学校、医院等公共设施,明显不敷客观需求。基础设施如交通、水利、环保等,也存在巨大缺口。仅城市公共交通一项,就远远不能满足日益增长的出行需求。更何况我们需要蓝天,我们需要净水,我们需要更快的信息网络,我们需要城镇群之间的捷运网络,没有哪一样不需要不菲的投资。有人担心投资多了环境会更差。实际上正好相反，要维持良好生态环境需要大量投资。过去很多制造业的投资降低了环保标准，看似短期省了钱，但长期却对社会带来更大的治理成本。目前大规模的投资是由中国庞大的人口基数以及相应的巨大需求而决定的。可幸的是，这种需求在中国特定背景下，有可能逐步得到满足，原因在于中国人民传统文化和习惯所形成的高昂的储蓄率。有人预计随着人口红利的逐步消失，中国储蓄率会逐步下降。这更加说明，我们应该利用这一历史时期的高储蓄率，多建设基础设施，从而为子孙后代积累更多实物意义上的国民财富。

至于部分行业、部分产品是否产生过剩，实际上这不是宏观问题，也不是金融问题，而是投资决策问题，可能是投资主体的行为是否理性、是否科学的问题，更像是与经济是否真正市场化运作有关的微观经济与管理问题。

三、 关于地方债务风险

与建设基础设施相关的就是现在很多人议论的地方债务风险问题。很多人告诫，地方政府以各种名目或各种平台承担的债务性融资会带来严重的债务危机风险。理由是地方政府因其财政收入有限，项目收入不确定，大都缺乏还债能力。如果理解上述储蓄与投资的关系，对地方债务的宏观认识问题就迎刃而解。也就是说，当债务发生在国内市场并且有国内实际储蓄作为依据，宏观上便不至于发生大的失衡。现实困境是，当前的地方债务表现为成本居高、期限偏短，还债高峰即将到来。这是金融问题，具体说就是金融结构尤其是金融工具出了问题。一方面，地方政府大都通过银行贷款进行基础设施投资，贷款期限一般较短。另一方面，非银行金融机构不发达或仍受制于现有秩序，无法提供真正长期稳定、低成本的资金。今后，更多利用长期债券市场替代单纯的银行贷款，甚至建立较完整的市政债券市场并开展资产证券化业务，仅期限拉长这一点就可以大大缓解现有债务的还债压力。而一个流动性很强的债券市场本身也有助于降低地方政府融资的成本。从长远看，在制度上解决地方政府的财权与事权严重脱节的现状，即从财政分配体制上作出安排，有助于从根本上减轻地方政府的融资需求和融资压力。

当然，现有的地方政府投资决策机制也问题多多，这就需要改革。应建立有效的预算约束机制和科学决策机制，在控制投资规模的同时，提高投资选择和投资决策的水平。国际经验是尽可能引入民间投资，采纳市场化的投资模式。任何时候，总还会出现个别地方因失误无序而造成的局部风险，但大可不必以偏概全，更不必杞人忧天。概而言之，目前阶段的地方政府债务主要不是减少的问题，而是如何做好的问题。

四、 关于社会保障与消费的关系

另一个似是而非的观点是，中国人之所以不敢消费，是因为担心养老的压力，因此要通过建立国家社会保障制度让老百姓无后顾之忧，从而大胆、积极地扩大消费。消除后顾之忧而变得能挣会花，这从常理上说得过去。但要弄清的是，国家社保制度如何建立？

举凡其他发达国家，我们看到，政府通过征收社会保障税来充实国家层面的社保基金，或者通过诸如401K等机制鼓励就业人员增加储蓄，未雨绸缪。实际上，就是依靠强制性储蓄来解决后顾之忧。中国的情况正好相反。老百姓主动储蓄，节俭度日，每家、每户储蓄的主要目的是教育、医疗以及养老。中国人通过自愿储蓄就是为了解决自身的后顾之忧，这是传统、习惯，也是文化等因素所决定的。至于是国家兴办社保、企业兴办社保，还是家庭兴办社保，从资金流量分析来看实际上是一回事。因为国家的社会保障也是由老百姓来提供的，不存在有了国家社保，老百姓就扩大消费的行为。除非国家通过其他途径充实社保基金，比如，将国企中的存量国有股份划转社保基金，以使老百姓确信，减少储蓄后扩大消费，日后还会有社保基金"负责"生老病死。即使如此，社会保障与家庭消费之间究竟是怎样的相关关系，仍然是一种值得观察的现象。最近的统计数据表明，中国人的社保交费率已在世界各国名列前茅。可以提出的问题反而是，这么高的社保交费率是否已经成为居民消费的负面因素？

五、 关于金融结构与小微金融

人们越来越认识到金融应该为实体经济服务。我们由储蓄结构和投资结构的差异而深入研究金融结构，会观察到金融结构中的贷款结构、期限结构在很大程度上影响到经济中的投资结构。

在过去 20 多年金融市场化的历程中，金融从业者得出一个经验法则，即二八定律，20% 的客户带来 80% 的收益。于是，商业性的利益驱动形成金融结构倾斜于高端市场和高端客户。在人们日益区分出高端市场和大众市场的差别时，广大中低端客户，尤其是农村、中小城镇等弱势群体面临缺乏金融服务的窘境。金融改革之初这一问题并不突出。这几年我们看到，在经济呈金字塔形状的结构时，金融服务却呈现出倒金字塔的结构。这种结构是社会收入分配格局的一定结果，同时又进一步固化或强化了不合理的收入分配结构。前面讲到高昂的储蓄率维持了高昂的投资率，并不是说消费不重要。假若中国的消费能成为经济成长的第一引擎，中国经济就可能更加平衡，更加可持续。中国消费率相对较低的原因，主要在于收入分配结构的不合理，即富者越富，穷者越穷，广大低收入人群缺乏有效需求。小微金融可以在很大程度上冲减这方面的弊端，比如，消费金融主要通过向低收入人群提供融资来提升他们的消费能力。小额贷款则从供应层面提高小微企业甚至个人的投资激情和投资能力。

可喜的是，近几年小微金融在我国如雨后春笋般迅速兴起，国家决策层面庄严提出发展普惠金融的号召，对于优化我国的金融结构，从而促进改变社会结构以及经济的可持续发展都具有重大意义。对于学术研究来说，因不同地域、不同富裕程度以及不同人群中的分配所形成的金融结构以及如何改变这种结构，应是当今时代特别值得引起重视而且日益紧迫的一大课题。

六、 结语

站在宏观金融的十字路口，前瞻金融结构的演变方向，在银行与非银行两者之间，非银行金融机构因不会引发信贷膨胀而应获得鼓励，银行信贷却应受到一定限制，以对冲外汇储备增加后带来的货币扩张压力。在高端金融与草根金融两者之间，尤其应鼓励旨在服务中下阶层人群、小微企业的非银行机构，而不是一味压制。对于普惠金融，则应从更高的意义上也就是具有很强的社会公平正义角度来认识。

第二篇

资本市场

社会资金流动和发展资本市场[*]

一、 引言

这是一项实证研究，所运用的分析方法是资金流量分析方法。资金流量分析是金融研究中的一种分析方法。在进行宏观金融分析时，必须运用资金流量分析方法了解经济中各子部门的资金来源与资金运用，以掌握社会资金流动的演变趋势。世界各国的中央银行为此都建立了专门的资金流量账户，以作为宏观金融分析的基本依据。我国的中央银行也已初步建立了这样的账户。

在宏观经济研究中，核心指标是 GDP（国内生产总值）。从 GDP 的核算来看，由于一个单位的支出同时就是其他经济单位的收入，总收入与总支出必然相等。因此，从宏观经济统计的事后结果看，储蓄也等于投资。这也是宏观经济的核心公式，即在封闭经济中，储蓄总额等于投资总额。但是，在开放的经济中，储蓄与投资可以不相等，差额在于进出口，即国外资金的流入与流出，用一个指标表示就是国际收支的差额，简单地说就是外汇储备的增减额。[①]

研究金融的使命就是要弄清储蓄转化成投资的机制。资金流量账

———————

　[*]　在本文的形成和修改过程中，我的多位同事和学生给予宝贵的支持和协助，在此诚表谢意；特别需要感谢的是其中的朱晓莉、操仲春和叶扬。我还要感谢两位匿名审稿人对本文的评论和建议。本文载于《经济研究》2004 年第 10 期。

　①　我们曾用"金融赤字"和"金融盈余"来描述整个经济收支之差，也就是储蓄总额与投资总额之差（贝多广，1989）。

户恰好在这方面给我们提供了一份比较完整的图案。我们知道，每一项金融负债都是其他人的资产，根据这一原理，资金流量账户展示了经济中各个部门之间金融关系的全部状况。目前我国的资金流量表分为两个部分：一是国家统计局编制的实物交易账户，二是中国人民银行编制的金融交易账户。通过实物交易账户，可以看到经济中哪些部门储蓄大于投资，哪些部门储蓄小于投资；通过金融交易账户我们则可以观察到各部门之间通过何种融资渠道最终使储蓄流向投资，换而言之，也就是揭示了不同形式的储蓄通过信贷、保险或资本市场活动流入不同形式投资的渠道。[①]

美国经济学家莫里斯·科普兰（Morris Copeland，1952）在美国国家经济研究局发表的《美国货币流量研究》一书，被公认为是运用资金流量账户对宏观金融进行研究分析的开山之作。继科普兰之后的约30年内，有关资金流量的研究主要从两个方向展开：一是关于资金流量账户的问题；二是资金流量分析的适用性。资金流量账户主要涉及的是概念性的和统计性的问题，比如，如何确定流量和存量，如何对资产进行分类和估值，如何划分经济部门和经济子部门，以及如何在统计上确定净额的程度等（R. W. Goldsmith，1965）。

尽管世界各国中央银行编制的资金流量账户为人们提供了公开可获得的、有实用价值的分析基础，但对于资金流量分析究竟有多大的适用范围，人们却有着若干种不同的看法。根据 Bain（1973）对文献的研究，人们认为资金流量分析可以在以下三个方面发挥作用：第一，

[①] 资金流量表的发表有较大的滞后性。比如，从目前可得的 2003 年《中国统计年鉴》上只能查到 2000 年的资金流量表数据。鉴于本文是对较长时期的趋势性研究，我们相信，即使加上 2000 年之后的数据，也不会改变本文的逻辑和结论。事实上，除了实物交易账户的数据之外，本文尽可能补充了 2001 年、2002 年甚至 2003 年的有关数据。

把资金流量账户作为客观性的数据来源用于经济和金融分析；第二，部门收支和流动性分析。第三，固定技术系数（投入—产出）方法。除上述以外，实际上，资金流量分析运用最多的地方还是对资本市场的预测，其中最主要的就是对利率的预测和对短期资金流动的预测（Berman 和 Cassell，1968；Taylor，1963），前者多为私人部门所用，后者多为中央银行制定货币政策所用。还有学者试图以资金流量账户为基础来建立大型的金融计量模型。

资金流量分析经历了近 30 年的热烈讨论，不少经济学大师参与其中，从丁伯根、斯通到托宾、戈德史密斯，但近 20 年有关资金流量分析的理论探讨似乎减少。人们更多地运用这一分析方法来分析现实经济尤其是资本市场的变迁以及对一国乃至国际经济的影响。从现在能够找到的文献来看，研究向三个方向发展：一是研究资金流量的国家范围扩大，从过去比较集中于美国、英国、加拿大，到现在很多发展中国家，诸如印度、东欧、俄罗斯甚至非洲的尼日利亚等（Sen et al.，1996；Patterson，2001；Odedokun，1990；Nakamura，1998）；二是研究涉及面拓宽，从过去侧重于金融部门与非金融部门之间的关系，到现在深入到金融部门中的各个子领域，如共同基金和养老基金、家庭储蓄与消费信贷等（Antoniewicz，1996；Guercio 和 Tkac，2000）；三是研究越来越接近现实生活，比如用资金流量分析解释亚洲金融危机，对 20 世纪 80 年代美国资产价格膨胀的分析等（Dawson，2004；Hargraves et al.，1993）。

本人曾经运用资金流量分析方法对 1979—1986 年我国社会资金流动的状况加以分析，形成了《中国资金流动分析》（1989）一书。[①] 自

---

① 实际上，更早期的研究成果是本人发表在《经济研究》1986 年第 10 期上的《储蓄结构、投资结构和金融结构》一文。之后，李扬（1998）和李鹰（2001）也分别对 20 世纪 80 年代中期至 90 年代中期约 10 年的我国社会资金流动状况作出了实证性的分析。

此以后，中国金融结构发生了深刻的变化。而且，这种变化已经对我国经济的运行产生了重大的影响。面对新的格局，有必要对社会资金流动的状况加以跟踪研究，从而对我国金融结构的发展和完善提出建设性的建议。

本文考察近10年来储蓄转变为投资的过程，探讨从储蓄到投资的过程中，金融扮演的角色。这里运用资金流量分析法研究各经济部门之间的资金流动情况，侧重于金融部门中银行、证券和保险三业的资金来源以及资金运用，以期揭示出各金融子部门的作用和效率。通过分析得到的结论是，深化储蓄—投资机制的重要出路是大力发展资本市场，而资本市场成熟的要素是：其一，疏通资金入市渠道；其二，实现市场化定价。

二、 资金供求现状分析

现代货币经济中，金融部门是储蓄投资转化的当然中介，因此，我们从各部门之间的资金流动入手讨论我国的储蓄—投资机制。

（一）国民经济各部门的储蓄和投资

在核算国民经济各部门的储蓄和投资时，一般将国民经济分为五个部门：非金融企业部门、金融机构部门、政府部门、家庭（住户或居民）部门和国外部门。根据1992—2000年各经济部门储蓄规模和投资规模统计数据（见表1、表2），我国的主要储蓄来源于家庭部门和企业部门。自1992年以来，随着国民经济的增长，社会总储蓄和总投资也迅速增长，2000年总储蓄规模达到34555亿元，总投资规模达到34500亿元；与此同时，各经济部门储蓄占GDP的份额变化并不大，2000年，主要储蓄来源仍是家庭部门（占45%）和企业部门（占41%）。企业部门一直是投资的主力，但近几年来，政府投资份额有所增加，占比由1992年的6%上升到2000年的10%。相应地，企业部门的投资比例从 1992 年的 78% 下降到 2000 年的 75%。考虑到企业是最大的投资者,而家庭部门的储蓄远远大于投资。所以,总体来说,向社会提供资金的主要是家庭部门。

表 1　　　　　　　　　1992—2000 年各经济部门储蓄规模　　　　单位:亿元

年份	非金融企业部门	金融机构部门	政府部门	家庭部门	国外部门
1992	3287.50	272.84	1572.63	5630.47	−352.93
1993	5194.95	398.53	2160.62	6691.81	685.90
1994	7069.78	425.72	2441.65	10052.24	−660.05
1995	9187.96	430.88	2814.12	11546.74	−135.04
1996	8494.31	598.31	3641.23	14290.66	−603.05
1997	10549.96	287.74	4153.23	15266.75	−1962.62
1998	10605.09	472.27	4071.07	15767.36	−2027.99
1999	11136.99	450.75	4658.09	15019.90	−1169.76
2000	13368.29	527.24	5647.60	14651.31	−1639.52

资料来源:根据《中国统计年鉴》1995—2003 年计算。

表 2　　　　　　　　　1992—2000 年各经济部门投资规模　　　　单位:亿元

年份	非金融企业部门	金融机构部门	政府部门	家庭部门
1992	7549.46	42.57	595.98	1447.99
1993	12199.40	80.50	954.80	1763.30
1994	15361.57	148.86	1339.71	2410.46
1995	19036.05	177.39	1596.62	3066.94
1996	20613.59	181.12	1851.49	4220.97
1997	21458.47	195.51	2324.56	4479.09
1998	22201.66	188.16	2721.71	4434.37
1999	23139.99	150.73	2823.41	4587.47
2000	24315.77	116.89	3163.82	4903.36

数据来源:同表 1。

(二)国民经济各部门的净金融投资

储蓄在形成投资的过程中,主要是从家庭部门流向了企业部门和政府部门。根据 1992—2000 年各经济部门净金融投资规模统计(见表

3），从 1993 年开始，国外部门出现净储蓄。这可能是由于当年经济过热，通货膨胀所致，国内资金来源不够，需要利用国外资金来弥补宏观经济的这一缺口。1996 年和 2001 年，出现金融部门提供净储蓄的情况，可能是由于政府实行扩张性财政政策，金融部门大量购买国债所致；1996 年后，国外部门的储蓄是负数，从宏观上说就是国内资源被国外大量占用。从 1998 年开始，我国实行住房商品化，个人住房贷款不断增加，导致相当一部分储蓄在家庭部门内部就转化为投资，因此在 1998—2000 年，家庭部门提供的净储蓄减少。在其余大部分年份我国家庭部门的储蓄不但被国内部门运用，也被国外部门运用，表现为我国政府和家庭持有的外国债权增加。

表 3 　　　　　　　　1992—2001 年各经济部门净金融投资规模　　　单位：亿元

年份	非金融企业部门	金融机构部门	政府部门	家庭部门	国外部门
1992	− 3342. 50	59. 20	− 654. 70	4291. 10	− 353. 10
1993	− 5672. 41	349. 58	− 227. 30	4892. 05	658. 08
1994	− 6682. 97	− 105. 23	− 49. 27	7499. 51	− 662. 04
1995	− 8079. 47	− 208. 34	− 88. 63	8513. 24	− 136. 80
1996	− 11967. 76	2081. 14	− 403. 84	10902. 39	− 611. 93
1997	− 8637. 38	826. 23	− 744. 87	11027. 08	− 2471. 06
1998	− 8446. 58	277. 15	− 1097. 93	11626. 16	− 2358. 81
1999	− 6418. 62	− 991. 02	− 2190. 22	10898. 08	− 1298. 22
2000	− 5269. 30	66. 86	− 999. 88	7898. 05	− 1695. 73
2001	− 5725. 00	− 2381. 87	− 1068. 60	10611. 12	− 1435. 65

资料来源：根据《中国统计年鉴》1995—2003 年、《中国金融年鉴》2003 年计算。

（三）家庭部门资产构成

家庭部门的资产构成，分成固定资产投资、存货、金融资产和金融负债四部分（见表 4）。家庭部门是金融资产的主要持有者，1998 年实行住房制度改革以来，家庭部门资产构成中固定资产投资比重逐渐上升，同时，金融资产和金融负债也同步上升，说明在家庭部门内部的储蓄投资转换增多；从家庭部门的金融资产构成来看（见表 5），由于证券、保险以及抵押贷款的兴起，1998 年以后，家庭部门金融资产组成不断丰富。1999 年以后，家庭对通货和存款的持有比例发生了很有意思的变化，前者持续下降，后者持续攀升。物价的持续稳定，甚至通货紧缩可能是重要原因。

表 4　　　　　　　1992—2000 年家庭部门资产构成　　　　　单位：%

年份\储蓄形式	固定资产投资	存货	金融资产	金融负债	合计
1992	20.80	3.90	78.00	−2.70	100
1993	22.80	3.60	75.70	−2.10	100
1994	19.10	4.30	79.20	−2.60	100
1995	22.10	4.40	76.60	−3.10	100
1996	22.60	7.10	70.90	−0.60	100
1997	22.70	6.90	71.40	−1.00	100
1998	25.20	4.60	76.20	−6.00	100
1999	30.60	2.90	76.10	−9.60	100
2000	36.80	1.50	84.90	−23.20	100

资料来源：同表 1。

表 5　　　　　　　1992—2001 年家庭部门金融资产构成　　　　　单位：%

年份\资产构成	通货	存款	贷款	证券	保险准备金	合计
1992	19.97	62.78	−3.68	19.70	1.22	100
1993	23.16	68.87	−3.47	10.18	1.26	100
1994	14.22	82.27	−3.56	6.31	0.75	100
1995	5.25	90.71	−4.17	7.14	1.07	100
1996	7.18	78.10	−0.82	14.36	1.17	100
1997	11.07	67.93	−1.36	19.84	2.52	100
1998	7.24	78.81	−7.15	18.55	2.54	100
1999	17.15	66.81	−12.08	22.86	5.26	100
2000	12.26	81.58	−36.68	27.44	15.39	100
2001	8.40	95.86	−33.71	18.34	11.11	100

资料来源：同表 3。

（四）中国资金是否过剩

1992 年以来，居民储蓄存款余额持续增长，增速一直高于 GDP 的增长；1992 年以来，我国银行吸收存款总量一直大于发放贷款总量（1993 年除外），出现表 6 中巨额的存贷（增量）差；同时，外汇储备稳步增长。表面看来，中国出现巨量闲置资金，这是否标志着中国已步入"资金过剩国"之列？

表 6　　　　1992—2003 年外汇储备余额与金融部门存贷（增量）差

年份	存贷差（亿元）	外汇储备（亿美元）
1992	269.70	194.43
1993	-1095.12	211.99
1994	2602.26	516.20
1995	3467.60	735.97
1996	1589.94	1050.29
1997	1455.02	1398.90
1998	2656.73	1449.59
1999	3135.89	1546.75
2000	1610.55	1655.74
2001	7015.26	2121.65
2002		2864.02
2003		4032.51

资料来源：根据《中国统计年鉴》1995—2003 年、《中国金融年鉴》2003 年、国家外汇管理局网站资料计算。

依然是发展中国家的现实告诉我们，中国的现代化建设还远远没有完成。对资金的需求可以说是无限的。然而，另一项现实却是，尽管我国经济迅速增长，国内投资需要资金，但居民储蓄并未全部投入以满足投资需求；相反，相当一部分储蓄正被国外部门所占用。从金融角度看，金融体制的不完善、金融市场的不发达以及金融产品的不丰富，使得很多资金没有流到国内急需资金的地方，却流到国外；没有流向高效使用的地方，却流向效率比较低下的地方。显然，中国的金融机制存在着严重的问题。

从国内外金融产品的可获得性比较（见表7）来看，与发达国家金融市场相比较，我国缺少大部分金融工具。比如，国外用的很多市政债券这种融资工具在国内就没有，而国内面临的城市化战略，各大中小型城市都要发展城市基础设施，面临的问题就是缺少资金或者有了资金将来如何偿还。又比如，目前没有满足成长型、创业型企业融资需求的机制，大大影响了小企业的发展；缺乏股权直接投资的套现或退出机制，使创业型或成长型企业融资困难。再比如，资产证券化是提高各种收益性资产流动性，加速资金融通的好方法，在国外已非常流行，但在中国尚未形成。金融产品的不足造成资金流向受到障碍。过去几年，民间投资的积极性不高，在这种情况下，应增加政府投资来带动经济。实际上，多样化的金融工具可以促进民间投资的扩大。解决此类问题，发达国家都有比较好的金融工具。所以，需要探讨的是，我国如何利用合适的金融工具来进行融资。

表7 **国内外金融新产品可获得性比较**

	种类	明细	主要用途	国内可得性
基础金融工具	现金	流通中货币	小额交易中介	有
	支票	个人支票	交易支付	很少
		企业支票		有
	股票	优先股	介于债券和普通股之间的工具，给投资者高于债券的相对固定回报	无
		普通股	代表股权	有
	债券	国债	政府融资和控制货币供应的工具	有
		市政债券	用于地方基础设施建设，以地方税收为保障	无
		投资级企业债券	信用级别较高企业债务融资	有（非常有限，类似国家信用）

续表

	种类	明细	主要用途	国内可得性
基础金融工具	债券	高收益企业债券（垃圾债券）	用于成长前景好，但风险高的企业债务融资	无
		资产支撑的证券	用于资产证券化，提高各种收益性资产的流动性	无
	股权直接投资		用于满足创业型成长型企业的融资需求，投资者一般可以几年后在资本市场套现	基本无

总之，与发达国家金融有效配置资源的能力相比，我国还有很大的差距。因此，我国的资金过剩更多的是资金配置不合理造成的，而不是真正的过剩。

三、 金融结构和各金融子部门状况分析

金融部门是货币经济中沟通储蓄与投资的部门，使之形成良性循环。在这个过程中，金融部门通过市场化定价，实现社会储蓄在投资项目中的有效合理配置，让储蓄和投资匹配，从而实现全社会储蓄与投资的良性循环，以推动整个经济的发展。

从企业部门资金来源看，银行贷款一直是我国非金融企业部门的主要融资来源，占总量的60%以上。相比较而言，证券融资的波动性相对较大。随着近年来我国经济的稳步增长，国外资本逐步进入，发挥的作用越来越大（见表8）。

表8　　　　**1992—2001 年非金融企业部门资金来源构成**①　　　单位：%

资金来源 年份	银行贷款	证券	国际资本	合计
1992	78	12	10	100
1993	77	3	19	100
1994	71	1	28	100
1995	75	0	25	100
1996	79	2	19	100
1997	71	10	19	100
1998	75	6	19	100
1999	70	8	22	100
2000	61	14	24	100
2001	68	10	22	100

资料来源：同表3。

在我国金融资产结构中，银行存款、贷款在我国金融资产中一直占主导地位。截至 2002 年 12 月 31 日，银行存款、贷款余额均突破 10 万亿元，而股票市场流通市值仅 1 万多亿元，保险资产仅不到 7000 亿元；相对而言，银行贷款依然是我国企业资金的主要来源（见图 1）。②

下面我们对各金融子部门的资金流量状况进行分析。

（一）银行业

1. 储蓄存款占支配地位

居民持有银行的储蓄存款，可以假定是为了满足三个方面需求，即交易需求、谨慎需求以及投资需求。后两种需求在很大程度上属于

---

① 非金融企业部门指我国境内注册的除金融机构外的所有企业，包括三资企业。国际资本包括直接投资和外债。

② 企业债券在我国更不发达。据统计，2000 年至 2004 年，我国共发行企业债券 945 亿元。目前，在两个交易所挂牌交易的企业债券按票面额计算的总额约为 470 亿元。由此可见，这个规模对于整个企业部门的资金来源而言，可以忽略不计。

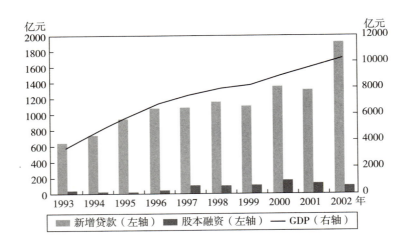

资料来源：根据《中国统计年鉴》1994—2003 年数据计算绘制。

图1　银行贷款依然是企业融资的主渠道

长期性的，在储蓄转化为投资的过程中可以用于长期性投资。但是因为金融工具的缺乏，相当一部分的谨慎需求和投资需求只能存入银行，仍然表现为银行的存款形态。银行则根据它们的资金运用作一些短期贷款，使得需求中的一些可以细分的部分没有真正区分开来。

目前，我国居民的货币需求主要反映为银行储蓄存款。其原因还包括：（1）我国消费信贷没有得到全面普及，居民消费水平处于升级储备期；（2）由于社保、医疗、失业保险制度的变化以及住房和教育制度的变化，我国居民未来收入的不确定性加大，从而加大了居民储蓄的谨慎（安全性）需求，这部分储蓄具有长期性；（3）城乡居民个人特别是农村居民个人的投资渠道狭窄，目前市场上安全性、流动性和盈利性匹配较好的金融产品明显不足；（4）高收入阶层消费饱和，投资渠道不畅，货币沉淀于长期存款。

2. 银行存款集中度很高

银行存贷款在整个金融结构中占主导地位，同时，存贷款市场仍处于被四大国有银行垄断的状态，2002 年，四大国有银行的存款份额合计为 62.8%，贷款份额合计为 59.7%（见表 9）。其他银行的规模就小得多。

表 9　　　　　　　　　2002 年国内四大国有银行存贷款规模

	贷款（亿元）	比重（%）	存款（亿元）	比重（%）
工商银行	29578	22.5	40569	23.7
建设银行	17664	13.5	25997	15.2
中国银行	14648	11.2	20010	11.7
农业银行①	16462	12.5	20914	12.2
合计		59.7		62.8

注：①农业银行是 2001 年数据。

资料来源：各银行年报。

3. 国内银行业的效率堪忧

我国银行的资金运用效率比较低，不良贷款总量在亚洲地区仅次于日本，按比例则排在印度尼西亚和泰国之后，位列第三（Ziegler，2003）。1998 年我国发行 2700 亿元特种国债补充国有银行资本金和通过组建资产管理公司剥离了 1.4 万亿元的不良贷款，但是，我国四大国有银行的不良贷款比例依然很高（见图 2）。

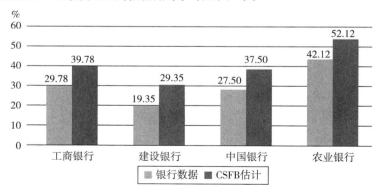

资料来源：CSFB，2003。

图 2　2001 年四大国有银行预计不良贷款比例

另外，从各项盈利能力指标来看，四大国有银行的资产收益率和净资产收益率远远低于几家上市的股份制商业银行；由于四大国有银行占据了我国商业银行业务的绝大部分市场份额，我国银行业的经营效率依然堪忧。

（二）资本市场

1. 资本市场的发展状况和筹资情况

近年来，我国资本市场发展很快。1991 年到 2003 年 10 月，我国的上市公司数量由 14 家增至 1278 家，总市值由 109 亿元增至 38522 亿元，流通市值由 38 亿元增至 12379 亿元；上市公司家数、总市值和流通市值的年复合增长率分别达到 46%、63% 和 62%。但是，资本市场的融资规模还是不能和银行相比，从 1992 年到 2003 年 9 月，上市公司累计在国内证券市场上融资约 7000 亿元，与银行贷款 10 多万亿元的余额相比，十分微小。

2. 资本市场的资金运用

在资本市场的资金运用方面，上市公司的市净率普遍偏高，2.5～3 倍市净率占相当大的比例。[①] 同时，退市机制还没有充分实行，ST 公司占上市公司总数的 10% 左右。[②] 从整体看，资本市场是我国国民经济"晴雨表"的说法还不确切。在国内上市公司中，行业龙头企业、超大型的具有行业领导地位的公司很少，因此，国内资本市场资金投向的公司相对较弱。真正代表国民经济的龙头企业尚未在国内上市，这样的资本市场充其量只能反映有限的国民经济，其代表性是严重不

---

① 所有 A 股上市公司的市净率无一例外都大于 1。在海外市场上，业绩差的公司的市净率可以大大低于 1。这表明，在国内市场上，业绩差的公司的估值偏高（参见中金公司研究部，2003）。

② 根据 Green（2004）的研究报告，我国的亏损上市公司数量从 1994 年的 2 家，占全部上市公司的 0.75%，增加到 2001 年的 150 家，占全部上市公司总数的 12.9%。

够的。

另外，从我国上市公司估值水平远高于国际市场，也可以看出，资本市场上不均衡的供求关系使已上市公司获得过多的资金和关注。

（三）保险业

1. 保险公司的资金来源

近年来，我国保险公司保费收入（包括寿险保费收入）增长较快，在金融部门中属于增长速度较快的部门。从统计数据看，保费收入主要来源于企业和家庭部门，而寿险保费收入的迅速增长则体现了我国养老保险制度改革引起的居民资产配置的变化。

2. 保险公司缺乏投资回报

保险公司在资金运用方面受到很大限制。与国外保险公司相比较，中国保险公司的资金主要存放在银行，相当于银行的分支机构吸收存款。保险公司在证券投资基金和国债等其他投资中所占比例不高，并且不能直接经营投资。从这个意义上说，保险公司在投资决策上还没有形成自己的能力。由于目前我国存款利率处于历史低位、股市前两年的低迷以及大批资金对新发国债的追逐，保险资金的投资收益水平不容乐观。

四、　资本市场的前景展望和政策建议

（一）解决金融结构瓶颈的迫切性

通过以上分析可以看出，我国目前金融体系各子部门的主要问题相当严重。在银行业，不良贷款负担重，没有完善的风险鉴别和控制机制，经营效率低下。资本市场上，资金来源不畅，市场上的公司无法代表经济的全部，资金配置效率不高，没有形成优胜劣汰的良性循环。保险业中，保险公司的作用是集聚资金、管理风险和管理资产，但目前我国保险公司更类似于银行和证券基金的分支，没有自己独立

的投资意志和投资能力。

类似于一家公司只有现金流而无利润，我国整体经济主要靠高额储蓄率来维持其高速运转。这样的高额储蓄是否能持续下去？如果我们考虑到以下两种情形，可能就不那么乐观了。第一，消费需求出现较大的增长。消费需求的扩大可能不仅是简单的对现有商品的需求扩大，更值得注意的是，消费曲线的位移，如对住房、汽车以及服务品的需求。这种需求的规模可能是以往需求的数量级倍数。当人们的收入水平达到或超过某一临界点后，这种情况很可能出现。目前在中国最发达地区已呈现出这一迹象。① 第二，人口老龄化趋势。据测算，中国的老龄化人口到 2025 年将达到总人口的 1/5，相当于目前 OECD 国家老龄化人口的水平（Ziegler，2003）。当工作人口逐步减少，老龄化人口增加时，国民储蓄自然出现下降趋势，社会保障和养老制度的改革，也会加速人们提前为退休后的生活未雨绸缪。

以上两种情形在未来的一二十年内就会出现。中国能否在这一期间之内，通过改革和创新，突破严重滞后发展的金融结构"瓶颈"，以适应不断变化的经济和社会格局，将是中国经济能否持续、高速和健康成长的关键因素。

当前的挑战就是在有限的时间内建立起高效、有深度并且监管良好的金融结构，其中主要的内容就是银行体系和资本市场。必须承认，在未来相当长的一段时间内，银行在我国金融结构中仍然会占主导地位，银行仍然是国内企业最主要的融资渠道。因此，银行体制改革的成功与否对于整个金融业发展的意义是毋庸置疑的。

另外，我们还必须认识到，资本市场的成熟发展可能是金融业真

---

① 根据中国人民银行 2000 年的资料，我国个人房贷和车贷已分别达到 8253 亿元和 327 亿元。

正走出困境的唯一出路。

（二）进一步发展资本市场是金融深化和经济增长的必然选择

金融界有这样的争论：到底是直接金融效率高还是间接金融效率高。近几年国内外的理论和实践表明，资本市场的效率更高一点，原因主要有两条：第一，资本市场有比较完整的信息披露机制，这使得跨国境的国际性资金流动变得更有可能。在这个意义上说，有效的信息披露是资本市场的生命力所在。第二，资本市场上每个投资者都承担风险，因此具有降低整体风险的功能，这和银行有很大的差别。证券市场与银行信贷的一个基本区别是证券投资者既是资金的所有人，也是风险的承担者，而在信贷活动中存款人承担的风险是很小的，风险需要银行自身良好的体系来控制。不管是国内还是国外，银行的存款人原则上不承担风险；股票投资者则是风险自担。但在中国，人们经常以为，股票投资赔了政府应给予赔偿，这个理念需要有很大的改变（贝多广，2001）。

有效的资本市场能够降低全社会的信用风险，并能够通过竞争实现对股权的合理定价；同时，只有健康的资本市场才能真正起到改善公司治理结构的作用，成为金融产品创新的平台和为全社会投资者提供金融投资渠道的作用。同时，各金融子部门的发展又相互制约和依存：证券市场的发展需要吸引银行存款和依赖上市公司素质的提高；银行不良资产的解决需要体制变革，银行希望通过上市解决制度问题和补充资本金，并通过资产证券化等方式盘活资产、拓展业务；保险公司产品的合理定价需要利率的市场化，同时，保险公司改善投资收益率和实现资产负债的期限匹配需要资本市场的进一步发展和产品创新；保险公司也急需通过资本市场补充资本金。从这些方面看，这些金融部门的发展都离不开银行和资本市场运作体系的真正完善。而中国的银行和资本市场运作体系的真正完善在于怎样发展在中国还相对弱小的资本市场。

从资本市场供需来看，投资者有各种偏好，而且投资类型和时间期限都不一样，他们都期望在资本市场寻找合适的金融工具。而资金需求者（发行人）也有不同的成长阶段、行业、档次和信用级别，他们融资的方式也不同。怎样建立一个有效的市场，最大限度地实现风险收益匹配和资本的有效配置，以及资本市场供需的良性循环，是一个值得研究的课题。

（三）资本市场实现持续发展的核心问题

运用资金流量分析方法，我们可以看到，资本市场实现持续发展的核心问题：一是解决资金来源的问题；二是解决资金运用方面的问题，即资金运用的效率，它的核心就是市场化定价。

1. 疏通资金入市渠道

资金进入市场，实际上更多地需要通过专业机构管理持续性流入的资金。从发达国家的经验来看，其核心是它的社会保障政策。国家政策上制定了家庭部门把一部分收入作为长远的社会保障资金，让这种资金在税收上得到好处，从而可以源源不断地流入；同时由专业人士来经营管理。如果有这样的政策，家庭部门银行存款的相当一部分就会变成主动投资。正如前述，这些资金原本就反映了家庭的谨慎需求和投资需求，放在银行也是为以后打算。这种机制的建立，对于今后我们发行大的投资项目及股市进一步扩大有制度性的好处。

借鉴国际经验，我国可以通过多方面的政策更好地推动基金业的发展，在保护投资者利益的同时，实现市场繁荣。目前，我国资本市场上的主要投资者是金融机构、投资基金和个人投资者，其中个人投资者占绝大多数，也是最终的资金来源。然而，由于人们恐惧市场风险以及个人投资者专业能力的不足，家庭部门的资金大部分没能进入资本市场。为了更好地发展专业化的投资基金以留住和吸引个人投资者的资金，相应地，需要以下配套政策：（1）社保政策：建立明确的机制，将社保资金的固定比例或特定使用目的的资金委托基金管理公司管理。（2）税收政策（对个人养老储蓄投资的税收优惠）：目前在发达国家相对完善的个人养老保障体制中，都有个人购买养老基金在符合一定条件的情况下可以延期缴纳所得税的规定（如美国的401K，ICI，2000）。（3）保险资金运用途径的调整：考虑进一步细分不同时间周期的保险资金的投资范围，从而在改善保险公司资产负债匹配性的同时充实资本市场资金面。（4）调整监管手段：在加强信息披露前提下促进产品创新，用规范和诚信的市场吸引投资者的参与。

2. 实现市场化定价

从资金运用角度来看，必须实现市场化定价。目前我国股票发行在价格上和规模上都受到监管部门的严格控制。目前非市场化定价产生诸多问题：素质不同的上市公司无法通过发行价格区分良莠；不断维持一级市场供不应求的短期繁荣；无法实现通过市场价格调节不同发展阶段和不同成长前景企业的融资成本。这种管制造成了市场失衡、资金缺口或者是价格扭曲。从发挥市场定价机制的角度，可以考虑以下几个方面：推动大型优质国企上市；新股发行定价市场化；政府不干预二级市场。推进市场化，需要一个持续的过程。如果能够实现市场化定价，很多大型的、真正代表国民经济的优质企业可以在市场上出现，让国内市场形成一个良性循环。

证券市场需要理论支柱[*]

一

　　如果从 1990 年 12 月上海证券交易所正式开业算起，中国的证券市场已经走过四个年头了，证券市场的发展速度令世人瞩目，有人说，我们是用三四年时间走完了其他国家三四十年才走完的路程，这话可能不为过。当然，发展速度一快，问题自然就多，面对层出不穷的现实问题，无论是市场参与者，还是市场监管者，都感到是严峻的挑战。

　　实际上，世界上其他国家的证券市场目前也正经受着各自不同的挑战。一位美国朋友告诉我，目前美国证券市场面临的问题大大复杂于 20 世纪 30 年代美国建立《证券法》之初。比如，机构投资者越来越重要，衍生性金融工具大量产生，各种金融产品市场之间的联系日益密切以及证券市场的国际化趋势等。但是，现在有一项重要优势却是从前所没有的，那就是，近几十年证券市场的巨大变化引发了经济学、金融学、会计学以及法学方面的大量研究，而一系列的理论突破对证券市场的发展具有现实的指导意义。

　　中国的事情向来具有很强的特殊性，不过，我们也应该看到，证券市场在世界各国的发展在很大程度上又具有共同性。在我国的经济

　　＊　本文来源于贝多广：《证券经济理论》，上海，上海人民出版社，1995。

体制改革中，证券市场是相对比较晚到的，也正因为这个原因，证券研究方面的理论建设，相对也是比较薄弱的。中国经济学家都知道，近十多年来，我国的经济研究经历过一个翻译介绍、消化吸收以及洋为中用的过程，相比之下，证券研究尚没有走过这样一个路程，结果是，证券市场中的许多现实问题往往使大家感到困惑，无从解释。

　　熟悉经济理论的读者知道，经济学中学派林立，分支庞杂，每一种学说可能只是从一个角度揭示了现实经济社会中的一个侧面。本书所介绍的各种理论学说，莫不是如此。作为编著者，我们的目的并不在于宣扬这些理论本身，我们只是想通过介绍这些理论，让读者了解国外经济学家的研究思路，并希望能引发出人们对中国证券市场中的现实问题的多一层思考。

二

　　证券问题往往既涉及经济学和金融学，也涉及会计学和法学，因此，在很多情况下，证券研究成为一种边缘性的研究，也就是说，它所需调动的知识结构是多学科和多领域的。

　　比如，由企业理论和产权理论所构成的交易成本学说，它是制度学派经济理论中的一项基础学说，很多经济问题的分析研究可以以这一学说为基础而展开，在证券研究领域，这一学说尤为重要。现代企业理论把企业看作是不同索要者（如股东、债权人、雇员等）之间的契约网，这一理论对于理解证券市场中碰到的诸如公司收购兼并和公司控股等问题很有用；同样，产权理论对于理解债务规则如何影响资源配置，以及股份公司中债权人和股东的各自权利等问题很有用。

　　又比如，信息经济学，这是一门研究信息在经济行为和资源配置过程中的作用以及分析影响信息供求的各种因素的一门经济学分支。

这一理论对于理解证券市场上信息披露规则的功效是有用的，因为这些规则假设一个无监管的市场会导致太少或太骗人的公司披露。信息经济学认为，虽然信息属于一种"公共物品"，因而需要实行强制性的披露，但信息的生产又是高成本的，因此有必要给信息制作者以信息的私有产权，以鼓励信息的生产。这一理论还为理解初级发行的定价、配股发行对股票价格的影响、证券市场的透明度以及内幕交易对证券市场流动性的作用等提供了一个框架。

再比如，公共选择理论和监管经济学，它们是经济分析在政治学和公共政策学领域中的延伸。这些理论认为"市场失效"并不能保证监管的合理，因为监管也可能无法克服"市场失效"的缺陷，甚至带来所谓"政府失效"，根据这些理论，人们可以怀疑美国证券交易委员会保护公共利益的功能。当然，这些理论对于认识监管、加强监管和完善监管都是有益的。

基于以上考虑，我们将本书定名为《证券经济理论》，其含义是：它不仅仅局限于狭隘意义上的证券理论，它还包容了在进行证券研究时会涉及的若干种主要经济学说。我们在这本书里可以看到许多著名经济学家的名字，其中有好几位是诺贝尔经济学奖的获得者，这一点可以说明，这本书中所介绍的理论学说，在较大程度上已经得到了社会的公认。当然，本书所介绍的理论学说，并不是证券理论的全部，比如，对证券市场的各种技术分析理论，基本上不在本书范围。

三

本书结构和各章的作者是这样的：

第 1 章和第 2 章分别介绍罗纳德·科斯的企业理论和产权理论。作者是国家科委中国国际科学中心吕中楼博士。

第 3 章以乔治·斯蒂格勒的信息经济学观点为出发点来讨论信息经济学与证券之间的联系。作者是中国人民大学经济系黄淳讲师。

第 4 章介绍弗兰科·莫迪利安尼和默顿·米勒的资本结构理论，这一理论已经成为企业财务理论中的经典内容，这两位诺贝尔经济学奖获得者论证了在什么条件下资本结构决策影响了企业的价值。作者是中国证券研究设计中心李焰博士。

第 5 章主要介绍哈里·马科维茨的资产选择理论，马科维茨是世界上第一个用模型描述出多样化对资产风险的作用的人。作者是中国航空航天大学任若恩教授。

第 6 章从风险和收益的概念入手来介绍资产定价理论，重点是介绍威廉·夏普对资产定价模型的贡献。在许多证券管理的问题中，理解证券定价显然是很重要的。作者是中国社会科学院财贸经济研究所杨思群博士。

第 7 章介绍詹姆斯·布坎南对公共选择理论的发展。作者是中国人民大学经济学系方福前副教授。

第 8 章介绍以乔治·斯蒂格勒为代表的监管经济学。作者是中国人民银行资金管理司张晓慧博士。

第 9 章主要介绍有效市场假设理论。这一理论认为，证券价格反映了所有公众可得的信息，同时，价格也迅速吸收了新的信息。这一理论对于制定信息披露政策至关重要。作者是上海证券交易所刘波副总经理。

第 10 章是期权定价模型。这一理论涉及期货、期权市场以及与证券有关的其他派生工具市场。作者是中国人民大学财政金融系赵锡军博士。

第 11 章是代理人理论。这一理论讨论了经济过程中普遍存在着的代理或雇佣关系，它涉及报酬分配、信息传递、分工以及所有权的分配等问题。自 20 世纪 80 年代以来，代理人理论已成为企业管理理论中的一个重要分支，它对于我们理解企业，尤其是上市公司的经营管理和财务控制等很有用处。作者是上海财经大学会计系张为国教授和章国富副教授。

第 12 章是证券市场微观结构理论。这一理论对不同的交易所结构进行比较，并分析不同的市场结构对市场效率以及市场的流动性等所产生的不同影响。作者是中国人民银行资金管理司张晓慧博士。

第 13 章是实证会计理论。这一理论有助于我们理解，当会计准则发生变化时，它对企业效益所带来的各种影响。作者是上海财经大学会计系张为国教授。

四

1993 年 9 月底，我结束了在美国的进修，回国后开始在证券监管部门工作。当时的一种感觉是，一方面，证券交易市场人气冲天；另一方面，证券理论研究却缺乏人气。但是，没有理论"基础"的市场"大厦"，能稳固可靠吗？带着这个疑惑，我开始整理从美国带回来的一大堆资料，试图做一些理论研究的基础工作。当然，日常繁忙的事务工作使这项业余活动频频告断，我只得求助于"圈子"里的朋友。今天，在本书结稿之际，虽然时钟已接近 1994 年年终，但我感到如释重负。借此，我要感谢参与本书编写的所有朋友，这些学者在如今"时间就是金钱"的年代，仍然能够坐住冷板凳，重视学术，实在是难能可贵，没有他们的支持，这本书是无法完成的；我也要感谢出版界的老朋友陈昕先生，尽管他在出版界中的地位日渐提高，但他对于学术著作，尤其是经济学著作的出版，仍然热情依旧。

西方国家金融市场的理论依据[*]

　　在大多数西方国家，金融市场是经济活动和发展的心脏，它与西方国家经济的各个部门保持着紧密联系。金融市场的业务范围和放射性影响，不仅渗透到各个国民经济部门，而且对西方国家政府的财政和经济政策，对西方国家普通大众的经济生活，都起着越来越大的影响作用。在西方经济学家看来，金融市场对于西方经济是必不可少而又非常重要的。

　　西方经济学家认为，经济状况的好坏，或者说国民生产总值的多寡在很大程度上取决于储蓄和投资水平的高低。因此，考察金融市场的重要性，也就是考察各个经济单位（或部门）的储蓄或投资水平在具备金融市场条件的情形下是否有所提高。美国著名经济学家阿尔文·费雪（Irving Fisher）在题为《利息理论》（1930 年）的著作中对这一问题作了比较系统地阐述。以后的西方经济学家基本上都是以费雪理论为起点来研究金融市场的重要性的。

　　费雪认为，要认识各个经济单位（或部门）的储蓄或投资水平在具备金融市场条件的情形下是否有所提高，首先就要理解各经济单位为什么要储蓄，为什么要投资，储蓄数量由什么决定，投资数量又由什么决定。

　　费雪认为，储蓄和投资行为受"投资机会"（Investment Opportuni-

---

　　* 本文载于《国际金融研究》1986 年第 3 期。

ties）影响。利用这些"机会"的结果是在短期内牺牲一些消费，但从长期看却能提高生活水平。由于人们认为消费总是多多益善，因此一般都不肯轻易放弃能带来高收益的投资机会。实际上，收益率为正数的所有投资机会都潜在地适应了人们要求更多消费的偏好。那么，个人就肯定投资吗？也未必一定，因为投资机会还只是问题的一面。

费雪认为，人们的行为还受"时间偏好"（Time Preference）影响，也就是说，一般人们喜欢现在多消费，以后少消费。人们情愿把明年有的1元钱现在就花去，而不愿把今年的1元钱用于明年（假定没有利息）。这就是所谓"货币的正数时间价值"（Positive Time Value of Money），今天的1元比明年的1元更值钱。于是，人们就产生了"消费不耐"（Impatience to Consume）情绪。①

"消费不耐"成为投资的制闸。对当期消费的偏好越大，投资就越少。实际的投资决策既受消费不耐控制，又受投资机会操纵。我们仍然利用一下上述例子，假定个人的决策是200美元收入中的一半用于投资，以便获得15%收益率的好处，这意味着投资机会大于他的消费不耐。他对100美元估计的货币时间价值肯定小于15%；反之，如果他不进行投资，那么，他的消费不耐肯定大于投资机会，他的货币时间价值肯定大于15%。

在现代社会，个人可以在投资机会和货币计量单位允许的任何比例之下，把当期收入分配于当期消费和投资。然而，投资机会和消费不耐的基本力量依然控制着这一分配。那些有耐心的并有良好投资机会的人把收入的较大部分用于投资，那些没有耐心和缺乏投资机会的

---

① 费雪的《利息理论》中称为"人性不耐"，"现在财货优于将来财货的边际偏好。这种偏好叫作时间偏好，或者叫作人性不耐"（费雪．利息理论［M］．陈彪如译．上海：上海人民出版社，1959：51．）。

人不投资或少投资。

　　伴随着投资决策而来的是从何处获得资金以满足投资需要。在金融业不发达的国家，或者说在没有金融市场的情形下，筹资方式有限，投资资金只能靠减少消费而取得，也就是说通过自身的储蓄。在这种情形下，投资决策和储蓄决策是一回事，决策就是取决于投资的边际收益率是否与货币的边际时间价值相等，条件是投资量与储蓄量相等。表1说明了这一原理，表1内机会和偏好既定，合理的决策是从收入中取出300美元用于储蓄和投资。任何其他决策都不是最优的。

表 1　　　　　　　一位储蓄—投资者面临的机会和偏好假设模型

当年投资	明年投资价值	投资的平均报酬率	投资的边际报酬率
＄100	＄140	40%	40%
200	270	33%	30%
300	390	30%	20%
400	500	23%	10%
当期储蓄（当期放弃的消费）	相当于明年消费的效用	货币的平均时间价值	货币的边际时间价值
＄100	＄110	10%	10%
200	225	12.5%	15%
300	345	15%	20%
400	470	17.5%	25%

注：与各储蓄水平有关的货币时间价值只有当其他原因（包括收入和财富）均为常数时才为常数。

　　在金融业比较发达的国家，或者说在有发达的金融市场条件的情形下，投资和储蓄行为可以而且通常是分离的。投资不限于储蓄，因为个人可以通过借款为投资筹资。同样，储蓄也不仅仅用于投资，因为储蓄也可用于贷款。那么，投资和储蓄如何决定？费雪认为，投资的边际报酬率与借款的利率成本一起决定投资。人们进行投资直到边际报酬率不再超过利率，而储蓄由货币的边际时间价值和贷款利率一起决定。人们进行储蓄直到利率不再起过货币的边际时间价值。由于借款人支付的利率就是贷款人得到的利率，所以，储蓄和投资决策依赖于投资的边际报酬率是否相等于货币的边际时间价值。现在的条件是这两者都等于市场利率。

当借贷成为可能时，一个人储蓄的数量几乎总是不同于一个人投资的数量。回到上述表1例子，如果市场利率为10%，投资将增至400美元，储蓄减为100美元，300美元的差额通过借款弥补。

在有金融市场的情况下，各经济单位运用它们的投资机会、主观的时间偏好和既定的市场利率来同时决定它们的储蓄、投资、贷款和借款的数量，这就是费雪理论的要旨，其核心由于利率。他认为，低利率能刺激投资，高利率能抑制投资。

费雪理论的结论是金融市场的存在给人们提供了借贷机会，从而促进了人们的投资。无疑，这个结论是正确的。自费雪之后，西方经济学家把费雪这一理论奉为论证金融市场重要性的圭臬，并在此基础上，运用了代数和几何的手段。对之进行加工和深化。最出名的就是杰克·海希雷佛（Jack Hirshleifer）。他在1958年发表了《关于最佳投资决策的理论》（*On the Theory of Optimal Investment Decision*）一文，用无差异分析方法深化了费雪理论。后人就把这一理论称为费雪—海希雷佛模型（Fisher—Hirshleifer Model）。

费雪—海希雷佛模型认为，当经济社会存在金融市场时，生产可能性与金融市场交易可能性结合了起来。假定一个经济单位具有一套无差异曲线 u_1、u_2、u_3（见图1）并在 A 点有最初收入（$y_0 y_1$），它为取得最优化投资、消费决策，就将采取一定的行动。（1）它从 A 点出发，沿生产可能性边界移动（进行投资），到达 D 点；（2）从 D 点出发，沿生产可能性边界继续投资，到达 B 点即生产可能性边界与金融市场交易可能性边界相切之处；（3）从 B 点出发，沿金融市场交易可能性边界移动，到达 C 点。从 A 点到 D 点，是因为进行生产投资能获得较高的收益；从 D 点到 B 点，是因为这时借款利率小于投资的边际报酬率，投资收益足以抵消借款成本；从 B 点到 C 点，是因为货币的边际时间价值大于市场利率，所以要突破 P_0 份额的消费，直到主观的时间偏好等于市场利率。

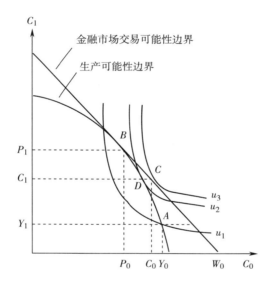

注：u_1 最初收入；u_2 只有生产；u_3 生产和资金交易。

图1　有金融市场时的消费的投资

通过这样行动，该经济单位从无差异曲线 u_1 到 u_2，又抵达 u_3 由于 $u_3 > u_2 > u_1$，所以这个投资消费决策是最优的。由此也说明金融市场的存在促进了人们的投资和消费。

不可否认，费雪和海希雷佛确实从微观角度论证出了金融市场的一定经济意义。但是，同时应该清楚地看到，他们所用的分析方法存在很大缺陷。首先，它仅仅从微观角度考察问题，把金融市场的巨大作用仅仅局限于个别经济单位进行分析。各个独立的经济单位在没有任何其他经济因素影响的金融市场中从事独立的投资和消费，至于金融市场对于宏观经济的积极作用，人们在这种分析中是无法得知的。其次，它过于夸大了主观心理评价在人们经济行为中的作用。他们所运用的效用、时间偏好等概念都反映了人们的主观评价，把这些主观因素作为经济行为的决定因素，显然是颠倒了主客观关系，漠视了客观社会现实对经济行为的真正决定作用。

战后美国金融机构的多样化趋势[*]

第二次世界大战后，美国金融市场上的资金需求形成了多样化趋势。在这种变化态势中，金融市场中的突出征象就是资产的多样化；同时，金融机构为适应资产多样化，满足形形色色的资金需求，也走向多样化轨道。

一、 机构多样化的基础

金融机构多样化的基础是金融资产多样化。金融资产包括初级证券和间接证券两大类型。类型之间存在很大差异，同类型内部还囊括着多种形式的资产。那么，资产多样化是什么原因造成的呢？第一，资金供求双方的要求、兴趣和偏好不同。需求者的资金用途不同，发行的证券也会迥异。当美国政府要弥补短期财政赤字时，它会发行国库券；当需要长期资金用于政府支出时，则会发行中长期政府债券。私人企业也是如此。同时，为适应资金供应者的各种要求，证券必须采取多种多样的形式。第二，金融市场是不完全竞争市场。在短期内，许多利率缺乏弹性，对资金的超额需求往往只能通过限额、规定担保品和调整非价格交易条件等来解决。加上美国大金融财团的操纵，金融市场资产不得不受到这个市场特征的制约。第三，有利于降低证券在市场上的风险。风险包括一般风险和具体风险。前者指整体经济增

---

[*]　本文载于《财经理论与实践》1986 年第 2 期。

长速度对财富和收入的未知影响，后者指各种金融资产实际价格升降起伏难以预测。

在初级证券中，其差异主要表现在五个方面：（1）期限；（2）购买力条款；（3）生产率条款；（4）优质性；（5）市场销路。

初级证券与间接证券的差异更大，概括地讲，它们之间的差别有五个方面：（1）票面额；（2）期限；（3）收入；（4）安全性；（5）流动性。

金融机构的间接证券也各不相同。大多数金融机构至少发行两种以上不同特征的债券，不同类型的金融机构发行不同类型的间接证券。有些迎合不在乎收益而要求完全流动性的需求，如商业银行的活期存款；有些迎合高度流动性加上少许收益的需求，如存款机构的储蓄存款；有些迎合在长期内获取固定报酬的需求，如人寿保险公司的储蓄性保险单；有些迎合高收益加高风险的需求，如投资公司发行的债券。诸如此类，不一而足。

美国经济动荡不定，投资过程险象环生，从根本上讲，资产多样化的目的就在于降低风险。简单地说，当几种资产报酬互相完全正相关时，总资产的均方差等于各资产均方差的加权平均数，资产种类增加不会减少风险，每增加一种风险资产，总资产风险就同等增加；当资产报酬互不相关时，总资产可能降低一部分风险；当资产报酬完全负相关时，一种资产的资本收益正好被另一种资产的资本损失抵消，这样，多样化资产就有可能使市场风险降低到零。可见，只要资产不是完全正相关，总资产风险可以通过多样化来降低。资产间相关系数越低，总资产风险就越小。

小额投资者通过购买几种初级证券或几种间接证券来降低风险；大额投资者通过持有多样化的资产，无须金融机构的协助就可降低风险；然而，通过多样化降低市场风险却是金融机构在金融市场中的一大作用，是其一大特征，也是其立身之本。

当然，应该指出的是，总资产构成是建立在预期报酬、预期方差和这些报酬的协方差之上的。假如，实际情况与预期大相径庭，总资产风险就可能陡然上升。在一般情况下，人们在理论上假定资产间有较明显的负协方差，但实际情形未必尽如人意。金融机构的破产，乃至整体经济跌宕起伏，都使得理论上确定的多样化好处时常落空。第二次世界大战后美国金融市场上矛盾、困境层出不穷，证明了即使是资产多样化，这种私有制支配下的金融市场依然挣脱不了规律性冲突的枷锁。第二次世界大战后美国金融市场毕竟没有爆发类似于 20 世纪 30 年代危机的金融恐慌，无疑，多样化在其中起了降低风险的重要作用。

二、 机构多样化的发展

就整个美国金融市场来说，如果金融机构之间完全正相关，即只存在一种类型的金融机构，无疑对降低市场风险毫无益处，甚至对美国经济是重大的潜在威胁。如果呈现出多样化形态，则金融机构既能满足各种需求，又能降低金融市场的风险。美国金融机构的多样化是有一个发展过程的。

（一）20 世纪 50 年代

当美国经济刚刚走出第二次世界大战时期，美国的金融机构完全被商业银行和保险公司所支配，这两种机构持有所有金融机构资产的 3/4。当时，金融市场，乃至整个美国经济，为适应和平时期和战后经济腾飞时期的需要，亟待调整，这期间，几乎所有经济部门都出现了不可遏制的资金需求。工业界需要资金更新设备，扩大投资；居民迫切要求改善住宅条件和添置耐用消费品；联邦政府和各级政府为安置退伍军人和兴办教育等也急需资金。然而，货币当局为控制需求过大造成的通货膨胀势头，坚持采取控制货币供应量和银行信贷规模的措施。特别是实行了规定银行存款利率上限的政策，从而抑制了资金朝银行的流入。20 世纪 50 年代，美国的国民生产总值增长率为 5.9%，而商业银行资产额年增长率只有 4.3%，其他金融机构平均增长率却达10%。在金融机构总资产中，商业银行份额从 1950 年的 50.8% 跌到1960 年的 37.7%，1965 年又跌到 36.3%。

储蓄机构，尤其是信用社和储蓄放款协会，发展特别惊人。1950—1960 年，信用社总资产增长了 19.3%；储蓄放款协会资产额增长了 15.5%，在金融机构总资产中的份额翻了一番；养老基金的增长也令人瞩目，资产年增长率达 17.4%。这些机构的迅速增长，给美国金融市场注进了许多储蓄流量，无疑有利于当时经济的振兴。与此同时，各种财务公司、投资公司也在融资渠道方面发挥更大作用。20 世纪 50 年代财务公司资产年增长率为 11.3%，互助基金增长 17.7%。由此可见，当时投资公司和养老基金已成为资本市场上不可忽视的劲旅。保险公司的增长与国民生产总值的增长持平，但在金融机构总资产中的地位相对下降。20 世纪 50 年代，美国金融机构中已露出多样化的端倪，这一征象在 20 世纪 60 年代得到进一步发展。

（二）20 世纪 60 年代

鉴于商业银行在 20 世纪 50 年代处于竞争弱势，美国联邦储备体系在 20 世纪 60 年代放宽了对它们的约束，提高了利率上限，允许商业银行与储蓄机构争揽资金。于是，大银行开始在货币市场抛售大额可转让存款单，吸引储蓄资金。50 年代储蓄机构的储蓄存款额胜过商业银行同类存款额的两倍，到 60 年代初期，商业银行反扑过来，两相打平，1965 年之后，商业银行储蓄存款额则大大上升，超过全部储蓄机构总额。1965 年，金融市场上贷款的需求仍然超过供应。这时，金融机构吸引资金就不单单是能否增长扩展的问题了，而是关系到生死存亡的大事。由于储蓄机构无法提高利率以赶上货币市场利率，资金不再流入这些机构，于是储蓄机构第一次遭受反中介的打击，它们的流动性也出现困难。眼看一场金融危机迫在眉睫，美国国会匆忙决定恢复商业银行与储蓄机构间的利率差异，从而使银行的竞争势头大大削弱。因此，纵观整个60年代，商业银行和保险公司的资产额都随经济发展而有所增长，但在金融机构总资产中的比重并未扩大。为支持储蓄放款协会而活跃起来的联邦政府专业信贷机构却在这10年中获得大发展，增长速度在所有金融机构中居于首位。大商业银行为了控制非银行金融业务，创立了新型的金融机构——单银行控股公司，成为金融机构多样化趋势中又一新颖形式。60年代后期，美国通货膨胀率大幅度提高，美联储于1969年采取紧缩政策，商业银行的发展再次遭到限制，特别是美联储会员银行尤感步履维艰。由于银行存款利率受上限规定，赶不上市场利率，银行推销可转让存款单出现困难。结果，许多银行纷纷转向欧洲美元市场吸引资金，或者采取回购协议的办法吸引客户。商业银行从多种渠道吸引资金的做法也成为其他金融机构开展多样化业务（资产多样化）的一个诱因，60年代末，许多储蓄机构已经酝酿打入活期存款市场。1970年尼克松总统宣布成立"金融结构和管制委员会"，即"亨特委员会"，专门研究新形势下的对策。根据1971年公布的"亨特报告"内容表明，利率上限的规定正在受到挑战，活期存款市场将出现更大竞争，金融机构将越趋资产多样化，商业银行与储蓄机构的区别会日益减少，人们可以从各种机构获得完全类似的服务，金融机构的多样化趋势，日益明朗。

（三）20世纪70年代

从20世纪70年代开始，货币当局取消了对可转让存款单的利率上限，商业银行的竞争能力得到加强。所以，在1974年的经济危机中，相对其他金融机构而言，商业银行保住了市场地位。当然，在整个 10 年期间，所有金融机构的增长速度还是超过了美国经济增长速度。当美国立法和行政当局对金融机构的控制稍一放松，各种新型业务、新型机构就如雨后春笋，迅速发展。在一些州里，储蓄机构开始经营类似于交易账户的业务，从而与商业银行展开面对面的交锋。这些业务包括电子资金转账、可转让提款命令单、电话付账业务、信用社股份提款单等。新型机构包括货币市场基金、租赁公司、不动产投资信托公司等。由此，商业银行在美国金融市场的中心地位受到严重侵蚀。为适应新的竞争形势，商业银行进一步扩大业务范围，除主要办理存放款业务外，还经营其他业务，如信托、消费信贷、外贸信贷、黄金外汇买卖、租赁等。更为重要的是，商业银行逐渐把触角伸入证券投资和经纪业务，使得商业银行与投资银行的界限日益模糊。

1970—1980 年，美国储蓄放款协会全部资产年平均增长率为 13.6%，信用社的增长更加迅猛，这一时期年增长率高达 15%，居私人金融机构的首位。1970 年，信用社全部资产额已经从 1960 年的 50 多亿美元上升到 178 亿美元，到 1980 年，其资产总额猛增到 717 亿美元。虽然，从资产绝对数观察，信用社依旧是最小的储蓄机构，但其增长势头，不能不引人瞩目。

在这一时期，商业银行资产总额年平均增长 10.3%，尽管不算太高，但还是稳定增长。特别是从 1973 年起，众多储蓄机构走下坡路时，商业银行能够站稳脚跟，并顶住了 1974—1975 年的美国经济危机的冲击。当然，1975 年危机过后，各种非银行金融机构又以崭新姿态与商业银行开展竞争。

20 世纪 70 年代，美国金融机构中的投资公司走过了戏剧般发展道路。1975 年其资产总额比 1970 年下降了 1 亿美元，而到 1980 年，资产总额却比 1975 年增加了 837 亿美元，增加额相当于 1975 年总额的 1.5 倍。1975 年之前衰落的投资公司主要是经营长期证券业务的互助基金，1975 年之后兴盛的投资公司主要就是货币市场互助基金（MMMF$_S$）。后者的增长势头一直保持到 80 年代，并延续至今。MMMF$_S$的壮大发展，标志着美国金融机构多样化趋势进入成熟阶段。

（四）20 世纪 80 年代初期

美国金融市场自第二次世界大战后发展起来的种种革新，给美国政府和货币当局造成沉重的压力。为了适应新的形势，1980 年美国国会通过了《存款机构放松管制和货币控制法》，认可了以往几十年新产生的各类业务，对金融机构之间的竞争采取鼓励姿态。自此，美国金融市场展开了又一轮大规模角逐，金融机构朝多样化方向更推进一步。

商业银行和其他储蓄机构一样，大肆经营以家庭和非营利组织为对象的 NOW$_S$业务；互助储蓄银行开始从事工商贷款。银行和非银行金融机构的业务错综交叉，界限愈加模糊。

在所有金融机构中，增长速度最突出的还是 MMMF$_S$。从 1972 年的第一家 MMMF$_S$问世，到 1978 年初总资产逾 40 亿美元，而到 1982 年后期，MMMF$_S$的总资产额已令人惊诧地突破 2300 亿美元大关。这个数字相当于 1975 年所有投资公司资产总额的 4 倍。在以往不为人们重视而如今飞速增长的金融机构中，还有养老基金，其资产总额到 1981 年初已攀达 7000 亿美元。各种为消费信用和商业信用服务的财务公司也迅速扩大，1982 年中期，美国财务公司的资产总额超过了 1700 亿美元。

面对 MMMF$_S$在储蓄市场的凶猛竞争，其他存款机构感到惶惶不可终日。1982 年 10 月，里根总统签署了《存款机构法》，批准各种存款机构经营货币市场存款账户，允许建立储蓄和放款协会控股公司，于是，机构多样化趋势进一步加强。各种存款机构依据货币市场存款账户与货币市场互助基金展开激烈竞争。由于货币市场存款账户没有利率上限，因此它的利率也紧紧跟上货币市场利率。1983 年初，美国金融市场又出现一种新型资产——超级可转让提款命令单，这种资产面额远远超过原先的 NOW 账户，这使存款机构又增加一项与货币市场互助基金竞争的武器。

但是，1980 年初美国市场利率飞涨，加上激烈的竞争环境，众多的小银行、储蓄机构，尤其是储蓄放款协会无法生存下去而遭兼并、破产的厄运。许多非金融企业乘虚而入，在金融市场肆无忌惮地开展业务，获取额外利润。于是，商业银行、非银行金融机构和非金融企业三者互相厮杀，不分你我，出现了形形色色的"超级金融市场""非银行的银行""银行式储蓄机构"等，进一步推进了多样化趋势。

目前，美国金融机构多样化的趋势还在朝前发展，可以预料，在 20 世纪 80 年代到 90 年代的这段时期里，美国金融市场还会涌现出一些新的金融业务和金融机构。

三、 机构多样化的主要原因及其影响

第二次世界大战后美国金融机构走向多样化道路，是有其深刻动因的。

第一，金融机构间的竞争，其中包括同类机构间的竞争，不同机构间的竞争以及现存机构与新型机构的竞争。第二次世界大战后，美国金融市场出现资金需求超过供应的局面。如何开辟融资渠道，吸引社会储蓄，以适应经济需要，已成为各种金融机构的迫切任务。为打败竞争对手，金融机构往往抬高存款利率，降低贷款利率，提供优惠服务条件，以造成有利于自身的市场环境。当货币当局规定存款利率上限时，许多金融机构就只能靠改变业务种类，提供新型业务来开展竞争。在这种紧张的竞争中，金融机构实行了业务多样化（资产多样化）。同时，一些崭新面貌的金融机构也脱颖而出。

第二，电子计算机和通讯技术的发展。对于金融机构来说，最大

的工作量莫过于要处理浩繁的资料数据，并进行有效的、迅速的结算转账。计算机和通讯技术的迅猛发展与普及大幅度提高了金融机构在这方面的能力。

第三，金融管理体制的变革。自 20 世纪 30 年代大危机之后，美国金融管理当局的指导思想就是努力维系各种金融机构的稳定，对竞争则持谨慎态度，并采取了禁止对活期存款付息、规定储蓄存款利率上限等抑制竞争的措施。60 年代初期和中期，随着多样化初露端倪，联邦和州银行法律和管理条例都作出了一系列变动，大多数都趋于鼓励竞争。随之，银行控股公司法发生变化，对储蓄机构管制进一步放松，外国银行打入美国金融市场，更加速了多样化进程。

第四，严重的通货膨胀和高昂的利率。通货膨胀通过其对利率的影响加速了多样化的步伐。

第五，第二次世界大战后美国社会经历了从非此即彼的选择到多种多样的选择的变化。产品、需求、供应、生产组织和流通渠道都从几种形式发展成多种形式。金融资产和金融机构的多样化则是这一总趋势中的一部分。

金融机构的多样化对于降低投资风险、满足资金需求等有着十分显著的作用。金融机构原先就具备的中介作用，在多样化趋势中得到进一步加强。同时，金融机构多样化对美国经济，尤其对货币银行领域也产生了长期性的影响。

第一，随着金融机构的多样化，美国金融机构的结构、金融市场的利率结构，以及金融机构的融资成本已经出现并将继续出现重要变化。一方面，金融机构满足和适合各种资金需求的能力大幅度提高，资金的供求矛盾有所缓和。另一方面，非金融企业对金融机构的依赖性加强，直接金融形式（如发行股票、债券等）受到抑制；而非金融企业为了摆脱这种依附趋势，正设法直接渗透进金融业，或者直接从国外引入资金。毫无疑问，金融领域出现的多样化趋势对美国经济的总量增减及其结构调整会产生重要影响。

第二，在多样化进程中，形形色色的货币替代品不断涌现，以往对货币的定义显得日益不合潮流。银行在进化演变，货币也在进化演变。纽林和布特尔认为，从历史发展来看，货币的演变已形成四个阶段：（1）商品货币；（2）符号货币；（3）存款货币；（4）非银行金融中介机构的发展。如果把金融中介过程定义为"从最终借款人手里购进初级证券，并且向最终贷款人发行间接债券"，那么，第（4）阶段就是指众多金融中介机构发行的各种间接证券。虽然，美国经济学界对究竟哪些间接证券应纳入货币定义还有诸多歧义，但是，所有间接证券或多或少都起到了货币的一定作用，因而，它们都是完全的或不完全的货币替代品。

第三，金融机构的多样化对金融机构的竞争格局也产生不可低估的影响。随着多样化的深入，金融机构之间的区别日益模糊，分隔的市场遭到冲击，机构间的竞争趋于激烈。过去，很多金融机构得庇于某些法律规章，在某些行业、地区从事经营活动，安于现状。一旦银行法规受到冲击，垄断局面被打破，各机构处于更平等的地位展开竞争，于是，不少金融机构面临合并及倒闭的危险。从1980年《银行法》实施以来，一方面，存款机构的"反中介"抵抗能力得到加强；另一方面，金融机构之间的厮杀更加激烈，金融机构的数目有下降的兆头。

第四，金融机构多样化趋势中，美国的货币政策面临严峻挑战。由于在多样化过程中，人们对货币定义、货币当局控制货币量的精确性，以及货币政策影响经济活动的机制都在进行重新认识，因此，货币政策是否还能起到应有的作用也引起越来越多经济学家的思考。

形成美国债券利率差异的因素[*]

随着资本主义经济不断的周期性波动，美国国内各种不同利率之间的关系也在经常发生变化。以 1983 年 3 月美国金融市场各种利率为例，就足以认清利率之间存在着严重差异这一客观现实。在当时的各种长期债务中，联邦政府债券利率为 10.8%，州和地方政府债券利率 9.2%，第一流公司债券利率 11.73%，普通公司债券利率 13.6%，新发行的第一流公用事业公司债券利率 11.7%；在各种短期债务中，3 月期商业票据利率 8.52%，3 月期银行承兑票据利率 8.54%，3 月期国库券利率 8.35%。如果不是静止地从某一时点观察，而是从更长的时间序列来考察的话，差异就会显得更大。

发行不同的长短期债券、票据，是为了对不同类型的实际部门投资提供资金。譬如，州和地方政府债券是为州和地方的建设提供资金，抵押贷款主要是为居民建筑提供资金，公司债券主要是为工厂建设、设备投资融通资金，而政府的长期债券则是为了弥补一部分财政赤字。当某一种利率相对上升或下降时，某一部门的资金筹集就会受到影响，进而对整个社会的资金流动、资源配置也产生影响。所以，利率间一种具体的差异波动，不仅关系到债务人，而且也牵涉到债权人，甚至影响到整个社会的经济活动。

在美国，大多数经济学家运用所谓利率的期限结构理论，对利率

---

　　* 本文载于《外国经济与管理》1984 年第 1 期。

间差异进行分析研究。其中包括纯预期说、分割市场说、流动性补贴说以及偏好习惯说等。期限结构理论认为，由于各种债券期限长短不一，或者由于对不同期限债券的供需发生变化，所以形成利率差异。一般情况下，长期利率高于短期利率。但是，尽管许多债券有相同的期限，但它们的利率却往往不同。可见，除期限因素之外，还有其他因素也影响着利率间的差异。这就是本文所讨论的主要问题。这些因素中最主要的有税收、债券的可收还性、市场销路和风险四种。

一、 税收

国家税法会使类似的债券产生不同的收益率。造成这种差异的原因有三点，即资本收益税、遗产税以及对地方债券免征所得税。

（一） 资本收益税

根据美国税法规定，对长短期债券都征收资本收益税，其税率最高限度为 30%，以后又减为 20%。长期债券的税率通常是短期债券税率的一半。当某人购买一种债券并持有一年以上，然后以比他原来购买价格高的价格出售，这时就出现了资本收益，这种购买价格与出售价格的差额就是资本收益数。对于这个债券交易者来说，资本收益无疑是一种收入，但对这种收入的课税税率却比其他所得税来得低。例如，10 年前政府出售一种 20 年期债券，其面值为 1000 美元，债息率为 3%。如果现在市场上 10 年期债券收益率变为 6%，则根据现值计算公式可知上述那种债券的现值已变为 770 美元左右。若政府又出售新的 10 年期债券，债息定为 6%，这时，市场上就会同时出现两种长期政府债券，它们特征相同，且都是 10 年到期，区别就在于旧债券的到期收益率比新债券低，不过它的售价已变为 770 美元，这就是所谓"大打折扣"的债券。如果这时购进这张债券，到期满时即可获得近230 美元（1000 美元 - 770 美元）的资本收益。国家对债息收入征收个人所得税，而对资本收益只征收税率很低的资本收益税。因而，对于那些赋税等级高于资本收益税税率的个人来说，他们购买"大打折扣"的债券自然要比购买债息为 6% 的新债券能获得更高的税后收入。因为后者的 6% 收益全部作为个人所得进行课税，而前者除一部分债息作为个人所得课税外，其余收益全作为资本收益进行课税，这种税收上的好处导致投资者偏好价格打折扣的债券。当然，这种偏好在一定程度上会促使这些债券的价格上升，收益率降低。总之，两种类似的、相关的债券，在市场上往往表现为打折扣债券的到期收益率比较低。

（二）遗产税

美国政府有时给某种政府债券附加一项条件：允许该债券持有人在死亡后可以用这种债券支付遗产税。如果这张债券的市价仍与面值相同，为 1000 美元，那么这对于债券持有人的遗产以及他的财产继承人都无特别好处。但是，如果这张债券的市价已跌到 800 美元，而财政部在债券持有人死亡时却把它当作 1000 美元遗产税接受，很明显，该债券持有人就能留下较多的遗产。所以，投资者，尤其是那些年老的投资者非常乐意购买这种债券。当然，这种债券的收益率较之其他债券也就低一些。在美国，人们常常把这种债券戏称为"花圈债券"。当市场利率很低时，政府大量发行"花圈债券"，以后随着市场利率腾贵，这种债券的市价就大幅度跌落，因而持有人在死亡时就可为后人留下一笔可观的收益。但由于对这种债券的需求增加，会使其价格有所回升。

（三）对债券免征所得税

目前最流行的免税债券是州和地方债券，即对州和地方债券的利息收益免征联邦所得税。无疑，免税的地方债券的利率就比其他债券低。随着近 10 年地方债务规模的不断扩大，美国的广大公众对地方债券的免税特征日益关注。他们普遍认为，由于地方债券的主要购买者是大商业银行或百万富翁，因此这种免税做法已成为富翁们的一条逃税之道。有了免税规定，只有少数投资者没有得到额外好处，比如，某人要支付 50% 的个人所得税，他可以选择购买利率 6% 的联邦政府债券或利率 3% 的地方政府债券，不管他购买哪一种，其税后收入是相同的。但对大多数投资者来说，都可以通过免税规定来节省一部分税款开支。至于可以节省多少税款开支，则取决于不同的税收等级。纳税等级越高，得到的好处越多。据估计，纳税高等级的私人投资者可以从公司债券得到纯税后收益只是 1.5%，而从地方债券上可以得到 3.6%；公司企业从公司债券投资中可获利 2.6%，而从地方债券也可获利 3.6%。

二、 债券的可收还性

债券的可收还性，是指债券发行者在一定条件下，可以在债券到期前，部分地或全部地副本收还它所发行的债券。金融市场上的利率呈现下降时，债务人（借款人）就愿意在债务到期前偿付本金。因为相对已经下降的市场利率来说，以前债务的利息成本就过高了，他宁愿还旧债后再以新利率借得新债。另外，债权人（贷款人）却希望把借款人束缚在有较高利率的长期债务上，他们都竭力抵制这种提前偿还（收还）。一般可以在借贷协议中加进有关允许提前收还的条款。由于这种条款对债权人是不利的，所以债务人必须为此支付一笔罚金。如抵押贷款，常常规定对借款人提前偿还扣以罚金。这种罚金就表现为抵押贷款的利率高于其他金融资产的利率。

公司债券通常都注明收还条款，它规定发行债券的公司企业可以在债券整个期限内分期收还，而公司则为这种收还条款支付一定的罚金。也就是说，带有提前收还条款的债券必须比类似的其他债券提供更高的利率。美国政府对它所发行的一些债券也附加收还条款。但是，政府收还条款的目的与企业公司不同。公司债券注明收还条款是为了有可能提前收还债券，以便在利率下降时，用较低利率的新债券来取代旧债券。而美国政府则另有目的，当财政预算发生赤字时，政府为了筹措新的资金和不推迟众多的开支项目，便大量发行债券向社会借款。在债券上附加收还条款，则能使它选择适当时机偿还债务。若预算赤字严重，同时政府对资金的需求也相当庞大，政府就可以让收还日期朝后拖延，以免在那个时刻再增加新借款。如果预算得到平衡，出现盈余，或者只有小额赤字，政府就会觉得这是收还债券、偿清债务的良好时机。

三、　市场销路

在西方，市场销路和流动性这两个词经常交换使用。它们被用来描绘变通为现金而又不耽误时间的金融票据。确切地说，流动性是一个意义更为广泛的概念，它不仅涉及有市场销路的资产，也涉及那些马上到期的，或者持有人提前偿付的那些资产。因而，一种即将到期的企业贷款或消费贷款，不管它是否有市场销路，都被看作是有流动性的。同样道理，一张美国政府储蓄债券，因为持有者可以根据意愿随时兑换成现金，所以尽管它不能在市场上流通，但也称之为流动性资产。市场销路则是指除发行人、持有人之外，还有第三者愿意并能够购买这种金融票据。

市场销路好的债券与类似的、但市场销路差的债券相比，总是价格高，收益率低。所谓市场销路好，就是指人们能够迅速地出售数目可观的某种证券，同时在价格上又无大的让步。在一般情况下，市场交易者能够以市价迅速出售少量债券，但是如果某人打算抛售大量债券的话，就可能不得不以比市价低的价格出售。因此，市场销路就包括两个方面：一是销售所需的时间；二是现行市场价格与实际出售价格的差额。由此可见，市场销路的好坏并非绝对的说法，而只是相对而言。由于各种金融票据本身的特征以及市场的原因，不同的金融资产具有好差不一的市场销路。大致来说，金融票据要有良好的市场销路，就必须具备下列特点：（1）相当的同一性；（2）广泛的吸引力；（3）可以迅速转让。而金融市场必须具备深度、广度、弹性大的特点。

在二级证券市场，人们大量进行公司债券与政府债券的交易。他们能够以接近标价的价格完成大宗的出售。反过来，二级证券市场顺利地出售也有助于一级证券市场上的最初发行。相对来说，长期债券市场的债券销路不如短期市场。公司债券与地方债券是否容易出售还受到各自本身质量的影响。如果在人们心目中，某种债券的质量已经下降，这种债券的销路，乃至最初发行就会大成问题。另外，债券的发行规模也很重要。当一种债券发行量很小时，很少有人了解它，因此要在市场上出售就比较困难，这就反映为较高的收益率。总之，各种债券由于市场销路不同，其利率就会出现差异。市场销路好的债券，利率较低，价格偏高；市场销路差的债券，利率较高，而价格偏低。

四、风险

风险是影响利率差异的最重要因素。在进行债券交易时，存在着几种形式的风险，这些风险会造成实际得到的收益率与债券上标明的名义利率相脱离。一般来说，在持有债券时，可能遇到的风险主要有通货膨胀、资本损失，以及最可能发生的不履约风险。

（一）通货膨胀风险

借款合同规定，债务人以确定标明的一定数量货币归还贷款。但是通货膨胀发生时，货币发生贬值，原来认定的那些货币的购买力大大减少。所以，债务人还债时所还款项的实际价值是减少了。实质上，通货膨胀等于是把债权人的一部分财富再分配给债务人。

（二）资本损失

当投资者在债券到期前就出售债券，便有可能发生资本损失的风险。因为随着市场利率的变化，债券的市价也发生变化。当投资者出售债券时，债券价格已跌落的话，债券标价与实际出售价的差额就是资本损失。购买长期债券往往要考虑到这方面风险。人们对上述两种风险的预测，常常造成整个利率水平的提高。

（三）不履约风险

不履约是指没有恪守协议上的条款。债券的不履约就是指债务人没有及时支付利息，或者到期时不归还十足的本金。有时，债权人会由于这种风险而落到一无所得的地步，但有的时候，债权人的损失只是迟几天收到利息和本金。由此可见，不履约造成损失的程度也不是划一的。一般认为，政府债券是没有这种风险的。因为，政府和货币当局有足够大的力量来创造货币用于支付利息或本金。所以，在西方国家，政府债券与私人债券之间的利率差异就常常成为测量不履约风险大小的一项指标。在美国，有两个机构专门根据不履约风险的大小来划分不同债券的质量等级，它们是穆迪投资服务公司（Moody's Investors Service）和标准普尔公司（Standard and Poor's）。第一流债券的等级是 Aaa 级或 AAA 级，尽管这类债券的不履约风险常被忽略不计，但是它们的利率还是高于无风险的政府债券。同时，投资者对债券不履约的可能性也进行主观评价，这就形成了投资者对债券的个人偏好。在正常情况下，大多数投资者不喜欢风险大的债券。一种债券如果不履约风险很大，那就须提供高利率来吸引投资者。投资者将可能得到的收益与可能发生的风险进行权衡，从而作出是否购买的决定。

在一般情况下，有风险资产的收益率略高于没有不履约风险资产的收益率，这两种收益率的差额称为风险贴水。风险贴水越大，流向风险债券的资金越多。因为资金供应者为获取高额收益会把资金从风险小的资产移向风险大的资产。反之，风险贴水越小，流向风险债券的资金也就越少。

综上所述，美国国内金融市场上存在着高低不一的各种利率。造成各种利率间差异的原因是多方面的。除去上述讨论的几种因素之外，实际上还存在着许多其他影响利率升降的原因。比如，新发行债券和已经上市债券有利率差异，各种金融资产的特点不同，也会形成利率差异、地理上的差异，以及交易费用引起的利率差异等。

由于市场利率差异对经济活动、政府的债务管理政策都有很大影响，因此这一问题一直受到西方货币经济学家、金融市场分析家的重视。然而，必须指出的是，在西方经济学中，尽管有关利率的理论源远流长，十分庞杂，但是在实际的市场利率水平、利率结构，乃至利率差异诸类问题的研究上，理论工作还是薄弱的，至今尚未形成完整的体系。

对我国资本市场参与者的分析及其政策建议[*]

中国资本市场经过 10 多年的发展，在我国金融结构乃至整个经济发展过程中，已经显示出不可小觑的作用和前景。然而，人们对现实中的资本市场又有着诸多问题或疑惑，例如，为什么上市公司业绩持续下滑？为什么上市公司有融资冲动？为什么上市公司募集资金用途变动现象日益严重？为什么中国投资者表现出较强的投机性？为什么中国股市中庄家盛行？为什么散户投资者的利益屡遭侵犯？为什么我国的证券公司风险大而且普遍亏损？为什么证券公司违规现象多？为什么人们把中国股市称做政策市？为什么监管者越管越细？等等。这些问题的产生有着深刻的经济、社会原因，本文试图从市场参与者的角度对其中一些问题作出回答，以期理出解决这些问题的思路。

一、 上市公司存在的问题及其原因

上市公司作为发行人，从资本市场筹集资金，是资本市场的基石。作为资本市场运转的起点，直接影响着资本市场其他参与者的行为表现。

我国上市公司存在许多问题，归纳起来，主要有以下三个特征：

---

* 本文作者为贝多广、陈德兵、朱晓莉，本文载于《经济理论与经济管理》2004 年第 12 期。

第一，上市公司业绩逐年下滑，质量堪忧。从我国股票发行上市审核的角度来看，上市公司应该是同行业中的佼佼者，但是，我国不少上市公司却存在上市首年绩优、次年绩平、第三年绩差的情况。1994 年，上市公司亏损家数为 2 家，占上市公司总数的 0.7%；到 2002 年，亏损家数上升到 155 家，占上市公司总数的 12.7%。从图 1 中可以看出，尽管国民经济自 1999 年以后开始稳步回升，但上市公司的净资产收益率在负债比率提高的情况下仍然逐年下降，且一直低于 10%；而目前美国标准普尔 500 成分股的平均净资产收益率是 19%。可见，我国上市公司的盈利能力不容乐观。

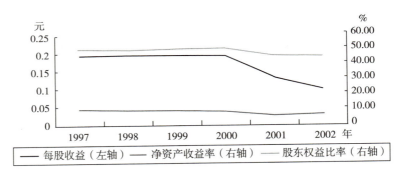

资料来源：巨潮网络。

图 1　中国上市公司业绩逐年下滑

第二，上市公司对股权融资的欲望过于强烈。在银行贷款利率约为 5%、企业债券到期收益率约为 4% 的情况下，以市盈率折算（市盈率的倒数）的股权融资成本历年来只有 3% 左右，因此，许多企业逐渐加大股权融资（见表 1），使得股权融资的比例逐年上升。证监会为了缓解股权融资对市场的压力，采取了行政审批、排队上市的办法。

表1　　　　　　　　　我国上市公司的融资偏好　　　　　　单位：%

项目	1995 年	1996 年	1997 年	1998 年	1999 年	2000 年
内源融资	12.4	14.8	15.4	13.7	14.2	19.2
债权融资	36.1	35.9	32.4	40.1	34.6	27.6
股权融资	51.5	49.3	52.2	46.2	51.2	53.2
合计	100	100	100	100	100	100

资料来源：全景网络。

第三，我国上市公司募集资金用途变更频繁。1998 年，上市公司变更招股资金用途的有 13 家，变更配股、增发资金用途的有 59 家；到 2001 年，这两个数字分别增加到了 115 家和 170 家。另外，根据对这 115 家公司的调查统计发现，改变了用途的募集资金中，有 39% 闲置，12% 未投入主营业务，22% 投入主营业务比例小于 30%，13% 收购关联方资产，6% 大股东临时借用，23% 用于委托理财。

针对以上三项特征，我们来分析一下它们的形成原因。

第一，总体业绩下滑与政府和企业的行为有关。一方面，由于历史上发行审核和推荐制度的不足，上市企业出现了"劣币驱逐良币"的情况，往往是业绩下滑而急需资金的企业越容易得到地方政府推荐上市融资。许多上市公司来源于国有企业的改制重组，治理结构和经营机制还未真正实现市场化，自身经营对非上市部分依赖性比较强，在非上市部分效益既差、资本市场又缺乏完善的兼并收购和退市机制的情况下，这些企业不能及时退出，业绩下滑就在情理之中了。另一方面，与企业自身行为有关。在国外成熟市场上，上市公司作为优质群体，几乎所有的工商、金融和其他垄断企业都位居其中。但是，由于我国资本市场发展期限较短，而且设立的初衷是为国有企业开辟新的融资渠道，大型企业集团倾向于通过海外挂牌以显现企业发展的能力和地位，所以，国内股市中代表国民经济和先进行业水平的企业较少。例如，国内的龙头企业中，中石油、中国移动、中国电信只在国外上市；金融业的代表，四大国有银行只有中国银行部分资产在海外上市；其他垄断行业如中国铁道、中国邮政和国家电力都还没有上市。

第二，上市公司过于注重资金使用成本是融资冲动的关键。融资渠道主要有内源融资、债权融资和股权融资三种，筹资主体根据需要承担的成本高低来安排融资结构。我国上市公司所考虑的股权融资成本只包括资金或者说红利给付的成本，并未包括股权融资所必须面对的信息披露成本①、接受监管成本以及改善公司治理结构的成本②等，使得股权实际融资成本低于其他融资方式。当资本市场监管不力以及融资决策人并不真正承担相应的成本时，我国上市公司就对除资金成本以外的股权融资成本不够重视，在市场上也就出现了业绩越差的企业股权融资冲动越强的现象。

第三，募集资金变更频繁与监管者监管过细和企业"圈钱"行为有关。与美国等发达国家相比，我国上市公司招股说明书上投资项目写得过细，发行上市审批时间太长，造成商业机会容易发生变化，最终使得募集资金的用途发生变更。

可见，中国股市不是在经济市场化进程中自发形成的股权交易和股本融资的平台，而是为了解决国有企业改革和发展融资问题而采取的试点方案。在早期剥离、拼凑部分优质资产行为普遍以及真正作为国民经济核心的行业龙头企业选择境外融资的情况下，境内上市公司无法充分代表国民经济的整体状况，业绩逐年下滑。同时，上市公司存在的大股东控制、内部人控制、公司治理结构不合理、监管不完善等问题，使股权融资成本偏低，因此，中国企业的股权融资意愿强烈。

---

① 其中，信息披露成本包括聘请合格中介机构的成本、公开商业信息的成本等。

② 改革治理结构成本包括投资者用脚投票的成本、被恶意收购的成本等。

加上社会舆论监督和法律监管尚不完善，企业就会尽力"圈钱"，并以各种理由在获得资金后变更资金用途。

二、 投资者的行为特征及成因

投资者作为资本市场资金的提供者，是资本市场发展的动力。与成熟市场相比，我国投资者相对不成熟，主要表现在以下三个方面。

第一，投资者投机行为较强。在成熟的资本市场上，除了一部分投资者为获得股票差价而以投机为主外，多数是为了获得长期收益，即股利。但是我国的投资者大多数是为了获得股票差价，以投机为主。换手率是指成交股数与流通股数之比，年换手率是反映市场流动性的指标，换手率数值过高和差异过大意味着市场存在过度的投机。这里我们比较了中外主要股票市场年换手率，从表 2 中可以看出，包括美国在内的国际成熟证券市场（见表 2）换手率一般只有 50% ~ 80%，变化不大，而我国（见表 3）自从 1992 年放开价格限制之后，证券市场的年度换手率一直在 200% 以上，而且起伏落差很大，反映了投资者的高度投机性。

表 2　　　　　　　世界主要股票市场年换手率　　　　单位:%

年份	东京	纽约	伦敦	新加坡	香港	泰国	汉城	台湾	上海
1992	20	47	43	19	53	125	133	167	—
1993	26	53	81	84	61	133	187	252	341
1994	25	53	77	28	40	63	174	366	787
1995	27	59	78	18	37	40	105	228	396
1996	27	52	58	14	44	30	91	243	591

资料来源：《中国证券期货市场统计年鉴（1999 年）》。

表3　　　　　　　　　　中国股票市场年换手率　　　　　　单位:%

年份	1993	1994	1995	1996	1997	1998	2000	2003	2004. 6
中国	277	630	288	747	457	291	400	245	208

资料来源:《中国证券期货市场统计年鉴（1999 年)》。

第二，我国中小投资者的权益屡遭侵犯。中小股东的权益被严重侵犯是投资者权益受损的集中表现，是阻碍资本市场发展的绊脚石。表现为大股东非法占用上市公司资金，上市公司为大股东作借款抵押担保而承担不正常风险，通过关联交易将上市公司资产或利润转移到控股股东，分红派息很低及虚假出资欺骗中小股东等。在投资回报方面，中国的现金股利年收益率和平均股利支付率只有 0.6% 和 35%，远低于美国的 5% 和 77%，投资者的资产收益权很少得到实现。我国中小投资者的利益屡被侵犯，但很少有投资者获得满意的赔偿。

第三，证券市场上"庄家"行为盛行。在国内证券市场上，有一部分投资者被称为"庄家"，他们利用资金优势，操纵股价，牟取暴利，侵犯中小投资者，曾经一度支配国内市场，成为国内证券市场的一大特色，这与国外为了活跃市场而存在的做市商形成鲜明对比。张胜、陈金贤（2001）采用1999—2000 年的深圳股票市场数据，找到了支持深圳股票市场是"庄股"市场的充分有效的经验证据。

当投资者的投资渠道有限、上市公司缺乏投资价值、机构投资者尚处于起步阶段时，中小投资者往往选择入市投机。在投资者权利意识差和法律制度不健全的情况下，就会造成中小投资者权益常被侵犯和庄家盛行的现象。现将原因具体分析如下:

1. 法律制度不完善

我国缺乏操作性较强、保护投资者利益的法律法规。美国的投资者保护体系是由监管—自律—投资者组织形成的完整体系，三层保护相互补充，形成有机整体。从表4 中我们可以看到，美国以证券管理委员会为中心，以地方监管机构和投资者保护组织为纽带，加上股东代表诉讼制度，对被投资者形成良好的保护。而我国的投资者保护基本上是监管部门代表政府单独作战，造成了投资者每当利益受损就去找政府的现象（见表4）。

表4　　　　　　　　　　　投资者保护体系的中美比较

	美国	中国
体系	有三层保护体系，以 SEC 牵头，自律机构、证券交易所和券商协会为中间层，以券商和投资者组织为基础	证监会代表政府单独监管
地方监管机构	以州为单位，独立于联邦，在增强发行人的透明度方面起重要作用	各地证管办是证监会的派出机构，各省没有保护投资者的机构
投资者组织	证券投资者保护协会（SIPC）承担投资者风险赔偿和破产管理的职能	没有投资者维权组织，各种协会作用有限
中小股东保护	股东代表诉讼制度保障中小股东权益	没有相关的制度

2. 投资者风险意识与权利意识淡薄，缺乏自我保护能力

根据2002年4月深圳证券交易所综合研究所调查报告，虽然我国大多数个人投资者认为股市风险很大，但他们投入股市的资金占家庭金融资产总额的比率却达到60%之多。他们在投资渠道有限以及受周边获利示范效应吸引的情况下，选择大比例地将资金投入股市，并且入市的目的是为了获取买卖差价，短期投机目的明确，积累了较大的投资风险。这说明，我国个人投资者真正的风险意识不强。

另外，个人投资者的股东观念淡薄。根据调查报告表明，对上市公司的知情权，有54.3%的投资者回答不知道；对出席股东会表决权，有26.7%的投资者回答不知道；对质询权和建议权，有80.6%的投资者回答不知道；对分配决定权，有59.3%的投资者回答不知道；对提请召开临时股东会议权，有58.1%的投资者回答不知道。可见，缺乏

相关权利意识是我国个人投资者不成熟的又一表现。

3. 机构投资者发展滞后

在西方国家，机构投资者是投资者的主体，它们的发展壮大直接提高了投资者在资本市场讨价还价的能力。而在我国，不管从开户数还是从持股市值来看，我国的机构投资者所占的比例都很小。截至2002年底，我国机构投资者在开户总数中占1.8%，所持股票占总市值的比率为20.7%。尽管在我国有些以个人名义开户的投资者实际上是机构在操作，但总体而言，我国的机构投资者仍很不发达（见图2）。

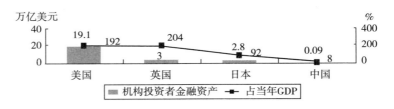

图2 机构投资者规模国际比较

可见，在我国的股票市场上，股票投资价值不高。在机构投资者不成熟的前提下，大部分投资者权利意识淡薄，以赚取买卖价差为目的，投机成风。同时，由于我国股市信息披露不够完善、股票市场规模较小并且存在很多市值较小容易被操纵的股票，"庄家"可以利用很多内幕信息配合炒作。如果加上一些上市公司改制不彻底，不规范运作，甚至配合"庄家"炒作，同时再加上监管不力，特别是事后惩罚不到位，中小投资者的利益经常受到损害。

三、 中介机构的困境及成因

中介机构是资本市场生存和发展的桥梁，它在降低交易成本方面发挥着不可或缺的作用。然而，中介机构作用的发挥需要以自身实力作为基础，只有经营状况良好、竞争力强的中介机构才能更好地为交易双方提供服务。中介机构包括证券公司、会计师事务所、律师事务所、资产评估机构以及各类媒体机构等。由于证券公司在中介机构中处于核心地位，因此本文以证券公司作为中介公司的代表进行分析。

目前，我国证券公司在很大程度上陷入困境，其主要表现为以下两个方面。

第一，我国证券公司风险很大且普遍亏损。截至 2003 年 12 月 31 日，整个证券行业潜亏（实际亏损与账面亏损之和）高达 2200 亿元人民币，积聚了巨大的金融风险。在市场持续低迷的情况下，券商通常会面临较大的经营困境。

第二，证券公司违规操作的现象相当普遍。近几年来，证券公司的违规频率加大，给证券市场带来巨大的不利影响。自从南方证券被接管以来，华夏、德恒、闽发、汉唐等多家券商也相继出现问题。2001 年以来，伴随着美国部分大型上市公司财务造假丑闻的曝光，会计师事务所和投资银行的违规操作引发了整个华尔街的信誉危机。即使在美国这样成熟的市场中，证券公司违规都不是个别现象，由此可见，对我国证券公司违规操作的治理可能需要一个更为长久的过程。我国券商陷入上述困境并非偶然现象，究其原因，主要包括以下三个方面：

第一，券商收入结构单一，经营状况与二级市场密切相关。在美国，随着金融管制的放松，证券行业的收入结构也发生了显著变化。其中，最突出的是在佣金自由化后，券商佣金收入所占的比重明显下降，而一些非传统业务如资产管理和并购业务收入所占的比重则呈上升趋势，证券业务经营模式呈现出多样化趋势。然而，我国证券公司的收入主要来源于佣金收入和自营收入，两者之和占其总收入的 60% 以上，从而使得券商的业绩与二级市场密切相关（见表 5）。

表5 　　　　　　　　　中国与美国证券业主要业务收入及占比 　　　　单位:%

中国 (2001 年)		美国 (2002 年)	
业务	占比	业务	占比
佣金收入	51	经纪佣金	19
自营收入	13	自营交易	9
发行收入	5	承销佣金	9
利差收入	11	利差收入	4
往来收入	15	资产管理 （含基金管理）	8
其他收入	5	其他与证券相关的收入	37
		其他	14

对比中美两国证券公司的业务收入模式，我们可以看出，除去中外券商都有可能发生的营业性收入亏损外，中国证券公司普遍亏损的根本原因在于收入来源过度依赖于二级市场的经纪和自营业务，这样，在二级市场长期低迷的情况下，全行业就会陷入亏损并且加大风险。与此同时，依赖于证券公司的自营业务也最容易出现违规操作现象，给证券公司带来风险。比如，证券公司内部知晓内幕信息的人员通过建立一个"老鼠仓"就可能将收益转给个人，而将亏损留给证券公司。

如果进一步比较两家都是上市公司的美林证券与中信证券，从2002 年的营业费用结构对比我们可以看到，美林证券的人力成本占总营业费用的63%，而中信证券的人力开支只是营业费用的19%。这种差别，在市场低迷时，造成国内证券公司大比例的固定资产投入等方面的沉淀成本很难下降，经营成本无法像国外券商那样可以通过人员结构调整得到控制。

第二，中国证券公司核心竞争力比较低，盈利能力不强。考察西方发达国家投资银行业的发展历程，我们可以发现一流投资银行的核心竞争力体现在三个方面：估值（定价）能力、配售能力和研究能力。但是当前在我国，体现证券公司专业性的三大能力都没有发展的环境和动力：从估值（定价）能力看，由于股票发行定价受到政策上 20 倍市盈率的限制，所以证券公司不需要体现其判断企业优劣的估值和定价能力；从配售能力看，在目前供应受到政府控制的卖方市场中，上市公司无论资质如何，其发行的股票都会有几百倍甚至上千倍的认购，投资银行的配售能力体现不出来；从研究能力看，证券公司研究成果的市场需求尚处于初级阶段。

我国证券公司处在典型的计划管制下的"市场"，无论是行业进入还是各证券公司的市场边界都由行政力量决定。在这种情况下，证券公司的核心竞争力更多地体现为拥有政府资源，即公司背景以及与政府、银行甚至"官"的关系。只要拥有强大的政府背景和讨价还价能力，证券公司就能获得更多的业务机会，从而形成优于他人的竞争优势。这种市场和制度的不完善严重扭曲了我国券商的行为。证券公司将大量精力花在各种公关活动上，不需要也没有动力去积聚专业人才、深化内部管理、创新业务，从而形成核心竞争力。

第三，中国券商产权制度与激励机制缺乏效率。现代企业理论和国内企业的发展实践表明，一个良好的产权关系和产权结构是企业治理结构优化的基本前提。著名的华尔街投资银行美林、高盛、摩根最初实行的都是合伙制，其中高盛 1999 年 5 月 4 日才变成股份公司上市。历史发展表明，合伙制是投资银行业发展初期比较有效的组织结构形式，作为专业服务机构，其发展高度依赖于人力资本，同时承担无限责任。这正是美国投资银行成功的关键所在。20 世纪 60 年代以来，西方发达国家开始试行以高级管理人员股票期权为核心的产权激励与约束机制。在国外，证券公司整体成本构成中，人力资本成本通常约占60%，这说明国外证券公司对人力资本的高度重视。

我国大部分证券公司是国有控股公司，大股东的所有权虚拟化，这使得决策权和监督权因缺乏产权保障而变得非常低效。我国证券公司普遍缺乏规范有效的激励工具，尤其是长期激励工具，因此管理层在经营中重视短期财务指标而忽视企业长远发展。此外，在我国目前实行合伙制还存在法律上的障碍。

可见，我国证券公司由于存在盈利模式单一、股权结构不合理、控制人缺位经营等问题，造成对二级市场的过度依赖，从而使违规行为屡禁不止。

四、 监管者的行为特征及成因

资本市场需要公平、公开、公正的交易环境，以保证交易的顺利完成。监管者承担资本市场"裁判员"的角色，是"三公"原则的守护神，是资本市场健康发展的保证。尽管资本市场监管者责任重大，然而在我国，监管者却存在诸多方面的问题，使其"守护神"功能大大降低。

一方面，监管者越管越细，大大制约了资本市场的发展空间。同国外成熟资本市场国家的监管不同，我国的监管机构实行的是实质性审核，重点审查拟上市公司的业务、财务、资金投向等多个方面，通过掌握发行批文来控制拟发行企业的发行节奏；对上市公司增发新股，也要在发行规模、发行价格、募集资金投向等方面严格规定，甚至对公司上市发行的价格和时间都要做实质性控制。

另一方面，股票市场政策市现象明显，使得监管效率相当低下。我国股票市场向来有"政策市"之称。资本市场监管当局一直比较关注二级市场的价格，关注股市的涨跌对投资者的影响，每次重大利好政策的出台都有"救市"的嫌疑。

我们可以通过将中外监管者行为进行对比，来分析中国资本市场监管者政策市及监管效率低下等问题的原因。

第一，中外监管理念存在巨大差异。美国、英国的监管都是自我监管和政府监管相结合。美国对证券公司的监管一直奉行市场竞争原则，证券公司所处的政策环境比较宽松，特别是20世纪60年代后期至70年代进行证券制度改革后，固定佣金制度的取消，大大提高了证券公司的竞争力及其对市场环境的适应能力。西方发达国家对资本市场的监管理念是投资者是成熟的"经济人"，因此能够作出理性的判断。

然而，中国的监管从一开始就以政府监管为主。中国监管当局关注的重点是企业发行上市的条件、发行数量、发行价格、募集资金使用等，并且对这些方面的限制较严。与西方发达国家不同，中国对资本市场的监管理念是中国的投资者尚不成熟、不理性，需要政府干预以保护其利益。在这种监管理念的指导下，我国的证券监管更多地带有行政审批的色彩，这对实现市场化和促进资本市场的良性循环往往会产生负面的影响（见表6）。

表6　　　　　　　　　　中国证券监管手段与影响分析

监管手段	影响分析
进行实质性审核，审查拟上市公司的业务、财务、资金投向等多个方面，通过掌握发行批文控制拟发行企业的发行节奏，对上市公司增发新股在发行规模、发行价格、募集资金投向等方面都有严格规定	使公司为达到上市标准拼凑资产、拼凑项目，甚至不惜虚构业绩
认为监管者需要代替投资者作判断	使投资者认为市场只能涨不能跌，动辄以社会稳定的责任压向监管部门
主观判断拟上市企业的优劣，选择性地推向市场	使市场缺乏价值判断和市场化定价的主动性
对公司上市发行的价格、时间做实质控制	使承销商缺乏估值定价的主动性，延缓了市场化进程

第二，中外监管当局的监控对象也不相同。中国监管当局以监管证券公司为重点，而国外监管当局则注重对各市场参与者的平等监管

（见表7）。

表7　　　　　　　　　　　中外监管当局行为比较

项目	国外	国内
监管对象	各市场参与者	以对证券公司的监管为重
监管目的	公平与效率	保护投资者，防止证券公司违规
监管主体	证监会、证券交易所、证券业协会	中国证监会是实权监管机构

当然，我国证监会注重对证券公司进行监管有其深刻的制度背景：当我国还是以行政手段配置资源为主时，由于各拟上市公司代表了各行业、地方政府等不同主体的利益，因此监管当局不得不为平衡各利益主体而作出妥协。在这一背景下，监管当局将重点监控对象转移到证券公司上，也是不得已而为之，保荐人制度正是这种思路的延续。

第三，中国证券监管当局执法不严、惩罚不力。证券法律责任的缺失和模糊不清，使得虚假信息披露者和内幕信息交易者的违法收益高于违法成本，这是我国上市公司信息披露违规、内幕信息交易屡禁不止的一个重要原因。而中国证券监管当局执法不严、惩罚不力的根本原因在于，国有产权的实施成本和监督成本过高，以致难以实施和难以监督。

中国证监会一方面作为全国性监管者行使监督管理权，要保护投资者特别是中小投资者的利益；另一方面作为政府机构，执行国家产业政策，支持国企上市并维持一级市场的繁荣。这种双重职责在一定程度上影响了监管的公平和效率。

五、促进资本市场健康发展的几点建议

根据前述分析我们可以看出，我国资本市场各参与方与成熟资本市场各参与方之间，在基本素质、对市场规则的理解和遵守、利益驱动模式等方面存在很大差异。要规范我国资本市场，促进其健康发展，

需要在以下几方面作出努力。

第一，打破目前我国企业上市中监管与违规的恶性循环，实现发行、融资、监管、监督和资源配置的高效率。笔者对上市公司的建议主要是强化信息披露，而不是发行指标；强调发行人整体上市；加强违规后的法律惩戒；完善收购兼并制度，推动股东"用脚投票"和实现劣质公司退出的市场化。

第二，大力发展机构投资者，促进投资理念的转变，从而解决目前投资者存在的诸多问题。建立强制性储蓄制度，推行并规范发展我国的养老基金。这一方面可以壮大我国的基金投资者队伍，另一方面还可以不断完善我国的社会保障制度。监管者可以采取向机构投资者适当倾斜的政策，扩大基金的运作空间；增加大盘股发行，减少"庄家"的操纵机会，同时有利于理性机构投资者的运作；革除证券投资基金的各种不良行为，完善基金公司治理结构；鼓励个人投资者通过投资基金入市，实现专家理财，转变投资理念。

第三，改善证券公司的经营现状，积极应对加入世界贸易组织后外资券商的挑战。为此，监管当局应当适当放松管制，培育证券公司的市场竞争力；有选择地放开对股票发行定价的限制，培育证券公司的估值（定价）能力；在定价放开后，证券公司将磨炼配售能力，建立有力的证券配售网络；证券公司要更多地承担发行风险和面对销售竞争，进一步提高证券公司的专业研究能力；严厉惩处违规行为，促进证券公司改善治理结构，推动证券公司合规的业务和产品创新。

第四，市场化改革的当务之急是监管层面的改革，具体包括四个方面的内容。一是监管理念的转变。资本市场是发行人和投资者资金供求匹配的平台，监管的核心是维护公开、公平、公正的市场环境，这也是我国资本市场监管的核心问题。因此监管者应仅仅是资本市场的监督者和维护者，而不是投资者的最终诉求对象，从而真正实现资本市场的整体运作的市场化。二是监管手段的转变。放弃若干财务指标上的硬性规定，从充分信息披露的角度实现市场交易的公开、公平。三是监管力度的强化。明确不同市场参与者的责任与义务，对违规者施以严厉处罚，维护市场信心。四是对市场运作机制的有效发掘。让市场各参与方在守法的前提下，根据自身的利益进行创新，促进各种新型金融工具的推出，丰富投资者的投资选择，并通过市场化的价格发现机制匹配不同的风险偏好和产品供需，最终实现资源的有效配置。

在未来运作良好的资本市场中，四大参与者各司其职，相互协助，按照市场规则行事，从而实现资源的有效配置。它们之间的逻辑关系如图 3 所示：

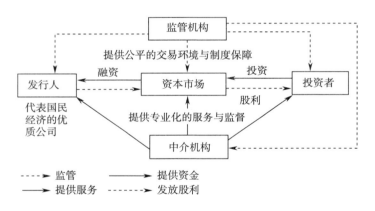

图3　逻辑关系

加入 WTO 与中国证券市场*

有关加入世界贸易组织（WTO）的问题，现在已成为国内不管是理论界还是实务界讨论的一个重要的热点，而且我相信会越来越热，所以我想针对证券市场的有关问题展开一些讨论。

有关证券市场与 WTO 的关系目前能看到的资料还比较少，我现在得到的初步印象是对外的承诺基本是两条：一条是基金管理，将来外资可以持股33%；另一条是证券公司外方可以持股33%，这是目前承诺的比较实质性的两个方面。但是最近一两周内，又有一些新的披露出来的政策动向。一是财政部高级官员表示，中国的国债市场将向国外开放，将来外国的基金和机构投资者可以直接购买中国国内的政府债券，这是很重要的一个现象。二是证监会的高级领导层对外有一些表示，合资的甚至是外资控股的在中国的企业，也就是那些三资企业将来会被允许进入中国的 A 股市场发行股票。我相信这在政策上是一个非常大的突破。未来，这个市场在加入 WTO 后会产生什么样的影响？今天我想谈一下个人的看法。

我想从外部冲击和竞争的角度来讲这个问题。我个人感觉，如果涉及证券行业的话，主要有以下一些方面，将来会面临直接的或间接的冲击，或者说外资对中资机构会形成重大的竞争。一是资本实力，二是产品结构和创新能力，三是人力资源，四是管理与自律，五是服

* 本文来源于龚浩成、金德环：《加入 WTO 与中国金融市场》，上海，上海财经大学出版社。

务对象。

一、 资本实力

关于资本实力，这一点对于证券公司来说是非常重要的。我们都知道，一个证券公司或者一个投资银行，在市场上的发展达到一定的程度，事实上取决于它自身的实力。这个实力很大程度上就是它的资本实力。这也是目前很多证券公司分别进行增资扩股的原因。如果资本金不足的话，实际上从内在的、先天上的，就限制了它的业务扩展。在国际上，这一点则更加明显。混业经营问题在国际上已成为一个趋势。投资银行与商业银行的合并，在全球范围形成趋势。这个合并趋势的背后，当然有很多原因，但是据我了解，有一个重要的、内在的原因，就是不管投资银行还是商业银行，它们都是从资本金的角度来考虑这个问题。因为投资银行尤其是成为国际性的或全球性的投资银行以后，它们参与的是更大规模的交易、金额急剧增大的全球性交易，即不管是投资银行的承销业务、收购兼并业务，还是市场的交易，其金额都是非常巨大的。这样的话，从内在要求出发，它就希望与资金实力非常巨大的机构合作。那么，最好的合作机构就是商业银行。这就是投资银行为什么要收购商业银行，或者商业银行为什么要同投资银行进行合并的一个非常重要的内在原因。另外，国际上投资银行业非常有特色的，我们叫作批发性投资银行，它们没有像国内那样很多零售点，像证券公司有很多营业门市部，而只有大机构、大客户才是它的服务对象。这种批发性的证券机构开始有与零售性证券公司合并的趋势。最典型的例子就是摩根士丹利——全世界最大的批发性投资银行，在 1997 年，同丁威特——美国最大的零售证券公司进行了合并，兼并了它，收购了它，然后形成一个兼有零售和批发的大的投资银行。其中，重要的原因在于零售的证券机构有很大的资本实力，相比之下，它们吸收了很多一般投资者的资金，但是批发性投资银行这方面就比较弱，所以为了追求资本实力的扩张，它有内在动力做这件事情。另外，国际上有一个很大的趋势就是几乎所有有一定知名度、有一定规模的投资银行或证券公司都纷纷上市，最著名的就是美国最好也是全世界最好的投资银行——高盛投资银行在 1999 年，经过了一百年的合伙制，最后走上了上市道路。之所以上市，第一个目标也是为了扩张它的资本实力，可以通过资本市场不断地扩张它的资本金。从这个意义上来说，资本实力对于证券公司之间的竞争是一个性命攸关的事情。首先，我们看到摩根士丹利，差不多达到 180 亿美元的资本金规模。相对来说，在美国排名第七的贝尔斯登，也有差不多 50 多亿美元的资本金规模。排在后面的几个就是我们国内的，但这几个在国内基本上也是航空母舰，比如，国泰君安现在是国内最大的投资银行，它们的资本金规模经过折算后，差不多 4 亿美元。国际、国内进行对照的话，我们可以看到差距非常大。我们在技术上可能会有一些误差，因为国内采取所谓注册资本的体制，国外是以股东权益来算的。我们作了一些技术处理，作了一些折算，但大致应该看到这种力量对比的差别。从这个意义上来说，我们要让那些最大的、全球性的、跨国的投资银行进入到国内市场的话，我们可以想象是一个巨人和矮人的竞争，这是资本实力方面的比较。

二、 产品结构和创新能力

　　产品结构实际上是对于任何一个企业来说都是非常重要的一个方面。实际上，金融企业或者说投资银行同其他工业企业也有相当大的类似性，无非提供的是服务性的产品，或者说是金融产品。产品的结构反映了公司经营的能力，也反映了公司未来的市场空间。这些产品通常是跟若干个因素有关的。比如，市场的承受程度。我们回溯到过去十年前，中国没有资本市场；如果往前走五年的话，这个资本市场的产品是非常单一的。到了今天，产品相对丰富一点，但是跟国外还有相当大的差距。这跟市场发展的程度有关。另外，产品本身跟我们的监管有很大的关系。在监管方面，政府的监管模式基本上是先画圈，然后你就在圈里边跳，而不是说你先跳，然后它再来给你画圈。所以这种监管是一种硬性的、行政的，相对比较僵硬的监管造成了产品的结构也比较单一。实际上，产品结构与创新能力，更要强调创新能力。因为产品本来是没有的东西，是经过人们的设计和创新而来的。如果说有这种能力，这样的企业或证券公司，就不怕今天没有产品，因为它可以不断地开发新的产品以满足客户的需要。但是在我们国内，这种创新能力相比之下就比较弱。这当然有很多客观的、主观的以及原来技术上的原因。如果缺乏创新能力，产品结构的更新换代也存在着很大的问题。我们这里举一个例子；是关于美国高盛公司的，是从它的招股说明书上摘录下来的。高盛公司提供的投资银行的产品，按大类来说，主要有三个大类。第一类是我们所说的狭义投资银行业务。第二类是交易和自有资本金的投资。第三类是资产管理和有关的证券服务。这是目前大的、综合性的投资银行所提供的一种比较全面的产品结构。在这三大方面里，还包括很多形形色色的产品，比如，在投资银行业务里面，包括股票、债券承销、资产重组顾问、收购兼并顾问，在高盛里面还有房地产顾问，这实际上还是十分概括的概念。因为我们如果再往下细分的话，比如，股票和债券本来也是可以分开的，股票里面还可以分成很多种类型。债券也是这样。如果这个市场是足够得成熟、足够得精巧复杂的话，产品就可以不断地被创造出来。可以看出，在这样一个相对比较先进的投资银行里，它的产品结构和服务内容是相当复杂和丰富的。这种产品结构很大程度上又是同它的客户需求联系在一起的。尤其是我想再一次强调我们的创新能力。这种能力是投资银行进行竞争的很重要的要素。如果，我们没有这种能力，政府让你干哪个，你就干哪个，或者说非常死板地等在那里，按部就班地来提供服务的话，这样的企业在今后的竞争中可能就会陷入失败的境地。

三、 人力资源

第三个方面，也是外资证券公司对我们的冲击或者竞争中一个不能忽视的问题，就是人力资源的问题。因为人力资源问题实际上在证券公司中或者在行业中，是一个需要特别提出的问题。因为在任何一个证券公司中，一定会吸收最优秀的人才，高素质、高学历的人才都非常多。但是对于这些人才我们怎么来使用他们，怎么来看待他们，或者说怎么来善待他们，把他们真正地当成一个公司的资产，这是一个理念上的很重大的区别。相对来说，我们的投资银行有很多的资产，比如，有车子，大的国际性证券公司可能会有飞机、轮船、通讯设备，因为投资银行都是靠通讯设备来连接的；我们还有电脑，现在 IT 这一块发展得也很快；还有办公楼宇，这些在其他行业也都会有一些。投资银行还有一个特点，它可能会持有很多可流通的证券和很多现金。这些东西都是有形的、物理的东西。其他的东西，比如，业绩和商誉对于一个第一流的、国际规范的投资银行来说，可能是一个至关重要的东西。比如，我们在具体作业务当中，也碰到类似的情况，就是有一些业务，我们感觉很赚钱的，可是我们的股东说，这个业务你们不能做，因为做了以后可能会影响公司形象。所以投资银行也会把它的品牌、业绩、商誉看得非常有价值，并放在更高的位置。但是不管这些有形的还是无形的东西，我们觉得还不是最重要的东西。投资银行最大的资产就是人力资源，就是人。我们做投资银行的人都知道，在这个行业当中，什么样的人做什么样的事，什么样的人来了就可以做成什么样的事，因为基本上它是靠脑力劳动来创造价值的行业。通常来说，国际间跨国投资银行会把它们很多的资金不是投资在办公楼宇或是去买高级轿车，而是投资在人力资源上，这点恰好同我们国内同行有很大差别。比如，我曾经在 J. P. 摩根工作过，这么大的跨国银行总部只有 7 辆车是它的自有资产，这 7 辆车是给它的 7 个董事坐的，所有其他很高职位的银行官员自己打的过来，或租车，或坐地铁，或骑自行车，公司里 MD 也有 100 多人，公司原则上是不会给他们配车的，公司成本不会花在这上面。通讯设备也是这样。通讯设备、电脑装置是投资银行必要、必备的东西。大家都在说谁在 IT 方面投资多，每年经常在评比，表示对 IT 领域的重视，但是大家也知道 IT 技术的更新很快，所以很多现在流行的做法就是不采取买的办法，为了节约成本，而采取租赁的办法。因为电脑总在更新，今天刚买的，过半年又有更好的了，而原来的全要处理掉，所以我们干脆租赁，租完了以后再租新的。这样也会使得成本有较大的降低。办公楼宇也是这样，据我了解，我们国内的很多证券公司搞自己的办公楼，甚至于还搞很多房产，这个同国际间竞争有很大的差别。很多大的证券公司没有自己的办公楼，都采取租的办法。这样就使整个成本降了下来。可流通的证券也是。可流通证券原则上强调的不是证券，而是可流通，具有较大的流通性，实际上是承担了一部分投资，另外也是一种附属的资本金，在一定程度上可以变现。投资银行的业绩和商誉是很值钱的。好的公司都会非常珍惜自己的商誉，而不会轻易地去冒很多风险，做很多违规的事。但还要再次强调，除此之外，人力资源是最值钱的。我可以举一个数字，一般来说，国际性大的投资银行，会把 50% 以上的开支投在人力资源上，也就是把钱花在有用的人才之上。赚了钱，像高盛、摩根每年都赚很多钱，但他们赚的钱不是去盖楼，也不是去买豪华车，他们会把钱分给最优秀的人才。像高盛的主要合伙人每年都是两三千万美元的收入。这里反映的信息是这些公司跟我们国内的投资银行、证券公司现在管理的做法有很大的不同。我相信在人力资源方面，今后我们国内这一行业的人才会有很大的竞争。

四、 管理与自律

第四方面的冲击是比较软性的东西，就是管理与自律。这方面我觉得有必要特别强调，因为我观察了国内很多证券机构由生到灭，由盛到衰，很大程度上是管理与自律方面的原因造成的。实际上管理的概念是现代公司所需要的。如果公司要成功运作，没有一种真正的管理的概念的话，这个公司的生命期可能会很短。国内包括很多的非证券行业当中，我们也看到很多由盛到衰的例子，包括国有企业、民营企业都有这种情况。我的一个感受就是这些公司的现代化的管理非常缺乏。尤其是证券公司的专业性、高度的风险性，就尤其需要加强管理，来完成它的市场行为。现在有一个比较特殊的现象，中国证券行业的专业性不够，这也是我见的一些同行觉得应该毫不客气地说出来的。实际上，我们搞证券公司、搞投资银行应该起码同律师、会计师的专业水准相同，或者更崇高一点，应该跟教师、医师、其他专业的专家有相同的地位。但非常遗憾，我们现在这个专业当然也是由历史原因形成的，很多比较高级的所谓的投资银行家，或者是一些专业人员，并没有真正的专业技能，专业性很差。投资银行真正的管理技术，感觉还是相对比较落后一点。尤其是如果要跟国外的同行一起进行对照的话，这种印象更加深刻。因为我们见到不少客户，不管是国内的国有企业，还是在中国境内的一些跨国公司，它们都会接触国内或国外的所谓的专业机构，但比较下来，它们都会有一种感受，不管从很细小的谈吐，还是到所能提供的专业的服务，这些方面差别都非常大，所以在管理方面有很大的差别。管理方面重心尤其要突出的是自律概念。但目前有关内部管理，特别是自律管理方面强调的还不够。这跟中国本身的文化也有很大的关系，跟政府的监管方式也有很大关系。很大程度上政府是采取保姆式的方式，帮你把所有的事情都安排好了，你在这个框架下运作，至于你自己要承担多大的风险，在这种风险下应该有多少自律的行为来降低风险，这方面考虑得比较少。如果看一看国际间同行的情况，这一点有很大区别。不管在美国还是在欧洲，投资银行、证券公司真正跟政府打交道并不是很多，但是跟同行、证券业协会互相之间的交流是非常多的。如果是恶性或疯狂竞争的话，可能大家就都死掉了，都没有饭吃。如果有一种比较自律的、自我约束的竞争，大家就能在政府的框架下正常运作。一般而言，外资机构道德操守、职业操守、自律操守是比较严谨的，而我们自己的机构相对比较弱一点，它们的自律和管理主要体现在哪些方面呢？我这里概要地讲一下主要的三个方面。

第一，资源投资管理。资源投资管理本质上是对证券从业人员的管理，这个管理不单单是指《证券法》、证监会的监督管理，而且包括公司本身的监督管理。这里管理就有一些很好的概念，我相信现在证监会也正在研究这一系列的概念，也在努力建立这种体系，比如，秘密信息和内幕信息，这些概念有必要把它提出来，有必要区分它们。严格地说，没有披露的、没有正式登报的、没有对外宣布的信息都是秘密信息，但是秘密信息并不一定对市场产生影响。一般我们理解成一个信息会对市场产生重大影响的就是内幕信息，如果你要违法传递泄露内幕信息，就是违法行为。在这里面有一个 China Wall——中国长城的概念，就是讲投资银行里的投行部会有很多秘密的内幕信息，因为与客户之间接触，它们的发行、筹资以及兼并、收购、合并等一些重大的消息还处于秘密状态，甚至于有一些是内幕的。这些人原则上有一堵墙把他们隔开，不能跟同一公司的另一部门如销售交易部的人发生任何联系，就像有一座万里长城把两个部门完全隔开，互相之间不能传递内幕信息。而我们信息隔离的概念很淡薄，往往是通过内幕交易、市场操纵来赚钱、来完成市场行为。这种做法短期内也能赚钱，但从长远来看，随着监管越来越深入，方法越来越先进，早晚要曝光、早晚要出事。如果再跟国际间的大机构竞争，这种做法本来也会出现很大的问题。又比如，"翻墙"概念，在证券公司里既不在投资银行部，也不在销售交易部，而是总裁级的人，他可能是两个部门都管，这样的话就会产生问题。总裁级或是某一主管的副总裁，他是站在墙上，两边的行情他都知道，两边信息都畅通。这边有信息，那边可以交易。对这种人我们就管他叫作"翻墙的人"，他有可能翻墙过去，把一些信息透露出去。这就涉及另一个概念叫"灰单"。"灰单"就是这个人会涉及哪些公司、哪些客户，他会知道哪些客户的情况，他必须填报内部单子，这些人原则上不能经手、不能操作这些公司的市场交易，当然这当中还有一些很基本的要求，如他要向公司报告他的所有账户、他正在从事的股票是在什么地方开的账户等。当然这其中也可能作弊。这些都是靠自己来自律，万一有问题的话，通过这些都可以很明显地查到。这种做法和目前国内的具体做法还有很大差别。

第二，客户资信管理。客户资信管理原则是，不是所有的客户都能做。我们目前证监会叫"内核小组"，国外一般由一个委员会进行审查。不是说哪个客户跑来说我要融资，我就要抢了做，而要对客户的资信状况进行审查。要考虑做了它的业务会不会对自己的声誉产生重大影响。而如果这些客户跟你的其他客户有一些关系和利益冲突，你就同时要为双方服务。这就是所谓的客户的资信管理。这些要靠自律。证监会不会告诉你哪些可以做，哪些不可以做。这种例子在国内已经频频出现了。

第三，财务风险管理。随着市场交易品种日益复杂，利率、汇率变化日益多端，财务风险急剧增加。在国外，对财务风险的管理有一系列比较好的做法。比如，通过一些衍生工具来进行管理。总体来说，这种管理和自律都是针对证券行业的从业者的。投资银行自身应有这种意愿、主动性去建立。目前我觉得国内这方面会比较弱一点，距离还比较大。今后的一种局面是，如果市场完全开放，就会出现很多足球里面的越位现象。也就是说，人家不用很正面地竞争，但是如果你自己越位你就倒霉了，一个一个倒掉。国外的机构进来，可能会有这种现象出现。

五、 服务对象

冲击和竞争中的最后一个问题是服务对象。国外机构来了，客户对象和国内有很大差别。以上市公司结构来看，目前市场封闭，基本上都是国内证券公司、投资银行，都是中资机构向上市公司提供服务，提供各种金融产品。但这种趋势随着市场的开放、政策的宽松、监管的宽松会发生重大变化。我相信，现有的上市公司绝大多数还会存在，少数 PT 或者 ST 公司日益地维持不住，将被摘牌或停止交易。但未来真正有增长潜力的可能不在现有的上市公司，而是在另外三个新的增长点上。

一是在高科技领域。在这个领域里，主要是民营企业。高新科技让国有大企业来搞一般比较难，因此将来真正的高科技、与知识产权有关的产品有相当一部分在民营企业里。这个原因在中国尤其明显。因为在国内，大型的国有企业创造一个新的产品对技术人员来说没有创新的动力，而到了一个跟自己的业绩联系紧密、激励机制比较完整的民营企业，动力也会比较大一点。所以，高科技领域里面的民营企业在上市公司的结构中会日益成为一个亮点。允许所谓的二板能够真正开放的话，这些中小型企业的增长潜力是比较大的，尤其在科技领域里，这些企业将会成长起来。

二是三资企业，尤其是外方控股的企业，更具体地讲是一些大的跨国公司。它们在竞争性行业中、开放的行业中具有更高的管理水平、技术，更好的资金实力，有比较好的客户销售渠道，尤其在海外，它们很大可能会越来越多地进入竞争性行业，从少数股东的地位变为控股的地位。在过去 20 年，中国引进外资的过程，我个人感觉是带有一定的阶段性的。新的阶段即将开始。20 世纪 80 年代初改革开放的时候，很多大的公司进入中国是两眼一抹黑，不了解情况。那个时候，中国企业主要是国有企业，对海外的东西也是两眼一抹黑，双方在黑暗之中结了婚。所以婚姻的状况总体来说不是太好，比较功利主义。中方企业需要资金，需要某种产品和技术。外国公司需要一个进入中国市场的机会，跟中国机构进行合作。现在外方已经本土化了。国内有些企业一方面是走下坡路，进一步合作拿钱拿不出。拿人的话，这些人，别人也不需要。另一方面，一些好企业面临的问题是过去的合作伙伴只有一家，现在可能要寻找更多的伙伴，更多的发展机会。这个背景之下出现了一些新的现象。如果我们站在跨国公司的角度，基本是两极的变化：一极是完全退出，由中方完全控股；另一极是如果觉得还有前景，强烈要求成为最大控股的股东，要求有控制权、管理权，把企业纳入它的全球化体系当中。可以想象，如果政策进一步放宽，这些跨国公司也会对上市提出一些要求。实际上，有一些披露的消息，对上市公司的收购、兼并已经出现，中国的上市公司中外国占有大股。如果下一步市场进一步放开，如证监会领导说的，外资控股可以直接发 IPO，可以直接进入市场筹集 A 股资金，这样的话，竞争行业中三资企业就会成为我们将来上市公司结构中的亮点，这些企业相对来说成长性会比较好。

三是垄断性的国有企业。一些国有企业在垄断性行业中，它们还没有进入国内市场，因为我们现在在很多政策上只对外开放，没有对内开放，所以有一些企业被我们的政策赶到海外去了。比如，中国移动，这是中国最好的企业，也可以说是中国成长性、效益最好的企业，但是这样的好企业由于种种原因把它放到海外去上市了，中国的投资者不能分享它的利润。这种企业还很多。比如，中国石油，这也是中国最大的国有企业，效益非常好，最近报上宣布，它的效益占了全国国有企业利润的1/4，是一个特大型的。昨天高盛的分析报告说它是全球六大石油公司之一。像这样的企业现在在海外，即纽约、香港上市，没有进入国内市场，是很遗憾的事。我相信这个政策会有变化，而且已经有这种需求。这种企业如果在国内上市，在今后的国内上市公司构成中仍然会是一个亮点。因为这些企业基本上还在一个垄断行业中维持着垄断利润。当然从更长远来看，政策进一步放开，对它们的倾斜越来越减少的话，也许它们的效益会下降一些，但是在看得到的若干年内，它们会是一个很重要的方面。因为中国民营企业、高科技企业总的由中资机构提供服务的可能性比较大，中资机构会大量地向它们提供金融产品。而三资企业、垄断性的国有企业基本上是外资在提供服务。因为三资企业，如果说是大型的、国外控股公司本来就是国外大的投资银行的客户，这个毋庸置疑。国有企业很特别，尽管它长了中国人的脸，但是过去几年形成的关系已经在海外上市，已经请了外国大的投资银行帮助做了很多事。所以它们一旦回来，如果市场再允许那些海外的投资银行在国内提供相应服务的话，我相信它们仍然和海投资银行保持很好的关系。这样可以看到，在未来几年内上市公司的结构变化中，所有由中资来垄断上市公司服务的现状就会发生根本性的变化，尤其是那些真正有生命力的、受市场欢迎的企业实际上可能有相当一部分是接受外资服务的。

以上谈的是个人对国外证券公司对国内的冲击和影响的看法。接下来我想谈一下影响中外双方力量对比的关键因素。这些因素可以调节冲击和竞争的力度。第一个是市场化程度。这点显而易见。如果市场化程度不高，那些在市场经济中运作出来的外资机构就是英雄无用武之地，因为这不是一个高度市场化的市场。第二个是监管。因为我们国内机构很习惯国内原有的管理模式，非常熟悉，国外机构就不熟悉。如果这种模式，尤其是行政模式不变，即使把门打开它也很难同你竞争。但是如果监管模式改变，朝着市场化的方向发展，监管主要从立法、执法角度来管，可能就会有很大不同。第三个是货币的可兑换性，这个对证券市场来说是很重要的方面。如果货币不能兑换，它们能够进来的空间还是非常有限。第四个是三资企业。如果这些大的投资银行从国外进来的话，基本上它们还是跟着它们的客户进来。实际上金融是为实业服务的。这些投资银行、商业银行、金融机构进来是为了它原来在国际上的客户服务。如果它的这些服务对象在中国又有了比较长足的发展，甚至扎根在中国，那么相应地这些金融机构也会在中国有更大的发展。第五个是整个证券市场的开放程度。看我们在政策上开放到什么程度，看海外投资者能不能直接买中国证券。这几个因素都直接关系到入关以后整个竞争力量的对比。从这个意义上说，实际上，入关对中国证券市场的影响是可以控制的，因为这些关键因素都在我们手上控制着。我们想要让竞争变得更激烈一点，我们就可以朝那个方向走；如果想要让竞争少一点，我们就可以朝另外一个方向走。

整个市场化程度提高和市场进一步开放对中国证券业长期来说是有利的。不管是产品、人才，还是金融服务的质量，如果与别人竞争，一方面短期内会受点影响，如我们所谓的民族证券业受点冲击，但是从长远可以看到，我们的人才培养起来了，我们市场的成熟度发展起来了，产品市场复杂起来了，金融服务的质量提高了，从这个意义上说，开放对中国是值得庆幸的事。或者从另外一个角度说，这是加入世界贸易组织对中国证券市场发展的机遇。另外，必须强调的是，证券市场中现有的角色、现有的证券公司、现有的上市公司将面临巨大的挑战。尽管从长远来看，对整个国家、对市场都是有利的，但对个人、对某家公司是不是有利，这是谁也不能担保的。有可能在洪涛巨浪之中，有的公司就要破产倒闭，被人收购，也可能破产清盘。

加入世界贸易组织对整个中国的经济、整个市场的发展，特别是对中国证券业的发展非常有利，存在着巨大的机遇，从长远来说存在着巨大的利益。

用戈德史密斯的金融发展理论分析中国金融结构[*]

随着经济体制改革的深入展开，我国社会经济基础发生了显著的变化，我国资金流动过程也由此而发生了剧烈的变动（见表1）。社会经济基础中的收入、人口以及技术是影响资金流动过程变化方向的三个最重要因素，其中技术包括生产技术和融资技术两个方面。换而言之，在资金流动过程发生变动的背后主要是这些因素在起作用。如何从数量关系上把握这些因素的大小，以及我国的具体情况如何，这是本文所要讨论的主题所在。

表1　　我国社会经济基础和资金流动过程在 1953—1978 年和

1979—1986 年两个时期增长率的比较（年百分比）

	1953—1978 年	1979—1986 年
I．社会经济基础		
人口	2.0	1.2
劳动者，总数	2.5	3.2
劳动者，职工	7.1	3.8
全民所有制企业固定资产原值	9.1ᵃ	8.6ᵇ
实际国民收入	6.0	8.7
实际居民人均消费水平	2.2	8.1
实际积累额	8.6	8.3ᵇ
出口规模（按美元计算）	10.0	15.5

* 本文来源于贝多广：《中国资金流动分析》，上海，格致出版社、上海三联书店、上海人民出版社。

续表

	1953—1978 年	1979—1986 年
II. 资金流动过程		
货币供应量——M_1	9.1	26.7
货币供应量——M_2	10.3	26.7
名义国民收入	6.5	12.6
国民收入折算价格指数	0.5	3.6
工业部门国民收入折算价格指数	−1.1	1.6
零售物价指数	0.7	3.9
名义工资（全民所有制单位职工）	1.4	10.3

注: a: 1966—1978 年; b: 1979—1985 年。

美国学者戈德史密斯在这一领域里作出了开创性的贡献。他为资金流动过程设立了一个所谓"金融相关比率"（FIR）的重要指标以及若干有关的派生指标，并且着力探索决定这些数量指标的多种因素，从而分析出社会经济基础和资金流动过程之间的相互关系。戈德史密斯通过多年的缜密研究，得出了以下结论：（1）把发达国家与发展中国家进行比较，发现前者的金融资产总量与实物资产总量之比（FIR值）高于后者。发达国家的这一比率落在 1.05～1.70 的范围内（除去联邦德国 0.75 和法国 0.65），而发展中国家的这一比率全部落在 0.15～0.40 的范围内。（2）这一比率的主要决定因素：货币化程度、积累率、资本—产出比以及金融组织的形式。[①]（3）在被研究的 17 个发达国家中，所有国家（除去日本和南非）的货币化比率都超过 0.85，而被研究的 36 个发展中国家中只有委内瑞拉超过 0.85，其他国家都低于 0.85。由此推论，货币化比率越高，金融资产对实物资产的

---

① 这里所指与我们前面所说的"生产技术"和"融资技术"是一种意思，参阅 GOLDSMITH, R. Financial Structure and Development [M]. Yale University Press, 1969。

比率就越高。用类似的实证方法还得出，积累率越低，金融资产对实物资产的比率就越低。戈德史密斯的这种分析方法可以使人们了解不同国家在资金流动方向的差别，或者一个国家在不同发展阶段里资金流动过程的演变。

现在我们把戈德史密斯所运用的基本模型简述如下[①]：假设（1）在一个封闭经济中，国民生产总值按常数比率有规则地上升；（2）只有一种金融资产和两个同质的部门，即金融机构和非金融机构；（3）金融工具价格的变化不产生影响。这样，在一定时期（j）内，金融工具净发行总量（f）就是

$$f_j = y_i m_j k_j e_j [1 + i_j(1 + h_j)]$$

它反映了非金融单位净发行、金融机构向非金融单位净发行和金融机构之间净发行这三个部分的合计数。其中，

y：国民生产总值（GNP）；

m：GNP 中商品性比例；

k：GNP 中积累比例；

t：非金融单位新的净发行与它们积累额之比；

i：金融机构的金融工具新发行与非金融单位新发行之比；

h：金融机构之间的金融工具总发行与它们对非金融单位总发行之比。

由此得出

$y_j m_j$ = 货币化的 GNP；

$y_j m_j k_j$ = 货币化的积累；

$y_j m_j k_j e_j$ = 非金融单位净发行。

---

① 参阅 GOLDSMITH, R. . Financial Structure and Development ［M］. Yale University Press，1969。但这里作了简化处理。

当上述三项不太现实的假设进入模型，模型中就有必要包括一些变量，诸如 GNP 增长率的变动以及金融资产规模和价格的变动。同样，为使金融分析得出有意义的经济结论，金融工具新的净发行的绝对值必须和收入或财富等反映发展的指标联系起来。注意到这些情况，戈德史密斯突破时间范围（即 j）的约束①，对上述公式进行了修正（但仍然在封闭经济中），得出

$$FIR = \frac{F}{Y} = amke[1 + i(1 + h)](1 + v)$$

或者　　　　$$FIR = \frac{F}{W} = amb^{-1}ke[1 + i(1 + h)](1 + v)$$

其中，

$a =$ 实际 GNP 的平均增长率；

$b =$ 平均资本 - 产出比率；

$W =$ 有形资产总量 $= yb$。

$$(1 + v) = \{1 + c[(1 + d)^{\frac{n}{2}} - 1]\}②$$

其中，

$c =$ 净发行总量中对价格敏感的金融资产（比如公司股票）比重；

$d =$ 金融资产价格变化率（即价格指数）；

$n =$ 年数；

$v =$ 估价调整项。

在一个开放的经济中，国外资产尤为重要，把这一因素考虑进去，

①　在理论上假定时间是更长期的，甚至是无限的。

②　$v = c[(1 + d)^{\frac{n}{2}} - 1]$，这是期末的估价调整项。但是，由于 c 和 d 都是某一段时期中的平均数，因此，它们的时间指数也应该是这段时期（比如 n 年）的平均数（$n/2$）。参阅 GOLDSMITH, R. Financial Structure and Development[M]. Yale University Press, 1969：84.

于是

$$\text{FIR} = amb^{-1}ke[1 + i(1 + h)](1 + v) + (amb^{-1}z)$$

其中，z 表示 GNP 中一个部分（正数或负数），意指国外净投资。

上述公式适用于较长期的分析，并且是一个总量、存量的模型。如果作出一些必要的调整，这一公式也可以分解并用于较短期的分析。

戈德史密斯将这一（FIR）模型用于分析发达国家和发展中国家，发现在一个国家内，相对于社会经济基础，资金流动过程规模扩大的条件是，下述比率比较高：货币化比率（m）、积累率（k）、非金融和金融机构的发行与积累之比 e（$1 + i$）、金融机构之间的分层比率（h）、对外筹资比率（z）以及估价调整项（v）（金融资产价格增量和价格敏感资产在总发行中的份额）。如果其他条件不变，只要实际增长率或资本—产出比率较高，或者一般价格水平上涨迅速，资金流动过程就趋于缩小。

在我们的分析中，由于缺乏必要的统计资料，因而无法严格遵循"戈氏模型"进行精确计算。不过根据现有的数据，我们对上述模型略作改动，大致也可以估算出我国若干年内以流量为基础数值。

我们先作出以下约定：

R = 资金总量（资产总量）；

B = 国内各部门借款总额；

S = 各经济部门自有资金（储蓄）总额；

M = 国外资金流入净额；

L = 国内各部门贷款总额；

I = （对）实物资产（的投资）；

F = 对金融资产的投资（包括国内和国外）；

Y = 国民收入。

在一个封闭经济中，全部投资资金等于自有资金（储蓄）加借入

资金。也就是

$$R = B + S \tag{1}$$

在开放经济里，国外部门成为投资资金的一项补充来源，于是

$$R = B + S + M \tag{2}$$

资金总量既可以用于金融资产的投资（通过贷款），也可以用于实物资产的投资。这样，

$$R = L + I \tag{3}$$

将式（2）和式（3）相连，得出

$$\frac{B + S + M}{资金来源} = \frac{L + I}{资金运用} \tag{4}$$

根据一般会计原理，在封闭经济中，借款总额必定等于贷款总额，它们只是一个事情的两个方面。于是

$$B = L \tag{5}$$

从以上关系式，可以引出以下定义：

$$I = S + M[从式（4）引出] \tag{6}$$

或者

$$I = R - L[从式（3）引出] \tag{7}$$

在开放经济中，金融资产净额即

$$F = L + M \tag{8}$$

或者

$$F = B + M \tag{8'}$$

其中，M 可以是正数，也可以是负数。当国外资金净流入国内经济时，M 为正数，同时 F 规模超过 L 水平。当国内资金净流向国外部门，M 则为负数，同时 F 规模低于 L 的水平。

假如把上述关系与 I、R 以及 Y 等基本经济指标联系起来，我们就可以得出重要的资金比率——金融相关比率（FIR），它反映了一个国家资金流动过程中最一般的总量特征。我们用"F"和"I"（分别代

表金融资产和实物资产）相对比，即估算出 FIR 值：

$$\frac{F}{I} = \frac{L + M}{I} = \frac{B + M}{I} \tag{9}$$

与此类似，我们还可估算出金融资产与资产总量之比和金融资产与国民收入之比：

$$\frac{F}{R} = \frac{L + M}{R} = \frac{B + M}{R} \tag{10}$$

$$\frac{F}{Y} = \frac{L + M}{Y} = \frac{B + M}{Y} \tag{11}$$

　　表 2 反映了 1978—1986 年我国的金融相关比率和影响这一比率的主要因素。其中表 2a 是根据程晓农同志的《1978—1986 年国民经济收入流程分析报告》中一些现成数据估算而成的；表 2b 是我依据目前公布的一些统计资料另行估算而成的。

　　程晓农的报告是根据国民经济核算体系（新 SNA）的方法展开分析的，报告中表 27 反映的是融资机构部门最终分配资金的状况。因为该表第（1）栏注明是全社会完成投资额，所以可以认准该表包含了固定资产和流动资产两方面的投资（而且还包含了折旧额）。后面从第（2）栏到第（6）栏实际上反映了全社会完成投资额的资金来源，在设计我们这里的表 2a 时，只需把他的报告中的财政预算内拨款、居民户自筹和其他投资者自筹三项合并，成为这里的第（4）栏；另外，国内贷款和国外借款分别是这里的第（1）栏和第（2）栏；这样就求得我们所要的 FIR 值。表 2a 很明显反映出我国的 FIR 值自 1978 年以来逐步上升的趋势。FIR 值从 1978 年的 0.26 变化为 1986 年的 0.55，同时这一时期 FIR 变化的最小和最大值也分别是这两个数字。1982 年 FIR 出现下降，表 2a 表现的主要原因是国内贷款绝对额下降，1983—1984 年 FIR 仍低于 1981 年，原因主要是国内贷款增长幅度小于实物投资增长幅度。而 1985—1986 年情况正好相反，国内贷款增长幅度大大超过实物投资的增长幅度，因而 FIR 明显上升。

表 2a   金融相关比率（FIR）（1978—1986 年）   单位：亿元

年份	国内借款（贷款）	国外资金净流入	金融资产总量	自有资金	资产总量	实物资产总量	FIR
	$(B)(L)$	(M)	(F)	(S)	(R)	(I)	F/I
	(1)	(2)	(3)	(4)	(5)	(6)	$(7)=\dfrac{(3)}{(6)}$
1978	265	0	265	1021	1286	1021	0.26
1979	300	21	321	1061	1382	1082	0.30
1980	369	51	420	1009	1429	1060	0.40
1981	432	34	466	930	1396	964	0.48
1982	399	60	459	1102	1561	1162	0.40
1983	453	67	520	1268	1788	1335	0.39
1984	578	71	649	1541	2190	1612	0.40
1985	988	92	1080	1915	2995	2007	0.54
1986	1155	140	1295	2214	3509	2354	0.55

表 2b   金融相关比率（FIR）（1981—1986 年）   单位：亿元

年份	国内借款（贷款）	国外资金净流入	金融资产总量	自有资金	资产总额	实物资产总量	FIR
	$(B)(L)$	(M)	(F)	(S)	(R)	(I)	F/I
	(1)	(2)	(3)	(4)	(5)	(6)	$(7)=\dfrac{(3)}{(6)}$
1981	521	−35	486	803	1289	768	0.63
1982	474	29	503	994	1497	1023	0.49
1983	489	49	538	1188	1726	1237	0.43
1984	621	51	672	1504	2176	1555	0.43
1985	787	491	1278	1941	3219	2432	0.53
1986	841	522	1363	2279	3642	2801	0.49

表 2b 中的数据均取自公开发表的统计资料。① 其中（R）是全社会固定资产投资额加上积累额中的流动资产积累部分（这里已包含了折旧额）；（M）是国民收入使用额与国民收入生产额的差额，即进出口货物的差额②；我们再假设流动资产的积累全部由银行提供资金，这样，经济部门的自有资金（S）就是全社会固定资产投资中的政府预算拨款、自筹投资和其他投资③；由此剩下的残值便是（B）或（L），即国内贷款，根据这些数据估算出表 2b 的 FIR 值。把表 2a 中 1981—1986 年的 FIR 值和表 2b 的 FIR 值进行比较，可以发现两张表格 FIR 值的变动趋势非常接近，在表 2b 中，也是在 1982 年出现 FIR 下降，并且直至 1985 年才开始有较大回弹。但是，表 2b 中 FIR 的变动范围在 0.43 ~ 0.63，而且 1981 年为最高值。这样，我们从表 2b 中看不出 FIR 向上升高的趋势，而只反映出不稳定性。造成两张表格差异的主要原因可能是第（2）栏（M）相距较大。表 2b 中 1981 年 FIR 表现较高，明显是由于该年出现负数的国外资金净流入（国内资金净流出）造成实物投资规模相对较小；而 1985—1986 年两年 FIR 超高，明显也是（M）值陡增的缘故。

由此可见，表 2a 中 FIR 值较多地反映了国内贷款的影响作用，表 2b 中 FIR 值则较多地表明了国外资金的影响作用。当然，总的来说，

---

① 我们没有把所有数据先换算成 SNA 口径再进行分析，这是因为尽管 MPS 的数据（我国公开发表的统计数据基本上仍属 MPS 体系）不足以概括全社会的资金流动情况，但是 MPS 统计的积累额与 SNA 统计的积累额基本上是可比的，只是前者不包括折旧额。本书的研究重心恰好是在积累部分，这样做使我们的计算任务大为缩减。

② 尽管进出口的货物完全可能用于消费用途，但在国民经济核算中，一般都把"国外资金净流入"这一项作为投资额的一个组成部分。这在我国也是适当的。

③ "自筹投资"是指中央各部门、各级地方和各单位用地方机动财力，各项税收附加，行政、事业单位以收抵支结余资金，企业生产发展资金，利润留成，折旧基金，城市维护和建设资金以及其他自有资金进行的固定资产投资；"其他投资"是指合资建设项目中的集体和个人投资以及无偿捐赠等。参阅国家统计局. 固定资产投资统计工作手册［M］. 北京：中国统计出版社，1987：64。

两张表反映的 FIR 值还是相当接近的, 取两张表各自的平均数观察, 表 2a 中 FIR 值平均为 0.46 (1981—1986 年), 表 2b 为 0.50, 差距仅为 0.04。我们大致可以把我国的 FIR 值确定在 0.46~0.50 的范围内。

根据前面提到的戈德史密斯的分析, 一般发达国家的 FIR 值落在 1.05~1.70 范围内, 发展中国家落在 0.15~0.40 范围内。我国的 FIR 值说明, 我国的资金流动过程已有了较大的起步, 但与发达国家还相差甚远。[①]

表 3 分析了决定我国资金流动过程的各种因素的变动情况。鉴于统计口径很难与国际间的有关资料对比, 这里同时采取了几种计算方法来估算货币化比率、积累率以及资本产出比率。因此, 我们对这三个 "生产技术" 方面的概念作一些进一步的说明。

表 3　　　　　　　资金流动过程的决定因素 (1952—1986 年)

年份	国民收入（亿元）	人均国民收入（元）	人口自然增长率（‰）	货币化比率			资本产出比率		积累率（%）	金融中介比率（%）	国民收入折算价格指数（1952 年 = 100）
				(a)（%）	(b)（%）	(c)（%）	(a)（%）	(b)（%）			
	(1)	(2)	(3)	(4)	(5)	(6)	(7)	(8)	(9)	(10)	(11)
1952	589	104	20	63	10	16	1.0	1.0	21.4		100
1953	709	122	23	68			1.7	1.8	23.1		106
1954	748	126	25	68			4.4	4.7	25.5		105
1955	788	129	20	67			3.6	4.0	22.9		104
1956	882	142	21	70			1.7	1.9	24.4		102
1957	908	142	23	71	10	14	5.5	6.2	24.9		101

---

① 戈德史密斯的研究结果表明, 1978 年下列国家的 FIR 值分别为: 加拿大 1.13、丹麦 1.10、美国 1.11、日本 1.02、瑞典 1.27、瑞士 1.82、英国 0.99、南斯拉夫 1.20、印度 0.54、匈牙利 0.36、苏联 0.29、墨西哥 0.71。参阅 GOLDSMITH, R. Comparative National Balance Sheets [M]. The University of Chicago Press, 1985: 45。

续表

年份	国民收入（亿元）	人均国民收入（元）	人口自然增长率（‰）	货币化比率			资本产出比率		积累率（%）	金融中介比率（%）	国民收入折算价格指数（1952年=100）
				（a）（%）	（b）（%）	（c）（%）	（a）（%）	（b）（%）			
	(1)	(2)	(3)	(4)	(5)	(6)	(7)	(8)	(9)	(10)	(11)
1958	1118	171	17	76			1.5	1.7	33.9		102
1959	1222	183	10	88			5.3	5.9	43.8		103
1960	1220	183	−5	87			−28.3	−31.1	39.6		104
1961	996	151	4	75			−0.7	−0.8	19.2		121
1962	924	139	27	71	27	39	−1.6	−1.8	10.4		120
1963	1000	147	33	73			1.6	1.8	17.5		117
1964	1168	167	28	74			1.4	1.5	22.2		117
1965	1387	194	28	74	20	27	1.6	1.8	27.1		119
1966	1586	216	26	75			1.8	2.0	30.6		117
1967	1487	198	26	72			−3.0	−3.4	21.3		118
1968	1415	183	27	71			−3.3	−4.2	21.1		120
1969	1617	203	26	72			1.2	1.4	23.2		115
1970	1926	235	26	75	19	25	1.4	1.7	32.8		111
1971	2077	247	23	76			4.9	5.6	34.1		112
1972	2136	248	22	76			10.9	12.5	31.6		112
1973	2318	263	21	77			4.0	4.6	32.9		112
1974	2348	261	17	77			29.4	34.2	32.3		112
1975	2503	273	16	79	22	28	4.1	4.6	33.9		110
1976	2427	261	13	78			−11.4	−13.2	30.9		110
1977	2644	280	12	80	23	28	4.1	4.7	32.3		111
1978	3010	315	12	82	19	24	3.0	3.4	36.5		113
1979	3350	346	12	82	22	27	4.9	5.8	34.6		117
1980	3688	376	12	84	25	30	4.9	5.9	31.5		121
1981	3940	396	15	83	27	33	5.8	6.8	28.3	12.7	124
1982	4261	423	14	83	27	32	3.5	4.0	28.8	14.3	123
1983	4730	464	12	84	29	34	3.0	3.5	29.7	12.3	125
1984	5650	549	11	85	37	44	2.3	2.7	31.5	14.1	131
1985	7007	674	11	83	33	38	2.8	3.5	35.3	20.1	141
1986	7790	741	14	89	46	52	4.7		34.6	21.1	150

资料来源：《中国统计年鉴（1987）》、《国民收入统计资料汇编（1949—1985）》、《中国固定资产投资统计资料（1950—1985）》。

货币化是商品货币经济中反映经济和资金流动水平的基本特征之一。它表示一个国家全部产品劳务中用货币支付部分所占的比重。在我国，一般来说，主要的非商品性产品是农村中农民的自给性消费（包括粮食、蔬菜等）以及农业部门以实物形式交纳给政府的农业税。随着消费总额中自给性消费的份额减小以及政府税收中农业税比重的降低，货币化程度就会提高。同时，也必须考虑到某些抵消因素，比如金融业务的发展，加快了货币流通速度，从而导致货币需求的减少。表3中第（4）栏、第（5）栏、第（6）栏分别是根据三种不同方法计算得出的货币化比率。其中，第（4）栏指商品性国民收入与国民收入使用额之比（当期价格），它反映了经过货币交换（货币化）的国民收入比重；第（5）栏指货币供应量（M_1）① 与国民收入使用额之比（当期价格），它反映了国民收入与货币存量之间的关系；第（6）栏指货币供应量（M_1）与商品性国民收入之比（当期价格），它反映了货币化的国民收入与货币存量之间的关系。

资本—产出比率反映了产出之间的技术关系（投入与产出）和整个经济的资金使用效率。一般可以用国内积累总额与每年国内生产总值增量相比得出。② 表3中，估算的资本—产出比率略有区别。第（7）栏是指积累率（当期价格）与国民收入增长率（1952年价格）之比；第（8）栏是指积累率（1952年价格）③ 与国民收入增长率（1952年价格）之比。

---

① M_1 指企业存款和货币流通量的合计数（年末余额）。

② 根据国民财富总额与国民生产总值之比计算出来的平均资本—产出比率，如前述 $b = \left(\dfrac{W}{Y}\right)$，由于我国财富存量的数据无法获得，因此，这里采用增量比率进行计算。

③ 即积累额（1952年价格）与国民收入生产额（1952年价格）的比率。

另外，表3中第（9）栏指积累额与国民收入使用额之比（当期价格）；第（10）栏指全社会固定资产投资额的资金来源中国内贷款所占比重；第（11）栏指当期价格国民收入总额与可比价格国民收入总额之比。

根据表3的资料，我们可以获得下列初步的结论：

1. 用三种方法估算出的货币化比率，大致都能反映出 FIR 从长期来看逐步升高的趋势；其中商品性国民收入与国民收入总额的比率更能反映长期趋势，另两项比率则较能反映短期（年度）的波动。

2. 积累率和金融中介比率（1978 年之后）与 FIR 基本上保持正向关系。但是，资本—产出比率与 FIR 的反向关系并不明显，这可能是这里的计算口径与戈德史密斯不同以及可以对比的 FIR 值数据太少的缘故。

3. 货币化比率和金融中介比率都反映出我国近几年货币和金融资产规模的扩大，金融部门在经济运行中作用的加强。

4. 价格水平自 1979 年以来稳步上升，这一因素部分抵消了资金流动过程扩大的趋势，这也是我国 FIR 值没有较大提高的主要原因之一。

金融体系中的投资银行[*]

　　现代投资银行作为一个行业，在发达国家起码已有五六十年的历史了，中国的投资银行业尽管后进，但也有好几年的经验了。然而，从理论上系统概括投资银行业务的目的、范围、功能以及与其他经济因素的关系的书籍，却少之又少，非常罕见。不但在中国极难找到有关投资银行的书籍，即使在投资银行最为发达的美国，也是踏破铁鞋无觅处。20世纪90年代初，我在美国做访问学者时，就试图物色有关书籍，结果是无功而返。1995年再次赴美，那时我已进入投资银行业工作，对与投资银行有关的文献更感兴趣，几乎走遍纽约大小书店，但成效甚微，只找到一本讲述投资银行业发展历史的书，重点是讨论投资银行业在伦敦、纽约和东京三个金融中心的发展。所以，当我听说郭浩先生已经翻译完成了这本有关投资银行的教科书，感到非常惊讶。我不知道他从哪里获得这一"稀世珍宝"，但我可以预见本书出版对中国的投资银行发展的影响。

　　投资银行和商业银行是两种不同性质的银行。商业银行主要从事储蓄和存贷款业务，投资银行主要从事证券业务。在世界范围内，证券如股票和债券的存在，至少有五六百年的历史。我记得前几年访问荷兰时，那里的人告诉我，阿姆斯特丹股票交易所是世界上最古老的交易所，成立至今已有五六百年的历史。1992年，纽约股票交易所也

　　* 本文来源于查里斯·R.吉斯特著，郭浩译：《金融体系中的投资银行》，北京，经济科学出版社，1998。

庆祝了它的二百年诞辰。不过，尽管证券承销和证券交易由来已久，但它们可能只是银行多种业务中的一种。换而言之，早年的银行是无所谓投资银行和商业银行的，法律上对银行的业务范畴没有作出明确区分。比如，20 世纪初在美国的金融寡头 J. P. 摩根公司，不仅从事存贷款业务，也参与大量证券业务。

现代意义上的投资银行实际上起源于美国在 20 世纪 30 年代通过的《格拉斯—斯蒂格尔法案》。该法案是 20 世纪 30 年代世界经济大萧条的产物。许多人认为，商业银行将大量存款资金贷放到股票市场，吹起了股市泡沫，而当泡沫破灭之后，股票市场崩溃引发出银行体系崩溃，最终导致经济的全面崩溃。为避免再次发生类似危机，也为了保护商业银行的安全发展，有必要切断银行资金向股市流动的通路，也就是银行业与证券业要分家。《格拉斯—斯蒂格尔法案》第一次明确了商业银行与投资银行的分野，并且将当年主宰美国金融业的 J. P. 摩根公司限制于商业银行领域，而 J. P. 摩根公司中的证券业务部独立出来，成立了摩根士丹利公司，专营股票和债券的业务。后来的研究专家一般认为 J. P. 摩根的那次分家标志着现代投资银行的诞生。

可以说，《格拉斯—斯蒂格尔法案》塑造了 20 世纪 30 年代以后美国银行业的格局。不仅如此，第二次世界大战后许多新兴国家在重建本国的金融体系时，在很大程度上也参照了这一法案的精神。中国的证券市场兴起之后，政府也反复强调银行业与证券业的分离。这多少也是受到这一法案的影响。由此可见《格拉斯—斯蒂格尔法案》的威力。不过，时至今日，在美国，《格拉斯—斯蒂格尔法案》已经日益受到抨击。实际上，除了法案中有关银行业与保险业分离的内容仍然有效外，其他内容多已失效。尤其是银行业与证券业的分离更已接近于历史。商业银行重新进入投资银行领域，投资银行开发商业银行业务，已经是不争的事实。当然，走到今天这一步，美国的银行业付出了巨大的代价。《格拉斯—斯蒂格尔法案》曾试图通过分离证券业务来确保商业银行不受风险，这样反而把银行束缚在日薄西山的业务中去，剥夺了本来可以使它们保持明智和健康的利润。总体来看，商业银行是《格拉斯—斯蒂格尔法案》的受害者，而投资银行是获益者。投资银行在 20 世纪 30 年代以后的二三十年中也经历了低迷时期，但是，近 20 年来，商业银行在整个金融界中的地位日益下降。造成商业银行发展困难的根本原因有两个：一是其资产业务方面的，二是其负债业务方面的。从资产方面看，商业银行的一流客户大量流失，原因是信用达到投资级（3B 级以上）的企业可以直接到证券市场融资，如发行公司债券、商业票据等，以取代银行贷款，这样商业银行的贷款对象就受到很大影响，有钱无处贷。后来，很多二三流客户也流失了，因为它们可以在市场上发行所谓高收益债券，也就是"垃圾债券"。如此下去，商业银行的资产业务只能萎缩。从负债方面看，情况更不乐观，由于银行储蓄利率长期低于市场利率，越来越多的家庭将储蓄资金放在共同基金之中，于是出现了所谓"脱媒"现象，即社会资金脱离了银行这一媒介而直接流入证券市场。商业银行的困难之时，正是投资银行的发迹之日。美国的投资银行在近 20 年获得了十足的发展，尤其是近 10 年，几乎达到了呼风唤雨的地步。如果把这一时期美国商业银行和投资银行的盈利情况作一比较分析，就很清楚了。在这种背景下，商业银行坚持不懈地游说政府，要求取消法律上的限制，并重返投资银行领域。1989 年，美联储批准 J. P. 摩根公司重返证券行业，自此以后，重量级的商业银行也都纷纷设立了各自的证券机构。

另外，投资银行在骄横跋扈之时，也暴露出自身的一系列弱点。投资银行所立身的证券市场充满了风险，随着金融工具的日益复杂，金融风险也相应增加。投资银行在博取高盈利的同时，面临着高风险对其安全性的巨大挑战。尽管投资银行可以设计很多技术手段来规避风险。但是从本质上说，大多数投资银行最缺乏的还是资本金。因此，投资银行也开始了向商业银行领域的渗透，以拓宽自身的资金基础。现在很多投资银行帮助客户进行所谓"现金管理"实际上就是一种商业银行业务。美国的一些全球性投资银行，为回避法律上的限制，就绕道欧洲设立商业银行，然后再杀回美国开展业务。在欧洲，许多商业银行和投资银行为了生存和竞争，干脆合并起来。作为一种趋势，商业银行与投资银行之间的界限将越来越模糊，投资银行的业务越来越多样化。用更时髦一点的语言，不管是商业银行，还是投资银行，最终都要发展成所谓"金融服务企业"，也就是向客户提供全方位的金融服务，既包括商业银行业务，又包括投资银行业务，甚至其他金融产品，如资产管理等。

今天，证券市场上交易的本质已不在于证券本身，而在于证券所包含的或证券背后所意味着的各种信息。过去几十年的金融教科书一向认为间接金融优于直接金融，也就是说，银行融资优于证券融资，理由主要是银行融资的规模经济性、低成本性以及特有的化短为长、积少成多的嬗变功能。但是，近一二十年的金融发展摧毁了这种理论。事实上，在世界范围内，证券市场越来越成为国际金融中的主要融资渠道。我觉得，证券市场的生命力主要在于信息披露。比如，在股票市场的信息披露方面，除了所有上市公司定期公布财务报表之外，市场本身所提供的信息数据也是相当可观的。证券交易所每天都会公布所有上市公司股票价格变动情况、交易数量、涨跌最大的股票、股息红利送配情况以及反映整个市场的价格指数等统计资料。在众多的市场分析报刊中，人们也能找到每只股票的平均市盈率或者每项金融资产的实际收益率。股票市场的行情一向被人们视为经济的"晴雨表"。而寻求各种投资项目的企业往往通过证券市场发现值得投资的行业，甚至具体的企业。当然，投资的含义并不仅仅局限于建立一个新的投资工程之类，它也应该包括诸如联营、收购和兼并等其他形式。总之，证券市场通过资金的流动和信息的流动从而构成一个独特的资源配置机制。

当世界已经迈入信息时代之后，今天的投资银行面临着另一个巨大挑战。从前，投资银行作为证券发行者与证券投资者之间的中间商，将两者沟通起来，即可收取丰厚的佣金。这种服务在信息不畅、通讯不足和资本市场无效的环境中是必不可少的。但是，今天，关于资本需求、资本供应以及资本价格的信息充斥于世，尤其当电脑网络化以后，这类信息更是俯拾即是。电脑本身足以将证券的买卖双方匹配结合，使交易自动地顺利完成。世界上越来越多的证券交易所正在推行电脑化，用电脑来完成从前靠人工完成的各项交易作业。全球市场的24 小时交易完全是建立在信息基础上。为适应这种形势，投资银行正在投入大量人力财力来实现自身的信息化。信息技术的日新月异正在改变投资银行的运作方式，包括投资银行与客户的相互关系以及投资银行内部各部门各职员之间的互动关系。

投资银行之间的竞争早已走出国界。金融服务于经济。目前世界各国最大的公司企业基本上都是跨国公司。与此相对应的，必然是跨国银行。投资银行走在这种跨国业务的前列。无论是美国的、日本的，还是欧洲各国的第一流投资银行都在这方面作出了巨大的努力。投资银行在全球化方面争先恐后的努力，是有其原因的。首先，发达国家国内过剩的资金供应推动着投资银行走向国际业务，尤其是开发在新兴市场国家的业务，而新兴国家对资金的渴求，正好使投资银行的勃勃野心得以实现。其次，全球化有利于投资银行缓和它们受本国经济周期的困扰。经验证明，投资银行业务受周期性因素影响很大。从理论上说，业务全球化之后，当本国经济下滑时，它可以从别国经济的上升中求得平衡。当然，近几年各国经济联系日益增强，一荣俱荣、一损俱损的现象日益明显。比如，最近亚洲各国发生金融危机，对欧美市场造成明显冲击。最后，出于竞争市场份额的考虑，20世纪70年代欧洲债券市场迅速发展时，一些投资银行犹豫不决，裹足不前，以致失去了竞争机会，所以近几年当全球性市场呈现在面前时，谁也不愿落在后面。在未来的5~10年，跨国的投资银行在全球范围内的竞争会日趋白热化，竞争的结果将是投资银行的数目大大减少，投资银行的规模将大大扩大。可以预计，全世界的投资银行业务将在10家左右甚至更少的机构之间瓜分。鹿死谁手，目前尚难预料，但是，全球化的趋势已经昭然若揭。

中国的投资银行业正在发展。听说中国的权威部门也正在考虑培育一流的投资银行。办一家高质量的投资银行需要诸多条件，但是，投资银行的真实价值所在主要是人。什么样的人做什么样的事。目前中国缺乏的正是这方面的人才。从这个意义上说，这本书的出版倒是恰逢良辰，希望它对培养中国的投资银行人才起到作用。最后，必须指出的是，投资银行业务操作性极强，光读不练是不行的。人才主要从实践中产生。尤其在这个领域，实践可以说是法宝。早几年在华尔街进修的时候，曾经问过一些有经验的人士，为什么华尔街的很多经验和故事没有记录在书本上？回答是华尔街重在口传而不是书传。这可能也是到目前为止，系统阐述投资银行的书籍还少得可怜的一个原因。

感谢郭浩先生辛勤努力，译出此书，为中国的投资银行文献填补了一个空白。

直接金融的生命力和投资银行的竞争力[*]

　　1985—1988 年，我在中国人民大学攻读博士学位，在王传纶教授指导下进行中国社会资金流动的研究分析。当时的研究范围限于1979—1986 年，也就是我国改革开放的初期阶段。当时中国资金流动过程与改革开放之前相比，已经发生了重大的变化，其中一项重要特征是财政主导型经济向金融主导型经济演化。主要依据则是整个资金流动过程中，财政作用明显下降，而银行作用明显上升。据此，本文提出了经济中的资金流动有赖于金融媒介机制，后者的发达程度直接影响到资金流动的流畅乃至实物流动的效率。但是，尽管当时已经提出在金融媒介过程中还有直接金融与间接金融之分，然而，当时的直接金融的发展实际上还很不充分，因此，理论分析的重心集中于以商业银行为代表的间接金融。

　　自那以后，金融主导型经济日益发展，尤其是直接金融日益成为一种不可忽视的形式。1989 年政府开始较大规模地发行保值公债和国库券，并逐步开放国债二级市场，使国债作为一种证券工具成为我国直接金融的催化剂。之后，陆续建立起来的上海证券交易所和深圳证券交易所更使得中国的直接金融一发而不可收。时至今日，直接金融的作用如日中天，甚至有一些前卫的人士认为，直接金融的比重会最终超过间接金融。

---

　　* 本文来源于贝多广等：《财政金融前沿论丛》，北京，中国人民大学出版社，2002。

面对这样一种变化了的形势，理论分析应该作出必要的反应。本文是一种尝试，同时也是对过去所作研究的一次补充，并以此作为对王传纶教授从教五十周年的一份纪念。

一、 直接金融的生命力

金融理论一向认为间接金融优于直接金融。其主要理由是间接金融在降低风险、提高流动性以及减少成本诸方面具有更大优势。但是，近二三十年国际金融的现实似乎没有证实这种传统理论的正确性；相反，以投资银行为代表的直接金融以及各国国内乃至国际证券市场的迅猛发展对传统理论提出了严峻的挑战。

（一） 降低风险

我们先来探讨降低风险的问题。从理论上说，银行通过其规模经济来降低其投资风险。正如保险公司通过大数法则来降低承保的平均风险一样，银行通过扩大贷款规模来降低可能的不履约风险。然而，降低投资风险的好处取决于一个假定条件，即个别贷款的损失在统计上相互独立。现实经济中，统计意义上的完全独立是十分罕见的。同一宏观经济背景、同一行业特征以及同一类体制结构都可能形成贷款中的正相关现象。因此，在判断银行发挥降低投资风险的作用时还应考察正协方差的可能性。

正协方差减少了理论上降低风险的优点。极端地说，完全正协方差意味着一笔贷款损失，所有贷款亦损失，一损俱损，储存风险和降低风险的优势也不复存在。因此，在计算贷款风险时，人们常常估量造成正协方差的潜在原因。我国银行系统普遍存在的坏账现象，很能够说明现实经济中存在着严重的正协方差现象。①

---

① 谢平. 关于现行体制下银行不良贷款的分析［J］. 经济学消息报，2001（2）。

　　银行通过储存风险令风险降低，但是，经济过程中的风险却可能积压在银行系统之内。现代经济社会中，任何一家银行的破产倒闭都可能是整个经济的灾难。因此，在处理银行已有风险时，政府往往是小心谨慎。这是由银行特征所决定的，银行必须承担贷款的风险，但基本上无法将这种风险转嫁给向银行提供资金的广大储户。这就是说，在风险承担方面，银行机构存在着非对称性。而证券市场恰好在这方面有优于银行之处。

　　证券市场通过最大限度地分散风险从而使市场风险得以降低。以股票市场上的上市公司为例，当一家公司发行股票并取得挂牌上市地位之后，成千上万名投资者成为这家公司的股东。如果这家公司由于经营不善而出现亏损破产的情况时，所有这些投资者共同分担了风险。投资者在博取股票升值机会的同时，现实地承担了股票贬值的风险。中国证券市场在实行退市制度之前，完全是一个例外。因为在这种只能上市不能退市的市场里，投资者不完全承担而市场本身则累积了较大的风险。

　　我们举一个例子说明证券市场是如何减少投资风险的。假定个人投资者的投资风险是 10%，投资的市场价值是 1 万元。由于预期损失为 1000 元，单项投资的预期价值只为 9000 元，所以可得服从两项分布的均方差 σ（指单项投资的风险与 10% 风险的偏离程度，偏离程度越小，10% 的概率越可靠）：

$$\sigma = \sqrt{npq}$$

其中，n 是投资者数量；p 是投资失败风险概率；$q = 1 - p$ 是不发生投资失败的概率。在只有一位投资者的情形下：

$$\sigma = \sqrt{1 \times 0.1 \times 0.9} = 0.3$$

　　简而言之，预期价值 9000 元周围有预期方差 3000 元，即投资金额的 30% 。当然，这并非真正代表投资面临的实际可能结果。个人投资者有可能最后仍保持价值 1 万元的投资，甚至升值，但也可能投资失败，大幅贬值。如图 1 所示，若是证券市场为无数投资者提供投资机会，则总风险随投资者的数量增加而增加，但是平均风险却大大缩小。

$$\frac{\sigma}{n} = \sqrt{\frac{npq}{n}}$$

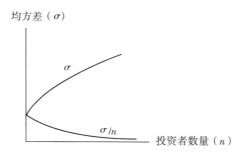

图1　投资者数量与平均风险的关系

在证券市场中，参与的投资者数量越多，平均风险就越小。证券市场使原本可能集中于银行系统的风险广泛地分散于众多的投资者。从这个意义上说，只要证券市场足够深，并有足够的效率，其化解风险的功能会大大超过银行。[①]

（二）信息披露

在信息披露方面，证券市场更是具有独特作用。有效的证券市场迫使企业在平等基础上进行竞争，以得到投资者的资金。证券的市场价格实际上是投资者对企业证券价值的一个认可。企业决策管理中的

---

① 　一个实证的案例很能说明问题。美国纳斯达克股指已在过去一年间下跌了 60% 以上，尽管美国投资者承担了所有的损失，但美国股市仍然健在。而假设美国银行系统的贷款出现有如此高比例的坏账的话，美国银行体系乃至美国经济则是不可想象的。

失误，比如错误的投资决策、偏低的盈利率，在长期中会给投资者造成不良印象。一个封闭的国营企业很容易隐瞒经营的实际情况，而不为一般大众所知，但公众持有股份的上市公司只有提供充分的透明度，才可能对投资者保持持续的吸引力。

在信息披露方面，除了所有上市公司定期公布财务报表之外，市场本身所提供的信息数据也是相当可观的。证券交易所每天都会公布所有上市公司股票价格的变动情况、交易数量、涨跌最大的股票、股息红利配送情况以及反映整个市场的价格指数等统计资料。在众多的市场分析报刊中，人们也能找到每只股票的平均市盈率或者每项金融资产的实际收益率。股票市场的行情一向被人们视为经济的"晴雨表"。而寻求种种投资项目的企业往往通过证券市场发现值得投资的行业，甚至具体的企业。当然，投资的含义并不仅仅局限于建立一个新的投资工程之类，它也应该包括诸如联营、收购和兼并等其他形式。总之，证券市场通过资金的流动和信息的流动从而构成一个独特的资源配置机制。

证券市场的效率通过信息披露来完成。信息披露是证券市场的灵魂。可以说，没有信息披露，证券市场就不可能发展成今天这个样子。近10年，国际金融领域银行贷款形式的融资相对减少，而证券发行方兴未艾，其中的根本原因就是因为证券发行所强制性要求的信息披露使得远隔重洋的融资行为变得可以接受。

（三）间接金融会退出历史舞台

事实证明，直接金融在技术水平提高和信息披露的基础上完全有可能优于间接金融。在美国，银行和储蓄机构在目前金融服务市场中的份额仅占到28%，这只是20年前它们所占份额的一半。[①] 如图2所

① 参见 Economist，1999 年第 4 期，第 17 - 23 页。

示，我国近 10 多年的数据也已经透露出直接金融的发展前景。但是，我们是否可以预言．间接金融将退出世界金融的历史舞台呢？答案是否定的。

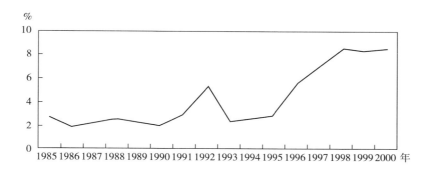

资料来源：《中国统计年鉴》。

图2 1985—2000 年我国直接融资与 GDP 的比例

原因主要是两个。一是间接金融仍然承担着为社会大量提供短期流动资金的重任。尽管在最发达的市场经济国家如美国，最优质的企业也可以通过商业票据市场筹措短期资金，但是，到目前为止，绝大多数国家的短期资金主要还是通过以银行为代表的间接金融机制来提供。即使在美国，大多数企业也仍然要通过银行贷款来满足短期资金的需要。最优质企业为保持资金来源的多样性也不会完全拒绝银行贷款。因此，从某种意义上说，间接金融为经济的成长提供着日常所需的"润滑剂"。

二是尽管银行在发放一笔贷款之前会进行严格的信用评估和分析，以对贷款对象的潜在风险作出准确的判断，但是，银行贷款基本上不依赖企业的信用等级。换而言之，企业无须获得公开的信用评级即可获得银行的贷款。事实上，除了上市公司或需要公开发债的公司以外，大多数企业并没有正式的信用等级，有很多私人公司也不希望别人为它作出评级。因此，对于这些企业来说，银行则是主要的融资渠道。由此来看，我们在发现直接金融的强大优势之时，不要忽视间接金融依然存在着巨大的生命力。

二、 投资银行的竞争力

从理论上说，直接金融的生命力是一项客观事实。但是，它的真正实现有赖于投资银行在整个社会资金流动过程中的竞争力。正如间接金融是需要通过商业银行的正常运作来实现一样，直接金融主要通过投资银行的运作来完成。尤其考虑到现代投资银行的产生晚于商业银行，投资银行必须具有比商业银行更强的竞争力才能将直接金融的生命力充分反映出来。

投资银行的内在竞争力在于其完全置身于一个最市场化的经济领域，即证券市场之中，投资银行之间的竞争是充满血腥的和你死我活的。一家投资银行有无竞争力，主要反映在三个方面：一是人力资源；二是产品结构和创新能力；三是资本实力。

（一）《格拉斯—斯蒂格尔法案》和"脱媒"现象

现代意义上的投资银行起源于美国在 20 世纪 30 年代通过的《格拉斯—斯蒂格尔法案》。该法案是当时世界经济大萧条的产物。许多人认为，商业银行将大量存款资金贷放到股票市场，吹起了股市泡沫，而当泡沫破灭之后，股票市场崩溃引发出银行体系崩溃，最终导致经济的全面崩溃。为避免再次发生类似危机，也为了保护商业银行的安全发展，有必要切断银行资金向股市流动的通路，也就是银行业与证券业要分家。《格拉斯—斯蒂格尔法案》第一次明确了商业银行与投资银行的分野，并且将当年主宰美国金融业的 J. P. 摩根公司限制于商业银行领域，而 J. P. 摩根公司中的证券业务部独立出来，成立了摩根士丹利公司，专营股票和债券的业务。后来的研究专家一般认为 J. P. 摩根的那次分家标志着现代投资银行的诞生。①

　　可以说，《格拉斯—斯蒂格尔法案》塑造了 20 世纪 30 年代以后美国银行业的格局。不仅如此，第二次世界大战后许多新兴国家在重建本国的金融体系时，在很大程度上参照了这一法案的精神。中国的证券市场兴起之后，政府也反复强调银行业与证券业的分离，多少也是受到这一法案的影响。由此可见《格拉斯—斯蒂格尔法案》的威力。不过，时至今日，在美国，《格拉斯—斯蒂格尔法案》终于寿终正寝。商业银行重新进入投资银行领域，投资银行开发商业银行业务，已经是不争的事实。当然，走到今天这一步，美国的银行业付出了巨大的代价。《格拉斯—斯蒂格尔法案》曾试图通过分离证券业务来确信商业银行不受证券市场风险的影响，结果却是把银行束缚在日薄西山的业务之中，剥夺了本来可以使它们保持参与市场竞争的能力以及获取高额利润的资格。总体来看，商业银行是《格拉斯—斯蒂格尔法案》的受害者，而投资银行是获益者。尽管投资银行在 20 世纪五六十年代也经历了低迷时期，但是，近 20 年来，商业银行在整个金融界中的地位确实日益下降。

　　造成商业银行发展困难的根本原因是所谓的"脱媒"现象，也就是指社会资金脱离了银行这一媒介而直接流入证券市场的现象。"脱媒"对于商业银行的打击有两个方面：一是其资产业务方面，二是其负债业务方面。从资产方面看，商业银行的一流客户大量流失，原因是信用达到投资级（3B 级以上）的企业可以直接到证券市场融资，如发行公司债券、商业票据等，以取代银行贷款，这样商业银行的贷款对象就受到很大影响，有钱无处贷。后来，很多二三流客户也流失了，因为他们可以在市场上发行所谓高收益债券，也就是

---

①　罗恩·彻诺. 摩根财团［M］. 北京：中国财政经济出版社，1996.

"垃圾债券"。如此下去，商业银行的资产业务只能萎缩。从负债方面看，情况更不乐观，由于银行储蓄利率长期低于市场利率，越来越多的家庭将储蓄资金放在共同基金之中，甚至直接投资于股票市场。商业银行的困难之时，正是投资银行的发迹之日。美国的投资银行在近20年获得了长足的发展，尤其是近10年，几乎达到了呼风唤雨的地步。在这种背景下，商业银行坚持不懈地游说政府，要求取消法律上的限制，并重返投资银行领域。1989年，美联储批准J. P. 摩根公司重返证券行业，自此以后，重量级的商业银行也都纷纷设立了各自的证券机构。"脱媒"现象是市场对政府监管的一种否定，至少是对利率管制的否定。

（二）人力资源

投资银行与商业银行的不同之处主要在于最高度地调动人力资源的作用并形成持续的产品创新能力。

投资银行一般都拥有许多物质资产，如汽车、交通工具，规模较大的投资银行还会拥有公务飞机、游船、通信设备和办公楼宇，通常还会持有很多可流通的证券，甚至于很多现金。但是，优质的投资银行都明白，与其说这些有形的资产值钱，不如说品牌，业绩和商誉之类的无形资产更有价值。因为投资银行是一种服务业，离开了在市场中的声誉，它们是无从向客户提供服务的。而投资银行真正最大的和最有价值的资产是人力资源。

投资银行业内的人都知道，在这个行业当中，什么样的人做什么样的事，什么样的人来了就可以做成什么样的事，因为基本上它是靠脑力劳动来创造价值的行业。通常来说，国际间跨国投资银行最大的资本不是投资在办公楼宇或是去买高级轿车，而是投资在人力资源上。从表1可以看出投资银行对人力资源的重视。

与商业银行相比，投资银行的人才特点，除了具有较高分析能力、沟通能力和产品知识以外，主要要求具有更强的冒险精神。这种人才特点多少也可以归纳成投资银行业的一种文化特点。投资银行执行一个项目基本上依赖团队合作而不是"明星表演"，因此，人才结构相对比较丰富。一个团队中通常由具有金融、会计、法律、咨询以及各种行业知识和经验的人士组成。

表 1 的信息透露出投资银行业可能是美国所有行业中薪水最高的。因为华尔街薪水高，所以这里聚集了一大批高素质人才。投资银行对人才的投入很高，是基于人才会有更高的产出。投资银行的产出就是持续的产品创新能力。

表 1　　　　　**1999 年度美国的投资银行初级职员报酬分析**①　单位：千美元

职位	基本工资	奖金	总额
第一年分析员	40 ~ 42	24 ~ 50	60 ~ 92
第二年分析员	43 ~ 45	32 ~ 60	75 ~ 105
第三年分析员	55 ~ 70	50 ~ 80	105 ~ 150
第一年经理	75 ~ 85	100 ~ 150	175 ~ 235
第二年经理	85 ~ 95	170 ~ 235	255 ~ 320
第三年经理	95 ~ 110	205 ~ 340	300 ~ 450
第四年经理	100 ~ 120	350 ~ 550	450 ~ 670

资料来源：Pinnacle Group International.

（三）产品结构和创新能力

对于任何一个企业来说，产品结构实际上都是非常重要的一个方面。金融企业或者说投资银行同其他工业企业有相当大的类似性，即都是向客户提供产品，而特点在于提供的是服务性产品，或者说是金

---

① 1999 年是华尔街历史上报酬支付最高的一年，原因有两个：一是当年行业利润很好，二是来自网络公司的竞争。

融产品。产品形式可能是提出一种思想、一个概念、一项建议或者一种方案，以及将这种脑力激发出的东西付诸实施。这就是一种产品。这种产品的结构反映了公司经营的能力，也反映了公司未来能有多大的市场。

产品结构通常与若干因素有关。首先是市场的发展程度。如果我们回溯 10 年前，中国没有资本市场，因此也没有资本市场产品可言；而 5 年前，有了资本市场但产品非常单一。到了今天，产品相对丰富一点，但是与发达国家相比还有相当大的差距。由此可见，产品结构与市场发展的程度有关，两者之间存在着互动的关系。

在现实社会中，产品结构还与政府监管有很大的关系。比如，我国的证券市场尚处于不成熟阶段，政府的监管模式基本上是先画圈，然后你就在圈里边跳，而不是说你先跳，然后它再来给你画圈。政府的加强管制或放松管制，对投资银行提供的产品结构直接地或间接地产生影响。一般来说，比较僵硬的监管是造成产品结构比较单调的重要原因。

从本质上说，决定一家投资银行产品结构的是其本身的创新能力。因而，有必要更强调创新能力对投资银行竞争力的影响。因为产品本来是没有的东西，是经过人们的设计和创新而来的。如果说有这种能力，无论是企业，还是投资银行，它就不怕没有产品，它可以不断地开发新的产品满足客户的需要。如果缺乏创新能力，产品结构的更新换代就存在着很大的问题。

表 2 是美国高盛公司 1999 年首次发行股票招股说明书中的一些信息，它反映了高盛公司作为一家世界一流的综合性投资银行的产品结构。按大类来说，投资银行的产品主要有三类。一是通常所说的狭义投资银行业务。二是交易和本金投资。三是资产管理和证券服务。这是目前大的综合性的投资银行所提供的一种比较全面的产品结构。在

这三类里面，还包括很多形形色色的产品，例如，在投资银行业务里面，包含有股票、债券承销、资产重组顾问、收购兼并顾问等，这实际上还是十分概括的概念。因为我们如果再往下细分的话，比如，股票和债券本来就是两种差异颇大的产品，而股票里面也还可以分成很多种类型。债券种类也是这样。如果这个市场是足够的成熟和足够的精巧复杂的话，产品可以不断地被创造出来。由此可见，在一个比较先进的投资银行里，产品结构和服务内容是相当复杂和丰富的。这种产品的结构很大程度上又是同它的客户需求紧密相连。成功者永远是那些能提供有竞争力产品的企业，这一点在投资银行领域尤其明显。

表2 投资银行产品结构

投资银行业务	交易和本金投资	资产管理和证券服务
股票债券承销	银行贷款	代理业务
资产重组顾问	商品交易	机构和个人资产管理
收购兼并顾问	外汇业务	保证金贷款
房地产顾问	证券衍生品交易	头寸拆借
	证券交易	商人银行业务
	本金交易	共同基金
	自营套利交易	基金经纪业务
		证券贷款

资料来源：高盛在1999年的招股说明书。

（四）资本实力

与商业银行相比，投资银行在资本金方面不具有竞争力，其资本规模一般都小于商业银行。原因是传统的投资银行大多做所谓的批发性业务，从业务性质上说并不吸收或占有客户的资金。然而，资本金规模的大小对于投资银行的竞争实力来说又至关重要。

为什么要有资本实力？因为投资银行尤其成为国际性的或全球性

的投资银行以后，它们参与的是规模庞大的市场交易以及风险巨大的全球性交易。不管是在投资银行的承销业务、收购兼并业务，还是在二级市场乃至衍生工具市场的交易，金额都是非常巨大。完成这些交易需要充足的资本金来支持。所以，随着交易的扩大，竞争的加剧，资本金问题变得越来越突出。

如何增强资本实力？现在可以看到的至少有三种情形。一是投资银行与商业银行或其他金融机构进行合并。二是投资银行之间相互购并，尤其是批发性投资银行与零售性证券公司之间的互补性合并。三是充分利用资本市场融资功能，发行股票或发行债券。

投资银行与商业银行的合并，已在全球范围内形成某种趋势。大型的金融机构现在已不是简单地定位于投资银行或商业银行，而是朝综合性的金融服务企业演化。这种趋势的背后，当然有很多原因，但有一项重要的内在的因素不可忽视，即造势者从资本金的角度来考虑这个问题。尤其对于投资银行，在面临残酷的竞争形势下，资本金往往捉襟见肘，因而，希望与资金实力非常巨大的其他金融机构合作。在这方面，商业银行或资产管理公司等都是合适的对象。①

批发性的投资银行趋于同零售性证券公司进行合并。国际上传统的投资银行与证券公司是有所不同的。所谓批发性投资银行，它们没有什么零售点，只有大型机构和大型客户才是它们的服务对象。而证券公司通常会有很多营业门市部。零售的证券机构有很大的资本实力，因为它们吸收了很多一般投资者的资金，而批发性投资银行在这方面就比较弱。所以，为了追求资本实力的扩张，后者有内在动力做这件

---

① 比较著名的案例有 1988 年美国第一波士顿与瑞士信贷银行的合并，1995 年英国的华宝证券与瑞士银行的合并，1995 年英国的本森银行与德国德累斯顿银行的合并，以及 2000 年美国的 J. P. 摩根与大通银行的合并。

事情。①

　　资本市场向来是投资银行为扩充其资本规模而进行融资的重要场所。一项重要事实是，在主要发达国家中，几乎所有有一定知名度、有一定规模的投资银行或证券公司都已上市成为公众公司。② 之所以上市，第一个目标也是为了扩张它的资本实力。资本市场为投资银行提供了持续不断地扩张其资本金的源泉。

三、　总结

　　无论是发达国家还是发展中国家的大量事实证明，传统金融学中所教导的间接金融优于直接金融的观点已经过时。直接金融正以其不可阻挡的势头在全球范围向前推进。直接金融之所以有如此强的生命力，主要应归功于它比间接金融具有更大的降低风险的能力以及存在于直接金融内核的信息披露机制。直接金融将集中于商业银行系统的金融风险分散并化解到社会各界所有投资者身上，从而使资金流动过程中的平均风险下降到更低点。信息披露的存在以及不断完善，使直接金融的功效从少数发达国家延伸到全球，并使储蓄者与投资者的连接完全突破时间上和空间上的限制。

　　投资银行是直接金融的重要载体。投资银行作为一种形式的金融机构必须具有比其他金融机构更强的竞争力，才能在庞大的金融体系中立足并不断壮大。投资银行生于乱世，但政府的监管理念恰好为这

---

　　① 最著名的案例是美国的摩根士丹利与全美最大的零售性证券公司丁威特于1997年的合并，令新公司的资本金规模一跃成为全美投资银行之冠。同年，美国旅行者集团（主要业务是保险和零售证券）与所罗门兄弟证券的合并也多少说明了同一问题。

　　② 最后一个上市的也是最著名的一家投资银行就是美国的高盛公司，它在坚持了一百多年的合伙制形式后，终于在1999年走上了上市之路，加入在纽约股票交易所挂牌的公众公司之列。

种形式的金融机构提供了历史机遇。美国著名的《格拉斯—斯蒂格尔法案》的生与灭实际上就是投资银行业生与长的同部曲。"脱媒"现象更令投资银行如虎添翼。当然，在残酷的内部竞争环境中发展起来的投资银行业，在整个金融体系中主要依赖于对人力资源的高度重视和持续的产品创新能力而与商业银行等其他金融机构进行外部竞争。在资本实力方面的先天弱点，正在引导投资银行朝采取同业联合购并，或者与其他金融机构合并，或者从资本市场融资乃至向更加集约化的方向发展。

国企海外上市迈入新阶段[*]

美国时间 1994 年 8 月 4 日，山东华能发电股份有限公司完成全球路演推介，在纽约股票交易所挂牌上市。山东华能发行 11.687 亿股普通股（2337.4 万个美国存股证），以每个存股证 14.25 美元发行，按 1994 年盈利预测计算，发行市盈率达 18.84 倍，融集外资 3.3 亿美元。在全球证券市场大势下跌、前景不明朗、投资者对投资中国企业股票持怀疑态度的时刻，山东华能获得积极的市反响和较高的发行市盈率，激发起外国投资人对中国企业海外上市的进一步关注，充分说明其发行获得了成功。中国企业在美国直接发行和上市的成功，标志着中国企业的海外上市工作进入了一个新的阶段。

一、 中国企业赴美上市的意义

和第一批赴香港上市的国有企业不同，山东华能采用全球发行、在美国直接上市的模式，其上市的第一市场是美国。为什么中国企业选择美国市场作为上市地点？中国企业赴美上市具有什么重要意义？

第一，美国证券市场规模大、流通性强、吸收新股的能力高，特别适合中国的大型和特大型企业的筹资要求。

从股票市场的总市值看，1993 年底，全球股票市场的总市值约为 12 万亿美元，其中美国为 5.2 万亿美元，约占全球股票市场总市值的

---

　* 本文作者为贝多广、王励弘，本文载于《中国证券报》1994 年 10 月 11 日和 10 月 13 日。

43%，居第一位，居第二位的日本为 2.9 万亿美元。市场规模反映了市场中资金量的大小，也说明金融的发达程度。股票市场容量的大小同时也制约着上市企业的筹资规模。只有股市达到一定的规模，才能吸引大型企业到这一市场融资。

从市场对新发行股票的吸收能力来看，美国是其他国家所无法相比的。1993 年全球股票和债券发行所筹资金的规模高达 1.5 万亿美元，其中，在美国融集的资金接近 3/4，达 1 万亿美元，这一数字比 1992 年的 8520 亿美元超过 24%。通过第一次发行新股筹资的公司近 800 家，融资 570 亿美元，其中仅在纽约股票交易所上市的就达到 219 家，融资 467 亿美元。美国市场一向又以具有较高流动性而著称。市场的流动性直接影响股票的价格和企业筹资成本。一般来说，股市规模大，流动性则高，市场稳定性就大。美国证券市场融资能力的另一项表现是，它拥有数额庞大的国际投资基金，它们是购买新股的积极参与者。

第二，美国市场股票发行承销方式日益为全球接受，新发行股票定价水平较高，这为中国优质企业实现较高的市盈率目标提供了可能。

企业发行股票融资要出让一部分股权，以这部分股权的出让获得资金，企业当然希望以较高的价格发行，取得较高的发行收益。在一个定价水平较高的市场上发行股票，有利于获得较高的发行定价。

目前，不同的市场采用不同的发行定价方式。国际上主要的定价方式有两种，一是英国和中国香港常用的固定定价发行，二是美国采用的订单需求定价。固定价格定价方式主要由承销商和企业定价，定价后由投资人付全额资金认购，超额认购时按比例分配给认购者，如认购不足，由承销商包销。这种方式承销商的风险较高，因此一般的做法是将发行价格压低以避免风险。订单需求定价方式的主要做法是承销商和发行人在定价前进行路演宣传，对投资人在不同价格时的市场需求情况通过征集订单的方式摸底，然后根据需求曲线，在需求和发行量基本相符的价位定出发行价。这种发行方式追求在现有市场条件下发行人利益的最大化，通常情况下，其定价水平较高。在美国的发行中，没有超额认购几百倍的情况出现，因为如果有如此大量的需求，承销商和发行人就会将发行价格提高，以平衡过度的需求。国际证券市场的发展趋势表明，订单需求定价越来越成为股票发行定价的主流。

山东华能的发行获得了较高的发行定价，这一点印证了对美国市场定价水平的判断。在国际股市普遍低迷的大背景下，山东华能成功地将存股证定价在每个 14.25 美元，并获得 18.84 倍市盈率，这在目前已经发行的 11 家海外上市企业中位居第一（见表 1）。

表 1 　　　　　中国海外上市企业发行市盈率比较

	上市日期	发行市盈率
青岛啤酒	1993 年 7 月 15 日	17.9
上海石化	1993 年 7 月 26 日	15.8
北人机器	1993 年 8 月 6 日	11.5
广州广船	1993 年 8 月 6 日	9.5
安徽马钢	1993 年 11 月 3 日	13.0
昆明机床	1993 年 12 月 7 日	10.6
仪征化纤	1994 年 3 月 29 日	12.6
天津渤海	1994 年 5 月 17 日	12.6
东方电机	1994 年 6 月 6 日	11.9
洛阳玻璃	1994 年 6 月 28 日	10.5
庆铃汽车	1994 年 7 月 29 日	9.0
山东华能	1994 年 8 月 4 日	18.8

第三，美国市场以监管严格著称，同时对外国公司又具有相当的灵活性，这对于从计划模式中转制过来的中国企业恰恰是较好的环境，一方面有利于中国企业进入这个市场，另一方面也有利于加快转换企

业的经营机制。

海外上市除了融资的直接目的之外，深层次的目的是帮助企业进入市场，转变经营机制。由于美国证券市场法规和监管制度严格，上市的企业首先要根据其法律法规对公司的所有权归属、组织结构、管理模式、内部财务和控制体系进行规范，对董事、高级管理人员、大股东的行为加以约束，要求他们对公司和其他股东负有诚信义务，在开展业务时以公司利益为重等。同时，发行上市要求企业依法对公众进行及时、完整、真实和持续的信息披露，聘请注册会计师对公司财务进行定期的审计。这一系列制度强化了对企业的内部约束和外部监督，改变了计划经济下国营企业的传统行为模式，使得企业进入市场，适应竞争和公开的环境。国外许多创业公司通过发行股票和上市，逐步成为大型企业。这种快速的发展一是归因于发行上市给企业带来大量的资金，二是因为建立了适合于竞争和发展的企业模式。

美国证券市场一方面以监管严格著称，另一方面对外国公司又具有相当大的灵活性。为加强与国际上其他市场的竞争，美国在争取外国公司到美国发行上市方面采取了非常积极的态度。美国为外国公司在美进行私募发行而设立了 144A 条款，为方便外国公司股票在美交易创造了美国存股证（ADR）。1993 年底，美国证监会再次放宽外国公司在美国公开发行的一些条件，如延长外国公司在初次发行时所披露的财务报表的时效期限、适当放宽有关的交易条款等。纽约股票交易所对外国公司经常采用个案处理的方式对之给予一定的宽限，山东华能的例子也能够说明这一点。作为中国企业到美国直接上市的试点，山东华能探索了国有企业经过股份制改造后如何适应美国公众公司发行上市法律要求的问题。在信息披露方面，一向以严格著称的美国证监会和纽约股票交易所，特别地考虑了中国的情况，允许山东华能披露一年的模拟财务报表。

需要指出的是，中国企业在美国股票市场上公开发行股票的另一层意义在于，它会加强国内资本市场和国际资本市场的有机联系，促使国内市场逐步走向国际化；而且，还会对中国与美国的双边政治和经济诸关系产生积极影响。中国企业到海外上市，对于中国企业是一种新的融资方式，对外国投资者则是通过股权方式投资于中国企业。这种新的模式将中国与世界经济更紧密地联系在一起。从更广的角度看，中国经济的发展和改革会进一步为国际投资者关注，世界经济的波动和发展也会对中国经济起到更多的影响。另外，由于中国企业到美国发行上市，许多参与发行上市的美国投资银行、会计师事务所以及律师事务所等中介机构，特别是美国投资者，不仅会对中国的经济发展更加关心，而且还会对美国政府的对华政策产生影响。

二、　中国证券市场的国际化发展

证券市场的国际化包含广泛的内容，首先是法规、制度上的国际化，其次是运行和信息的公开化，最后是市场的开放。前两个方面是建立与国际制度相符的规则和市场，第三个方面则是国际化的真正实施。市场的开放有三点含义：一是国内的企业可以在境外资本市场和境内资本市场融资，对市场的选择完全基于市场状况和融资需求。国外的企业也可以利用我们的资本市场集资。二是国内外的证券商可以参与国内和国外的证券市场。由第一点、第二点，导出第三点，即国内外的投资者可以自由进出国际和国内的证券市场。当然，这三点并不意味着没有一定的限制和规则。

许多新兴的证券市场，往往都是在封闭多年之后才对外开放，而且这种开放往往带有很多的限制。中国证券市场在成立之初就开始积极探索国际化的发展道路。1991 年底，第一只 B 股出现，引进了外国股票投资者，允许国外承销商参与 B 股的发行。1993 年 7 月，第一家

H 股企业在海外公开发行并在香港联交所上市。其后，1993 年 12 月第一只 B 股的 ADR（美国存股证）在美国交易。国内交易所也开设 B 股的专营席位，第一次将海外的证券商请进交易所。这些尝试打开了中国企业通过发行股票筹集外资的渠道，吸引了一批外国投资人，同时让世界更加了解中国的经济发展。在此基础上，才有了海外上市工作的进行。可以说，海外上市是 B 股的延伸，是中国证券市场国际化的又一步骤。

应该说，海外上市只是中国证券市场国际化的一项内容，和我们所提到的国际化的含义还有相当的距离。要达到真正的开放，我们还是要立足于发展母国市场，并且从母国市场出发，去海外上市。

在目前中国证券市场尚分割成 A 股市场和 B 股市场的阶段，现实地看，B 股市场以其发行给国外投资人同时在国内上市的方式，自然成为海外上市与国内市场之间的一座桥梁。而且，我们也完全可以探讨将 B 股市场作为母国市场来推进海外上市的模式，比如，中国企业可以先在国内发行 B 股，然后在此基础上再去国外交易所进行第二上市。

当然，目前的 B 股市场还有很多需要改进之处。首先，必须加强对 B 股市场的法规建设。由于 B 股市场一直处于地方分治状态，两个市场在发行、交易以及结算方式上存在着许多差别，现在急需一套全国性的管理办法来统一市场。其次，我们可以在市场开发方面作出更多的努力。面对国际上大的投资基金的进入，目前的 B 股市场显得流动性不够。对此，我们应该重点选择那些第一流的大型企业在 B 股市场发行上市，以扩大流通盘子，并改善上市公司的结构和形象。最后，我们还可以进一步进行一级 ADR 的试验，并逐步将这种试验提升到二级甚至三级 ADR；并积极探索 B 股可转股债券的试验，以扩大 B 股市场在国际投资界的影响，并促使更多的国外投资机构开展对 B 股市场的研究。

　　将 B 股市场与海外上市联系起来的思路，实际上是给中国证券市场的国际化赋予了更深厚的基础和更广阔的前景。可以预计，建立在一个扎实的母国市场基础之上的海外上市，可以给外国投资人以更高的信心，进而带来更大的投入。也只有在那个时候，中国证券市场才会真正与国际证券市场连接在一起，达到中国证券市场真正的国际化。

　　最后，需要指出的是，B 股市场的进一步发展并不影响将来在条件成熟的时候与 A 股市场合二为一。相反，B 股市场的发展，尤其是与海外上市紧密相连的 B 股市场的发展可以将国外的经验带进国内，促进 A 股市场的进步，提高 A 股、B 股合一的起点。与 B 股相连的各种新型金融工具的使用可以使中国的企业、证券业对国际金融创新有所了解，并将之用于发展母国市场。

企业发行境外可转股债券的试验及存在的问题[*]

在中纺机发行完毕后，国家有关部门对中国企业在境外发行可转股债券的可行性进行了认真的研究，并确定了试点方案。应该看到，在境外发行可转股债券的试点为企业在境外融资开辟了又一条灵活有效的途径，也有利于活跃 B 股市场。

目前，国内 B 股企业的配股，一般都是按低于面值的折扣价发售的，而且外国投资者对配股的兴趣也不高，这就使得企业难以通过配股的方式筹集更多的外资。而对于发行可转股债券的企业来说，在债券转为股票时，相当于溢价发行了新股，尤其是在公司业绩良好、股价上升时，投资人愿意把债券转为股票，这对于发行企业形成一个刺激，有助于企业改进经营管理，提高效率。此外，通过在境外发行可转股债券，可以拓宽企业的股东基础，有利于扩大企业影响，提高企业的知名度；而且，如果债券能在伦敦或卢森堡证券交易所挂牌，还可以进入路透社等行情发布网络，对企业起到广告宣传作用。与在境外发行股票相比，发行境外可转股债券的法律要求比较低，程序也较为简便。

从亚洲国家和地区发行可转股债券试点的情况来看，有些国家如日本、韩国的发行均受到市场的欢迎；而有些国家如斯里兰卡、印度

---

* 本文作者为贝多广、索莉晖，本文载于《金融时报》1995 年 5 月 25 日。

尼西亚、巴基斯坦，由于首批可转股债券发行的不成功，导致后续发行或是无法进行，或是市场反应冷淡。这说明试点企业的选择至关重要。

由于试点的成败关系到其他公司的后续发行，因此，在选择企业时，除需考虑企业为发行一定规模外资股的 B 股或 H 股上市公司外，还要考虑企业的规模、经营业绩、偿债能力、外汇收支平衡能力、企业股票在市场上的表现、已筹资金的使用情况、主要建设项目的可行性报告、偿还外债计划等。基于以上考虑，国家有关部门选择了两家 B 股上市公司作为试点企业，分别到欧洲市场和瑞士市场发行可转股债券。

应该承认，可转股债券不仅向发行企业提供了一个可供选择的融资机会，而且也向政府的监管部门提出挑战。由于可转股债券兼具债券和股票的双重特性，是一种混合的金融工具，而境内股份有限公司发行境外可转股债券的方式，已突破了我国现有的外资、外债和外汇管理框架。从审批管理机构方面来看，在现行试点阶段，对于可转股债券的管理将是若干相关部门的综合管理。

境外可转股债券市场无疑是国内企业到境外融资的一条可供选择的渠道。那么，在中国现行法律体制和管理体制下，发行可转股债券是否可行呢？

尽管目前的《公司法》允许公司发行可转股债券，但《公司法》中的一些规定及其他相关法规又使公司无法按国际资本市场普遍接受的方式发行可转股债券。

在我国，发行可转股债券最大的法律障碍就是如何界定为使债券转为股票而做出的新股发行。

根据《公司法》第一百三十七条，"可转股债券的发行，既要符合债券发行的条件，又要符合股票发行的条件"。依照股票的发行条件，如果将转股视为一次发行，则由于在债券存续期间，每次转股的价格都有可能不同，这将与《公司法》"同次发行的股票，每股的发行条件和价格应相同"的规定有抵触；如果将可转股债券到期前的转股视为多次发行，则依《公司法》的要求，两次发行的时间间隔至少为一年，即债券每年只能转股一次，这就使得债券无法根据市场的情况来随时进行转换，可转股债券的发行也就失去其意义，更谈不上吸引投资者。

此外，我国现行的公司登记注册体制也是发行可转股债券的一大障碍。我国目前实行的是注册资本实收制，公司注册资本的增减均需要通过一系列复杂的程序，如股东大会的批准，《公司章程》的修改、验资机构的证明、报上级主管部门审批、到工商登记管理部门变更登记等。如果可转股债券的每一次转股均视为一次增资，也许转换期间开始后，每天都会有若干次的转股，那么，按照现行管理规定，转股将会因这些烦琐的程序而延迟，变得不易操作。

那么中国现在面临的这种问题，在其他国家是否也存在呢？据了解，在实行授权资本制的国家（如美国）里，国家核准给公司的资本额一般大于公司的实收资本额，这样，公司可以迅速通过内部程序，向要求转股的债券持有人发行新股，而无须主管机关的进一步批准及办理登记注册等诸多事项。

而在亚洲国家或地区，如日本、中国台湾、韩国等实行的是注册资本实收制和授权资本制相结合制度。这些国家或地区规定公司可以在《公司章程》中确定一个核准的额定资本，实有资本和额定资本的差额，为发行可转股债券等联股工具的发行上限。公司需每年定期到主管机关，将当年转股的数量予以备案，并更改实收资本额。这样，就为可转股债券的转换提供了保障。

根据其他国家和地区的经验和我国的现实情况，由于改变《公司法》的可能性似乎不大，因此建议：首先明确转股行为，将可转股债券的发行视为转股权的实现，允许在一批可转股债券的发行中，其转换价格依照发行条件进行调整；其次，公司的股本登记可以采取一些变通的做法，如在工商登记管理部门可以做可转股债券的专项登记，每半年或一年登记一次，或每年变更注册资本一次，在债券到期30天内，进行最后的股本登记注册，并取消原来的专项登记。

可转股债券，在中国还是一个新引进的产品，而在国际资本市场上，这一产品早已被开发、接受和广泛利用。可转股债券由于具有债券和股票的双重性质，其独特的优越性日益为发行人和投资人所重视。应该看到，中国作为世界上经济增长最快的地区之一，其发展前景是良好的，国际投资者对中国市场也是有兴趣的，这一点可以从H股发行的成功得到印证。与此同时，中国也有相当一批业绩良好的B股、H股企业，在开发利用境外可转股债券市场方面也可以进行一些有益的尝试。

投资银行业面临的挑战[*]

在愈演愈烈的美国次贷危机中，不断传来华尔街上著名投资银行的坏消息。5 家最大的投资银行高盛、摩根士丹利、美林、雷曼以及贝尔斯登纷纷传出巨额的次贷减值损失或亏损。根据 2008 年 4 月 21 日出版的《财富》杂志，自 2007 年中期以来，贝尔斯登、美林和摩根士丹利三家的资产撇账已高达 400 亿美元以上。5 家投资银行的股价从 2007 年的历史高位年均暴跌了 42%，这还不包括贝尔斯登终因不敌巨额亏损，以清盘价卖给了摩根大通。

这些一向颐指气使的顶尖投资银行怎么了？是它们偶一失足栽了跟头，还是它们生不逢时赶上了杀伤力极大的次贷危机？它们是危机中无辜的受害者，还是其本身就是次贷危机的肇事者以至于咎由自取？抑或它们与危机互为因果，推波助澜，由小疾而演变成不可救药的大患？

在这期间，我们有幸读到了乔纳森·尼先生的这本书，对上述困惑多少有了一点解答。本书出版于 2006 年，尼先生当然没有预见到今天这场惊心动魄的次贷危机。他以其个人在高盛和摩根士丹利的 10 年工作经历，描绘了在千禧年之际全球网络泡沫的兴起和破灭过程中，美国投资银行在这一期间的行为举止。他在书中的描述、分析以及评论对于我们理解今天以华尔街为代表的国际金融市场的动荡具有很大的启发意义。

---

* 本文来源于乔纳森·尼著，贝多广、叶扬、覃扬眉译：《半路出家的投资银行》，北京，中信出版社，2008。

投资银行家，一个令无数人向往和羡慕的职业。过去几年，在前往美国各大名校进行校园招聘时，给我留下最深印象的就是，无论是本科生、研究生、MBA 还是博士生，都充满期待地想象着自己离开校园的第一份工作能成为一名投资银行家。很多人共同的问题是：你们投资银行到底需要什么样的人？而他们心里盘算着的则是：我到底够不够格？那种渴望，那种追求，有时是刻意表现出来的执着和决心，让人不禁怦然心动。

作为一份职业，投资银行家的吸引力在哪里？有人说，投资银行家的收入具有最大的吸引力。尼先生半路出家去当投资银行中的经理（相当于 MBA 毕业后的级别），第一年就可以挣 22.5 万美元，比他在美国联合航空公司的前一份工作收入多了一倍还多。到尼先生 2003 年离开投资银行时，他已成为董事总经理级别的高级投资银行家，他的年收入高达两三百万美元。如果没有记错的话，美国现任总统的年薪也只有 40 万美元，而美联储主席的年薪还不到 20 万美元。可见，投资银行家的薪酬确实令人垂涎三尺。

当然，也有人说当投资银行家是因为这份工作既令人兴奋又富有挑战性。投资银行家参与企业的重组上市，动辄在全球融资数十亿美元甚至上百亿美元，成为大众媒体津津乐道的话题。投资银行家策划于密室，决胜于商场，完成一件件令人震惊的收购兼并项目，更是使自己从芸芸众生之中脱颖而出，成为华尔街上的明星。

还有人说投资银行家的工作性质决定了他们有机会接触到社会的精英——从企业大亨到社会名流，因此这份人生阅历是丰富多彩的。确实，当与精英们"耳鬓厮磨"的时候，近朱者赤，你离成为精英也就不远了。

本书作者尼先生认为，当投资银行家最有价值的是影响决策。尼先生认为，即使与政府官员或公营机构的人员相比，投资银行家的判断及建议事实上对企业家的决策影响更大，因而对社会的影响力也更大。当你的企业客户听取了你的判断分析，接受了你的结论建议，并很快付诸企业的决策之中，作为一名投资银行家，应该获得最大限度的成就感和满足感。

我想尼先生的感觉是深刻的。因为即使你收入很高，工作挑战性很强，还能接触名流明星，但你若不能影响他们的思想和决策，以至于无所成就的话，所有那些东西都会变得表面和肤浅。可是投资银行家如何才能真正影响客户的决策并最终有所作为呢？作者认为影响决策的能力在很大程度上取决于投资银行家与客户的关系。

常言道，物以类聚，人以群分。从传统上说，在投资银行领域，大大小小的投资银行实际上为各自不同的客户服务。比如，摩根财团（包括 J. P. 摩根和摩根士丹利）长期致力于为《财富》500 强企业服务；高盛历史上则因其犹太背景而强于为犹太人企业服务，一直到 20 世纪七八十年代，原先中等规模的客户成长起来成为《财富》500 强成员，高盛才开始正面争夺摩根财团的传统客户；而规模较小的后起之秀帝杰主要为发行垃圾债券的中小企业服务。投资银行家的价值在于你手中是否有稳定的能长期提供服务机会的客户。作者所推崇的高盛历史上的领袖西德尼·温伯格，他关注的是为谁服务，而不太在乎能赚多少钱。摩根士丹利长期秉承的宗旨是"以一流方式做一流生意"。然而，时过境迁，在所观察到的 10 年变迁中，尼先生发现这种传统上被顶尖投资银行视做圭臬的以长期客户关系为核心的投资银行文化已经逐步消失，代之而起的是交易驱动型的投资银行模式。所谓交易驱动型，是指投资银行已不把客户的选择以及和客户的长期关系放在首位，而注重于单项交易项目的获得、完成以及盈利。只要这项交易有利可图，何乐而不为。

这里面主要有两个直接原因：一是竞争，二是金融产品的创新。

投资银行的竞争来自商业银行，也就是所谓"金融超级市场"的出现。在20世纪30年代的经济大萧条之后，美国金融结构乃至于全世界各国的金融结构都受《格拉斯—斯蒂格尔法案》的塑造，其基本原则就是投资银行与商业银行各自分开，经营于不同的金融市场。商业银行专注于银行信贷，投资银行则专注于证券发行和交易。由于长期的监管限制，商业银行的经营利润每况愈下，投资银行却因资本市场的规模性发展而获利甚丰。经过多年的努力，商业银行终于在2000年推倒了《格拉斯—斯蒂格尔法案》之墙，闯入投资银行的传统禁地，与投资银行分享其中的"蛋糕"。更为严重的是，由于一般商业银行都有相对充足的资本实力，它们把证券承销与银行贷款挂钩，用贷款作为诱饵来蚕食投资银行家长期覆盖的客户。投资银行在长期客户失去昔日的忠诚度时不得不放弃"绅士"风度，有一单做一单，追求短期的收入。这种对盈利的持续挑战使得投资银行家的行为更以交易为导向。另外，成本结构又给投资银行家们造成无情的压力，迫使他们要在最短的时间内完成尽可能多的项目。

在金融产品的创新方面，具有较大影响的就是并购、垃圾债券以及各种衍生产品。本来并购作为一种金融产品非常依赖于投资银行家与其客户的关系。只有建立在双方高度信赖的基础上，企业领导才会将极少数人知道的意向告知投资银行家并索取必要的建议。然而，因为每一项成功的并购都会使参与其中的企业领导以及投资银行家成为大众传媒聚光灯下的焦点，并购浪潮在创造航母般超大企业的同时，也培育出一位位闻名于世的企业名流和华尔街上的并购天才。于是产品反过来主宰了关系。企业经常为成功完成某次并购而去寻找并购天才来操刀主持，投资银行与企业之间的长期关系则退居二线。更有甚者，与并购密切相关的垃圾债券这一金融产品进一步推动了这一趋势。在投资银行，要从一个并购项目中获得巨额收费，尤其在承担买方企业的并购顾问时，是非常难得的，但因购买企业而发行垃圾债券（现称为高收益债券）却会为投资银行带来丰厚的收入。说得简单一点，投资银行在为并购方提供并购顾问建议的时候，顺便向并购方发放了一笔高利贷，从整个并购过程来说，后者才是投资银行的获利主源，并购建议常常蜕变成一份诱饵。在企业客户方面，企业领导人越来越倾向于根据投资银行是否能提供融资来挑选并购顾问。所谓"给钱才给活"，这种做法冲淡了投资银行家们对自我价值的认同，同时也淡化了企业想要的附加的顾问价值，从而造成投资银行威望的普遍下降。交易型模式驱使投资银行家变得更加势利，更加见风使舵，更加不在乎是否真正提出高质量的建议。

20世纪90年代巨大的竞争压力促使投资银行不断地通过创新产品来寻找新的盈利空间。令人眼花缭乱的金融衍生产品应运而生，其中已经造成惊人破坏力的就是将次级住房抵押贷款进行证券化，形成一种新的衍生产品，然后打包给各种投资机构。平心而论，投资银行创新的各种衍生产品原本具有降低金融风险的功能，但是，通过证券化打包起来的风险，在转移到投资者的过程中，出现了信息严重不对称的现象。可悲的是，在这一过程中，平时被人们视为最"公允的"信用评级机构起到了推波助澜的作用，使得信息不对称达到了极致。由此可见，对短期利益的贪婪追逐是使包括投资银行在内的各种中介机构失去自制力的最重要原因。

理想的状态是，当投资银行家提供一项金融服务时，他能使自己所服务的客户、他所在的投资银行乃至整个社会大众这三者的利益都得到提高。这也是历史上很多投资银行家竭力追求的一种境界，正如摩根士丹利的商业准则是"以一流方式做一流生意"，也正如高盛的原则，以短期的商业机会作为代价来投资于长期的客户关系。

在当今金融世界中，这种理想状况已经日益鲜见。华尔街上流行

的话叫 "IBG，YBG"，意思就是 "我会离开，你也会离开"，潜台词则是：何必当真，把交易做成就行了，赚一单是一单，别看那么远，做项目，创造收入和曝光度。2000 年互联网泡沫的破灭使这样的投资银行秘密暴露无遗，正应了沃伦·巴菲特的名言，"只有当海潮退去，才知道谁在裸泳"。在臭名昭著的安然事件中，人们看到，美林的投资银行家为使安然在公告盈利时有一块利润，安排美林适时 "购入" 安然在尼日利亚三艘游艇的股权，安然私底下答应美林在 6 个月内回购这些股权，而美林则换取未来的投资银行业务。通过这类资产负债表内外之间的动作，操纵利润，转嫁风险，令无数局外人蒙受损失。人们还看到，在推销网络公司时的振振有词、慷慨激昂，被一封这些公司实际不过是 "一堆狗屎" 的电子邮件而无情戳穿。投资银行由投资银行家所组成，众所周知，投资银行的主要财富就是有一批投资银行家，可是当有些投资银行家的所作所为已经以客户利益和投资银行自身利益为代价的时候，还能指望这些投资银行稳如泰山吗？可以想见，在这样的格局下，风险随时存在，危机迟早爆发。2000 年的互联网狂潮如过山车般的表现，无非是华尔街整体堕落的一次演练，而今日被称为 50 年未遇的次贷风暴则是这一现象的一次集中表现。作者在书中说，正是投资银行使得种种泡沫变成可能。而当泡沫破裂时，作为始作俑者的投资银行能一次又一次地独善其身吗？今天的现实告诉我们，每当泡沫兴起，一些投资银行家本能地把它看作是千载难逢的大发横财之机，但是个别人的行为往往给投资银行带来长期的财务和名誉上的破坏，而最终的代价则是由众多机构乃至于社会公众来共同承担。2008 年贝尔斯登的境况，以及众多投资银行的窘境，足以给人们这方面的启示。

作者认为，投资银行在历史上是具有正直品格的为企业家所信赖的顾问，而当今投资银行日益唯利是图的态度破坏了金融市场的信心和效率。顶尖投资银行先前占主流的追求卓越的公司文化和为客户服务的精神成为时代的牺牲品，取而代之的是明星文化以及由此产生的系统性标准降低，其中包括招聘标准、承销标准、研究标准、应对冲突的标准、工作质量标准、团队合作标准以及行为标准。

尼先生的这本书具有很强的可读性。在这之前还没有一本这样从"里面"进行观察投资银行的书。他从自己半路出家入门当投资银行家的观察、思索入手，给我们揭开了华尔街 10 年中变迁的内幕。其文笔诙谐，视角独特，没有投资银行切身经历的人是无法写出来的。书中既描写了投资银行家的基本工作——"拼取"项目、炮制"建议书"、杜撰估值模型、推销并购理由，又揭示了投资银行内部的结构、文化、升迁之道乃至投资银行高层的政治争斗。作者以其亲身经历展示出投资银行家的职业生涯、投资银行之间的竞争，以及投资银行正从传统的中介机构逐步演变成直接投资人的过程。作者的笔触尖锐深刻，但却以一种华尔街肥皂剧的形式表达出来，读起来轻松而又回味无穷。

无论年轻人对投资银行家的职业多么憧憬，无论投资银行家们对自己的职业多么自以为是，事实上，有两点是清楚的：第一，社会大众对投资银行家究竟在干什么所知甚少；第二，投资银行家中的大多数人对他们这份职业的角色的历史演变所知甚少。正是基于这两点事实（或者说判断）本书确实填补了这方面的空白，它生动地告诉社会大众投资银行家们究竟在干什么，同时，也让投资银行家知道传统的投资银行家与当今的投资银行家有多大的本质差别。从这一意义上说，这本书无论是对憧憬投资银行职业的年轻学子，还是对已经衣冠楚楚忙于交易项目的投资银行家，乃至在更大范围内对华尔街、对金融现象抱有兴趣的广泛社会人士，都具有很大的阅读价值。

第三篇

普惠金融

微型金融的价值[*]

坦率地说，微型金融这一概念，对于大多数国人来说，还是比较陌生的。即使对于很多金融专家来说，微型金融的引入也不乏耳目一新之感。二十多年前，我曾经出版过论述宏观金融的一本书①，讨论的主要内容是货币政策、金融制度以及通货膨胀等总量概念，这也是当时大多数金融学人共同关注的课题。与宏观金融相对应的应该是微观金融，主要就是银行管理、风险控制以及金融市场中的各种金融工具等内容。随着我国金融事业的日益深入发展，学界对微观层面的金融研究也展现出日益浓厚的兴趣。微型金融既不同于宏观金融，也不同于微观金融，它是从另外一个角度来考察金融现象。简单地说，微型金融是指对经济中微型企业、个体工商户以及家庭个人的金融服务，在中国的语境里，也可延伸到大众意义上的中小企业范围。

一

我们经常用一个正立的金字塔来形容中国的经济结构，而用一个倒立的金字塔来形容中国的金融结构。所谓正立的金字塔，就是说，少量大中型的企业以及富裕人群在金字塔的尖端部分，组成金字塔主

---

* 本文来源于贝琪兹·阿芒达利兹、乔纳森·默多克著，罗煜、袁江译：《微观金融经济学》，沈阳，万卷出版公司，2013。

① 贝多广. 宏观金融论 [M]. 上海：三联书店上海分店，1988.

要塔身部分的则是数量庞大的小微企业和普通百姓。从统计上看，小微企业占中国企业总数的99%以上，提供了60%的GDP产值，更为重要的是，吸收了80%的就业人数。然而，中国的金融结构恰好像一个倒立的金字塔，在很长一段时期内，其最厚重的部分（80%左右），主要是为经济结构中的尖端部分提供各种服务。换而言之，我国银行体系的贷款，大多流向了大中企业和有抵押能力的富裕人群。广大的小微企业以及普通人群尽管构成了经济结构中的主体部分但却很难获得金融服务，因为他们对应的是倒立金字塔的一小尖尖部分。这就是现存中国金融结构与中国经济结构之间的严重不对称性。这个局面实际上已经成为中国经济结构转型升级的严重制约。改变这一局面，需要全局性的制度设计和有魄力的实施，当然也需要观念的更新和理论的准备。

可喜的是，进入21世纪以来，中国的金融结构正在逐步发生由服务高端向服务大众的趋势性变革。在银行贷款余额总量中，对小微企业的贷款余额已经从2007年的20%上升到2011年的28%。在银行体系内，一批服务于本地市场的城市和农村商业银行纷纷建立，资产规模日益壮大；以服务"三农"为目标的村镇银行从无到有；专营小额信贷的担保公司、贷款公司如雨后春笋般处处涌现。大型商业银行垄断全国信贷市场的局面正在得到改变。除了银行改革以外，证券市场的演进以及其他非银行金融机构的应运而生，使得金融结构朝着多元化方向推进，越来越多的金融机构把目光投向县域经济甚至更低端层面的市场。

在这一历史的变革过程中，人们已经感受到理论的贫乏。诚如前述，在我们的金融学科当中，过去几乎没有研究微型金融的问题，而这些问题在发达国家也并不是主流课题。换而言之，我们的一代代学生，在金融学教科书上所学的，基本上都是发达国家的成熟金融市场所需要的知识和技能，在大众媒体上铺天盖地的文章著述也几乎都是围绕高端金融所关心的话题。为什么会这样呢？因为金融业是最"嫌贫爱富"的行业，市场经济的逐利性法则驱使金融服务涌向财力雄厚的企业和个人，忽视贫困群体，而不论后者的需求有多强烈。

在中国以外的地方，经历了几代发展经济学家的探索后，人们终于认识到，贫穷的原因并不仅仅是缺乏生存发展所必需的食物和金钱，更缺乏的是改变贫困面貌的工具和途径，金融服务恰是被实践证明为帮助贫穷的人们脱离贫困的有效途径。为经济结构下端的人们提供必要的金融服务，是赋予人基本的发展权利。中国的学界、政界已经开始重视这一点，并且日益达成共识。当然这也是一个难点。因为改善金融结构既是一个学术问题、一个政策问题，又是一个重要的商业问题。金融服务不可能是纯粹的公益事业，如果提供小额贷款不能盈利，微型金融机构就不会有可持续性，市场力量就不会介入，金融结构就不会得到根本性改变。正如联合国前秘书长科菲·安南特别强调的，微型金融不是慈善，它是把每一个人都应该获得的同等的权利和服务延伸到低收入家庭的一种方式。可见，我们必须设计出一套良好的商业模式，这是理论和实践怎么去结合的一个很大的问题。

二

现在我们来看看中国微型金融的发展现状。针对中国的实际，我们从两个层面理解这个问题。第一个层面是传统的微型金融概念，即关注于服务农村和城市的贫困人群。第二个层面是中国读者通常理解的微型金融，服务于并不算贫困但仍然不能从正规渠道获得金融服务的家庭个人或中小企业。这是中国的特殊国情下对微型金融概念很有必要的拓展，本质还是在于强调提供正规金融体系无法提供的对普通民众和小微企业的金融服务。这第二个层面的认识即使在发达国家也正在被接受。例如，2012 年美国通过了《创业企业融资法案》，打通民间资本与小微企业融资渠道，利用网络对接小微企业和投资人，这基本上是一种普惠金融。第一个层面还带有一些公益性，第二个层面则需要按照商业化的原则引导发展。

　　传统意义上的微型金融在中国试点始自 20 世纪 90 年代初期。当时，一些非政府组织、社会团体在官方支持下利用国外资金在中国农村进行小范围小额信贷试点。中国的试点项目主要受到孟加拉格莱珉银行①模式的影响，这些项目大多数是依靠补贴维持。试点获得了不少有益的经验，也帮助了不少农民摆脱贫困，但依靠补贴的非政府组织的项目很难有效、迅速地推广他们的经验。这些项目都没能在中国达到一定量的积累、一定程度的覆盖率以及小额信贷机构的可持续发展。20 世纪 90 年代后期，在较大范围内推广小额信贷扶贫转向以政府和指定银行操作，使用国内扶贫资金为主，探索适合中国国情的一些方式。自 2004 年以来，为了弥补面向中低收入群体和小微企业的金融产品支持的空白，国家陆续推出了一系列支持性的政策发展小额信贷，涌现出了一些专业的小额信贷公司，接着几大国有银行也陆续开展了小额信贷业务。目前，中国微型金融体系的基本框架正在搭建的进程中。在服务经济结构底端人群方面，中国的微型金融事业还有很长的路要走。国际上最成功的微型金融机构同时实现了社会价值和经济价值，它们把目标客户聚焦在金字塔的最底端，如小微企业和个体工商户，

---

　　① 又称"孟加拉乡村银行"，"格莱珉"在孟加拉语中为"乡村"之意。格莱珉银行是世界上第一家专门发放小额信贷的机构，由孟加拉国经济学家穆罕默德·尤努斯于 1974 年创立。孟加拉格莱珉银行创造性地开发了"联保贷款"模式，是当今世界规模最大、效益最好、运作最成功且具有最高知名度的微型金融机构，在国际上被大多数发展中国家模仿或借鉴。尤努斯因其成功创办格莱珉银行荣获诺贝尔和平奖。

并且可以做到商业上的可持续。迄今，中国尚没有出现像格莱珉银行一样拥有国际知名度的微型金融机构。

　　微型金融运动要在中国成功，不能仅仅依赖慈善或公益组织的参与，更需要企业家的参与，让它成为市场行为。对于中国这样一个拥有巨大市场且蓬勃发展的经济体而言，服务大众的小额信贷、消费金融等具有广阔发展空间，至少在第二个层面微型金融在中国大有可为。预测中国微型金融的市场需求，从当前草根金融的规模即可大体上作出判断。截至 2012 年底，获得微型金融营业牌照的机构中，小额信贷公司有 6080 家，贷款余额超过 5921 亿元；典当行有 6000 多家，全年典当总额约为 2500 亿元。而活跃在浙江等地无合法牌照的民间借贷（地下钱庄），规模可能高达数万亿元。如此巨大的潜力市场必定能吸引企业家的热情，所缺的是政策和机制的保障。国家在温州启动的金融综合改革，很大程度上也是承认了巨大的民间金融需求，通过制度创新让民间的资金融通处在阳光之下。我们经常引举餐饮业两大巨头麦当劳和肯德基的成功案例来说明，尽管微型金融的服务对象也是大众市场，但它们的成功大有先例可援。

三

　　尽管中国的不少读者对微型金融这个概念不太熟悉，但是提到小额信贷，应该耳熟能详。近些年来，无论在国家政策、银行的实践，还是学术讨论中，小额信贷都成为一个越来越重要的热点话题。实际上，微型金融与小额信贷是两个不同的概念，这是我们在阅读本书之前需要澄清的一个问题。我们在此不妨对微型金融的概念再多加以解读。正规的金融机构往往是以富裕的企业和个人为服务对象，对于无力提供抵押担保的穷人和微型企业则无法获得金融准入。然而，在这个地球上的广袤地区，有着数以亿计的穷人，他们被正规金融机构所排斥，得不到发展所需的金融服务。于是，自 20 世纪 70 年代，世界银行就开始在全球推广微型金融这一概念。微型金融的服务对象，在乡村，通常是指小农场主和从事小型低收入劳动的人群，在城市则包括小企业主、零售商、服务提供者等。但是，给贫困人群或者微型企业提供一笔小额的贷款，就万事大吉了吗？本书将告诉我们，答案远远不是。微型金融比仅仅提供一笔小额贷款要有更多的内涵。

根据国际通行的认识，微型金融是指专门针对贫困、低收入的人口和微型企业而建立的金融服务体系，包括小额信贷、储蓄、汇款和小额保险等，甚至还包括培训、教育等社会功能。得益于成百上千个微型金融机构和组织的帮助，孟加拉国的妇女凑齐了购买缝纫机的资金；肯尼亚的贫民支付起了子女上学和医疗的费用；美国的小企业主获得了启动生意的资本；玻利维亚的牧民拿到了购买羊羔的钱；中国的农民则借到了搭建温室大棚的贷款；等等，一个个美妙动人的致富故事在全球范围内诞生，激励着贫困的人们和为他们服务的组织。根据小额信贷峰会运动（Microcredit Summit Campaign）报告，在 2011年，全球的微型金融组织共服务了将近两亿名客户（其中有 1.24 亿人处于极度贫困，即每天的生活支出低于 1.25 美元），以帮助他们改善儿童教育、医疗条件，获得体面的住所以及有营养的食物。安南先生在 2005 年"国际小额信贷年"的特别致辞中说道，从世界范围来看，微型金融在许许多多的国家证明了它的价值，它是对抗贫穷和饥饿的武器。它确实能让人们的生活变得更加美好，特别是对于那些迫切需要它的人们。作为微型金融运动的先驱者，孟加拉国的经济学教授穆罕默德·尤努斯和他创立的格莱珉银行在 2006 年被授予诺贝尔和平奖，以表彰他们"从社会底层推动经济和社会发展的努力"，这是对微型金融的巨大褒奖。

在中国，小额信贷、微型金融之类的概念使用比较混乱，除了世界公认的主要向农村地区和城市贫困地区发放的小额贷款等金融服务，这些词汇还包含针对中小企业的、数额更大的贷款，甚至在官方语境中主要指后者。导致这一混乱的原因主要是中国特殊的金融体系，在银行主导型金融体系下，大型的商业银行把中小企业贷款和个人消费贷款称作小额信贷，以区别于对国有企业和基础设施项目的巨额贷款，而中国人民银行倡导的建立小额信贷公司的主张在某种程度上也主要指中小企业信贷。于是，在小额信贷公司、村镇银行以及城市商业银行和农村商业银行中，经常听到人们把百万元人民币数量级的贷款称作"小额信贷"，因为它们在用一个庞大的信贷规模作为参照系。这就使中国所用的小额信贷的概念与国际通行理解的有了巨大的不同。而摆在我们面前的这本书，讨论的重点恰是国际通行的概念，因此读者们首先要明确本书的研究对象。

四

在发展中国家，微型金融已经成为削减贫困、促进小型企业发展最重要的机制之一，它吸引了关注发展问题的经济学家、政策制定者和微型金融实践者的目光。对微型金融的研究方兴未艾，有关微型金融的研究文献在发达国家已达到汗牛充栋的程度。尽管对微型金融的研究取得了很多成果，但仍旧不能回答全部问题。目前，有关微型金融的出版物呈现割裂的格局，一块是学术文献，关注模型、理论和计量方法；另一块是经验、案例，关注实践进展，二者的融合并不十分紧密，从而也难以为读者提供一个对微型金融相对完整的认识。由美国哈佛大学和纽约大学两位学者合作撰写的这本《微型金融经济学》，是他们多年来从事微型金融领域研究并参与了许多实践项目后的总结，为读者们提供了对微型金融经济学的系统性介绍。本书严谨地使用经济学的理论和技术，是一本学术性很强的著作，但并不脱离经验实践，即使没有较多的经济学基础，阅读本书仍能获得大量的知识和启发。因此，在众多同类出版物中，本书具有很高的口碑。

全书从反思银行业开始，作者首先要阐明的问题是为什么"微型金融"是必要的。在现实中，为什么标准的银行不会为穷人提供金融服务？问题就在于市场并不是完美的。按照经典的经济学理论，银行应当愿意把钱借给穷人，因为穷人更需要钱，资本的边际回报率更高。但是这个结论依赖于非常强的假设条件，即富人和穷人在其他方面都是一样的，而实际情况不可能如此。由于存在贫乏的信息、高昂的交易成本和执行合同的困难，穷人和富人、小企业和大企业面对的是截然不同的外部条件，这就是所谓的市场失灵。当一家银行决定向谁贷款的时候，它们必须依赖于良好的基础设施条件，这只有在一个非常成熟的经济体中才会有，如征信系统能很快地找到个人的信用记录。在世界上的广大贫困地区，身份信息识别系统都难以建立，遑论征信系统？市场失灵的存在，为干预金融市场提供了合理性，作者在第 2 章中用信息经济学的研究成果对这一问题进行了分析。

在本书的第 3 章到第 6 章，作者描绘了微型金融发展的脉络，从中可以看到世界范围微型金融理论和实践的演变和发展过程。在现代微型金融诞生以前，在贫穷地区使用较多的传统金融互助组织是合会和信用合作社。它们能够为穷人提供一定的融资和储蓄便利，然而它们的局限性也是很明显的。直到格莱珉银行发明了一种联保贷款的机制，微型金融才有了较大的进步。在经典的格莱珉模式中，它们借款给一个拥有 5 个成员的"组"。如果组中的任何一个人违约，那么整个组都将受到惩罚。于是，监督的责任就从银行转到了组员身上，银行的风险下降了。从经济学的角度看，联保贷款解决了信息不完善导致的道德风险和逆向选择问题，它被作者称为"迄今最著名的微型金融创新"。但是联保贷款也有不少局限，比如集体违约，又如违约之后的惩罚可能不够重，下次可以换一个组再继续违约，只要征信系统不健全，信息不能共享，总能蒙蔽成功。因此，作者指出，有连带责任的联保贷款远不是微型金融唯一的创新，成功地创造动态激励和创造围绕家庭现金流设立的产品也很重要，这些便是联保贷款之外有益的微型金融创新。同时，本书特别说明微型金融和小额信贷的区别，因为前者在储蓄和保险方面还有不可忽视的功能，好的储蓄方式和好的借款方式应该是互补的。作者强调了微型储蓄的重要性，穷人可能更需要储蓄，这并不主要是为了获取利息，而是为了安全保管，强制性地储存自己微薄的财富，避免被挥霍、被亲戚借走、被丈夫拿走或被盗等。通常人们谈论微型金融，偏重的是它的借贷功能，而非储蓄保险功能，本书的第 6 章在很多地方会给中国读者以新的启发。

本书的后半部分，即第 7 章到第 11 章，分别讨论了在世界范围内微型金融研究的几个最重要的主题：性别问题、商业化与监管问题、如何评估微型金融的效果、补贴和可持续性问题，以及如何管理微型金融。这些问题是当今世界微型金融运动共性的问题，代表着学术研究和实践发展的主流。应该注意到，本书讨论所依托的背景，毕竟是以其他发展中国家的情形为主，在讨论微型金融的问题时，作者较多地关注了社会层面和操作层面的问题，而中国的特殊性（包括社会结构、政府监管、金融业态等）告诉我们，在中国，我们可能更应关注长期性的制度问题和结构问题。

鉴于微型金融服务群体的特殊性，它必须在资金来源、组织模式、运作方式、业务范围、绩效评价等方面进行多样化的创新，兼顾经济价值和社会价值。就中国的国情而言，至少有以下三个问题值得研究。

第一个问题是如何实现微型金融机构融资渠道的多元化、商业化。

当前中国以扶贫为主要目标的微型金融组织的资金来源多数是政府专项资金和国内外非营利组织的援助，其可持续性和推广价值还有待观察。以商业化为导向的新型农村金融机构和小额贷款公司普遍存在资金规模小的情况，由于小额贷款公司"只贷不存"，限制了提供全面微型金融服务的能力。因此，建立多层次的资金来源，通过财政、税收、金融政策，建立扶持微观金融发展的长效机制势在必行。

第二个问题是如何有效控制微型金融机构的风险。风险因素始终是困扰微型金融发展的一道"瓶颈"。低收入群体和小企业难以从正规金融机构获得贷款，核心困难在于他们提供不了被认可的抵押物。微型金融机构要想在控制风险的前提下服务这些低收入客户，除了有他人帮助的担保贷款，还有两种方式：一是提供信用贷款，但必须依赖良好的征信系统及时避免违约的发生；二是提供抵押贷款，但对抵押物的认定更为灵活和创新。对于前者，既需要国家大力建设统一的征信系统，也需要发挥中国乡村社会中社会资本的作用，即作者在本书中提到的对违约者有很高的"社会惩罚"。对于后者，国内大型商业银行和中小金融机构都设计出了一些符合低收入人群和小企业特点的信贷产品，被接纳的抵押品的种类也名目繁多。在抵押品这点上，我们还有很多制度设计可以考虑。例如，有观点认为，发展中国家的贫困人群，并非没有可用于抵押的资产（他们可能占据无主的土地、自建的房屋等），只是这些"资产"没有变成用于投资的"资本"，因为发展中国家缺乏明确的所有权机制。作者在本书中也提到，小额信贷机构可能会接受对贷款人自身而言"有价值"的东西作为抵押品。

第三个问题是微型金融体系如何与传统的金融体系兼容互补。中国人民银行和中国银监会的文件都要求和提倡大型商业银行为中小企业和低收入人群提供小额贷款。然而，在当前的信贷供需格局和现行贷款管理体制下，每笔贷款流程类似，固定成本大致相当，银行对小企业贷款的单位成本远高于大企业，而小企业的贷款额度又非常小，一笔贷款的收益也非常少，同时还得承担较高的违约风险。所以，在市场原则驱动下，银行理所当然地愿意向大企业而不是小企业贷款。如果没有切实的经济利益，大型金融机构是很难真正乐意从事微型金融业务的。从国际经验来看，成熟的大型金融机构很难通过简单的模式转型或业务延伸就建立向中小客户服务的商业模式。服务底端人群的金融需求，主体仍应是专业的微型金融机构。不过，随着利率市场化进展和资本市场的成熟，大型银行仅依赖大企业、大项目贷款就能稳赚不赔的时代将远去，不同层次的金融机构如何定位和共生将成为一个重要的课题。

"一个人没有梦想就必然不能有所成就。当你在建造一栋房子的时候，你可能就是把砖块和石灰堆砌在一起，你首先得有一个想法，要怎样才能把房子给搭建起来。如果一个人要去征服贫穷，那你就不能按常规出牌。你必须要具备革命精神，并且要敢于去想别人所不敢想象的东西。"这是穆罕默德·尤努斯在讲述自己从事微型金融事业时的感悟。中国的微型金融事业才刚刚起步，更要呼唤有梦想、有革命精神的企业家、学者、政策制定者和公益人士的参与，这项事业不仅关乎千千万万社会底层民众的福祉和权利，也关乎中国经济转型和长久繁荣的大计。

全新认识小微金融[*]

一、 小微金融是社会转型的有力推进器

小微金融正在我国成为一个越来越引人注目的话题。在国家层面，小微金融似乎已经成为国家经济战略中的一项重要内容；在市场层面，越来越多的企业家愿意投资参与小微金融事业，或者以小额贷款公司的形式，或者以互联网 P2P 的形式等。

为什么发展小微金融？而市场对于小微金融的需求又为什么这么大？这是由我国目前经济结构中的一对突出矛盾所引发的，即经济结构的"金字塔"形态和金融结构的"倒金字塔"形态的矛盾。从企业数量来说，占我国企业总数中绝大多数的是小微企业，占比约为 96%，它们创造了大约 60% 的就业、50% 的税收和 40% 的 GDP，然而，它们获得的金融服务只有不足 10%。这种不对称的结构性矛盾，已经对国民经济的正常发展形成了非常明显的掣肘。当经济社会呈现出"金字塔"形态，而金融服务表现为"倒金字塔"的模式时，经济不可能出现良性循环。过去十多年，我们主要通过出口和资本输出来平衡宏观经济，一旦出口遭外部冲击而受阻，内需又不能及时跟进，经济增长就难免受挫。而资本输出本身就是出口增长的另一个结果。一方面，我国的小微企业还远远没有享受到充分的金融服务，严重缺乏资本；

* 本文载于《中国金融》2014 年第 3 期。

另一方面，我国却又成为世界最大的资本输出国，金融资源配置严重不合理。而大力发展小微金融可以起到缓和经济中突出矛盾的作用。

实际上，除了上述直接目标之外，小微金融还涉及我国经济改革与发展中的一系列重大议题。第一，经济结构调整和转型问题，如果仅仅从解决产能过剩角度下手，去库存、去过剩行业的生产能力，或者通过政府强势推动一些所谓新产业的成长，收效可能是有限的。而通过小微金融做大经济底部，假以时日，经济结构自然就逐步优化起来。第二，小微金融能较为充分地反映资金的市场供求关系，在利率市场化的大趋势下，银行业的转型很可能就表现为逐步下沉客户覆盖面，以维持银行的盈利水平。未来会有相当一部分银行将更多地关注小微金融。第三，对于有志于进入金融业的民间资本来说，小微金融无疑是比较适合的一个切入点。第四，发展小微金融有利于缓解就业压力。大量小微企业在运用社会资源最小化的状态下解决了相当一部分人口的自就业问题。第五，如果小微金融更多面向广大农户，则可以成为解决"三农"问题的一个重要杠杆。而且，随着城镇化的推进，未来会有更多的农民工进入城镇，小微金融可在这一进程中发挥出支持新型城镇化建设的作用。

从某种角度说，小微金融正在成为社会转型的有力推进器。用小微金融来解决位于经济结构"塔底"群体的金融需求，可能更容易达到"造血"的效果。

二、 突破小微金融的发展困境

我国小微金融事业拥有巨大的市场潜力。近年来，我国的小微金融发展方兴未艾，市场潜力巨大，如果包括贷款、保险、理财、租赁以及其他交易，整个小微金融市场的规模可能在 4 万亿～5 万亿元，其中小额贷款市场可能会占到 55%。

但是，必须清醒地看到，现有的体制框架对于小微金融的进一步发展已构成很强的约束态势。仅从金融结构来看，我国不缺发达的"主动脉"，但"毛细血管"却非常薄弱，县域以下金融服务面临严重短缺，同时高效的"抽水机"与低效的"灌溉器"并存。这主要是指，我国有发达的储蓄动员系统，社会各个角落的储蓄资金都被动员起来了，但是绝大多数资金却在流向发达城市和高端市场，而最缺乏资金的农村地区、小城镇得不到除储蓄以外的应有的金融服务。这也是中国小微金融与其他发展中国家的一个很大区别。很多发展中国家发展小微金融，往往是小额信贷与小额储蓄同时发展，因为在这些国家里，储蓄系统与信贷系统一样的不发达。与之不同的是，我国有庞大的农村信用社系统及邮政储蓄系统，在储蓄动员方面发挥了很强的作用，但与此对应的信贷系统却存在相当大的问题。农村信用社和邮政储蓄银行都因为或多或少的体制和技术原因，在小微金融领域没有施展出应有的能力。多方因素共同作用下，除了小额信贷得到一定的发展，小额保险、小额租赁及小额理财等其他小微金融业务基本可以忽略不计。

即使是相对来说得到一定发展的小额信贷行业也面临自身的发展壁垒，最主要有两个方面的问题：一个是融资问题；一个是信贷技术问题。首先，小额贷款公司严重缺乏融资渠道。由于小额贷款公司一般体量都很小，资本金规模多在1亿~2亿元，经营模式不稳定，社会资金对进入这一领域比较谨慎。加之监管部门对银行等有明显的风险提示，目前全国小额贷款公司的融资杠杆率仅在10%左右。小额贷款公司只能在有限的资本金基础上开展业务，结果就是一些小额贷款公司长期面临"有锅无米"的窘境，一些小额贷款公司通过提高贷款利率来弥补资本收益，另有一些小额贷款公司铤而走险，违规融资，账外循环。其次，小额贷款公司更缺乏的是先进的小贷或者说微贷技术。

目前大部分小额贷款公司名为"小贷"，实为"大贷"，唯缺"微贷"。因为缺乏相应的信贷技术，它们只能沿用传统的信贷模式，与农村商业银行、城市商业银行分食。这种单一的业务模式面临较大的市场风险。在大型商业银行、股份制商业银行及城市商业银行、农村商业银行纷纷涉足小微金融后，小额贷款公司将如何定位？融资困难及信贷技术落后这两大难题相互交织，严重阻碍了小额贷款公司的可持续发展之路。

在推动小微金融发展之时，如果还是以现行体制及现行金融市场惯例为中心，将无法从真正意义上推动小微金融的可持续发展。如何真正帮助小微金融，这是一个很现实的具有挑战性的课题。从一些做微型贷款非常成功的小额贷款公司身上我们可以得到一些启示：当面对的客户没有财务报表、没有抵押品、没有担保人时怎么办？这些微贷公司的做法是创新专门的技术来评价这些客户的资信，并作出贷款决策。对于小微客户，应抛弃原有的很多所谓规则，用全新的方法、理念、指标去开展业务。同样道理，我们对待小额贷款公司，是不是也应该换一种评价方式？是否有必要重新认识小微金融的特点，在审计、评级、担保、增信，乃至融资流程以及融资成本诸方面进行全新设计、全新操作。在风险可控的前提下，要实现小额贷款公司能融到资、融得起资，就要建立以小微金融为中心的服务体系，审计要简化，评级可能要取消，担保要降低费用等。当然，这就是金融创新的挑战。

是时候反思金融发展道路了[*]

最近，股票市场的巨幅震荡，使得很多人对金融的认识产生了疑问：金融究竟是推动了经济还是拖累了经济？金融危机是否会引发经济危机？股票市场是为经济创造了价值还是不断地消灭了价值以至于经济甚至社会为救助股市又付出了巨大的代价？确实，金融对经济的利弊得失再一次赤裸呈现，供人们审视。有趣的是，我们的团队从2014年开始就一直在思考这一问题，我们越来越深信，就社会和金融而言，社会有善恶之分，金融有好坏之别。

经过30多年的努力，中国经济已经成为世界第二。中国金融也已形成比较复杂的结构和运行规则。概括地说，中国金融结构的特征就是从单一的银行体制向多元化的金融市场体制演进，如主要银行都已成为资本市场中的上市公司、股票市场日益牵动经济神经、各种类型的非银行金融机构耕耘着各自的一亩三分地，更何况遍地蜂起的互联网金融挟着市场化大旗正面挑战现有的监管框架。不可否认，在中国经济伟大奇迹的背后，金融作出了卓越的贡献。

然而，另一个事实也让我们清醒地看到，现有经济结构乃至社会结构中的一些痼疾与金融结构脱不了干系。市场经济的一个孪生兄弟就是贫富差别。中国经济在改革开放之初，允许一部分人先富起来，正是看到了市场经济因其效率之高而成为社会发展的强大推动力。因

＊ 本文来源于贝多广：《中国普惠金融发展报告（2015）》，北京，经济管理出版社，2016。

每个人的风险承受能力不同、生产效率不同而形成的贫富差别，是发展市场经济过程中无法避免的产物。一定程度的贫富差别可以加快经济增长，但严重的贫富差别甚至贫富悬殊，社会暴戾之气蔓延，则会阻碍社会进步甚至引发社会动乱。社会经济结构的根源在于金融结构。为什么？因为富人更容易获得金融资源，穷人很难甚至无法获得金融资源。金融资源向谁倾斜，谁就有机会向社会经济结构的上层攀登，而社会的中下层企业及家庭因缺乏金融资源而被困于社会经济结构的中下层甚至底层。当富人因获得了金融资源而酒足饭饱之时，穷人正在为金融资源的物以稀为贵而发愁。最应该关心穷人处境的应当是富人，因为贫富悬殊造成的社会动荡，遭受损失最大的必然是富人。由此可见，金融已经不仅指融资、估值、资管和风险控制，金融资源的合理配置应当而且能够成为促进社会良性运转的杠杆、缩小贫富差别的利器。从这个意义上说，能够促进社会向好的方向发展的金融，有利于有效配置资源的金融，有利于经济结构调整的金融，有利于既促进经济增长又推动社会公平的金融，有利于缩小三大差别的金融，有利于下层人士、低端群体、草根阶层往社会中端攀升的金融，有利于金字塔形社会向橄榄形社会转型的金融，有利于避免掉进"中等收入陷阱"的金融，就是好的金融。总而言之，好金融是充满了正能量的金融。

建设好金融不是一场劫富济贫的过程，更不是推倒重来。恰好相反，好金融是在现有金融基础上通过更大力度的市场创新和技术创新使现代金融服务的成果能够被更广大人群所享受。因此，它更像是在现有体系中不断增加增量，增加好的成分，形成推动向好社会迈进的一个过程。在现有金融体系里，充分考虑到人性的贪婪和恐惧，熨平金融波动以减小金融对经济的拖累，改善监管，本身也是向好金融转化的一个重要方面。

好金融并不排斥高端金融，如私人银行、财富管理，但好金融的特征是让每一个社会公民都有机会享受到金融服务。基于此，普惠金融是成为好金融的重要方面。普惠金融强调金融服务的公平性和包容性，重点就是如何使金融服务覆盖到社会的中下层，包括企业和个人。实际上，无论是发展中国家还是发达国家，在这方面都有不尽如人意之处。中国金融在过去30多年的进步中，留下普惠金融领域长长的阴影。小微企业融资贵、融资难已然成为新闻媒体的"老生常谈"，而低收入家庭空有消费意愿但苦于囊中羞涩。直截了当地说，当前宏观经济面临的消费不足，很大程度上与占人口大多数的家庭缺乏有效消费能力有关。有专家指出，在提高穷人收入水平的同时，通过金融手段提高穷人的消费能力显得更为及时、更为简便。

当然，要给普惠金融下一个精确的定义，恐怕不是一件易事。有人说，普惠就是普及和优惠的缩写，这是一种误读。普惠仅指普及和惠及，并没有优惠的含义。理论和实践反复证明，补贴性的优惠往往会使市场扭曲，效果不彰。普惠金融更像是一种理念，每个人都有获得基本金融服务的权利。谁没有获得这方面的权利，或者理论上获得但事实上很难获得？当然是企业领域中的小微企业，以及居民领域中的中低收入人群。所以，理所当然地，普惠金融着重关注中下阶层的金融服务覆盖面、服务品质以及与此相关的所有问题，如资金可得性、资金成本、消费者保护和教育以及相关的监管框架等。普惠金融是一个动态的概念，必须与时俱进。当今天我们把基本的存款、贷款和汇兑列为普惠金融的基本服务项目时，我们要考虑到这些基本服务项目会发生变化，如保险产品、租赁产品，甚至日益丰富的理财产品也会成为中下层人士的基本要求。当互联网深入乡村，手机银行成为每个手机用户的必备软件时，你能说炒股只是少数人能玩的奢侈品吗？

诚如前述，普惠金融体系不是重新建立一个与现有金融体系并行的新体系，现有的金融机构已经或能够提供大量的普惠金融服务。现有机构无法或因商业模式等原因未能提供普惠金融的领域，给新机构、新业态、新手段提供了良好的发展空间，如专注农村家庭微贷的机构，专注城市低收入人群的消费信贷机构，互联网金融中的众筹、第三方支付、利用手机平台的各种金融服务。这些新颖的普惠金融服务商并非永远处于非正规金融范围，发展普惠金融事业本身就包含了容纳这些新机构、新业态、新手段，并将正规金融与普惠金融重叠。

普惠金融是一项国际共识，联合国为此制订了 2020 年规划。然而，中国的普惠金融可能有其国情特征，如正在中国兴起的小微金融包含了为中小科技企业创业创新服务的各类金融服务；又如中国大小城镇活跃的消费信贷，虽不在正规金融之列，但主要是为低收入人群扩大消费能力，如支持大学生创业的小额贷款等。由此可见，普惠金融具有很强的包容性，所以，也有人将这一外来语直接翻译成"包容性金融"。从某种意义上说，后一种翻译更为贴切，歧义较少。

中国的普惠金融方兴未艾，撰写《2015 年中国普惠金融发展报告》旨在真实反映中国普惠金融事业的进步和问题所在。我们的团队力求用事实和数据说话，本书中若干案例分析正是这种努力的结果。需要承认的是，由于时间约束和基础工作的薄弱，2015 年的发展报告只能算是这项工作的一个尝试性开端，大量的改进以及提高的空间留待未来加倍努力来填补。值得自豪的是，从这本书开始，我们提出了好金融与好社会的概念，并且加以阐述和发挥。如果此书能够让更多的人认识到好金融的意义所在并为之奋力而为，那正是我们团队全体人员的期盼所在。

当报告即将付梓之时，我要感谢我们小微金融研究中心主任、中国人民大学商学院李焰教授和她的研究团队，她（他）们倾心投入，夙夜匪懈，这段经历一定会成为我们研究中心未来的美好记忆。我还要感谢中国民生银行对这个项目的鼎力资助，洪崎董事长的躬身关注和小微金融部徐捷副总经理的莅临指导，这都给团队增添了信心。最后，我还要感谢研究中心理事会全体理事，特别是担任理事会联席主席的陈雨露校长，他们在 2014 年 12 月中心成立之时所寄予的殷切期待一直是我们行动的指南。

好金融与好社会：问题的提出和答案*

一、 为什么要提好金融与好社会

中国的改革开放已经进行了三十多年，三十多年给中国经济社会带来的变化可以说是天翻地覆、世人瞩目，即使是最乐观的预言家也为中国奇迹感到惊讶。中国从一个贫穷的低收入国家成为世界第二大经济体，中国老百姓的整体生活水平有了显著的提高。

当然，中国奇迹的背后也承担着不可估量的成本和代价，如环境污染、贫富分化等。就环境污染而言，越来越多的人认识到以环境为代价的经济增长难以为继，也就是存在着所谓的"可持续性"问题。从世界发达国家的经验来看，解决环境问题的正确道路是立法和执法，假以时日，环境污染终将解决，青山绿水、蓝天白云，终将重新归来。对于贫富分化乃至贫富悬殊，仁人志士开出了无数药方。19世纪的马克思提出"全世界无产者联合起来"，通过暴力革命，建设平等社会的主张。但是，差不多一百年的共产主义运动，使人们不仅没有看到实现乌托邦的喜剧，而革命的名义往往异化出一幕幕人间悲剧。20世纪30年代的资本主义经济大萧条，引发了凯恩斯主义的盛行。凯恩斯主张改良，也就是更多发挥政府的再分配职能来缓解社会贫富矛盾，包括诸如累进所得税、政府补助以及转移支付等各项政策和措施，不能

* 本文载于《金融研究》2015 年第 7 期。

说没有效果，第二次世界大战后欧美国家陆续转型成以中产阶级为主的橄榄型社会，贫富悬殊现象有所缓解。不过，作为市场经济与生俱来的一种外部性——贫富分化，并没有得到根本性的解决，不同人群存在收入分配上的差异，仍然显而易见。这还只是就收入这个增量概念而言。如果进一步考察资本，也就是人们已经累积起来的存量财富，情况就越发严重了。《21世纪资本论》是法国经济学家托马斯·皮凯蒂（Thomas Piketty）的近年之作，该书揭示出从长期来看资本增长更快于收入增长，换而言之，富人因有累积的财富以远超于穷人收入增长的速度而使自身财富不断增值，由此，社会的不平等状况更加糟糕。2008年的金融大危机再次将这一社会深层矛盾暴露无遗。通过搞福利社会来缓解社会贫富差别的欧洲国家多在金融危机中深陷政府债务泥潭，难以自拔。

经济学上用基尼系数来反映一国的贫富分化状况。国家统计局公布的2014年中国的基尼系数为0.469。国际标准认为基尼系数超过0.4时社会分配处于不公平并会造成社会不稳定。严重的贫富分化会引致两个方面的问题：一方面，社会仇富心态滋长，社会充斥暴戾愤怒；另一方面，从宏观经济学角度观察，严重的贫富差距也会造成宏观经济运行的困难。当国内的产出能力超出国内的消费能力的时候，超出部分的产出只能通过出口进行消化，否则就会造成国内的存货增加，换而言之，就是产品过剩。国内消费能力不足主要就是国内占人口大多数的中低收入阶层缺乏有效的购买力。建立在本国广大居民有效的购买力基础之上的经济增长才能有持续的发展动力。然而，增长是否自动导向共同富裕？改革红利能否惠及普罗大众？这就是时下流行的有关"包容性"增长的问题。可以说，未来中国经济能否持续增长、升级换代、焕发潜力，主要取决于能否真正实现包容性的增长。具体而言，包括中国从农业国转化成工业国进程中能否进一步提高城镇化比例，降低农村人口比例，"三农"问题能否得到实质性的解决。

坦率地说，搞市场经济就会有收入分配差异，正如环境污染是市场经济中的一种外部性一样，贫富分化可能也是市场经济与生俱来的。市场经济的运行过程中充满了不同类型、不同程度的风险，人们对风险的接受、防范乃至处置的偏好客观上存在着很多差别，有的人倾向于冒险，有的人则倾向于避险。经济不平等就是有建设性地追逐风险的行为所产生的后果。从经济动态运行的必然规律来看，只要追逐风险的行为不太过分，其后果就不一定是一件坏事，因为这是人类本性带来的必然结果之一。换而言之，社会不平等本身并不是坏现象，前提是其不要带来具有破坏力的贫困和仇恨。任何纠正社会不平等的行为措施都需要付出经济成本，很多情况下，为了解决贫富差别所付出的成本，有可能使整个社会无法实现其他目标。从部分先富到共同富裕，面前确实存在着一道鸿沟，跨越之难犹如骆驼穿过针眼。经济学的表述是"中等收入陷阱"。世界上亚非拉国家真正摆脱这一"陷阱"的并不多见。针对中国的"三农"难症，最深刻的建议就是简政、减负、组织创新。除此之外，有没有其他路径可供选择，或者有助于摆脱陷阱跨越鸿沟？

人类社会近百年发展中有一个领域也就是金融领域的进步，在推动经济增长和社会进步方面所展示出来的能量，使人们对未来社会的可持续性和包容性增长产生了一定的信心。2013 年获得诺贝尔经济学奖的美国耶鲁大学教授罗伯特·J. 希勒（Robert J. Shiller）认为，金融已经具备了为未来服务的特征，面对全球不断增长的人口及伴生而来的对生活富足的要求，金融将是实现这一目标的最佳推动力——推动平等社会宏伟目标的最终实现。金融仅仅是传统意义上的资金融通，还是有其他更为高尚的功能和使命？到目前为止，很多金融专家对于这个问题还是陌生的，更何况广大非金融人士。所以，希勒提出，人们尤其是精英阶层需要理解，金融可以帮助我们在越来越宽广的社会阶层中广泛地分配财富，金融创造的产品可以更加大众化，也可以更好地和社会经济融为一体。通过大大小小各种类型的创新，进一步完善金融机构和金融工具，将使财富覆盖的范围扩大，从而逆转社会不公平现象加剧的趋势。与其说用某些方案去摧毁整个市场经济体系，倒不如致力于进一步改进这个体系，使其更加民主化。所谓改进这个体系，就是用好的金融来为平等社会即好的社会这一宏伟目标服务。

二、 金融改善社会

如果仅从理论上讲，在一个理想的市场经济中，只要你能想出不错的赚钱点子，你就应该能获得贷款。遗憾的是，现有的市场经济并不能完全实现这样的理想，一个贫苦的劳动者不太可能从银行获得信用贷款，也不太可能从富有的投资者那里获得风险投资。当然，纵观历史，我们可以看到，人类通过金融来改善社会的进程一直在向好的方向发展，换句话说，参与金融活动的大门正一步步向全民敞开。金融不再仅为小圈子的精英所专享，而日益成为普罗大众参与的社会化活动。这种社会化活动对整体社会所产生的良性推动影响是其他很多经济活动所无法比拟的。

在发达国家中，金融领域主要有三个方面的进展，使得人们对社会公平和进步重燃希望。

第一，社会慈善事业。在欧美发达国家中，除了政府直接向低收入群体发放补贴等之外，民间社会的慈行善举成为社会矛盾的缓冲器和社会发展的润滑剂。美国历史上一些著名家族诸如早年的卡内基家族和洛克菲勒家族以及当今的比尔·盖茨和沃伦·巴菲特基金会，捐助巨款支持社会事业，比如，扶贫、教育、科学、艺术和环保等，甚至走向国际，重点关注贫穷国家。在社会关系中，人们能接受结果的不平等但反感机会的不平等，人们对敢于承担风险的人本能地尊重，但对于不义之财或者一夜暴富表示不满，人们对客观存在的社会不平等有相当大的包容度，但对于源自恶劣行径的不平等现象则会义愤填膺。真正通过能力和实力赚取财富的成功人士总会获得人们的崇拜。很多成功人士在致富之后积极从事社会慈善事业。这些慈善事业可以理解成富翁们自愿的釜底抽薪劫富济贫，以资助底层，平衡社会。

这里提出的问题就是这些富有家族这么做的动力何在？他们难道仅仅是出于满足自我的心理需求，还是为了建立一个永不衰落的家族王朝？或者说他们的慈善事业是为更深层次的道德目标服务？最合理的答案是两者兼具。金融是一个强有力的工具，它有能力为我们积累资本、汇集信息、促使人们协同工作，并给人们的工作提供动力。不难看出，金融肯定是最富有的人生活的核心。他们的财富不仅仅来源于自己的努力和天赋，而且通常都是由于他们能够领导一群极有天赋的人有效地在同一个组织中协同工作。富人通过慈善举动向社会表达了善意，客观上起到了减少贫富对立，缓和社会矛盾，促进阶层间和谐的效果。在美国，富人的社会慈善金额大概占到每年 GDP 的 2%。

第二，员工持股计划或叫人民资本主义。美国在 20 世纪五六十年代曾大张旗鼓地在居民中间广泛推销小额股票，并在企业内部推行"职工持股计划"。一些学者认为这些措施使企业的所有权发生了根本性的"革命"变化。有人出版了《资本家宣言》来取代马克思的《共产党宣言》，他们主张通过分散资本所有权，即以发行小额股票的方法，来制造新的资本家，人人都可能成为资本家，所有权的分散在社会公正意义上是一种变革资本主义性质的静悄悄的革命。这就是所谓员工持股计划、股权激励计划或者干脆叫"人民资本主义"。一直到后来的 401K 退休计划①，国家对参与该类计划的从业人员有税收减免安排。这种制度安排极大地推动了全民参股以及资本市场的活跃。另外一种是鼓励创业计划，即有人提倡建立一种股权担保企业，给创建小微企业的人提供贷款保障，从而鼓励多种多样的小本生意出现，也使得白手起家的人创立的小微企业有机会在未来成长为大型企业。他们的这一倡议促使社会上形成了更好的商业氛围，这对经商者是一种很好的外部推动力，同时也促使越来越多的人参与金融业务。很多学者认为，市场经济的健康发展必须防止经济权力的高度聚集，应该采取更多的措施来扩大资本所有权的分散范围。尽管员工持有小额股票无法使员工成为真正意义上的资本家，但是，不容否定，这些社会安排一方面使员工比以往更加关心所在企业；另一方面，员工因此增加了财产性收入。近十多年里，高科技公司实行期权制度后，确实写就了不少"乌鸦变凤凰"的故事。

第三，消费信贷。这方面可能影响力最大。从很大程度上说，消费信贷是凯恩斯理论的实践。凯恩斯认为经济萧条的主要原因是有效需求不足导致生产过剩。如何刺激有效需求，无非是扩大投资需求，民间投资需求低迷时用政府投资来替代，更重要的则是居民的消费需求。如何刺激居民消费需求，除了在收入政策上向中下收入阶层倾斜，以提高这一人群收入水平之外，更重要的是通过提供信贷来扩大居民的有效需求。银行或者商家通过信用、抵押等形式向消费者如购房者、买车者提供信用，如大宗商品的分期付款、银行发放的信用卡等。在西方国家的银行信贷中，对消费者的信贷规模早已超过对企业的信贷规模。可以说，西方国家如果没有消费信贷，也就没有第二次世界大

---

① 401K 退休计划，美国实行的雇员和雇主同比例缴费形成的退休基金，政府给予免税，基金使用交由市场，主要投资于股票和债券等。

战后所谓的三大支柱产业的成长，这三大支柱是钢铁业、建筑业和汽车业，其中心就是围绕住房销售和汽车销售。消费信贷主要让中产阶层提高了有效购买力，提升了生活水平和生活质量，很大程度上既促进经济快速增长，又扩大国内需求，实际上是经济快速增长的催化剂，同时也促成了社会转型成橄榄型，即以中产阶级为主流的社会。当然，消费信贷的极致就是次贷，也就是把"居者有其屋"落实到低收入甚至无收入人群。这正应了中国哲学中的一句老话——"物极必反"。当经济稍有风吹草动，次贷成为坏账，最终引爆出一场全球性的金融危机。

总体来看，市场经济中的金融事业确实在缓冲社会不平等进而改善社会的方向上作出了独特的贡献。

三、　希勒：金融要走向民主化

金融危机后，很多人对金融、对华尔街有比较负面的看法，对金融体系抱有敌意。罗伯特·J. 希勒教授在 2012 年出版了一本书——《金融与好的社会》，这本书是在发生了 2008 年国际金融危机的背景下出版的。在经历全球金融大危机之后许多人不禁要问，金融到底能在社会良性发展中扮演怎样的角色？不论作为一门学科、一种职业，还是一种创新的经济来源，金融如何帮助人们达成公平社会的终极目标？金融如何能为保障自由、促进繁荣、推动公平以及取得经济保障贡献一份力量？我们如何才能使得金融民主化，从而使得金融能更好地为所有人服务？希勒教授认为，金融的龌龊之处使得一些人想彻底放弃金融体系，但这么做无异于因噎废食，只会使我们丧失实现珍贵理想的能力。他认为金融运作过程中表现出来的种种弊端并不代表金融体系的本源性问题，其存在只能说明我们需要对金融体系进行更深层次的民主化、人性化和扩大化改造。希勒的这本书实际上是在当前的大背景下解答人们普遍的困惑。

归纳起来，希勒提出了四个值得关注的观点：第一，为缓解金融危机，最好的方式不是压制金融创新，而应是鼓励进一步放开金融创新的步伐。第二，社会需要良性的金融投机，这是因为人类的动物精神以及人以类聚的特征所决定的。第三，泡沫也很重要，因为它证明了市场仍然是引导资源流向的重要信息来源。第四，现有的社会结构根源于金融结构。金融走向民主化和人性化的进程有助于塑造一个更和谐、更繁荣和更平等的社会。在这里，对我们有最重要启发意义的是第四点。

希勒教授关于现有的社会结构根源于金融结构这一观点，是一项重要发现。人为什么富裕，为什么贫穷和金融服务有关系，有的人能大量获得金融资源，他的社会地位就高；有的人没有机会获得金融资源，他当然永远在底层。假若金融结构相对固化，即一部分人总是优于另一部分人获得金融资源，那么，社会结构也就固化成纵向通道堵塞，下层人士难以通过努力进入社会的中层或上层。正是从这一意义上说，金融要走向民主化、人性化，如果朝着这个方向推进的话，它能够使这个社会趋于和谐、繁荣和平等。

尽管如此，希勒也坦承，这个使命说易行难。其原因主要有三个：其一是现有经济体系使得财富集中在一小部分人手里，其二是现有经济体系结构过于复杂，其三是人们被迫在体系内进行各种博弈，而博弈的结果往往要么令人无法满足，要么令人十分不快。因此，为了督导金融机构在运营过程中将社会利益摆在第一位，希勒提出要通过一些法律法规对它们进行约束和引导，这些机构在社会中最终扮演怎样的角色，还是由它们运营的理念和它们所掌握的权力来决定。为此目的，应该为金融的运作机制制定标准，应该告知商业、公共事业以及政治的领导者们，如何通过捕捉金融界新兴的发展动力来实现更广泛的目标，其中既包括朝着更加充满活力、更加繁荣的经济状态发展，也包括抑制金融的过度膨胀、平抑金融的波动起伏，以及确保金融能够为各个阶层人群提供一视同仁的服务。

金融所要服务的对象就是社会民众，其中包含每一个人的职业抱负、生活理想、商业雄心、文化诉求，乃至社会发展的终极目标。金融作为一门科学并不能告诉我们到底哪些才是其服务的目标。换句话说，金融学本身并不包含一个特定的目标。金融并非"为了赚钱而赚钱"，它是一门功能性的科学。如果其运行脱轨，那么金融的力量将颠覆任何试图实现目标的努力，正如人们在全球危机中看到的那样。但是如果它能正常运转，金融就能帮助社会走向前所未有的繁荣。既然金融承载着如此高尚的社会目标，金融是否就应受制于政府的高度监管呢？希勒教授认为，确实，实现这一目标需要政府的介入，但是政府监管的手段不能阻碍市场自发地解决方案推进。在这个努力的过程中，政府的任务就是为市场参与者制定清晰的规则，这些规则一方面保护消费者，另一方面提升公众的利益，在这些规则引导下，市场参与者都尽最大努力相互竞争，即争相提供更好的产品和服务。由于当今的金融市场已经全球化，并且信息传递也达到了即时化，所以政府在制定规则时面临的真正挑战，就是如何保证其具备全球性视野。

在市场层面，希勒教授认为，一个设计得比较好的金融体系应该允许人们有追逐风险的空间，其表现形式就是比较有投机性的机会，但同时也应该让人们有可能避免承担完全无意义的不确定性。尽管总有人会见利忘义，忽视或试图绕过风险控制的原则，但是，金融体系本身还是应该牢牢建立在风控基础之上。

希勒教授的结论就是，金融的民主化过程意味着创造更多为民众所开发的金融方案，比如提供金融建议、法律建议以及金融教育等，同时还要运用一些为全民化方案服务的技术，以保证所有人都能更明智地参与金融系统。罗伯特·J. 希勒教授把金融和社会连接起来，对我们今天的重大启发就是，当金融日益向好的方向发展之时，社会给我们的回报则是一个好社会的逐渐形成。

四、 尤努斯模式和中国的小微金融

如果说希勒教授的关注点还是他所处的发达国家成熟市场经济的话，广大发展中国家在如何利用金融改善社会方面也并非默默无闻。除了模仿复制发达国家成熟金融体系模式之外，发展中国家的小额信贷金融机构在过去几十年中成为一道亮丽的风景线，或者说是好金融的一种标志。

在小额信贷领域，国际上最有名的代表人物可能就是孟加拉国的穆罕默德·尤努斯（Muhammad Yunus）教授。尤努斯原是孟加拉国吉大港大学的经济学教授，他在 20 世纪 70 年代开始关注农村扶贫事业，并提出小额信贷这个理念，他身体力行在当地农村兴办了一家乡村银行，也就是格莱珉银行，最后成为世界的楷模。他是个伟大的人物，2006 年，为表彰他们从社会底层推动经济和社会发展的努力，他与孟加拉格莱珉银行共同获得诺贝尔和平奖。在他得到诺贝尔和平奖之前很多人都不知道什么是小额信贷。他的伟大在于挑战了传统金融。"你越有钱，越能贷到更多的款。"反之， "如果你没有钱，你就贷不到款。"正如前文所述，如果说贷款就是一种金融资源的话，那么，富人可以获得金融资源，而穷人无法获得金融资源，那么，这个社会的贫富差别是否会日益扩大？答案是肯定的。尤努斯用他的实践来改变现有的金融结构，使得一般对穷人的补贴捐助等输血形式向发放信贷提供金融资源的高度飞跃，也就是将金融作为一个杠杆来撬动扶贫，建立对贫困阶层的造血机制，从根本上减少贫富差别，促进社会向公平正义转化。

可喜的是，尤努斯模式在过去十多年的中国得到了复制并在一定程度上取得了成功。中国鲜活的实践案例令我们信心倍增。2014 年冬天，我去河北张家口附近的农村调研小额信贷业务，走访了中和农信在当地农村的农民借款人。我愿意用来自草根金融的两个故事来说明问题①。

故事一：

一位农民，他向中和农信借款 8000 元，用于购买一辆二手的柴油三轮车。我到他家里去，与他握手聊天，他在当地农村不算富也不算最穷，大概属于中等收入的水平。我关注的问题是，他借了中和农信的贷款，需要还本付息，他是否能够承担一笔贷款的利息？这实际上是很多人普遍关心的问题，尤其是不熟悉小微金融的人普遍存在的疑惑，为什么一个农民能够借到一定贷款，而且这种小额贷款的利息比一般银行的贷款利息要高？如果说中石油、中石化这样的中央企业能够从银行里借到基准利率水平的贷款，那么，这个农民所付的贷款可能高过基准利率的若干倍。他能够承受得住吗？

我问这个农民："大爷，你借这 8000 元觉得有负担吗？你能不能按时还本付息？会不会被高利息压垮？"

他的回答是这样的："我借了这 8000 元解决了一个问题，农忙季节 7 月、8 月在农村有收割，每年家里种的是玉米棒子，收割时农忙差不多要一个月或一个半月的时间。以前每年让城里打工的儿子回来，这个儿子在外打工每月挣三五千元，这时候儿子必须放弃打工回到家

---

① 中和农信是中国扶贫基金会属下专事农村扶贫宗旨的一家小额信贷机构，已经运营了十多年，这几年发展很快。

里帮助家里收割。如果我有一辆机动车就可以替代原来用马车收割玉米，因为用马车运来运去大概要花一个多月的时间才能把这些庄稼地里的东西收回来。现在用机械化，如二手柴油机车，半个月这个活就搞完了。更重要的是，不用让儿子放弃打工的一个月几千元回家了，自己就可以干了。"

他说，"我每个月有资金进出，一个月利息100～200元，一个月没感觉有太多的负担"。

这是一个农民如何盘算借一笔款的成本和机会成本，其中蕴含着合理性和可持续性。这是非常有意义的。

而且他告诉我，"这次借款感到效果非常好，我半个月干完以后还帮别人家干，还得到一些额外收益"。这位农民大概是第一次借款，最多只能借8000元。

他告诉我，"这样干了，如果中和农信明年信任我，我的积分、信用等级提高了，我准备借2万元，打算买一辆崭新的柴油机车"。这是什么概念呢？他向我解释，二手车是没有牌照的，只能在田埂上跑，如果真正买了新车他可以上牌照，可以在农闲的时候跑运输，挣更多的钱。

从这个具体的故事，我们可以看到一笔不到1万元的小额贷款对一户农民所产生的经济利益，当然它背后的社会意义可能更多。

故事二：

另一个农户家里，夫妻两人，养猪专业户，人家养几十头，他们家养三百多头，是整个村子里的养猪大户。那个妻子比较健谈，她说，我们国家进口这么多的猪肉，猪肉价格升不上去，猪肉不好卖了，当时真着急啊。后来中和农信给了2万元贷款，我们可以在市场低迷的时候不用把猪都杀掉，还能够维持，因为每天猪养着需要流动资金，养殖要饲料"。

那个丈夫还挺有意思，坐在炕上，冬天了嘛。

我说，"你桌上怎么还有一台电脑？打游戏吗"？

他说，"我的电脑用来看行情啊"。

我说，"这有意思啊，你看什么行情"？

回答："看猪的行情。"

我说，"你们村里家家都有电脑吗"？

他说，"不，前两年猪市行情特别好的时候我也发了点财，所以买了台电脑"。

我问他，"装了电脑天天看行情，什么目的"？

他告诉我，"就是为了卖猪的时候，猪贩子来收购猪的时候，他知道世界市场、中国市场。你别蒙我，我都知道行情的，有讨价还价的余地"。当时我就想起曾经读到过印度类似的案例，印度工业信贷投资银行在农村安装电脑，安装先进的信息终端，让农民了解市场行情，这样农民讨价还价的能力提高以后，农民的收入提高了。这次是在中国的农村看到的实实在在的案例。

从这两个故事中我们可以看到，买三轮车的农民通过小额信贷提高了他的生产力，同时，小额信贷在某种程度上满足了社会稳定的需求。这些社会最底层的人由于社会宏观经济、政策各方面的影响，实际是在消化政策链条下端的负面东西，小额信贷在一定程度上缓解了他们的困难。养猪户看上去是草根人群，但却与国内外市场紧紧联系在一起，全球范围内许多低收入人群的基本生活很大程度上还取决于这些市场上商品价格的波动。从本质上说，农产品市场也是金融市场。由此可见，为这些草根人群服务的小微金融是多么的重要，发展和壮大这样的小微金融是多么的重要。这样的金融难道不是一种好的金融吗？

这样的小微金融的空间也就是市场潜力是非常大的。我国农民整体收入水平不高，但按农户家庭收入水平划分，也可分成相对富裕、中等收入及贫困三个层次。据估计，相对富裕的农户占10%左右，这是所谓的正规金融覆盖到的人群，如农村信用社、邮储银行、农村商业银行等这些正规金融提供农户的金融服务也就是这10%左右的部分。底端部分即真正贫困的家庭，大概也占到10%。所谓贫困就是他们可能丧失了生产能力，已经残疾或者是五保户。这些人恐怕没法用小微金融去扶持，他们可能缺乏可持续性，这些人主要靠国家的财政去补贴、补助，某种程度上是靠国家去救济。而真正有商业价值、有市场价值的是农村市场中间的70%～80%的人群。中和农信立足于这一市场的小额信贷，已经取得了显著的成绩，但是也只是迈出了第一步，仅此而已。从全国来看，中和农信现在做的事情大概在这个层次市场中占比还不到1%，换而言之，农村小微金融的有效空间可能还有99%有待开发[1]。

除了农村，实际上城市也是小微金融发展的蓝海。举例来说，目前国家政策也在支持城市居民的再就业、再创业，粗略估算包含上亿人口。而在这些领域的草根金融覆盖基本上微乎其微，发展空间巨大。倘若这些从城市到乡村的小微金融都能发展起来，中国的金融结构对于社会进步就能作出真正有价值的贡献。

五、 全新认识小微金融

以上两个故事，实际是想要说明，我们对小微金融应有完全不同的认识，不能用传统思维。你不要想它的风险控制是怎么回事，能不

---

[1]　根据与中和农信总经理刘冬文交谈整理。

能还这么高的利息。你到现场向借款人实际了解、探讨时就会发现这个贷款的意义和真正的生命力所在。

然而，就全国范围来讲，小微金融步履维艰。根本的问题在于，小微金融还是在现行体制模式内打转转，满足现行体制模式的要求。你要评级我给你 3 个 A，你要担保我给你担保，你要抵押品我把家里的房子拿给你。老实说，小微金融这样做是没有出息的。我们需要真正重新调整现有的金融结构，要建立为小微企业服务的金融体系。这个难度很大，中和农信蹚出了一条路，它是先驱，它的成功范例我们要宣传，让全社会都知道，要把这个理念告诉给社会。这些社会机构、服务机构要了解小微金融，无论融资、投资、审计、法律还是评级、担保、征信、监管等各类机构，应该去想怎么调整自身来为小微金融服务。这是一个很大的课题。

中国的一个现实问题是，一方面，社会资金充沛，资本市场也不乏资金；另一方面，社会的细胞部分也就是广大的城乡基础——小微企业，却缺乏资金。在充沛与缺乏之间存在着明显的结构性失衡。如何打通资本市场与小微金融之间的督脉，使小微金融与资本市场有一个有机的结合，无疑是一项重大任务，而且这种结合将来应该要形成规模。资产证券化是一种很好的途径，将小额信贷的资产通过证券化产品推向资本市场，使资本市场资金源源不断进入小微领域。如果我们想象中国的小微金融都这样做起来，不是几百亿元，而是几千亿元的话，那么结合资本市场的空间就会非常大。所以，它对小微金融公司的净资产收益率、资产收益率有非常大的作用。

这种金融创新在国际市场上已经形成了一定的规模。在过去十年当中，国际资本对小额信贷公司的关注度大幅度地提高，投资快速地成长。以印度为例，在若干种金融细分行业当中，从商业银行、共同基金、资产管理甚至于股票交易所等，这一系列各种类型的金融机构当中，小额贷款公司最受到市场的青睐，也就是说它的估值是最高的。小微金融实际也是世界范围的一个热点。全球性的小额贷款的价值链正在形成。有很多投资者专注于这个领域，并有相当的规模。它的载体往往是投到一些专业的小额贷款基金里，这些基金里有一批真正懂这个行业的专家，他们的业务覆盖到小微金融业务。通过基金又投资到专业的小额贷款公司，后者再服务于小微企业和低收入人群。这样的价值链在全世界已经形成，差不多有十来年的历史。在中国，这个事情刚刚开始，可以预期未来会有很强的发展势头。

中国的商业银行纷纷进入世界最大银行之列，我们为之骄傲。对这些主流银行来说，传统金融遵循一个"二八原理"，当它们走向资本市场面对投资者时，它们强调拥有社会最精英、最优秀的客户，也就是说，20%的客户带来80%的利润。几乎所有的银行都转向这个方向，强调高端。尤努斯打破了这个惯例，他专为穷人服务，同时在商业上可持续。坦率地说，对于做穷人的生意能否实现商业上可持续，国人大多仍处在疑虑阶段。尤努斯的伟大在于他把金融发展和社会的转型结合起来，他认为，在两极分化的社会里，如果太不关注贫穷的人，这个社会将难以持续。这个理念在中国改革开放三十多年的今天凸显其意义重大。20年前如果我们强调高增长，一部分人先富起来，时至今日，关于共同富裕的主题变得越来越重要。从这一意义说，我们要加倍关注金字塔下层人士。

当然，尤努斯更多代表的是20世纪小微金融的理念，其特征是市场的创新，也就是说越过传统大银行关注的客户市场，他走到银行服务不足的客户市场，开拓出新的领域，用新的商业模式为贫穷的人提供服务。今天已经是21世纪了，我们要站在尤努斯的肩膀上看到21世纪的曙光。我们应该洞察全球金融创新的发展趋势。在国际上大家观察到，在发达国家中的很多金融创新，除了市场创新之外，更多的是所谓的技术创新，即通过数字技术，中国叫互联网金融，用跳跃式的方式为穷人提供金融服务。21世纪的趋势很可能是既有市场创新，同时还要有技术创新。小微金融的未来还是要和互联网金融叠加，互相结合。这样一种金融才是未来真正可以大规模复制，又能达到普惠效果的金融。

希勒教授更加注重制度本身的发展。他认为，我们应该把很多对未来的畅想都寄托于代表金融体系的各类制度的发展上。当今信息技术的发展令我们感到炫目，而这些发展应该能够以简洁的方式与金融创新相互作用。但归根到底，金融制度的发展比硬件和软件的发展更重要。金融系统实质是一个信息处理系统——建立在人力基础而非电子元件基础之上的系统，而且人工智能离彻底取代人类智慧还有很远的路要走。从而向着建设更好的社会迈进——进入一个人们能够感受到自己的经济公平得到了保障的社会。

六、 答案：什么是好金融与好社会

以上，我们从问题入手，通过对理论观点和实践活动的回顾，把好金融与好社会的关系已经作出了基本的分析，现在似乎越来越接近于结论性的回答，究竟什么是好的金融，什么是好的社会。我们先给好社会下一个不完整的定义。

好的社会，可能有一些标志。简单来说就是公平正义，社会上下通道畅通，尤其对于中下阶层的人，他或她有机会可以往上走，而不是社会到处都有堵塞，然后通过暴力发泄自己的怨气；基尼系数比较低，相对平等；城乡差别、地区差别和贫富差别比较小；关键是每个人经过努力都有成才、发财、安居乐业发展的机会，至少有生存发展的机会。好社会的内容很多，归纳起来说，就是要实现这样一种社会状态，这个社会是有正能量的。

　　与此相对应，好金融应该是什么样的呢？能够促进社会向好的方向发展的金融，有利于有效配置资源的金融，有利于经济结构调整的金融，有利于既促进经济增长、又推动社会公平的金融，有利于缩小三大差别的金融，有利于下层人士、低端群体、草根阶层往社会中端走的金融，有利于消除金字塔形社会并向橄榄形社会转型的金融，有利于避免掉进"中等收入陷阱"的金融。总而言之，是充满了正能量的金融。

　　我们今天有没有实现这样的状态？用一个"好"字来评价对照中国的金融，现状是令人深思的。我们还是用金字塔来比喻我们的经济（见图1）。

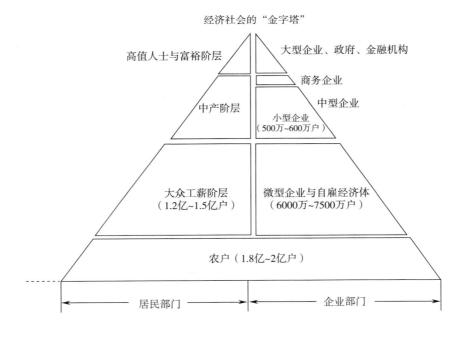

图1　经济社会和金融服务的"金字塔"

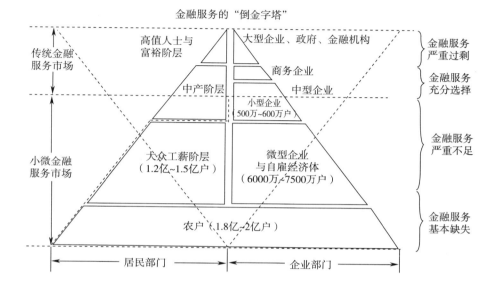

金融服务的"倒金字塔"

资料来源：中国人民大学小微金融研究中心。

图1　经济社会和金融服务的"金字塔"（续图）

　　我们的经济是正的金字塔，金融是倒的金字塔，反映社会最顶端的大型企业、高端人士获得最多的金融资源，但社会的底层、金字塔底座部分获得的金融资源是最少的，是倒过来的金字塔。这个分析框架是小微金融领域无论进行研究还是从事实践的一个基础。如何改变这个基本现状？中国有500万～600万户小型企业、6000万～7500万户微型企业、1.8亿～2亿户农户，他们所获得的金融资源相对来说非常少，这是当今中国金融的现状。因为金融拖后腿，使得我们的经济迟滞以及社会不稳，金融责任在身。

　　在过去几年里，国内的小额信贷发展迅猛，9000多家小额贷款公司俨然成为一个新的行业。但是，这个行业本身也有诸多问题，突出的有两项问题：一是融资难，二是缺乏先进的信贷技术。很多小额贷款公司慢慢意识到需要转型，从"小额贷款"转到所谓"小微贷款"，但怎么转？小额贷款和小微贷款是不同的商业模式，技术在哪里？怎么风险控制？这些都变成很尖锐的问题。这点在国内宣传、介绍、推广比较薄弱，这是现在行业当中很突出的问题。这两种因素本身又交织在一起，没有好的技术、好的商业模式，就很难融资。中和农信商业模式非常成功，就有可能作出证券化来，良性发展就可以做强做大，其他更多的，大概90%以上的小额贷款公司在信贷金融生物链当中吃了商业银行的残汤剩饭，没有自己的客户，没有自己的商业模式，更没有自己的信贷技术。所以，坦率地说，这个行业既方兴未艾，又危机四伏。

在政府动员之下，近几年我国的商业银行积极向小微企业发放信贷，甚至形成了几万亿元的规模。不过，撩开面纱，这些所谓小微贷款的平均规模都比较大，远未真正到达金字塔的底层。由此可见，我们过多的资源和过多的关注仍然是在正规的金融系统里，中国调整金融结构的任务任重道远。我们特别强调做小微金融，做好金融，全社会都来关注好金融，因为社会有好坏之分，金融有好坏之别。中国金融的当务之急是发展小微金融以及为小微企业服务的各类非银行金融机构，用建立"好金融与好社会"的目标或者衡量标准来推进金融改革和金融发展，极大地延展金融体系发展的深度和广度。

建立普惠金融基础设施[*]

2015 年 9 月，我们第一次正式发布中国普惠金融发展报告，主题是"好金融，好社会"，引起了社会的强烈反响。2015 年以来，我国普惠金融事业取得了明显的阶段性成就。据我观察，主要表现在三个方面：第一，普惠金融理念得到广泛普及和推广，无论金融从业人员、政府管理人员还是学术研究人员，都对普惠金融日益关注，普惠金融对经济的正面影响、对社会的积极作用，日益得到人们的认同。我们从媒体报道的很多会议论坛上都可以听到有关普惠金融的话题。第二，普惠金融得到全面的实践，尤其在网络支付、手机支付、消费金融、网络信贷等领域，我们观察到建立在可持续基础上的商业模式正在彰显出普惠金融的商业价值和社会价值。第三，2016 年 1 月，政府颁布了推进普惠金融发展的五年规划，以此为标志的普惠金融发展战略正在逐渐展开，政府高度承认普惠金融对于改善金融结构、促进经济发展乃至优化社会结构的重大意义，并且明确了政府发挥引导作用、市场发挥主导作用的基本原则。

当然，从世界各国的经验来看，我们也不得不承认，普惠金融是一项说易行难的事业。难，究竟难在哪里？用现在时髦的语言来说，就是它的痛点究竟在哪里？纵观普惠金融在国际上走过的历程，它是因市场缺陷而产生的理念，普惠金融的先驱最早都是以非政府公益性

---

* 本文来源于贝多广：《中国普惠金融发展报告（2016）》，北京，经济管理出版社，2017。

组织的形式开展活动的，经过长期的实践，人们越来越达成共识，普惠金融的可持续发展有赖于商业绩效与社会绩效双重目标的实现。当然，这种理想主义情怀的实践历经数十年之功，尽管已经取得了可圈可点的成就，但是在世界6亿贫困家庭需求的背景下，只是满足了大约1/4的需求。世界范围的金融排斥仍然是全球有识之士忧心忡忡的重大难题。中国的普惠金融事业相对其他发展中国家是后进的，属于后起之秀，但却增长迅猛。可能已经无法弥补的缺憾是，中国普惠金融的演进过程只经历了非常有限的非政府公益性活动，绝大多数小额贷款公司和网络贷款公司从出生起就要实现如狼似虎的利润目标，这就决定了在中国实现双重目标的困境。能够预见到的结局就是，这些本来就自称草根的从事金融却归类于非金融普通企业的机构起于野蛮成长，将终于自生自灭。

令人鼓舞的是，在数字技术推动下，普惠金融迈出了数字化的步伐，这种态势无疑让人联想到有可能实现商业绩效与社会绩效双重目标的历史机遇。数字化普惠金融以其低成本、高速度、广覆盖为优势，在短短几年内实现了传统普惠金融数十年都无法企及的目标。数字化普惠金融的浪潮正在迎面而来，它的走向和影响岂可低估？然而，正如每一次创新都伴随着新的风险一样，数字化普惠金融也有其发展过程中的痛点，那就是创新与风险之间的平衡。中国互联网金融运行过程中的纷乱现象委实让人低头沉思。从深层角度分析，众多风险实际上还是源于普惠金融基础设施的匮乏。在没有高速公路的情况下所有车辆都要跑到每小时百公里以上，那么不出事就是小概率事件。在没有完善的指标体系、征信体系、支付体系、监管体系、法律体系的生态环境中，普惠金融的路径选择恐怕只能是战战兢兢、如履薄冰。所以从这一意义上说，建立普惠金融基础设施是发展普惠金融事业的当务之急、重中之重，更应是政府推进此项事业的用力所在。就像人们都熟知"要致富先修路"的道理一样，建设普惠金融事业的成功与否很大程度上取决于普惠金融基础设施的状态。

正是出于以上考虑，我们把 2016 年发展报告的主题确定为"普惠金融国家发展战略"。整个报告分为五个部分：第一部分从国际大背景出发来讨论建立普惠金融国家发展战略的意义和战略目标，进而联系中国现状提出战略实施的路线图。第二部分特别重点讨论政府在这一过程中应当扮演的角色，除了从一般意义上讨论政府如何发挥引导作用，还特别以广西壮族自治区田东县农村金融综合改革为例专题讨论地方政府在发展普惠金融进程中的作用。普惠金融基础设施涉及面很广，2015 年的发展报告对征信问题有所探讨，2016 年我们只是集中讨论了普惠金融指标体系的建设，这就是本报告的第三部分。机构体系也是基础设施的重要方面，但我们没有进行全面完整的梳理和分析，而只是在第四部分中就机构在发展普惠金融事业中的创新发展，特别是对一些典型案例进行了分析和介绍，比较前沿的是对农村供应链金融特别是电商金融的一些探索性实践也进行了介绍和讨论。第五部分实证分析了如何对普惠金融的社会成效进行评估。与 2015 年类似，我们还是注重普惠金融实践案例的收集和讨论，共有九个案例。我们相信这种持之以恒的案例积累，无论对于当下的学习交流还是对于后人的总结启示都是有价值的。

2016 年的发展报告从立题开始就得到了王君教授极富价值的指导，在此谨向他表示最诚挚的感谢！值得一提的是，我们的普惠金融发展报告项目，除了民生银行一以贯之给予资助之外，今年还得到宜信公司和 VISA 国际的鼎力资助，在此一并表达由衷的谢意！发展报告是集体努力的结晶，今年我们的团队进一步发展壮大，在李焰教授和莫秀根博士的协调下取得了新的成果，团队成员不一一列名，在此我们一起共庆共勉！

普惠金融：战略规划与模式创新*

　　中国的经济社会结构是金字塔式的形状。从企业的角度来说，顶峰是大型企业，顺着往下是中型企业、小型企业和微型企业，最底层是农户；从家庭角度来说，顶峰是高端人群，接着往下是中产阶级、大众工薪阶层，最底层是农民。这是典型的金字塔式的社会结构，而发达国家与中国不同，发达国家是橄榄形的社会结构，中产阶级居多数。中国则是金字塔形的社会结构，底层人数居多，这是中国经济社会的基本现状。

　　与经济社会结构相反的是，中国的金融服务结构是倒过来的，呈倒金字塔形。换而言之，高端人群、企业和政府机构等，机构规模越大越有影响，能够获得的金融服务也越多。而顺着往下，中型企业、小型企业、微型企业到农村，所能够获得的金融服务越来越少。金融服务的"倒金字塔"形状是我们讨论普惠金融基本理论的出发点，经济社会的"金字塔"与金融服务的"倒金字塔"不对称的社会状况，使得通过建立普惠金融的方式以改变目前的不对称现状变得很有必要。

　　耶鲁大学的罗伯特·席勒教授也曾提出，社会经济结构不平衡的状态（如贫富悬殊等），其根源就是金融结构的不平衡。这个问题提得非常有高度，也使得我们研究金融的学者从技术层面上升到社会层面来看待金融对社会的影响。

* 本文载于《财经》，2016 年 12 月 5 日。

普惠金融对解决社会经济结构以及金融结构的不平衡有着突出重要的意义。联合国在十多年前提出金融是人的基本权利，并开始在全球进行推广，因此发展普惠金融从理念上来说有很大意义；原来的金融结构不太合理，需要发展普惠金融进行调整；普惠金融对于宏观经济的再平衡有重要作用，比如推广消费金融是中国宏观经济再平衡中的一个重要举措；发展普惠金融有利于社会转型，有利于中国的金字塔形社会逐步过渡到更加"长治久安"的橄榄形社会，这也是最重要的一点。

一、　传统模式的瓶颈

从传统的经济理论来说，资本越少的人应该得到的边际回报越高，但是由于风险的不确定性、信息不对称、逆向选择与道德风险、交易成本、抵押物的缺乏等原因，使得传统的资本边际回报曲线发生了变化。这也是普惠金融之所以能够发展的经济学的基本原理。

从国际经验来看，普惠金融的发展已经历了 40 多年的历程。

最早的微型金融模式出现在亚洲的印度尼西亚、孟加拉国和拉美的哥伦比亚、巴西等国家，在 20 世纪七八十年代，出现了以非营利组织为代表的微型金融的探索，并且通过几十年的发展积累了相当的经验。比如，大家熟悉的尤努斯的格莱珉银行，1976 年拿到执照，到现在已经整整 40 年。在 20 世纪 90 年代，一些比较成功的微型金融机构开始进入资本市场融资，同时也受到监管部门的关注。2000 年之后，开始出现了一些专业的微型金融机构的上市，比如印度尼西亚的印度尼西亚人民银行（BRI）和墨西哥的康帕图银行（Compartamos Banco），目前这些银行的规模已经相当大，部分银行已经在当地国家排名前五，但它们仍然只是专业做微贷、小贷业务。所以，国际投资界对于微型金融比较认可，在资本市场上给予的估值也比较高，甚至一些专业投资于微型金融的投资基金也建立起来了。

　　微型金融在国际上已经发展了 40 多年，那么目前到底发展到什么程度了呢？哈佛大学商学院的研究表明，全球范围内的微型金融中，以微型信贷为例，目前有 1.5 亿个活跃客户，贷款规模 450 亿～600 亿美元。而据哈佛大学计算，全世界需要贷款的家庭大约有 6 亿个，目前微型信贷仅覆盖了 1.5 亿个家庭，占比为 25%，还有 75% 的家庭没有被覆盖。从贷款渗透率的角度看，预计可以给家庭提供的贷款总量目前也仅实现了 20% 的规模，还有 80% 没有实现。

　　目前，全世界都提出把微型金融作为重要关注点，希望在 5～10 年内能够有一个全面的、革命性的发展。但从效率上来说，微型金融经过 40 年的发展之后仍有 70%～80% 的人群完全没有被覆盖，这是不太令人满意的。之所以传统的模式遇到了发展的"瓶颈"，最大的难点在于微型金融企业的双重绩效目标。要同时实现企业的商业绩效和社会绩效是非常理想和非常有难度的，为了实现这一双重绩效目标，使得整个行业的发展受到很大制约，这也就是我们所说的"鱼和熊掌能不能兼得"，商业效益和社会效益能不能双高？坦率地说不太容易。原因在于实现商业效益需要较高的价格，即贷款利率要比较高，但价格越高社会效益就越低，这是一对矛盾。对于穷人来说，融资难、融资贵是一个很大的问题，如果既能获得资金又能获取付得起甚至廉价的资金，那当然算是真正实现了商业效益与社会效益的统一，但从传统模式看，确确实实比较难以实现。

　　普惠金融的风险识别、信用记录的获得、数据的获得等成本都非常高，传统的普惠金融的做法均是高成本的定期频繁访问客户，前台、后台劳动密集型，靠物理网点通过大量线下高密度地触达低收入弱势群体。从这个意义上说，对于"既要维护成本模式，又要实现高社会价值"的双重绩效目标是需要有所反思的。

二、 发展战略重点

金融危机之后，世界各国和各国际金融机构主要关注以下两大金融主题：一是金融的稳定性，即防范风险，不出现大的金融危机；二是金融的普惠性，即如何使社会具有包容性，实现包容性增长，使得社会结构比较合理。危机的发生使得稳定性受到广泛的关注，而现在越来越多的人也认识到普惠性的重要性。

从中国的现状来看，中国的普惠金融目前与其他发展中国家相比有值得我们自豪的地方。与印度、巴基斯坦等亚非、拉美国家相比，中国的储蓄调动系统是比较发达的，深入到每个村、乡，类似高效的抽水机，把农民"边边角角"的钱都搜集起来了。但问题是信贷系统比较薄弱，类似低效的灌溉器，问题比较严重，尤其是农村较为典型。比如中国邮政储蓄银行，作为中国分支机构最多的银行（号称有 4 万多家分支机构），它有强大的储蓄与调动能力，但信贷能力相对比较薄弱。再比如农村商业银行和农村信用社等基层的传统金融机构，负债方都做得不错，但资金基本都用在银行间市场拆借、股市或发达的城市或地区投资等，造成了整体金融结构的失衡。如果从银行拓展到保险、信托、租赁等其他金融模式来看，失衡的情况更为严峻。

中国的普惠金融未来的发展空间比较大，但目前也存在一些突出的问题。一是小微企业融资难、融资贵，二是金融基础设施薄弱，三是"最后一公里"问题比较突出，四是欺诈和误导盛行，五是金融知识教育比较欠缺。

2016 年 1 月，国务院正式颁布了《推进普惠金融发展规划（2016—2020 年）》（以下简称《规划》），《规划》可以被视作是中国普惠金融发展的国家发展战略，具有里程碑意义。

《规划》提出，到 2020 年，建立与全面建成小康社会相适应的普惠金融服务和保障体系，明显增强人民群众对金融服务的获得感，满足人民群众日益增长的金融服务需求……使我国普惠金融发展水平居于国际中上游水平。

实际上，《规划》已经做得非常好，但仍有值得进一步完善的地方，简单来说有以下四个方面：第一，普惠金融的指标体系。普惠金融的发展程度需要有量化的指标体系，包括需求、产品供应、基础设施和数字化等多方面的综合指标。中国现在缺乏这样一套指标体系，这是普惠金融发展过程中的一项基础设施，需要尽快建立起来。

第二，《规划》要成为普惠金融的国家发展战略，需要有重点。对于中国而言，普惠金融的基础设施建设方面还比较薄弱，基础设施建设是非常关键的一个重点。

第三，《规划》目前还只是一个方向性和纲领性的文件，还需要完善具体的行动路线图。比如，每一步该如何走，地方政府如何落实。

第四，《规划》是由人民银行和中国银监会牵头，各部委参与制定的，但要真正执行普惠金融的国家发展战略，还必须界定各个政府部门的角色，协调各方推进战略的实施。这个问题没有明确地提出，可能与目前金融监管架构正处于不确定的状态有一定的关系。

以上几个问题如果得不到解决，将可能导致规划无法落到实处，五年后可能会发现很多任务没有完成。

此外，普惠金融的基础设施建设内容非常广泛，包括指标体系、征信、评级、金融安排、法律制度、微型企业的注册和破产、财务报告等。普惠金融的发展过程涉及很多要素，包括之前讲到的双重绩效目标的实现、商业模式的选择以及规模、成本、人才、管理、风控等。虽然有人把普惠金融形容为草根金融，但实际上其技术含量非常高。传统金融机构之所以没有深入到普惠金融领域，技术欠缺是一个很重要的影响因素。此外，普惠金融的培训、教育及能力建设也很重要，国外在这方面做得不错，但中国还没有完全起步。最后一个很重要的基础设施是监管的环境。

三、 数字化普惠金融

目前，世界各国普惠金融领域的专家有一个共识，就是新型的普惠金融是建立在科技基础之上的，简单来说就是数字化普惠金融。数字化普惠金融在某种程度上可以解决传统普惠金融所无法解决的一些问题。因此，对于互联网金融和数字化普惠金融等的讨论就比较多，如中国很多人喜欢用大数据、云计算等来表述，实际上类似问题在国际上也有很广泛的研究。有学者用人工智能、互联网、数据处理、通信手段、终端设备等概念来强调未来普惠金融的一些重大趋势，简单地说就是如何从 High - touch 到 No - touch。所谓 High - touch 是指频繁地接触客户，属于传统微型金融的做法；现在是 No - touch，不需要每天与客户见面，但通过互联网、手机、线上等新的技术模式来进行客户接触。

这种全新的商业模式，有很大的前景。其优点是可以大幅降低传统普惠金融的成本，提高覆盖速度与广度。传统的普惠金融是 40 年覆盖 1.5 亿名客户，新型普惠金融可能在 5~10 年内就能覆盖全部 6 亿个家庭，覆盖的广度非常大。如果这样一种新的商业模式能够推出，则能真正解决传统金融的"双重绩效困境"的难题。科技在普惠金融中发挥越来越关键的作用已经在全世界范围内逐步成为共识。因此这样来看，鱼和熊掌也有可能兼得。

在这个过程中，传统金融机构需要下沉，进入普惠金融领域里；一些咄咄逼人的新型金融机构通过电商平台、社交平台、供应链平台也不断进入到普惠金融领域；此外，还有一些技术类公司也可能弯道超车，进入普惠金融领域中。

未来 5～10 年在普惠金融领域究竟鹿死谁手犹未可知，混战比较厉害，可以说是守成者和搅局者的较量。传统金融机构是守成者，新型金融机构如技术公司、电商、社交平台是搅局者，它们之间的较量谁胜谁负还不能作出结论，但一定是用技术的手段发展，数字化的普惠金融可能是未来的发展趋势。

中国的普惠金融发展规划中提出了一系列的目标，如提高金融服务覆盖率、提高金融服务可得性、提高金融服务满意度，这与中国参加签字的普惠金融联盟（AFI）成员集体通过的《玛雅宣言》（*Maya Declaration*）是一致的，发展普惠金融已是全球共识。在 2016 年 7 月 24 日发表的 G20 财政部部长和中央银行行长会议公报中，通过了由普惠金融全球合作伙伴（GPFI）制定的 G20 数字普惠金融高级原则、G20 普惠金融指标体系升级版以及 G20 中小企业融资行动计划落实框架。中国在普惠金融领域获得话语权的概率较大。

普惠金融的伟大社会意义，就在于能够把现有的金字塔形社会引导到橄榄形社会。金字塔形社会是一种不平衡的社会，暴力和冲突较为普遍。从金字塔形社会转变为橄榄形社会的过程中会经历所谓的"中等收入陷阱"阶段，我们能否跨越这个陷阱一举成功转型为橄榄形社会？这既是我们的目标，也是普惠金融发展的伟大的社会意义。但坦率地说，由于普惠金融推进过程中的种种问题，在未来 5～10 年中如果不能把握时机，中国也可能掉进"中等收入陷阱"并长期徘徊，这种不确定性是存在的。因此从这个意义上来说，发展普惠金融是非常重要的。

包容性增长背景下的普惠金融发展战略[*]

一、 引言

近年来"包容性增长"（inclusive growth）成为全球范围内的热门话题。而作为一个不断发展完善的概念，目前包容性增长并没有统一的定义。例如，世界银行认为包容性增长是一种能够使得贫困人口大量减少并能够使最大数量的社会劳动力参与到经济活动中来的增长方式。[①] 国际包容性增长政策研究中心（IPC – IG）把包容性增长的重点放在参与度上——人民能够参与到经济活动中，具有一定话语权，并能够分享经济增长带来的好处。[②] 亚洲开发银行（ADB）认为公平对待"边缘群体"（marginalised groups）是实现包容性增长的内在要求，应当保障这部分群体的经济参与权和受益权。[③] 二十国集团（G20）则达成共识：强调促进机会均等和收入均等是包容性增长的应有之义。[④] 虽

---

* 本文作者为贝多广、张锐，本文载于《经济理论与经济管理》2017 年第 2 期。

[①] E. Ianchovichina, S. Lundstrom. What Is Inclusive Growth? [Z]. World Bank Economic Policy and Debt Department（PRMED）Working Paper, 2009.

[②] R. Ranieri, R. A. Ramos. After All, What Is Inclusive Growth? [J]. One Pager, 2013，188.

[③] ADB. SME Development, Government Procurement and Inclusive Growth [EB/OL]. http：//www. adb. org/publi – cations/sme – development – government – procurement – and – inclusive – growth，2016 – 12 – 01.

[④] G20. Antalya Action Plan [EB/OL]. http：//www. gpti. org/publications/antalya – action – plan，2016 – 12 – 01.

然这些机构对包容性增长的认识略有差异，但国际上对包容性增长也达成了一些共识，即从总体上说：包容性增长不仅强调结果，也强调过程和路径。一方面关注经济增长和发展的成果，另一方面也关注这些增长和发展是如何实现的。

国际上探讨的包容性增长一般包含以下内容：在提高国民收入和GDP之外，政府应当设定和倡导更加广泛的目标，而不是假设经济增长能够自动解决社会问题；重视"人的发展"和生活水平的提高；使得社会各个层次的人群都受益；减少贫困和不平等；提升"经济参与度"，鼓励各类人群积极参与到经济活动中来，并就经济如何发展广泛听取意见；促进自然资源的可持续利用和环境保护。[①]

包容性增长是为了解决世界各国经济发展过程普遍面临的三个问题：贫困、失业和不平等。这三个问题是相互关联的——往往失业和贫困会带来各个方面的不平等，进而有可能会成为经济、政治和社会不稳定的导火索，不利于经济在长期中稳定可持续增长。包容性增长将以上三个问题全部纳入了经济发展的框架，并注重实施相应的经济和社会政策。经济增长是解决贫困、失业和不平等的前提条件，因此有部分包容性发展政策和传统政策是重合的。而除此之外，包容性发展政策还应当有新的关注点，例如，重视教育和对人力资源的投资；提供更多的工作岗位；促进经济的结构性调整，为经济增长打下更宽广的基础；扩大累进税的应用范围；提高社会保障水平；减少歧视，促进社会融合和普遍参与；促进中小企业的发展；推动经济和社会制度改革等。[②]

总体来看，包容性增长关注的是增长方式——经济以何种方式增

---

① Catholic Agency for Overseas Development. What Is "Inclusive Growth"? [Z]. CAFOD Working Paper, 2014.

② Catholic Agency for Overseas Development. What Is "Inclusive Growth"? [Z]. CAFOD Working Paper, 2014.

长会直接影响到分配问题和公平问题。包容性增长强调再分配和促进社会公平，但并非提倡简单"扶贫"。它从全局出发来考虑实现可持续较快经济增长的有利和不利因素，在长期发展的视角下，通过促进经济发展、增加生产性就业机会、制度改良等基础性的措施来减少各个方面的不平等。这里应当强调的是，包容性增长理论认为经济的较高速度增长是减少不平等的必要条件和重要原因，换而言之，应当在经济发展的前提下考虑实现包容性增长。

包容性增长理念的提出是对传统经济发展理论的革新和修正，反映出经济发展过程中积累的各种问题引起了各国的重视。我国自改革开放以来，经历了几十年的快速增长，经济建设取得了巨大的成就，但也随之产生了一些经济社会问题。在经济结构调整、发展模式转型的大背景下，包容性增长的理论和实践对我国也有很好的启发意义。

二、 包容性增长和普惠金融的联系

包容性增长是一种理念和思想，必须有相应的经济和社会政策来加以落实。发展普惠金融就是实现包容性增长的重要措施。参考目前国际上的主流定义，笔者认为普惠金融（inclusive finance）是服务于社会各类人群，包含被传统金融体系排斥在外的群体的、由正规金融服务提供者经营的负责任的金融服务。包容性增长和普惠金融有什么关系呢？从英文名来看，其都强调"包容性"（inclusive）[①]，这反映了两个概念有深刻的内在联系。包容性增长主张将所有群体特别是"边缘人群"纳入经济体系中，使得人民能够平等分享经济发展带来的好处，并为经济发展注入新的动力。而普惠金融则强调将所有群体特别是被金融排斥的人群

---

① 有学者将 inclusive finance 直接译成"包容性金融"，从字面上看更为准确；只是目前"普惠金融"的译法已更为广泛被社会特别是官方所接受。

纳入到金融体系中来，使得各类群体都能够得到合适的金融服务，并以此促进经济发展和社会改善。比较两者的主张和措施，普惠金融是在包容性增长的范畴之内，是包容性增长在经济金融领域的一项具体措施。实际上，许多国家制定的普惠金融发展总体目标都显含或隐含"增进所有人群的福利"，而这也是包容性增长的目标（见表1）。

表1　　　　　　　　部分国家普惠金融战略中设定的总体目标

中国	推进普惠金融发展，提高金融服务的覆盖率、可得性和满意度，增强所有市场主体和广大人民群众对金融服务的获得感
印度尼西亚	建立能为所有社会阶层提供服务的金融体系，以此促进经济的增长、贫困的减少和收入的均等
巴拉圭	通过建设多元化和竞争性的市场，为所有有需求的巴拉圭人提供高质量和可负担的金融服务
菲律宾	为了实现稳固的、包容性的增长，建立起能够满足所有人需求的金融体系
坦桑尼亚	通过正规的金融服务提供者来提供或构建一系列适当的金融服务和金融基础设施，所有的坦桑尼亚人能够有尊严地、公平地、经常性地利用金融服务和支付结算服务来管理现金流和减少突发事件带来的风险

资料来源：各国普惠金融发展战略的相关文件。中国：中国国务院公布的推进普惠金融发展规划（2016—2020年）；印度尼西亚：印度尼西亚副总统办公室公布的"National Strategy for Financial Inclusion"；巴拉圭：世界银行发布的"National Financial Inclusion of Paraguay（2015—2018）"；菲律宾：菲律宾中央银行公布的"National Financial Inclusion Strategy"；坦桑尼亚：坦桑尼亚国家普惠金融委员会公布的"National Financial Inclusion Framework（2014—2016）"。

从国际上普惠金融理论的发展趋势来看，普惠金融和包容性增长这两个概念开始逐渐被同时提起：研究普惠金融的学者也开始更多地在包容性增长的大框架下探讨普惠金融的相关问题，并研究普惠金融在促进包容性增长方面发挥的作用。这两个概念以"包容性"为纽带，紧紧结合在一起：发展普惠金融是实现包容性增长的具体措施和重要动力；而包容性增长为发展普惠金融提供了良好的经济社会环境。更为重要的是，包容性增长考虑了经济社会发展的全局，在包容性发展的大框架下，可以实现普惠金融发展政策和其他经济社会政策的协同。

实现包容性增长，提高经济社会的"包容性"是关键，促进经济社会的不断"增长"是基础。作为包容性增长的一个有机组成部分，发展普惠金融既要注重"包容"，又要注重"增长"。普惠金融的发展是一个动态的过程，不同的发展战略往往会带来不同的发展结果。为了让普惠金融不偏离"包容"和"增长"这两大主题，需要加强顶层设计，制订能够适应包容性增长要求的发展战略。

此外，在我国特定国情下，在发展普惠金融时还应注意考虑如何将普惠金融发展战略与我国经济社会发展整体规划有机结合起来，将发展普惠金融作为促进其他经济社会领域包容性增长的重要手段。

三、 包容性增长背景下发展普惠金融的基本原则

处理好政府和市场的关系是所有经济金融战略都要面临的问题。政府和市场能否各自发挥应有的作用，通常关系到经济金融战略的成败。基于我国国情，笔者认为在包容性增长背景下发展普惠金融，应当坚持"政府引导、市场主导"的基本原则。

普惠金融需要政府的引导。由于种种主客观原因，市场中的金融机构会出现覆盖不足甚至服务空白的状况，部分群体特别是贫困人群和中小微企业不能获得足够的、合适的金融服务。很显然，相比起其他经济领域，普惠金融的特点决定了市场机制在其发展过程中更有可能"失灵"。在这种背景下，政府应当发挥应有作用以改善市场失灵。作一个形象的比喻：假如把普惠金融比喻成一条奔腾的河流，如果政府要引导河流的流向，最好不要去命令水往哪里流，而是应该挖掘好、疏浚好河道，并建好防护堤，这样水自然而然就会向预想的方向流淌，同时也不用过分担心水患。换而言之，政府应当主要起引导的作用，这种引导主要体现在统筹规划、均衡布局、组织协调、政策扶持等方面。而从更宏观的视角上来看，政府还有必要在普惠金融中融入自己

的意图，使普惠金融成为经济发展和社会改进的推进器，并使普惠金融与政府的其他促进包容性增长的政策相协调。需要特别强调的是，由于普惠金融的特性，政府除了发挥引导作用之外，还应担负起有效监管的职能。部分普惠金融的服务对象处于弱势地位，促进金融消费者的保护，尤其是对贫困人群的保护至关重要。可以看出，缺失有效监管和消费者保护的普惠金融不具备包容性。因此，在培育和引导普惠金融时，正确处置民间非正规金融、规范新型普惠金融业务、避免金融风险、防范"过度负债"（over‑indebtness）现象等，都是推进普惠金融、促进包容性增长过程中政府的重要任务。

在普惠金融领域，市场要发挥主导作用。市场在现代经济中所起的作用不需多做论述。普惠金融的发展历程就是市场化的过程。从早期由政府和慈善组织补助的"扶贫"性普惠金融实践的失败，到商业化、可持续的普惠金融模式取得一定成功，再到适应市场需求的、新型的普惠金融模式的快速兴起，这些都说明了市场应当在普惠金融发展中起主导作用。更何况，普惠金融具有影响面广、利益相关者众多的特点。只有通过市场机制来动员各类经济主体参与到普惠金融中来，通过充分的磨合和竞争，才能发展高效、健康、可持续、包含所有社会群体的普惠金融体系，从而推进经济社会包容性增长。因此，发挥市场的主导作用可以提升普惠金融的参与度，并使得社会中各个层次的人群特别是贫困人群都有机会受益，这与包容性增长的理念是契合的。

我国在《推进普惠金融发展规划（2016—2020 年）》中明确提出"政府引导、市场主导"的原则。① 正确处理政府与市场的关系，尊重

---

① 中华人民共和国国务院. 国务院关于印发推进普惠金融发展规划（2016—2020年）的通知 ［EB/OL］. http：//www. gov. cn/zhengce/content/2016 ‑ 01/15/content ＿ 10602. htm，2016 ‑ 12 ‑ 01.

市场规律，使市场在金融资源配置中发挥决定性作用，这是这份规划的高明之处。坚持"政府引导、市场主导"的基本原则，就是要正确认识政府和市场的关系，把握好各自的"度"。对于市场失灵的情况，政府要给予引导，但政府切不要因此越位——这对于中国当前大环境来说是一项挑战，但却是需要反复强调的逻辑。包容性增长的应有之义就是要让各类经济主体都能够参与到经济活动中来，并享受经济增长带来的福利。从这个意义上来说，在包容性增长背景下发展普惠金融，就是要"包容"市场，通过政府的引导，让市场成为发展普惠金融的原动力，因此在制定和实施普惠金融发展战略时，不能把市场排斥在外。

四、 政府的重心是建设普惠金融基础设施

为了在包容性增长背景下促进普惠金融的健康发展，贯彻"政府引导、市场主导"的原则，政府应当把工作重心放在"河道"和"防护堤"上。笔者认为："河道"和"防护堤"的具体表现形式是普惠金融基础设施。这里的金融基础设施是广义的概念，既包括有形的"硬件"，也包括无形的"软件"，包括指标体系、征信体系、支付体系、机构体系、监管体系、金融教育体系和协调沟通体系等。需要指出的是，金融基础设施的广泛性和普惠性关系到"包容"，而金融基础设施的有效性和实用性关系到"发展"。因此，政府着力于发展普惠金融基础设施，就体现了包容和发展的有机统一。如何通过建设"普惠金融基础设施"来促进普惠金融发展？笔者认为政府应当把重点放在以下几个方面。

（一） 金融指标体系建设

建立完善的金融数据指标体系有利于获取定量的数据和指标，准确认识国内的普惠金融发展状况，制定有针对性的总体性发展战略和

具体措施。其有利于在实施相关措施之后，对实施效果进行评价，并对普惠金融发展战略和措施进行修正和改进。更有利于总结各国各地区普惠金融发展经验，进行国际和地区间发展状况横向对比。因此，金融数据指标体系贯穿普惠金融发展的始终，是重要的金融基础设施。

金融数据指标体系应当具有普惠性。概括地说，在进行指标体系建设工作时，可以从普惠金融的供给端、需求端、基础设施环境和数字化普惠金融四个维度建立相应的数据库，以提高数据的可比性、透明性、持续性和有效性。特别要将非正规金融机构、中小微企业和贫困人群纳入数据采集范围。具体来说，在常规的指标之外，可以考虑进一步完善以下三个方面的金融数据指标。

一是金融可得性类指标，侧重反映金融服务供给侧的情况。该指标体现金融服务的深度和广度以及消费者为获得金融服务需付出的成本，可以包含人均各类金融硬件设施的数量、各类金融服务（包括数字化金融服务）的覆盖率、金融服务附加的各类显性、隐性成本等指标。二是金融服务利用情况类指标，侧重反映金融服务需求侧的情况。该指标体现消费者使用金融服务的频率、偏好和持续程度，可以包含各类金融服务的使用、注册或开户情况、各类金融交易（包括数字化金融交易）的频次、日常非现金的各类交易或结算占比等指标。三是金融服务质量类指标，侧重反映金融服务对消费者需求的满足情况。该指标体现消费者的选择范围如何、金融服务的匹配程度如何、消费者对金融服务的理解程度如何，可以包含衡量金融服务的竞争程度、消费者的满意程度、消费者对金融服务的知情程度、消费者对金融知识的掌握程度、消费者保护的有效程度等方面的量化指标。

（二）征信体系建设

信息不对称在普惠金融领域表现得尤其突出。由于主客观因素的限制，往往一部分普惠金融服务对象——特别是贫困人群和小微企业无法提供金融业务所需的基础资料或者文件证明。或者即使可以提供这些信息，单个金融机构也没有足够的能力去收集零散的信息并加以规模化运用。信息不对称的坏处在于：对于普惠金融服务的需求者来说，会导致要么金融服务需求不足，要么"过度负债"，并因金融服务价格高昂而增加其获得金融服务的难度。对于普惠金融的提供者来说，会导致金融资产组合的整体质量恶化和运营费用增加。对于监管机构来说，会加大防范系统和非系统性金融风险的难度。因此，为了缓解和消除信息不对称而建设普惠金融征信体系，应当成为金融基础设施建设的重点。完善的征信体系可以提高经济主体的金融可得性，降低金融服务的费用，提高金融服务的效率，更为重要的是有利于小微企业获得金融服务，提高经济的活力和创新能力，提升金融体系和经济体系的包容性。

在中国人民银行的主导下，我国已经基本建立了针对企业和个人的征信体系，但包含的信息仍待进一步完善，覆盖范围也有待进一步拓宽。目前还有一些非官方性质的征信机构已经通过应用大数据技术和互联网技术来尝试构建新型征信体系。如何整合这些社会资源，建立起一套覆盖全社会，尤其是要覆盖贫困人群和小微企业的"普惠金融征信体系"是值得探讨的问题。此外，还可以考虑将前面所说的普惠金融指标体系和普惠金融征信体系融合在一起，建立统一而全面的"普惠金融国家数据体系"。

（三）支付体系建设

支付和结算是金融体系的重要功能，也是普惠金融的重要组成部分。我国的支付体系发展迅速，但仍有很大发展空间。虽然银行间支付结算体系健全，金融网点覆盖率较广，支付结算硬件设施渗透率不断提高，但社会公众仍较习惯使用现金进行支付结算，部分群体因为地理限制或者不具备金融知识，仍然不能或不愿使用非现金支付结算方式。发展具有普惠性质的支付体系，提高支付体系的使用率，要从两个方面着手：一是要进一步完善和推广传统的、银行主导的支付结算，二是要积极发展创新的支付方式。

支付结算体系可以从整体上降低交易成本，提高交易参与度、交易效率和交易安全性，因而天然具有包容性。近几年，一些新型的支付方式通过移动设备网络就可以随时完成小额支付转账，给社会公众带来很大便利。观察非洲和南亚一些国家的普惠金融实践，促进数字化支付手段的普及，如通过手机银行、电话银行进行支付结算，推广"电子货币""移动货币"，成为这些国家发展支付体系的重要措施。支付结算体系影响面广，涉及人数多，和日常生活息息相关。确保各类支付结算机构和各自的支付结算系统安全稳健运行，协调好银行和新型第三方支付结算机构的关系，鼓励新型支付方式的发展，加强各类支付结算软硬件设施的建设，应当成为我国支付体系建设的重点。

（四）机构体系建设

普惠金融的发展过程是多层次机构体系不断建立的过程。观察国际上普惠金融发展水平较高的国家，其机构体系的最鲜明特点就是多层次、多样化、具备包容性。从参与的机构上来看，最初普惠金融只被视作公益性组织和小额贷款机构的专门领域，现在更多的商业银行、保险公司和其他传统金融机构加入到发展普惠金融的队伍中来，推出一系列具有普惠性质的金融服务。这说明传统金融和普惠金融之间的界限已经开始模糊。除此之外，还兴起了一些应用新技术、新模式的机构，业务涉及征信、支付、小企业投融资、小额资产管理等方面。总体来看，现在参与推动普惠金融的机构种类和数量更多，所提供的金融服务更广。既包括传统金融机构，也包括新型金融机构、各类非金融机构、非政府组织等。机构体系是金融服务的载体，推动建立多层次、多样化、广覆盖的机构体系是提升金融体系包容性的重要举措。

笔者认为，应当由"正规"的金融服务提供者来从事普惠金融。

正规指的是提供普惠金融服务的各类机构有合法的身份，并且具有经济实体属性，根据监管分类按对应的层级接受不同程度的金融监管。正规化的普惠金融机构体系有利于加强监管和消费者保护，并且可以更好实现商业化——例如能更容易进行融资，更方便对接资本市场等。而对于原有的非正规金融服务提供者，也不宜"一刀切"地否定，对于可正规化的非正规金融服务提供者，应考虑如何将它们纳入金融机构体系，分步骤、有节奏将其正规化，并根据其自身条件及业务性质（例如资金实力和经营范围如何、是否具备系统重要性、是否吸收存款等），分层次划定业务范围并进行有效监管。

（五）监管体系建设

由于金融服务的公共属性，通常金融监管机构对于金融服务提供者会提出各个方面的要求，可能包括资本金、消费者保护、风险控制、信息系统、合规流程、利率限制、资本准入、税收和会计准则等。这些要求对于影响范围广、公共属性很强的大型金融机构是非常有必要的，但对于普惠金融服务的提供者，尤其是小型金融机构和非金融机构，是否仍然全部必要呢？

对普惠金融进行监管时，要考虑以下因素：第一，普惠金融服务提供者本身的运营成本就很高，再去执行全部的、统一的金融监管规定就会增加巨大的成本，这些成本往往会被转嫁到消费者身上。第二，普惠金融服务的提供者往往具有分布分散、信息系统不发达、数量众多的特点，业务模式也和传统金融业务有差异，执行全部的、统一的金融监管规定也会给监管部门带来不菲的监管成本。第三，普惠金融服务的提供者一般规模相对较小，多数未达到有可能损害金融体系系统稳定性的规模。第四，普惠金融的客户，特别是低收入人群和处于偏远地区的人群、老人和妇女，往往抗风险能力较差，也不具备足够的金融知识，而普惠金融服务的提供者往往自身的业务水平不高、正规化程度不够、合规和风险控制能力差。在这种情况下，消费者保护就成为要格外强调的问题。第五，新的普惠金融形式，如包含互联网金融和移动金融在内的"数字化普惠金融"，其风险特征异于传统的金融业务，传统的监管体系和监管方式要作出相应修正。

国际主流的看法是：要考虑到普惠金融的特殊性，对于普惠金融的监管不应和传统金融机构尤其是银行相同。在全球普惠金融合作伙伴组织（GPFI）的"国际标准制定组织峰会"上，各主要国际标准制定组织达成了共识：监管的适当性原则（proportionality principle），即权衡好监管的风险和收益，是做好对于普惠金融进行监管的关键。[①] 对于普惠金融产品和服务的提供者，根据其业务性质界定其是否具有系统重要性，划分好普惠金融的层次，再对其进行有针对性的、有重点的、分层次的监管，成为国际上通行的做法。提高监管体系的包容性，有利于提高金融体系的包容性，也有利于实现包容性增长。

（六）金融教育体系建设

通过金融教育可以提高社会公众的金融知识水平、金融技能水平和金融理念水平，进而提升社会公众特别是"边缘人群"的金融能力，使他们参与到金融活动中来，了解自己应有的经济金融权利并从经济和社会发展中受益更多。因此，普及金融教育是推进包容性增长的重要手段之一。此外，普及金融教育还有利于加强金融消费者保护，有利于提高金融体系的稳定性，有利于促进普惠金融和经济社会的发展。截至 2015 年，全球有近 60 个经济体将普及金融教育作为一项国家战略。捷克、丹麦、马来西亚、秘鲁、西班牙、英国等国甚至将金融知

---

① GPFI Standard – setting Body Engagement on Financial Inclusion［EB/OL］. http：// www. gpfi. org/publications/is – sues – paper – 1 – standard – setting – body – engagement – financial – inclusion – progress – and – challenges，2016 – 12 – 01.

识作为中小学必修的一项内容。①

金融教育应具有普惠性，社会公众应享有均等的了解金融知识的机会。构建金融教育体系可以遵循以下步骤：首先，结合各类社会群体的实际情况做好调研工作，评估社会金融知识水平，掌握社会公众对于金融知识的需求；然后，确定金融教育应当实现的目标，并在政策和制度层面上作出相应的安排；最后，对金融教育的效果进行跟踪、监测，并适时调整相应的政策和制度。

（七）协调沟通体系建设

协调好不同政府部门之间以及政府部门和社会公众的关系，包容广泛的社会群体，才能让各方面的利益都能够得到体现，确保普惠金融国家发展战略的制定和执行的过程具备包容性。

首先要确定发展普惠金融的领导机构。普惠金融联盟（AFI）认为：强有力的领导是从国家的角度上制定普惠金融战略的基础。② 根据统计，目前大多数已制订或正在制订普惠金融发展战略的国家都选择中央银行作为领导机构，原因在于中央银行通常具有较高威望和政治独立性，因此在政策协调、落实推动方面具备优势。③ 除了中央银行，也有许多国家选择财政部作为领导机构。无论是谁担任发展普惠金融的领导机构，都必须具备足够的能力和充分的授权，可以将其他相关

---

① OECD. National Strategies for Financial Education [EB/OL]. http：//www. oecd. org/g20/topics/employment – and – social – policy/National – Strategies – Financial – Education – Policy – Handbook. pdf，2016 – 12 – 01.

② AFI. The 2010 AFI Survey Report on Financial Inclusion Policy in Developing Countries [EB/OL]. http：// www. ati – global. org/library/publications/2010 – afi – survey – report – financial – inclusion – policy – developing – countries，2016 – 12 – 01.

③ AFI. National Financial Inclusion Strategies：Current State of Practice [EB/OL]. http：//www. ati – global. org/library/publications/national – financial – inclusion – strategies – current – state – practice，2016 – 12 – 01.

政府部门和社会上广泛的各类普惠金融利益相关者凝聚在一起。

在确定领导机构后，需要制定发展普惠金融相关事项的议事机构和协调机制。这一套机制要明确政府部门内部如何合作，政府部门和其他非政府机构、社会公众如何沟通。参考国际上的经验，多数国家建立了委员会、秘书处、工作组等机制，并将各个政府部门和社会公众代表纳入其中。以墨西哥成立的国家普惠金融委员会为例可加以说明（见图1）。

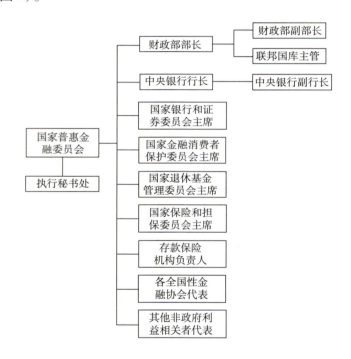

资料来源：世界银行发布的"Financial Inclusion Strategies Reference Framework"。

图1 墨西哥国家普惠金融委员会的架构

我国国务院印发的《推进普惠金融发展规划（2016—2020 年)》中提到：由中国银监会、中国人民银行牵头，国家发展改革委、工业和信息化部、民政部、财政部、农业部、商务部、林业局、中国证监会、中国保监会、中国残联等部门和单位参加，建立推进普惠金融发展工作协调机制，还提到了地方政府也应建立协调机制。^① 除此之外，笔者认为我国建立发展普惠金融的沟通协调机制，还应当考虑到以下几方面的问题。

第一，我国目前还没有常设的普惠金融议事机构和制度化的普惠金融议事机制。未来可以考虑建立一套稳定的协调制度，以确保在落实普惠金融国家发展战略和执行具体措施时都能够实现群策群力、良好沟通和协调运作。

第二，在现阶段我国分业监管的情况下，人民银行侧重于宏观管理，中国银监会专注于银行业金融机构的管理。而普惠金融是个宽口径的概念，在信贷领域以外还有很多其他普惠金融业务形式，新型的普惠金融模式也不断涌现。由中国人民银行和中国银监会主要负责，是否能够覆盖宽口径的普惠金融？前文笔者论述了政府的着力点应当放在金融基础设施建设上，金融监管机构能否有足够的能力去动员这种基础设施建设？普惠金融对促进经济发展和社会改进有重要作用，是否需要考虑在更高层面上设立普惠金融领导小组？

第三，各市场主体和社会公众在发展普惠金融中有不同的利益诉求。只有协调好各方面的利益相关者，才能确保相关政策和措施的顺利实施，因此可以考虑将市场主体和社会公众的代表也纳入普惠金融协调机制之中。经济主体广泛参与经济活动的决策和实施，也是包容性增长的重要内容。

---

① 中华人民共和国国务院. 国务院关于印发推进普惠金融发展规划（2016—2020 年）的通知［EB/OL］. http：//www. gov. cn/zhengce/content/2016 – 01/15/content _ 10602. htm，2016 – 12 – 01.

五、 结束语

普惠金融的理念和包容性增长是契合的。在包容性增长背景下发展普惠金融，要紧紧抓住"包容"和"增长"两个主题，在增长的前提下提升包容性，在提升包容性的同时实现稳定、健康、可持续的增长。考虑到我国实际情况，发挥好政府的作用，选择适合国情的普惠金融发展战略，这是推进我国经济社会包容性增长的重要举措。

普惠金融国家发展战略的目标[*]

我们认为，普惠金融（Inclusive Finance ）可以定义为服务于社会各类人群包含被传统金融体系排斥在外的群体的、由正规金融服务提供者经营的负责任的金融服务。本文主要探讨在制定普惠金融的国家发展战略时应当确立哪些目标。

普惠金融发展战略的目标决定了普惠金融的发展方向。从世界各国的经验来看，解决金融可得性问题以及与此相关的"最后一公里"问题往往是制定普惠金融发展战略的出发点。除此之外，发挥普惠金融在扶贫减贫方面的作用、加强贫穷人群的能力建设、普及金融教育以及推进数字化普惠金融等，也都可成为普惠金融发展战略的重要目标。特别是在中国特定国情下，普惠金融发展战略如何与国家经济发展整体规划相协调，如何将发展普惠金融作为促进经济社会发展特别是创业创新的手段，也是应当加以探讨的。

一、 提高金融可得性和解决 "最后一公里" 问题

金融可得性（Financial Availability）衡量所有金融消费者（包括原本被金融体系排斥在外的群体）能否以合理的成本获得合适的金融服务。一个金融体系的金融可得性如何，主要看以下三个方面：经济主体获得合适的金融服务的能力、金融体系提供不同层次金融服务的能

---

* 本文作者为贝多广，张锐，本文载于《财经智库》2016 年第 9 期。

力和金融基础设施的完善程度。这里的"金融基础设施", 是广义的概念, 包含支付结算体系、金融服务网点体系、移动金融和互联金融体系、金融监管体系、社会信用体系、消费者保护体系等"软件"和"硬件"。

应当全面考虑金融可得性这个概念。从金融服务需求者的角度来看, 影响金融可得性的因素主要有以下四点: 一是地理或生理条件的限制, 这造成偏远地区或有生理缺陷的人群不便获得金融服务; 二是没有充足的证明或基础资料, 尤其是农村地区人群和个体经济从业者往往无法提供这些文件; 三是无法负担金融服务的成本, 如利息、费用和其他成本; 四是缺乏金融知识和金融经验, 导致部分人群不知道自己可以获得金融服务, 或不知道如何获得金融服务。

从金融服务提供者的角度来看, 影响金融可得性的因素主要是金融服务的门槛和产品种类。传统金融体系的门槛往往较高, 在融资金额、客户资质、抵质押品、资金监管等方面有较为严格的要求, 从而导致特定人群被排斥在传统金融体系以外。从社会公平和经济权利的角度来说, 金融服务应当满足各类社会人群, 尤其是原本被金融体系排斥在外的人群的适当金融需求, 因此金融服务应该是多元化的, 这就需要有多元化的金融产品体系和金融机构体系; 不应等待需求者改变, 而是提供者做出改变, 即通过金融创新来满足需求者的合理需求。

从金融基础设施的角度来看, 狭义的金融基础设施如金融机构网点、金融终端、支付结算系统等有形"硬件"是沟通金融服务供给和金融服务需求的纽带, 也是金融服务实现的载体和渠道; 广义的金融基础设施如金融法律制度、信用体系、消费者保护体系等无形"软件"则是金融体系赖以生存的环境和土壤。因此, 没有金融基础设施, 金融可得性也就无从谈起了。

提高金融可得性是为了解决"金融排斥" (Financial Exclusion)。

金融排斥是指因为种种不利因素，部分社会群体没有机会接受传统金融体系提供的金融服务，或者没有得到充足的金融服务。出于风险和收益的权衡，以银行为主导的传统金融体系并没有足够的动机去服务所有的社会群体。根据世界银行行长金墉在 2013 年的估计，世界上大约有 25 亿名成年人没有机会接受银行业提供的金融服务，大约有 2 亿家中小企业无法获得金融信贷。对于这些被传统金融体系排斥在外的人群：从他们自身的角度来看，他们处于资本匮乏的状态，资本的边际产出高，如果能够获得合适的金融支持，生产水平将得到大幅度提高；从社会公平的角度来看，获取适当的金融服务应当被视作经济主体的经济权利，同时减少贫困和扶助低收入人群也是社会发展的重要目标；从整个经济金融发展的角度来说，将这些人群纳入金融服务的范围也是促进经济发展、推进金融深化、完善金融体系的最基层发力点。此外，包括发达国家在内的绝大多数国家，被传统金融体系视为客户，并能获得充分金融服务的人群往往属于经济条件比较好的社会群体，而在低收入人群和这些获得金融服务的人群之间也存在着巨大的真空地带：有些人并不是最穷的人，甚至并不是穷人，但因为没有达到传统金融体系的"标准"，往往也被排斥在金融体系之外，或者只能获得不充分的金融服务，因此提高他们的金融可得性也很有必要。

普惠金融中"普惠"二字的应有之义是惠及所有社会群体，是要让所有得不到正规金融服务的人群能够有机会得到充分的金融服务。因此，提高金融可得性既是普惠金融的目标，也是普惠金融的手段，各个国家普惠金融战略的具体措施都是以提高金融可得性作为抓手。从上面的分析中可以看到，普惠金融的含义不仅仅局限于服务低收入和偏远地区人群，除他们以外，还有大量的中间层群体，虽然条件要好一些，但仍未得到足够的金融服务，他们也应当属于普惠金融服务涵盖的范围。目前，这些处于"中间地带"的群体得到越来越多的重视，为他们提供服务也是普惠金融未来的一个重要发展方向。在我国，介于大型企业与小微企业之间的"中型"企业，就处于这样的"中间地带"原因是尽管传统金融机构已经覆盖这部分企业，但是由于种种缘故，这部分企业事实上处于服务不足的状态。

金融可得性的缺失突出表现在"最后一公里"上。在普惠金融领域，金融产品和服务与金融消费者之间的距离形象地被称为"最后一公里"问题。如上所述，受制于种种主客观条件的限制，普惠金融并不会"天然"地到达金融消费者手中并为金融消费者所用，在普惠金融的提供者和消费者之间往往还隔着一层无形的屏障，这种屏障或使金融消费者无法有效利用普惠金融产品和服务，或使普惠金融的服务人群无法进一步扩大。只有提高金融可得性，走完"最后一公里"，才能让普惠金融真正地惠及各类社会人群。

总结各国普惠金融发展情况，目前多数发展中国家都已经意识到，"最后一公里"的问题很大程度上是由金融基础设施不完善导致的。很多国家已经推出了有针对性的解决方案：一方面加强建设金融基础设施，另一方面大力发展数字化普惠金融。数字化普惠金融可以与移动设备和其他终端相结合，并利用现有的通讯网络，这相比铺设各类金融机构网点、增加 ATM 等传统手段，无疑更加经济有效。

改善金融基础设施是解决"最后一公里"的最重要措施。此外，还需要认识到"最后一公里"是个综合性问题，在金融基础设施之外还有很多别的措施要跟进，如创新金融产品、深化金融服务、革新经营理念、普及金融知识、培养金融观念等；特别是在以互联网金融为代表的一批新型普惠金融模式蓬勃发展的今天，还要有针对性地利用好这些新型普惠金融的优势。

对我国而言，结合国情，补足短板，是解决金融可得性问题并走完普惠金融"最后一公里"应当坚持的原则。我国幅员辽阔，各区域经济社会发展水平、基建完善程度和地理自然条件存在较大差异。在制定普惠金融发展战略的时候，应当区分不同经济地域的特征，确定不同的发展重心。在中西部地区、"老少边穷"地区和广大农村地区，由于经济社会条件、地理因素等限制，"最后一公里"的问题尤为突出，金融服务的网点和终端的建设仍然是当务之急，因此提高金融可得性、推进普惠金融发展的重点应当放在各类金融基础设施"硬件"建设上；而在东南沿海地区和城市区域，金融机构和网点覆盖率较高，各类金融硬件设施也较为完备，因此提升金融产品和服务的多样性以适合不同层次人群特别是"中间地带"人群的需求、建立健全配套金融制度体系和征信体系等措施就显得更为重要。总体来看，要提高金融可得性，一方面，要因地制宜，考虑到不同区域的实际情况，制定有针对性的具体措施；另一方面，要综合考虑，从金融服务的消费者、提供者和金融基础设施三个角度入手，积极发挥各类主体的作用。

二、 发挥普惠金融在扶贫减贫方面的作用

自从普惠金融诞生以来，关于普惠金融与扶贫的关系就见仁见智，众说纷纭。这些争论体现以下两个方面：第一，普惠金融应不应该把扶贫作为目标；第二，普惠金融对于扶贫有没有效果。

最早的普惠金融实践的主要目标甚至是全部目标就是减少贫困，这些"公益性"普惠金融项目往往由非营利组织发起和运营，主要运营小额信贷业务，通过接受政府补助或者慈善捐助来覆盖成本。一般来说，面向低收入人群的小额信贷的重要特点就是单笔贷款金额小、平均贷款成本高、运营费用比例大。而这些最早尝试对收益和成本没有长远的考虑，对如何将项目持续稳定地运营下去没有足够的规划，也没有成熟的普惠金融理论体系作为指导。具体表现在：一方面，最早的普惠金融实践没有建立起完善的风险控制、贷款发放和贷款回收

的制度机制；另一方面，最早的普惠金融实践往往以低于成本的价格去发放贷款，持续经营依赖政府补助或者慈善捐助。这就导致了这些"公益性"小额信贷项目贷款回收率低，贷款成本高企，从而在政府补助或者慈善捐助结束以后无法持续经营下去；同时由于缺乏可持续性，许多获得小额贷款并发展小生意或构建小型资产的客户，在项目中断后不能再获得持续融资，又回到了最初的贫困状态。因此，最终这些将扶贫作为主要目标的早期普惠金融实践大都以失败告终。当然应当看到，这些最早的普惠金融实践为以后探索普惠金融的发展模式提供了非常有益的经验，是普惠金融的起点。

随后，在 20 世纪七八十年代，以部分东南亚国家、南美洲国家为代表的普惠金融实践开始更加注重制度化。这一阶段的普惠金融仍然主要经营小额信贷，依靠建立商业化的经营模式和严格的经营管理制度，通过使用各类带有联保性质的贷款方式、构建还款激励和惩罚机制、创新信贷产品的发放和还款方式、重点定位女性客户群体等商业化措施，有效地提升了还款率，扩大了业务范围，实现了经营上的可持续。实践结果证明，在实现商业可持续这一点上，制度性的普惠金融要远远优于公益扶贫性的普惠金融。

从普惠金融的实践历程来看，实现商业可持续是非常重要的。商业可持续不等同于只追求利润，也不等于放弃扶贫这一目标。商业可持续的含义是获取合理的利润并维持可持续发展，这与实现公益扶贫并不矛盾。只有实现商业上的可持续，才能吸引更多的资本和人才进入到普惠金融中来，才能实现经营活动的平稳运行，才能提供更多数量和种类的金融服务，才能不断完善和发展普惠金融体系，才能发挥普惠金融的经济与社会作用，才能最终更好地实现减少贫困的目标。如果普惠金融服务的提供者把扶贫作为唯一目标，那么他很可能无法实现可持续经营，最终扶贫也无从谈起；而如果普惠金融的提供者坚持商业可持续的原则，那么他可以覆盖自己的业务成本，吸引更多的投资，扩大自己的业务规模，并通过规模效应降低自己的成本，从而能为更多的客户提供服务。如果市场上所有的普惠金融提供者都这么想和这么做，那么通过市场竞争，普惠金融行业的利润率就能维持在一个合理的水平，整个普惠金融体系就会不断发展壮大，得到普惠金融服务的人群也会越来越广泛；普惠金融服务的提供者、服务对象乃至整个经济社会都会从中受益，同时也可以更好地实现扶贫这一目标。

越来越多的人认识到，普惠金融没有能力，也不应该将减少贫困作为自己的唯一目标。贫困问题是由社会各个方面的原因造成的，需要政府、社会和低收入人群一起共同努力，而单纯依靠金融服务就能解决问题的想法是不切实际的。

还需要考虑的一个问题是，普惠金融对于扶贫究竟有没有效果？在这个问题上，通过设计各种试验方法，相关学者对于以小额信贷为代表的普惠金融模式进行了大量的实证研究，这些研究多数采用控制变量的方法，考察"获得普惠金融服务"与"收入增加"有无统计学意义上的相关关系。有的研究结果显示普惠金融对于减少贫困有很好的作用，而有的研究结果则认为这种作用并不明显。确实，对于普惠金融扶贫效果受到太多因素的影响，相关的试验也面临着理论上和试验设计上的种种难题。值得指出的是，这些研究往往只考察了普惠金融的直接影响，而没有从经济和社会发展的全局来考察普惠金融的作用。

普惠金融对于经济发展和社会改进的作用是多方面的。世界银行在《2014年全球普惠金融发展报告》中指出，"近年来，有50多个国家已经为普惠金融设立了发展目标……这种不断提升的参与度反映了对于普惠金融在经济和社会发展中起到的重要作用的认识。普惠金融在减少极端贫困，促进共同繁荣，推进包容的、可持续的增长方面的重要性正在不断地被承认"（World Bank，2014）。从微观机制上来说，普惠金融可以协助经济主体应对风险、规划财务、把握投资机会、减少交易成本、平滑消费等；从宏观经济上来说，一个惠及全部人群的、运转有效的、层次多样的金融体系，会有效地促进经济发展；从社会意义上来说，普惠金融对于促进社会公平和机会均等也具有重要意义。

减少贫困不是一个单独的命题，而是应当和经济社会发展紧密结合在一起。亚洲开发银行提出了"从减少贫困转向包容性增长"的观点，不再过分地强调扶贫："……增长策略应当在尽可能广的范围内使每个人都享有经济增长创造的经济机会，特别是那些穷人。……促进包容性增长的策略应包含应对市场失灵的经济政策和政府项目，从而允许社会中各类人群更充分地参与到新创造出来的经济机会中。应当更加重视经济增长，因为经济增长能创造大量工作机会，可以减轻贫困，并产生足够的资源来帮助穷人"（Asian Development Bank，2007）。主流观点已经认识到，为了扶贫而扶贫不一定会取得成功，只有促进整个经济和社会的发展，让社会各个群体公平地享有各种金融权利，并在发展中实现经济和社会的改进，才能解决包含贫困在内的各种经济社会问题。为此，普惠金融应当有多元化的目标，其宗旨应当放在经济发展和社会改进。

我国目前正处于经济转型和发展的关键时期，长期以来积攒的经济和社会问题逐渐显现。按国家统计局的口径，现在中国贫困人口有5575万人[①]，能否真正处理好贫困问题，不仅关系到经济能否以较快速度平稳发展，更关系到整个社会的稳定与否。在这种大背景下，我国应当赋予普惠金融更加重要的意义，让普惠金融在经济发展和社会

[①] 数据来源于国家统计局在 2016 年 2 月 29 日公布的《中华人民共和国 2015 年国民经济和社会发展统计公报》。

转型中起更大的作用，而不是仅仅局限于扶贫。

三、　促进贫困人群的能力构建

不仅在我国，在世界范围内贫困问题都是难题。贫困不仅仅是经济问题，更是社会问题，因此世界各国尤其发展中国家都一直在探索解决贫困问题的方法。造成贫困的原因很多，自然、社会、制度等因素都会导致贫困；除此之外，还应当认识到贫困人群本身可能具有以下特点：经济基础薄弱、思想观念保守、金融知识匮乏、抗风险能力薄弱等。但是，传统的"扶贫"往往考虑得并不全面：只强调外因，没有充分考虑到内因；只强调改善自然条件和社会因素，没有充分考虑到贫困人群自己也要作出改变；只强调"输血"，没有充分考虑到"造血"。从世界各国及我国的经验来看，传统"扶贫"措施的效果并不好。

普惠金融不是授之以鱼，而要授之以渔。解决贫困问题需要超越传统的"扶贫"思维。只有全方位地改变贫困人群的生活、生产和观念，才能提高他们的经济水平和生活水平，实现减少贫困的经济与社会目标。在考虑到外部因素的同时，加强对贫困人群的"能力构建"（Capability Creation），才能补齐"扶贫"措施的短板。对于普惠金融的服务对象——所有社会群体，普惠金融都可以发挥不同程度能力构建的作用，而对于贫困人群而言，这种作用就显得尤为重要。

经济和社会在不断发展，但贫困使得部分人群不能跟上经济和社会发展的步伐，而这又会导致他们停留在贫困状态，形成一种恶性循环。政府和社会的各种措施非常重要，除此之外，发挥普惠金融能力构建的作用、提升贫困人群的各方面能力，也是跳出这种恶性循环的重要举措。普惠金融可以在哪些方面帮助贫困人群构建能力呢？

首先，生产能力。普惠金融可以从多方面来促进贫困人群形成自己的资产、经营自己的事业。购置生产性资产和其他生产资料往往具有"门槛",贫困人群仅依靠自身积累可能难以凑足这样一笔启动资金,因此以小额信贷为代表的普惠金融早期实践就特别重视形成生产性资产。有部分研究认为,小额储蓄也能发挥类似的作用,甚至比小额信贷更有用(Aggarwal、Klapper和Singer,2012):由于贫困人群收入一直较低,他们需要面对各种生活支出,很难进行财务规划,所以也很难余下较大数量的资金,而便利的、定期的小额储蓄则可以帮助他们完成资金积累的过程。此外,覆盖低收入人群的支付结算系统、小额租赁等也有助于促进生产和交易。生产是财富的源泉,培养生产能力是普惠金融发挥贫困人群能力构建作用的核心。

其次,生活能力。提高贫困人群的生活水平是所有减少贫困政策的目标。贫困人群需要经常面对相对于他们而言"大额"的支出,并且由于经济基础薄弱,难以抵抗天灾人祸带来的冲击。因此,普惠金融的重要作用之一就是帮助贫困人群平滑消费和管理风险(Collins、Morduch、Rutherford S等,2009),在这一方面,小额信贷、小额储蓄和小额保险都可以发挥作用,成为贫困人群的财务管理工具。除此之外,还有下面几点值得一提:在一些金融网点覆盖率低的发展中国家,电子货币、移动货币等通过手机就可以实现操作的支付结算网络大大降低了贫困人群的转账、支付成本,给他们的生活带来了便利(GGAP,2012);有研究表明,获得小额信贷可以提高贫困人群的消费,同时提高子女的受教育水平(Khandker和Samad,2014);部分国家如孟加拉国的普惠金融实践把妇女作为客户目标群体,有一些实证研究认为这提高了妇女在家庭生活和社会生活中的地位(Yogendrarajah,2012);还有一些国家尝试借助小额信贷来帮助贫困人群修葺房屋、改造厕所、改善居民能源结构等。

最后,金融能力(Financial Capability)。根据德国国际合作机构

（GIZ）的观点，如果金融消费者在面对各种金融产品和服务时，具备一定的知识、技巧和执行力，能够有效管理资金并作出有依据的决定，那么他就具备金融能力（GIZ，2011）。不具备金融能力的贫困人群，由于无法合理地评估自己的还款能力，也无法有效地制定财务规划，可能会选择不一定适合自己的金融产品和服务，也可能盲目参与非正式的民间金融，并很容易陷入过度借贷（Over‐indebtedness）的境地。对于金融服务的提供者来说，培养服务对象的金融能力，也很有必要，因为这关系到金融资产的质量：如果缺乏金融能力的服务对象占比过高，形成的资产质量不佳，金融服务就无法稳健经营下去。对于一个国家来说，国民的整体金融能力也关系到金融体系的稳定。因此，培育并提高贫困人群的金融能力，无论对于贫困人群自身、金融服务提供者还是整个金融体系来说都非常重要。普惠金融在发展历程中一直特别重视普及金融知识，灌输金融理念，提高服务对象的金融素养（Financial Literacy）（金融扫盲）；很多贫困人群通过接受普惠金融服务才开始了解金融和进行财务规划。可以说，普惠金融在贫困地区和偏远地区的推广过程也是对贫困人群金融能力的构建过程。即使在城市地区，经常耳闻的金融欺诈、误导，部分原因也是消费者金融教育匮乏，金融素养不高，这也属于金融能力构建要解决的问题。

发展普惠金融，尤其是充分发挥普惠金融对于贫困人群的能力构建作用，将是治理贫困、推进经济包容性增长的重要措施。

四、　推广数字化普惠金融

数字化普惠金融（Digital Financial Inclusion，DFI）就是以数字化方式提供的普惠金融，它是对普惠金融理论和实践的重要发展。世界银行下属的扶贫咨询专家组（CGAP）认为数字化普惠金融可以定义为"以数字方式获得和使用正规金融服务，这类服务应当符合客户的需要，并以负责任的方式以及客户可负担、服务提供商可持续的价格来提供"（GGAP，2015）。全球普惠金融合作伙伴组织（GPFI）则认为，数字化普惠金融是指"通过数字化金融设施的使用来提高普惠金融发展水平"（GPFI，2014）。

我们在前面已经讨论过普惠金融中的一个重要概念"金融可得性"，世界各国的实践表明，数字化普惠金融能够在提高金融可得性方面发挥独特的作用。全球普惠金融合作伙伴组织（GPFI）指出"作为近十年推动普惠金融发展的伟大创新——数字金融，包括移动支付、网上银行、P2P、在线保险、众筹等，成功地提高了低收入人群、老人、年轻人、妇女、农民、中小企业和其他被金融排斥的人群获得金融服务的机会"（GPFI，2016）。"金融机构和非金融机构正在飞速地寻找向未被服务的人群提供数字金融服务的机会，数字金融的创新可以使得金融服务的范围涵盖偏远地区的人群，同时可以减少成本，一方面可以提高普惠金融服务的商业可持续性，另一方面降低金融服务的价格，使得更多的人能够接受服务。"（GPFI，2015）

具体来说，数字化普惠金融有三类表现形式：一是银行提供一种"基本"或"简化"的移动交易账户，通过载体或终端（移动设备、互联网设备或其他设备）进行支付、转账或储蓄。二是移动网络运营商或者其他非银行机构建立依托银行结算体系的数字化交易平台，并通过载体或终端（移动设备、互联网设备或其他设备）来实现支付、转账或储蓄。三是与上述两种实现形式相关联的其他金融服务，如保险、借贷甚至证券业务。

按照全球普惠金融合作伙伴组织（GPFI）的观点（GPFI，2014），数字化普惠金融具备四个重要特点：

第一，数字化普惠金融需要有数字化的交易平台：金融消费者可以使用某种形式的终端，通过特定网络或数字通讯网络，和具备支付结算功能的银行或非银行机构取得连接，并接收和传送交易数据，获得相应的金融服务。

第二，数字化普惠金融需要有终端设备：终端设备是多种多样的，包括手机、POS 机、个人电脑等可以传输交易数据的工具。

第三，数字化普惠金融需要有代理商：代理商负责将金融消费者的交易数据转换为对支付结算系统的指令，实现资金的收付。例如，使用 POS 机的商户，搭建交易平台、发布应用手机软件的机构等，这里的商户和机构就是代理商。

第四，数字化普惠金融可以提供支付结算以外的附加金融服务：依托数字化交易平台，所有社会群体，包括被金融体系排斥在外或未能获得足够金融服务的人群可以获得进一步的金融服务；金融服务的提供者往往也依靠数字化的手段来定位目标客户和管理风险。

通过发展数字化普惠金融可以提高金融可得性，因而是发展普惠金融的重要一环：首先，数字化普惠金融具有方便快捷的特点，例如，地处偏远地区或行动不便的人群可以方便地获得金融服务；其次，通过数字化普惠金融，金融消费者可以低成本地进行小额、零碎的资金收付和储蓄，尤其是贫困人群可以避免原本的时间成本、交通成本和较高服务费用，并方便地管理他们通常不稳定的收入和支出；再次，通过数字化的手段，金融服务可以和日常生活更紧密地结合起来，例如，可以通过数字化交易平台支付水电费和消费账单等；最后，数字化手段有利于拓展金融服务和管理金融风险，通过分析消费者的相关数据，可以精确地为消费者提供额外的、特定的金融服务。

当然，在看到数字化普惠金融好处的同时，也需要重视其风险。数字化普惠金融的风险主要与操作和技术有关，例如，数据的传输和处理会存在各种风险，比如短信发送失败会使客户看不到付款指示，数据传输和储存中可能存在隐私或安全漏洞，电脑程序处理交易可能会出错，大量数据可能会考验交易平台和硬件设施的处理能力等。代理商和交易平台存在运营风险，有可能出现金融犯罪和侵害消费者利益的行为，如欺诈、出错、现金管理不善和数据管理不当等。此外，代理商和交易平台还可能隐藏交易信息（如价格、服务条款和追索权信息）、恶劣对待客户（包括多收费）、泄露客户信息，还可能在尽职调查、交易档案管理和报告违法交易等方面存在问题。

随着数字化普惠金融的不断发展，如何对其进行有效监管被提上了日程。除传统的监管措施以外，需要特别注意两个方面的问题：第一，重视消费者保护。数字化普惠金融有利于原本被金融排斥的人群获得各种金融服务，而对于这类人群，金融消费者保护是格外重要的；同时，数字化普惠金融涉及面广，影响范围大，交易形式有别于传统的"面对面"形式，这些都增加了消费者保护的必要性。第二，加强监管协调。数字化普惠金融涉及支付结算体系和各类代理商、交易平台、金融服务提供者和金融消费者，服务范围已经从支付结算转向各类综合金融服务，因此各个金融监管部门要有明确的统筹和分工；由于数字化普惠金融依赖数据传输网络等硬件设施，电信监管部门可能也要参与到监管之中。在国际层面上，各个国家、国际组织和国际标准制定机构（SSBs）有必要加强沟通和协作。

五、 促进中小企业发展和创业创新

由于各国金融结构的差异，各国发展普惠金融的重点有所不同。比如，美国有比较发达的银行体系、发达的资本市场以及私募股权市场（诸如天使投资和风险投资等），在美国，中小企业的金融服务还是比较完善的，而普惠金融主要侧重于新移民以及低收入人群。经典意义上的普惠金融主要指微型金融，主要为微型企业和低端家庭服务。而考虑到我国的金融结构，正如我们在上一章概括的，中小企业的金融服务也比较欠缺，因此在我国发展普惠金融，对中小企业的金融服务不应被忽视。

在近几年世界经济萧条的大背景下，多数国家都面临经济增速下滑、发展动力不足、国内社会矛盾加剧等一系列问题，迫切需要找到有效的经济增长模式和新的经济增长点。为实现经济和社会的稳定发展，激发其底层动力和内在活力，各国的政策制定者普遍采取一系列措施鼓励私营部门、中小企业的发展，提升经济体的创新能力。普惠金融就可以很好地和这些措施结合在一起：一方面，作为金融体系的组成部分，普惠金融当然可以配置社会资源、提升经济效率；另一方面，普惠金融的特点可以使其在这些领域发挥比传统金融体系更加有效的作用。

连接普惠金融和创业创新的枢纽是中小企业。创业者都是从中小微企业起步的，大型企业也是从中小企业发展而来，提高中小企业的金融可得性是扶持中小企业进而鼓励创业的最重要措施之一。此外，中小企业机制灵活，往往是创新最活跃的地方，在应用新技术、尝试新产品、开发新市场、进入新产业和采用新思路方面的积极性很强——这里的创新不仅指科学技术上的创新，更指理念和模式上的创新；因此通过发展普惠金融来促进中小企业的发展对于提升社会创新能力也有重要的作用。总之，提倡创业创新，需要鼓励支持中小企业；鼓励支持中小企业，就需要发展普惠金融。在普惠金融联盟（AFI）组织世界各国签订的《玛雅宣言》中，就将普惠金融、中小企业和创业创新有机联系到了一起："作为一个由发展中国家和新兴市场国家的监管机构和政策制定者构成的组织，我们承诺：……五、支持中小企业获得金融服务，因为它们和普惠金融具有相同的目标——促进可持续、包容性的增长和推动创新。"（AFI，2015）

无论是在发达国家还是在发展中国家，中小企业在经济中的作用都是至关重要的。全球范围内，中小企业的数量占市场主体的 90%，并创造了 50% 的就业（GPFI，2013）；而在我国，中小企业提供了 50% 以上的税收，创造了 60% 以上的国内生产总值，完成了 70% 以上的发明专利，提供了 80% 以上的城镇就业岗位[①]。虽然国内外对中小企业的划分标准不尽相同，但总体来说，中小企业是经济发展的主要动力之一，同时由于数量众多、分布广泛，中小企业的发展还关系到充分就业和社会稳定。但中小企业却常常需要面对"融资难"的问题——这个问题不仅是中国特色，也是个世界性的难题。根据世界银行（World Bank）和国际金融公司（IFC）下属的中小企业融资论坛（SME Finance Forum）的估计，在全球范围内中小企业大约面临 2.1 万亿~2.6 万亿美元的融资缺口，占到了目前全球中小企业信贷存量的 1/3 左右；在全球范围内有 2 亿~2.45 亿个企业或个体经营者无法获得足够的金融服务或者根本无法获得金融服务，而在这些被"金融排斥"的企业和个体经营者中，有 90% 都是中小企业。[②] 因此，解决中小企业的融资难问题、提高中小企业的金融可得性成为这几年国际普惠金融关注的重点领域之一。

在传统的金融体系下，由于风险、信息、成本和制度等因素，中小企业获得金融服务，特别是信贷支持的难度比较大；特别是在经济不景气的时期，传统银行体系的顺周期性导致的信贷收缩进一步降低了中小企业的金融可得性。这种情况从微观上当然具有一定合理性，但是对于整个经济社会的发展却是有害的，既不利于资源的有效配置和利用，也给经济发展、充分就业和社会稳定带来了负面影响，更不

---

① 数据来源于国务院新闻办公室于 2015 年 5 月 27 日召开的新闻发布会。

② 数据来源于中小企业融资论坛（SME Finance Forum）的网站（financegap. smefinanceforum. org）。

利于鼓励创业创新。根据国际金融公司（IFC）在世界范围内的调查，中小企业普遍认为无法获得融资是企业成长的最大阻碍（Shi 和 Michelitsch，2013）。而在提升中小企业的金融可得性上，从小额信贷逐渐发展而来的普惠金融相对于传统金融体系具有比较优势：普惠金融的经营理念、思路和措施都更加具有针对性，更能考虑到中小企业的实际情况并提供合适的金融产品和服务。

随着新的技术手段、经营方式、业务模式不断推广应用，普惠金融服务中小企业进而促进创新创业的方式更加多种多样。例如，运用大数据分析技术和新的信用评级模型可以对中小企业的信用进行更精确的评估，同时也降低了资信调查成本；平台化的金融运作使得中小企业获得金融服务的渠道更加通畅，金融服务的价格进一步降低；风险投资、众筹等新模式的不断发展使得中小企业的融资方式更加多元化。普惠金融本身就是对传统金融体系进行创新的产物，普惠金融的发展历程也是金融创新的过程，因此普惠金融和创新创业的中小企业可能更具契合点——金融创新可以和生产方式、生产技术上的创新相互促进，协同并进。

我国目前正处于经济结构调整和增长方式转型的关键时期，考虑到我国经济和社会的实际情况，鼓励创业创新和促进中小企业发展尤为重要。2012 年以来，国务院已经专门出台了 5 份相关指导意见①，各部门和地方政府也出台了很多细则和具体措施。特别是在"十三五"

---

① 这 5 份国家层面的指导意见是：《国务院关于进一步支持小型微型企业健康发展的意见》（2012 年 4 月 19 日发布）、《国务院关于扶持小型微型企业健康发展的意见》（2014 年 10 月 31 日发布）、《国务院办公厅关于发展众创空间推进大众创新创业的指导意见》（2015 年 3 月 2 日发布）、《国务院关于促进融资担保行业加快发展的意见》（2015 年 8 月 7 日发布）、《国务院关于大力推进大众创业万众创新若干政策措施的意见》（2015 年 6 月 11 日发布）。

规划中，"普惠金融""创业""创新""中小企业"等名词频频出现，体现了国家战略规划层面上的高度重视。在我国，普惠金融作为促进中小企业发展和创新创业的金融推进器，拥有广阔的发展前景。因此，考虑普惠金融发展战略的时候应将服务中小企业和推动创业创新作为重要的目标，普惠金融可以在促进"大众创业、万众创新"中发挥独特的作用。

六、结束语

发展普惠金融是个系统性工程，政府应当统筹全局，推出国家层面上的普惠金融发展战略，特别是要在战略中确立普惠金融的发展目标。根据以上分析，我们认为提高金融可得性和解决"最后一公里"问题、发挥普惠金融在扶贫减贫方面的作用、促进贫困人群的能力构建、推广数字化普惠金融以及促进中小企业发展和创业创新，是现阶段我国普惠金融国家发展战略可选择确立的发展目标。需要补充说明的是，普惠金融各项发展目标的有效实现有赖于目标本身是否符合本国国情，而且各项目标是否能够相互协调和配合，政府是否积极可为地结合发展目标综合利用各种资源和协调各方面的利益关系，并且需要动员国内各个部门和机构去落实普惠金融发展目标的具体措施，并根据效果进行反馈和修正。从这一意义上说，探讨和确立普惠金融战略发展目标的过程是一个动态的过程。

数字普惠金融新时代[*]

    普惠金融在全球的实践可以追溯到 20 世纪 70 年代，东南亚和拉美地区的一些非政府组织用公益的方式向贫困人口发放小额贷款。其中，最著名的例子当属孟加拉国的穆罕默德·尤努斯（Muhammad Yunus）教授以 27 美元起家给赤贫家庭发放小额贷款，历经磨炼，最终成立了客户达数百万之众的格莱珉银行（Grameen Bank），并在 2006 年荣获诺贝尔和平奖。格莱珉银行之所以为人称道，是因为它以公益为目标，经营却完全是商业化的，比如，它的贷款利率绝不是享受政府补贴的优惠利率，而是实实在在的市场利率。从早期的微型金融到当今的普惠金融，其起于滴水穿石之力，终汇成江河潮涌之势，盖源于社会目标和商业目标的同时实现。另一个具有规模性的典型案例是印度尼西亚人民银行（Bank Rakyat Indonesia，BRI），在印度尼西亚这个有 2.4 亿人口的国度里，该行拥有的小额贷款客户高达 3500 万元，传统的微型金融获得成功。

    然而，微型金融经过 40 多年的发展，也只覆盖了 25% 的贫困家庭，据世界银行估算，全球大约还有将近 20 亿名成年人仍然处于没有金融服务或缺乏金融服务的状态。2005 年联合国提出普惠金融的概念，人们对普惠金融充满了期待，同时也不乏疑虑。

    正像人类社会的重大进步都与技术革命相关一样，普惠金融在数

---

* 本文来源于贝多广、李焰：《数字普惠金融新时代》，北京，中信出版社，2017。

字技术的推动下显示出了史无前例的扩展势头，让人们看到了希望的曙光。不同于微型金融的高接触、高成本和低覆盖，数字普惠金融展现出来的低接触、低成本和高覆盖使越来越多的人认识到，数字普惠金融可能是普惠金融事业最终到达理想彼岸的途径。目前，我国在微型金融领域的实践远远落后于其他发展中国家，但是在数字普惠金融领域却表现出弯道超车引领潮流的趋势，令世人瞩目。

忽如一夜春风来，千树万树梨花开。我们已悄然进入了数字普惠金融的瑰丽时代。为什么中国在数字普惠金融方面能独占鳌头，领先世界各国甚至领先很多发达国家？这是我最近经常被问到的问题。我通过观察归纳出以下四个方面的原因：

第一，中国人口众多，市场广阔，加之传统金融结构严重失衡，大众市场缺乏金融服务，使任何新的金融创新都能有所作为。

第二，中国的基础设施成熟，目前网民规模已达到 7.31 亿人，其中95%是移动用户。遍布全国的通信网络及手机的高普及率成为我国电子商务以及数字金融大规模、高速度发展的重要基础，而这种设施在其他发展中国家相对是不完善的。根深才能叶茂，没有完善基础设施的数字金融就如同无源之水。电商依赖的物流配送系统也是中国一道独特的风景线，它很大程度上受益于密集的居住人口、低廉的劳动力成本和宽松的城市交通管理等。

第三，中国的监管环境宽松，互联网、电子商务以及数字游戏等从一开始就是中国政府鼓励创新、支持创业的方向，当经济交易的场景催发出金融需求以及金融服务时，如网上支付、网络信贷等，政府多以呵护的态度提供相对友善的监管环境。

第四，这一点可能是最重要的原因，中国人的创新智慧和企业家精神，把从国外引进的商业模式与中国传统文化风俗进行完美结合，创造出了出人意料的商业效果，比如微信红包就是一个典型的例子。

现有的电商或社交平台，我们都可以从一些发达国家找到原型，但是中国的这些电商平台、社交平台奇迹般地演化成数字金融的形式，不能不说具有很强的中国特色。中国数字普惠金融的探索和实践足以证明，数字普惠金融是全球普惠金融事业的未来方向。当然，我们不会说数字普惠金融的前程是一片坦途，也不会说金融创新不会带来新的金融风险，事实上，我们享受数字红利的同时一定不能忽视数字鸿沟的现实。从数字普惠金融的长远发展来说，我们不可能简单地将数字化"一化到底"，而更可能是将数字化与传统模式相结合。事实上，越来越多的传统金融机构正在迈出数字化的步伐，无论是银行、证券公司、保险公司还是基金公司。

鉴于国内外的广泛需求，我们组织编写《数字普惠金融新时代》一书，由于时间所限，也只是对现实情况做一次简述。本书的内容分为三大部分：

第一部分是数字普惠金融概览。数字普惠金融是随着互联网发展而兴起的，由早期的传统金融业务互联网化过渡到数字技术驱动金融服务创新，解决应用场景实际需求。在其发展过程中，带来了多方面的社会经济价值。

第二部分介绍了中国数字普惠金融的实践探索，包括在数字化支付体系、线上小微融资、数字化小额理财、小额保险的数字技术应用与发展，以及数字化信用评分五个领域中的应用和创新。

第三部分聚焦数字普惠金融的风险挑战与消费者保护。

在本书的编写过程中，蚂蚁金服作为数字普惠金融的重要实践者，给予了我们实质性支持，其首席战略官陈龙教授专程授课，让全体编写人员受益无穷，在此表示衷心的感谢！

从农村金融到普惠金融[*]

发展普惠金融，最大的空间就在我国的农村。过去我们讲到农村地区的金融一般用的是农村金融这个词。今天，我们提出要从传统的农村金融走向普惠金融。这里面有本质的区别。我们从我国农村金融的现状开始分析。

一、 农村金融现状分析

农村金融包括四个方面的要素：一是金融的需求方；二是金融的供应方；三是农村地区的产业和组织形态；四是金融市场。

（一） 农村金融的需求方

首先我们观察农村金融的需求方。农村金融的需求方包括三大类：

第一类是农村中的企业，包括致富能人、农民企业家等。

第二类是合作社。合作社在中国走过了曲折的历史，20 世纪中叶，中国有一轮组建人民公社的高潮。之后是 80 年代初开始实行的家庭联产承包责任制。最近几年，中国又掀起一轮合作社的高潮。不过这次是各地因地制宜各自发展，合作社越来越成为一个重要的资金需求方。

第三类就是农户。坦率地说，在过去的几十年中，农村金融对农户的资金需求提供的支持比较弱，其中有技术的原因、也有历史的原因。农户这一块存在比较大的缺位。后面讲到的很多普惠金融手段，

---

　　* 本文根据 2017 年上半年在英凡研究院和兰考普惠金融培训基地两次演讲记录稿整理。

包括在一些省份正在推进的"三覆盖"，就是要把每个村、每户农户都覆盖，全包容进来。对农户的覆盖难度是相当大的，这是需要重点探讨的一个金融需求方。

对农户还要进行细分，并不是说给农民提供金融服务、满足他们的资金需求，问题就解决了。我们要追问，满足了哪部分农民的金融需求，这个问题很关键。经过将近 40 年的改革开放，农民的收入发生了分化，有高收入的人群，有普通收入的人群，还有相对低收入的人群。因此，对农户需要细分和定位。其中，最难服务的可能就是农村最底层的人群，甚至是贫困家庭。目前我国贫困标准是什么呢？就是一个家庭的人均消费每天低于 1. 25 美元。世界银行面向全球的标准是人均每天消费两美元。如果按世界银行的口径，中国的贫困人口就不是 5500 万人，而是两亿人。这部分人有没有金融需求，如果有的话怎么样提供服务，这是一个大问题。

（二）农村金融的供应方

我们再来看金融服务的供应方。这里面包含了农业银行，农村信用社系统，邮政储蓄银行，村镇银行，小贷、微贷公司以及电商企业。

1. 农业银行

农业银行是一个主要的提供方。大家都知道农业银行已经是上市公司。当时准备上市的时候，一种意见认为农村金融业务是亏钱的，能不能剥离这部分业务，轻装上阵去上市。但是农业银行如果没有农村金融，还能叫农业银行吗？还有农业特色吗？可是保留农村金融业务的话，又会拉低它的整个利润水平。农业银行上市的进程持续了很长的时间，在这个过程中，人们的认识开始发生变化，发现农村金融是一个香饽饽，是未来金融领域的蓝海。尽管现在农村金融业务亏钱，但是未来具备相当大的发展空间，而别的银行还没有这个优势，因此农业银行果断地把农村金融业务全部包装进去，打包上市。在给全球的投资者阐述农村金融未来广阔的发展空间之后，投资者给予的估值也比较高。不过，农业的业务主要铺到县域这个层次。

2. 农村信用社系统

在县以下、乡镇一级的大多就是农村信用社在做。可以说，农村信用社是中国现在真正做农村市场的主力军。尽管对于农村信用社的体制到目前为止还有很多争议，但是不管怎么样，目前农村金融的主力军还是各省的农村信用社系统。

3. 邮政储蓄银行

除了农业银行、农村信用社系统，农村金融的第三个供应商就是邮政储蓄银行。邮政储蓄银行 2016 年刚刚上市，它们上市的一个卖点就是中国最大的普惠金融银行。它有 4 万多个分支机构散落在全国 2000 多个县，拥有中国农村地区最大的金融网络系统，可以说，做普惠金融得天独厚。但是，邮政储蓄在农村地区到底做得怎么样？人们有很高的期待。邮政储蓄的储蓄系统很发达，但是它们的放贷系统明显地不对称。以上这几个都是正规金融体系之内的主力军。

4. 村镇银行

目前，全国已有 1500 多家村镇银行，已有将近 10 年的历史。理论上它们应该立足村镇，真正为"三农"服务，但实际上相当一部分村镇银行并不能实现这一最初设定的目标。当然，也有比较好的案例。

5. 小贷、微贷公司

现在字面上叫小贷公司的全国有 9000 多家，但是真正在农村做小贷的，不知道是否达到 90 家，可能百分之一都不到，当然也还是有一些，比如在江苏地区就有公司拿到农村小贷的牌照。微贷业务也有一家公司做得很突出，就是中和农信。它是中国扶贫基金会下设的一个微型信贷公司，大概已经经营了十多年，从无到有，现在已经发展到在全国 200 多个县设有分支机构，贷款规模已经达到 40 多亿元。它的贷款真的是微贷，平均贷款规模也就 1 万元。虽然它们做的贷款规模小，但从机构本身来说，发展得还是很成功的。由于农村的高收入人群基本上都被农村信用社或者邮政储蓄覆盖了，中和农信主要是覆盖低收入和中间层的这部分人。如果把低收入农民当中最困难的，也就是那些老弱病残且根本没有生产能力、完全靠国家低保救助的那部分人排除掉，剩下的是有一定能力、稍微给一点贷款就能够把他们充分调动起来的农户。据中和农信测算，这个市场他们只是满足了百分之一不到，换而言之，99% 的市场还没有人去开发、没人去覆盖。所以，如果从全国的情况来看，微贷的规模，目前来看，可以说是微不足道。

6. 电商

这几年崛起的电商，比如阿里巴巴、京东和其他各种大大小小的电商，也都纷纷从城市渗透到了农村。在电商的平台上，只要你发生交易，它也可以提供金融服务，也可以给你贷款。中国电商的发达程度在全球都是领先的，在城里边高度发达，满足了人们衣食住行各方面的需求。但是这套物流系统到农村就没那么容易。马云说过要搞村淘，覆盖一千个县，这个不容易，因为中国农村地区太大了，跟城市人口聚集、有足够的密度是完全不同的概念，农村物流成本不仅高，整个管理系统也跟不上。

除此之外，还有一些其他的机构，比如各种公益组织，在一些农村搞扶贫融资活动，甚至于公益性的慈善贷款，这个虽然也有，但是总量微不足道。

（三）农村金融的产业和组织形态

实际上，我们讨论金融问题的时候，一定不要仅仅局限在金融，一定要看经济本身。谈农村金融的时候，我们要研究它的组织形态。这个组织形态包括农户，这是最基本的元素；然后，农户组织起来的合作社或者是自然村、行政村；在这个之上，企业化管理的能人组织变成企业了。现在，各地农村都有一些农业企业、龙头企业雨后春笋般地长出来了，包括以前说的大户，它慢慢从一户就变成一个企业，这些都是要极力扶持的经济现象。

还有一个因素，我觉得从县到乡、再到村，各级政府在推进经济发展过程中扮演的角色很有意思。农户、合作社、企业、政府再加上金融服务供应商，有一些五位一体协调得很好的案例，他们找到了推进农村经济和金融发展的一条路子。把这些案例写出来在全国推广，相信会对大家有所启发。所以，这个组织形态也是我们特别要关注的，不能就金融讲金融，一定要去研究金融所服务的对象。讲经济就要讲产业。比如，我们今天在兰考开会。兰考做什么产业？这个是最基本的问题。"农、林、牧、副、渔"，这个传统的大农业里，可能"副"和"牧"商业上还凑合，但是"农"和"林"能不能做大做强，取决于很多其他因素。在中国的这个背景下，小农经济如何实现发展？实际上一百年前中国就面临这个问题，"三农"问题不是现在才有的问题。中学课本里有一篇叶圣陶写的小说《多收了三五斗》，讲的就是20世纪20年代他的老家，一个苏州农村如何慢慢败落的故事。道理很简单，原本的传统经济里，农民种粮食日子过得好好的，但是突然国门打开了，上海进来了大量的外国大米，价格比你便宜，味道比你好，你就那几斗米，卖不出去了，也不值钱了，农村也就败落了，然后农民就开始进城打工。这100年前就发生的事，到了今天，我们的农业仍然是小农经济，仍然没有科技含量，这是很难发展的。

中国的农村也不全是单个的家庭种植或养殖，不都是农业，南方地区尤其是江浙一带的农村都发家致富了，靠的是什么？靠的是工矿工业。当时叫的是乡镇企业、集体企业。以前在上海工厂的工人师傅回江浙老家去，把技术带回了农村。可见，农村的发展光靠"农、林、牧、副、渔"显然不行，最后，产业都是升级成了工业。后来，中西部地区靠挖矿也慢慢发展起来了。最近几年因为考虑到环保，开始限制矿业不能乱发展，比如提出"绿水青山就是金山银山"的说法。

当然，也不是说为了保护山水，老百姓就得饿着肚子，除了工矿业，还可以搞其他产业，比如旅游业。我们曾经到贵州去调研，山里边种地很苦，也没有规模经济，到处都是梯田，后来我们爬到对面的那座山，回头一看，那些梯田非常美。农民们也豁然开朗，种植业发不了财，可以搞农业观光啊。再比如，我们去看少数民族的很多非物质文化遗产，如古法造纸、蜡染、羌绣等，都是濒临失传的手艺。现在外国人对这些东西很感兴趣，越中国的、越土的、越原汁原味的，越有发掘价值，也越值钱。2015 年，我们在北京召开中国普惠金融国际论坛，在准备纪念品的时候，我们专门找了一个贫困村的小伙子，他做手工剪纸做得非常棒，我们把他的作品作为一个小礼品送给参会外宾，他们特别喜欢。在各地农村，实际上还有很多文化的东西还没挖掘出来，这些产业如果发展起来，再配上金融，意义就不一样了。当地经济、当地特色产业都是金融发展的根本，没有产业主体的话，金融也是空的。

（四）金融市场

接下来，我们看看金融市场。金融的交易、借贷最后是在市场上发生的，金融市场不仅仅是指证券交易所，每天发生的资金交易也都是金融市场。农村金融市场的核心问题就是利率问题。

在农村信贷领域，利率或者说资金的价格因机构不同而多有差异，有的较高，有的较低。比如，小额信贷机构的利率就相对较高，达到18%、19%甚至20%以上。所谓民间借贷的利率更高。有人认为农村经济相对弱势，农民需要扶植，这样的利率太高了。但是从农村信贷供求以及信贷机构的实际运营结果（如经营成本和经营利润）来看，这样的利率水平只是覆盖了高昂的成本和风险，没有太多暴利，其实还算合理。不过，从普惠金融实现商业效益和社会效益双重目标的角度考察，农村利率高过城市利率毕竟不是我们追求的境界，从长远来说，逐步降低农村信贷利率应该是努力的方向。以中和农信为例，它给一个农户提供 1 万元的贷款收取多少利率？20%。有人说很高。但是，对这个问题我们需要很认真地重新思考。这个 20% 的利息是市场化的利息，中和农信不是银行，它没有存款的功能，它的资金来源至今都要从社会上募集，它的资金成本就是 8%。此外，做微贷的运营成本很高。比如，内蒙古、云南等地，需要穿过沙漠、走进山区，它们也得克服这些自然条件的困难，因此贷款成本非常高。高到什么程度呢？8% 的资金成本和 10% 的运营成本，加起来 18% 了，还有 2% 作为风险的准备和微薄的利润，加起来就已经是 20% 了。如果认为这个成本太高，那就让它贴了钱做这个事，这是一种选择，或者它就干脆不做了，也是一种选择。

面对我国农村金融的现状，我们可以看到很多方面的努力正在进行。目前主要是通过加大政府的财政补贴和中央银行信贷的直接支持力度，从数量上增加信贷供应。宏观性的货币政策在某种程度上转化成了结构性的信贷政策。我们不必怀疑政府在推行这些支农政策时所持的美好愿望，然而，政策的实际效果究竟如何，是值得认真评估的。以扶贫再贷款为例，中央银行投放偏低利率的再贷款当以金融机构承诺保持偏低贷款利率为前提，这样一来，扶贫再贷款在增加农村信贷增量的同时也限制了农村信贷的利率。对于部分获得这种优惠利率的农户来说，扶贫再贷款是好事，但是更多的农户使用资金的成本仍然是农村信用社的市场利率，对于他们来说就可能被视做价格歧视。随之而来的结果可能是，第一，农村信用社能够反映市场供求关系的现有贷款遭遇冷遇；第二，农村信用社为保护现有贷款利益而不太愿意接受这类优惠性再贷款。由此可见，一个原本意在助力农村的信贷政策很可能实际上扭曲了农村的信贷市场和资金供求关系，甚至引发出寻租现象，那些真正贫困的老百姓未必能够获得所需的优惠资金。政府本来想要弥补市场失灵，但政策本身又失灵了。

当我们用市场化的方法推进普惠金融的时候，你就会发现，有的时候政府做的事出发点是非常好的，但是效果值得商榷，这就是我们说的资金价格的问题是一个核心问题。在中国，农村金融之所以远远落后于城市金融，背后就是因为资金价格的扭曲，这是中国的现状。孟加拉格莱珉银行的创始人、诺贝尔和平奖获得者尤努斯教授，他创新性地开发出帮助穷人的小额贷款，大家都觉得他很伟大。他从 27 美元开始做起来的事业，大家都觉得好像就是公益事业。2017 年初，我们把他请到了人民大学进行了一场对话，我问他你给贫穷农民提供贷款，你收取多少利率？他坦率地告诉我收取 20%，因为它的融资成本大概是 6%，加上它比较高的运营成本以及微薄的利润也要达到 20%。刚开始的时候别人也说他的微贷是高利贷，但是当时民间真正的高利贷所收取的利率是 40%。利率反映了市场供求关系的平衡，只有达到这样的利率，才有更多人愿意提供资金。

国家现在把兰考作为普惠金融改革试验区。如果金融管理部门允许更多的机构在兰考试点，我建议放开利率。如果真能实现这一点，大量资金都会来到兰考农村。资金的逐利本质决定了它从低回报率的地方向高回报率的地方流动，目前农村资金一直是往城市里流动，这是中国宏观经济中一个致命的问题。国家需要站在战略的高处，采取措施，扭转目前农村资金的流动方向，让资金从上海流转到河南来，从河南郑州流转到兰考或其他区县。要形成这样的局面，首先得解决价格问题。

如何判断利率水平的合理性？比如，中和农信 20% 的利率，有人认为太高了。我的看法是，不要用道德取向来判断面向市场的利率，关键要看它是否具有市场合理性以及可持续性，看它是否实现吸进资金流入这个行业的功能。20%的利率，农民负担得起吗？这个问题问得好。我们在农村调研时，询问农民这个问题。他们的回答是，能够承受。在他们看来，资金的获得比资金的价格重要得多，因为没有资金就什么机会都没有。所以融资贵、融资难的问题，实质上是融资难的问题，关键是首先要给他们机会，他们能不能承受那是接下来才考虑的问题。农民就是一个独立的经营者，一个农户就是一个企业，但农民没有成本，这是跟正规企业最大的区别。农民的计算方法是我的投入到年底如果增加了一元，这一元就是我的收入，因为我的成本已经在里面全覆盖了。比如，我们考察过一家水果店，水果店老板借了5万元贷款，旺季全家人都一起打理这个水果店生意。正常情况下这个店能带来一年十几万元的收入，好的话可以接近20万元。他们怎么计算收入？他们的理解是水果买进卖出的差价就是毛收入，再扣掉门店房租以及20%的利率这一资金成本。所以在他们理解里，人工是不算成本的。小微企业的资金周转率决定它的回报率。借了钱就能不断地进货、卖货，增加流水和收入。如果没有钱，这点货卖完就没了，也就没有收入了。还有一个例子，我到河北张家口一个村子调研时，碰到一个农民，他借了两万元的贷款，买了一辆没有牌照的二手小拖拉机，为此承担20%的利率。我问他觉得利率贵吗，他说一点都不贵，而且简直太合算了。他儿子在北京打工，以前每年秋收他儿子还得放下那边的活回来收玉米，相当于少挣了三四千元。现在买了拖拉机，原来一个半月的活现在一个星期就完成了，儿子也不用叫回来，可以继续在北京干活，有正常收入。另外，有了这部拖拉机，他忙完自家的活还可以帮邻居运粮食运货，能挣到点钱。因为尝到了甜头，他打算明年还要借钱，买一辆有正规牌照的车，作为正规的运营车辆，到时能赚得更多。听到这里我就理解了，这个两万元贷款产生的年化利息相比于成本，能带来更大的收益。因此，小微企业和农户经营成本的计算方法跟正规企业的成本计算方法是完全不一样的。

正规上市企业的成本计算，比如创业板的企业上市，那些每年利润在三四千万元规模的企业，想上市心里又纠结，因为一旦变成上市公司，要持续公开企业的财务信息，以前那些"跑冒滴漏"的事不仅不能干了，而且该补的税还得补，该交的款还要交，企业成本会大幅度提高。所以它们纠结要不要上市融资。非正规的企业，它有很多成本被隐性消除了，一旦变成正规的企业，企业的负担不只是财务报表上这些负担，它们还承担很多国家要求它们承担的社会责任。

总而言之，金融市场中暴露出来的农村金融的核心问题就是价格问题，如果价格能够真正地放开，中国的农村金融问题可以解决。

二、 普惠金融的问题和挑战

（一） 普惠金融面临挑战的典型现象

1. 城市虹吸农村存款

传统金融机构，无论是农业银行还是邮政储蓄，在农村吸收了存款后放到哪儿去了？放到中央银行，存了几万亿元。然后中央银行通过扶贫再贷款，把资金再放回传统金融机构。我们说，农村资金流向值得高度关注。已经有专家指出，融资难是事实，融资贵却是伪命题。深入观察表明，农村金融中贷款利率高企的症结在于农村资金的逆向流动。

在我国，金融领域一大显著特征就是，一方面金融机构在农村地区发挥着高效的抽水机作用，资金通过金融机构的调动流入银行间拆借市场，或者流向固定收益产品投资甚至股权类理财产品。另一方面，金融机构在农村地区的贷款却像低效的灌溉机一样供水不足，农村的资金根本留不住。正是由于资金供求严重失衡，农村金融领域的贷款利率才会相对较高。

国家的普惠金融战略原本是希望更多资金流向农村、农民、农业，扶植农村、支持农民、促进农业现代化，但现实却大相径庭。从全国区域、城乡、贫富等维度看，资金流向的主要特征是西部流向东部，乡村流向城市，贫困地区流向富裕地区。如何解决资金的逆向流动问题，值得高度关注。如果能够让农村的资金留在农村，甚至城市的资金流向农村，农村普惠金融问题、"三农"问题就可能迎刃而解。

2. 农村信用社改制为商业银行

农村信用社改制为商业银行，到底是不是好事，这也是值得商榷的。虽然改为商业银行能够改善它的治理结构，但是从普惠金融的角度看，会不会造成银行目标的漂移？会不会业务越来越高端，将来就不怎么服务农民了？这是我们担心的问题。因为这是传统金融机构过去很长一段时间内呈现的从农村市场退出的趋势。

3. 贷款业务下沉难

可喜的是，最近几年贷款也有下沉的趋势。党中央号召、中央银行也要求，传统金融机构业务要下沉。我们问了一些中小银行的行长，他们一般界定的小微贷款都是多大规模，他们说原来几百万元，现在可能是一百万元或者几十万元。对一家城市商业银行来说，下沉到几十万元，已经很小了。但是如果按国际的标准，这样的还不算微型贷款，最多算是小额贷款。

（二） 制约普惠金融发展的系统性因素

1. 金融基础设施薄弱

小微企业的融资贵、融资难大家说得非常多，但是融资贵、融资难背后的主要原因实际上是金融基础设施非常薄弱。因为我们没有覆盖比较广泛的征信系统，所以这些中小微弱的情况不了解，因为我们传统上是用抵押品的方法来放贷的，没有信用贷款的机制和方法，怎么评估资金需求者，没有这套机制，甚至于我们的很多法律体系也不健全。比如，小微企业，全世界都知道小微企业平均寿命一年半到两年。小微企业就是长得快死得快，但是最后有一些成长起来了，慢慢变大，它是这么一个规律。当面对这样一个基本的统计数据，金融机构肯定有判断力。怎么给它贷款？要害在哪里？要害是没有很好的破产保护法。大家都知道美国有很好的破产保护法，听起来是保护破产者，实际上是保护债权人，因为破产的人都跑路了，那债权人肯定没人管。但是如果有很好的破产保护法的话，破产的人根本不用跑路，它的债权债务关系很清晰，法院可以去界定它的资产，银行是可以索赔的，是可以拿回来的。这套体系我们不完整，或者说文字上有了，但是执行非常难，这些都是最基本的基础设施，我们比较缺乏。

"最后一公里"问题是普惠金融当中最难的问题，我们大大小小的银行都建立了普惠金融事业部，或者是普惠金融部，不管叫什么名称，总之是知道了最后要解决的事，那就是怎么样落到叫普惠金融的服务对象身上。这个"最后一公里"往往接不进去，就像我们现在的高铁发达，高速公路发达，汽车也开得非常快，但是一转到县里，一转到乡里，再一转到村里，就没有了道路，在泥泞的小道上车子也开不动了。"最后一公里"现象在中国乡村很形象、很典型地反映出来。甚至于农民家里现在也不错了，也有水泥地了，但是门口还是块泥水地。我问农民门口的泥地怎么回事？人家说这应该是村里帮忙弄的。这里边涉及谁的责任问题，有点分不清。中国普惠金融中的"最后一公里"问题是个有难度的问题，要琢磨怎么解决这个问题。

2. 消费者金融教育不足

中国还有一个很突出的问题，可能全世界相比之下都是比较突出的，就是欺诈和误导盛行，所以很多人经常问这个问题，中国人这么容易受骗，是不是因为中国人比较好赌。这里边可能有文化基因，为什么周围受骗的人很多？深层的原因很多，比如很多人贪图小利，坦率地说有那么一点点私心就比较容易上当受骗。当然，金融知识教育缺乏，这也是非常要害的事情。中国几乎所有的大学都有金融专业，但是老百姓的金融知识不够，甚至于清华大学的教授也上当受骗。科学院院士实际上金融知识也很薄弱，这方面国外叫金融"扫盲"。需要做什么事呢？我觉得咱们地方政府，包括"一行三会"在地方的分支机构，有相当大的责任要做这些事，就是金融消费者的保护和金融消费者的教育。"十年树木，百年树人"，这项工作不一定一下子看出成效，而是一个长期的民族文化素质的问题。有趣的是，我们现在有些地方还不如人家非洲国家。2016年我与非洲国家一些专家接触，了解到比如乌干达这么小的国家，我们想象很落后，居然人家的金融知识教育渗透到小学课本中了。当然它背后是德国顾问，帮它们规划来做这些事，它不是专门让小孩上金融课，而是把金融知识如货币、利率、成本等概念植入到小学生的语文课本、数学课本里去，然后在中学里也相应再增加一点知识。这样一点点启蒙，起码让很多人知道什么理财产品利率很高，只要有这些知识，就不会上当受骗。很多人因为无知，觉得说不定就有天外横财，于是便上当受骗。

3. 普惠金融服务供应商的战略定位模糊

从金融机构角度，很大的一个问题就是，客户是谁？现在对于很多机构来说变成一个很模糊的战略问题，到底怎么定位？以前它们做地方政府的业务，做基建项目，做房地产大项目，现在这些好像玩不转了。那就往下走，走到哪里？哪些是我的客户？风险怎么控制？这些都是现在很现实的问题。刚才已经提到利率高到底合理不合理，不光是机构有疑问，很多决策者和金融监管者对这些问题也有很多疑惑。做普惠金融用什么商业模式？我们看到这两天都宣布了工商银行跟京东合作，农业银行跟百度合作，建设银行跟蚂蚁金服合作，一个个都好像找对象一样，而且赶着这个时间对外公布。我相信它们各自都有目的。最后不管白猫黑猫，只要最后推进了普惠金融，就是好猫。用什么商业模式？怎么定位？怎么进行差异化竞争？都涉及商业模式的问题。想清楚这些问题当然是一个时间过程当中不断反思的过程。

4. 普惠金融面临严峻的监管挑战

现在不少人打着普惠金融的旗号做别的事情。那么很多普惠金融到底是真的还是假的？还有 P2P，网上各种各样的层出不穷的新产品，很值得打个问号。P2P 出问题了，那是监管的问题吗？小贷公司好像至少 1/3 也死掉了，是监管的问题还是他们自身的问题？这些没有共识，见仁见智，但是，很值得去认真地思索。在我看来，有很多确实与监管有关。

举一个例子，我们就讲村镇银行。村镇银行的制度安排就是建立一大批"一脚踢"，限制在县域内开展业务。失败的不少。不是家家村镇银行的老板出问题，问题可能在制度设计上，设计的时候就有问题。我们用的一种叫"收尸模式"。从建立的时候就想到万一倒闭了怎么收拾这个尸体。由此出发来设计监管、设计村镇银行，这样的村镇银行能发展吗？我们指定一家大的银行成为主办行，出发点在哪里？出发点就是它出问题有人兜底，就这么简单。出问题是什么概念？就是尸体吗？你要去兜底啊，你承担责任，如果你的发展使用"收尸模式"去发展，任何东西都发展不起来。这个设计给村镇银行在出生时就带来治理结构问题。你怎么没想到它万一发展起来，以后它怎么办？

小贷公司整个行业的问题也是监管指导的问题，而小微金融就要讲规模，不讲规模，就死路一条，所以，有很多确实从源头上跟我们监管政策有关。当然有人说了，尽管是有问题，但是村镇银行也有好的，也有模范，每一个单体的主观能动性也仍然发挥作用，在恶劣的环境里还能生存得好。所以，既是监管问题，也不完全是监管问题，每一家还有各自的问题。

三、 普惠金融发展路径探索

（一）转变思维：从金字塔底部往上走

如果真的做到业务下沉，就需要考虑我们讲的普惠金融当中最难的、社会低收入人群，你能不能去覆盖它，这是一个挑战。尤努斯教授认为，主动下沉是不会成功的。他说我们从来不下沉，我们是往上走。什么叫往上走？就是从最底层的人群做起，把这部分人群做好了再往上走。这个想法让我醍醐灌顶。当你把最底层的人群都服务好了，服务上面的人群还有什么难度呢？反观我们的做法，目前对底层的人群是政府兜底、精准扶贫，但这不一定是商业的、可持续的方法。

为什么我们说从农村金融到普惠金融？农村金融，表达的是从城市到农村，从上往下走。我们现在强调的是普惠金融的概念，普惠金融概念跟农村金融概念本质上最大的不同，就是它是从底层往上做，而不是从上往下走。现在国有大型金融机构都要建立普惠金融事业部，这个不容易，因为它们要从上往下走。政治号召和商业实践如何协调，是一项挑战。尤努斯的伟大之处在于，他从底层做起，不依靠政治，每一分钱都是商业的。这颠覆了传统经济学和金融学的基本原理。

有必要谈一下普惠金融的基本理念。在我们中国农村地区，还有1.8亿~2亿户人口，这部分人群得到的服务最少。当然，往上走还有微型企业、个体经营户等，就是国家鼓励的"大众创业、万众创新"这里边的大量自谋职业的人群，金融服务比较缺乏，我们用一个倒金字塔来反映。上面高层都是服务供过于求的。我做投资银行时有体会，我们做大型机构的发行 IPO，以前我们只有一家做主承销商，后来两家、三家，后来发展到十家，最后发展到 20 家，完全是过剩的，供应这么多，证券公司挤在里边没那么多事，最后人家企业说反正我就这点钱，你们自己分去吧，就变成这个格局。真正底下最需要金融服务的还是非常缺乏的。这个是我们的一个现状，那么从这个角度来说，发展普惠金融就具有重大的意义。普惠金融实际上就是解决经济的金字塔形状与金融的倒金字塔形状的矛盾。

（二） 发展普惠金融的三层次目标

首要目标是改善金融结构。倒金字塔实际反映了这个金融结构的不合理，通过发展普惠金融服务于这个金字塔的底层的人群，它能充分地改善金融结构。

其次是促进宏观经济再平衡。实际上，普惠金融的发展对咱们国家的宏观经济的再平衡也有非常实际的，甚至于短期有效的作用。大家都知道，现在国家鼓励消费金融，消费金融实际上在某种程度上促进了底层人群的消费的潜力，也帮助国家从经济低迷的状态慢慢地走出来，这是宏观经济的平衡，是非常重要的。我们的普惠金融在底层，无论是给创业者、给就业者，还是给农民进行小微贷款，实际上都是促进了基层的经济细胞的发展，促进了经济的活力。从某种意义上说，这几年我们宏观经济处在"新常态"，但是大家觉得也没翻车，社会还是比较平稳的，重要的原因就是底层这一块还是相对比较稳定的，老百姓找不到工作，自谋职业了，社会保持了活力，而且，普惠金融在这个机遇当中也得到了很大的发展，起到了很大的作用。

最后是解决社会转型问题。当然，普惠金融最重要的是要解决社会转型的问题。对于社会的不安定，我们要维稳，如何将社会不稳定性进行改变，普惠金融将发挥很大的作用。

（三） 普惠金融在农村的发展

这里用普惠金融的概念，意味着已经跟农村金融告别，尽管我们仍然活在农村金融的阴影之下。什么叫农村金融的阴影？就是价格仍然不是完全市场化，我们把它看作是传统农村金融的阴影仍然笼罩着我们。从发展农村普惠金融的长远战略来看，政府与其直接干预，还不如努力营造一个好的金融生态环境。

如何让农村资金留在农村良性循环？如何让社会资本积极投入农村地区？这可能是农村普惠金融是否有突破性发展乃至农村经济面貌是否出现根本性改变的关键问题。这几年我国网络信贷大规模兴起，加快金融"脱媒"进程的现象给予我们重要的启示。假如允许专业从事农村金融服务的机构能够放开负债利率，同时允许它们以更加市场化的利率提供各类"三农"贷款，农村的金融局面有可能焕然一新。国际上微型金融的成功模式表明必须完全放开农村落后地区的存款和贷款利率，用市场化来加快市场发展。国际上一些发展成功的微型金融机构成为本国排名前五的银行，甚至进入资本市场发行上市，从而示范和引导更多的社会资本愿意流向这一领域。从以上意义上说，关注农村资金流向比关注农村现有贷款利率更为重要。如果允许从事涉农信贷的金融机构在农村地区能够开展市场化的负债和资产业务，利率真正市场化，农村市场的资金充盈加之信贷活跃，可以预见，整体的农村贷款利率水平就可能逐步下降。

当然，为了将这种改革试验的潜在负面效果降到最低，我们可以采用目前国际上倡导的"沙箱实验"的方式，即选择在一定的框架内启动一个试点，允许一些机构做尝试。可以是农村商业银行、邮政储蓄银行，也可以是像中和农信这样的专业信贷机构。允许它们在一定的区域内，把利率完全放开，让存贷款利率完全市场化（小额信贷公司首先需要获得吸储职能），从而观察市场上资金流动的变化，看看是否更多地流向了农村地区。我们希望在未来数年内，更多的资金流向农村，农村的普惠金融能够真正做强做大，真正解决"最后一公里"的问题。

从目前已经开始进行的普惠金融实践来看，第一，刚才讲到的微贷公司已经有了市场化实践；第二是电商，我们也看到了，有些微小的发展，尽管前途光明道路曲折；第三是供应链金融，也就是我们刚才前面讲到农村的能人、合作社、农村企业这种龙头客户，针对它们带动而形成的供应链所提供的金融，这一块现在方兴未艾，发展的势头相当不错。进一步，我们现在都知道数字支付的发展。很多村子里，几乎所有的人都用智能手机，甚至老人也用智能手机。为什么？因为他们可以通过微信与在外地的孩子传递信息，发送图片，打电话也不要钱，太方便了。大概现在全国有 60% 以上的人都有了智能手机，有了微信，手机支付就很容易，只是有的人还有点不习惯，但是这种习惯也很快，一夜之间可能就变过来了。这块推动的普惠金融是一种弯道超车，是很明显的。从全国农村情况来看，目前还需要过渡性的产品，来替代数字化的支付。未来，一旦老百姓都会用手机 APP，这种过渡性的产品，基本上就可以淘汰了，大家都知道最后的目标是手机银行，是数字化的普惠金融。

普惠金融在农村的实践已经积累起一些可圈可点的经验。以下是其中的一部分案例。

1. 尤努斯模式

他们在中国做了，但是到目前为止还不算太成功，但是他们东山再起，希望在云南、河南，能够重振旗鼓，我们拭目以待，希望他们能够成功。他们追求的是孟加拉原汁原味。

2. 海南农信

海南农信刚开始也是原汁原味地学尤努斯模式，但是进行了与中国实践相结合的改装。像尤努斯那种开小组会，就不开了。但是它们学了一个很重要的东西，能力建设。就是说信贷员不光是给农民贷款，还帮助在某一个种植养殖产业上给农民提供支持，提供专家。它们建立了这套体系，非常有成效。

3. 中和农信

中和农信就是完全市场化的 20% 的利率，真正发到农户家里的 8000～20000 元的农户小额贷款，现在发展应该说很成功，蚂蚁金服已经成为它的大股东。将来可能是数字化和传统金融的一种结合。

4. 村淘电商模式

村淘电商的模式，铺得面很广，但是好像实现目标却有它的难度，原因是它的配送、货物、跟农家的对接以及代理人系统在农村不那么容易，所以是一种很好的探索。

5. 广西田东信用村

广西田东信用村是国家的金融改革试验区，它的基本套路就是县政府把散落在各部门的信息全部收集起来，形成一个信息平台，然后把这个信息平台提供给金融机构，当然主要是农村信用社，然后让农村信用社根据这些信息去判断。不是直接找农户，而是落到每一个村。如果是合格的一个村，给它冠上"信用村"称号，就可以给它贷款，全部覆盖；如果这个村还没合格，则慢慢培养。它是用这样一种政府引导市场主导的模式，非常成功。

6. 贵州丹寨

贵州丹寨是宜信公司宜农贷做的事。宜农贷是一个试验性的产品，它不是与丹寨的农村信用社合作，而是与村里的合作社合作。贫困村的合作社，对村民发放贷款利率只有 3%，非常便宜。宜农贷的钱从哪来？是从一个 P2P 网上收集来的。是谁给它的？那些有了一定财富的人，为了表达自己对社会的爱心，听了宜农贷的故事，说这个钱是定向给中国某个村、某个县的贫困农民家庭，你给他贷款，保证你的本金可以回来，利率为 2%，大家觉得中国人愿意吗？中国很多人愿意做这个事，所以宜农贷是这么发展起来的，他拿了这个钱加收百分之一的利率给合作社。对于农民来说，融资成本非常低，这是一种非常好的探索，但是能不能全面铺开，这个我不敢说，它更像是公益性事业。

7. 山西永济合作社

山西永济合作社是国内非常有特色的合作社，在各种合作社里面是一个标杆。它不是某一种专业合作社，也不是某一个综合的合作社，它已经成为一个社会的合作社。某种程度上它已经变成有点替代村镇行政单位、发挥政府的一些社会功能，如教育、医疗、基础设施，这种功能都发挥起来了。入会的老百姓需交会员费，并获得比较便宜的贷款。这个模式也很值得去研究。

8. 兰考普惠金融改革试验区

兰考乐器村，这个故事的价值在于把几十年前的焦裕禄传奇故事与今天脱贫奔小康的目标结合了起来。当年焦裕禄那代人种的泡桐被今天的科学家发现，可以做最好的民族乐器。后来用泡桐做乐器，居然做大了。兰考居然是中国民族乐器的主要出产地，大概占了产量的1/3。而且，在这个过程当中，很多原来贫困村出去打工的老百姓都回来了，这个社会价值不得了，这就把几十年前焦裕禄的故事跟今天的普惠金融的故事联系起来了。

四、　普惠金融的发展前景

（一）普惠金融的核心要素

普惠金融的核心要素有四个：

第一，服务对象。服务对象主要是中小微弱，中小微就是中小微企业，弱就是弱势群体，得到金融服务比较缺乏的那些群体。

第二，发展目标。普惠金融不是要重建一套金融体系，而是要融入现有的金融体系。金融体系里边每一个机构都有普惠金融的功能和职能。

第三，发展原则。普惠金融一定是政府引导，市场主导。为什么发生金融排斥？是因为市场有缺陷，政府要引导，但是政府不要越俎代庖，一定要让市场来主导，最后要调动的是市场主导这种力量。现在很多地方的政府做了很多事，包括风险担保基金、农业保险、政策补贴等。接下来该做什么？这些是引导工作，接下来要放开市场，让国内外各种模式到市场来试点、来试验，大胆地放开，把金融生态环境搞好，在宽松环境下大家来试验，一定会产生出人意料的效果。

第四，发展路径。要用数字普惠金融的数字手段来弯道超车。我们发展普惠金融，还要继续走尤努斯的传统路径吗？尤努斯走了40年，他所创立的经典理念值得学习，但是，更重要的是运用当代的科技和数字普惠金融的数字手段来弯道超车。坦率地说，中国跟其他亚非拉发展中国家相比，我们的普惠金融比别人落后30年，我们只有10年的历史，别人有40年的历史，但是今天我们还能到国际舞台上去介绍经验，是因为我们的数字普惠金融实现了弯道超车，突然就走到它们前面去了。它们有包袱，它们传统的要改也很难，但是我们没有，我们就直接用数字普惠金融来实现我们的普惠金融目标，这将成为我们的后发优势。

大家知道，2016年的G20峰会通过了一系列文件，其中一个文件就是数字普惠金融高级原则要在全世界推广。这是由中国人民银行主导起草的，在全世界推广。全球将来的普惠金融主要是以数字这个模式。数字化普惠金融最后实现的就是手机银行模式。

（二）发展普惠金融的经济社会目标

普惠金融最伟大的不在于金融本身，而在于避开中等收入陷阱，把我们现在金字塔形的社会转型成一个橄榄形，这个才是实现社会长治久安的办法。这一条非常重要。现在的社会结构是，已经有一些富人，穷人很多，中产阶级相对比较少。将来就是要把中产阶级放大，穷人可能还会有，相对贫穷的人不要太多，富人也会有，也不要太多。

这种结构的社会比较安康，比较安宁，我们要朝这个方向去努力。

党中央、国务院高度重视普惠金融发展，全社会对普惠金融已经形成共识，所以现在是发展普惠金融的良机。未来的五年，最多十年，如果普惠金融不发展，中国社会不能转型，中国可能掉入所谓的中等收入陷阱，那时候就会比较麻烦，所以现在一定要抓住时机，把这件事情做好。

（三）针对中国国情的三点切忌

怎么做？除了上面所提到的核心要素，尤其要重视三个"切忌"：

一是切忌"一刀切"。鉴于中国农村的多样性，千万不要"一刀切"推行一个模式。要尝试各种模式，尤努斯模式、田东模式、大银行模式和数字化模式，要让它们充分尝试，因地制宜。

二是切忌忽视数字科技的力量。数字普惠金融非常重要，但是，它可能也要跟传统金融相结合。我们现在可喜地看到越来越多的大银行跟金融科技公司合作，这个可能是趋势，当然，最后怎么走法值得观察。

三是切忌政府单干。要充分发挥市场作用，无论是各级政府还是各家监管机构，我们一定要树立一个认识，普惠金融最后是要调动市场的作用，什么时候把市场作用发挥起来，普惠金融就能够蓬勃的发展，不是光靠政府单干，这条非常重要。

普惠金融与能力建设 *

  普惠金融事业正在祖国大地如火如荼地全面展开。中小银行的下沉趋势仍然是金融界的主旋律，农村信用社和农村商业银行正在自己的特长基础上加快引进技术手段提升服务水平，大型银行甚至超级银行也掀起了一场以建立普惠金融事业部为标志的貌似正规战的普惠金融新浪潮。在保险领域，已经有几家保险公司撸起袖子准备投入这片蓝海。证券行业也传来令人鼓舞的消息，有证券公司开始发行带有扶贫色彩的债券，拟上市公司在贫困地区可以获得发行 IPO 的绿色通道。在非银行甚至非金融的信贷领域，小额贷款公司已经从行业困境中慢慢找到自身的定位和出路。

  数字普惠金融领域更是异彩纷呈，中国人的新型支付手段让全球人士大跌眼镜。数字化理财、网络保险以及建立在大数据基础上的征信产品尽管引发诸多议论，但其强大生命力以及独特价值已日益得到人们的认可。可以预见，以此态势推进的普惠金融事业将迸发出前所未有的能量并加速美好目标的实现。

  当然，在欢欣鼓舞的氛围中仍需保持足够的清醒。与国际经验相比，中国的普惠金融实践发展历史相对较短，经验和教训的总结尚付阙如。由于中国特定的国情背景，非营利组织发展比较迟缓，在其他国家主要依赖非营利组织推动的事情，在我国只能依赖企业或政府来

---

  * 本文来源于贝多广：《中国普惠金融发展报告（2017）》，北京，中国普惠金融研究院，2017。

完成。这就带来一些派生的问题。比如，企业一般唯商业利益为目的且有较强的时间压力，这就使得原本可能需要公益性社会企业慢工出的细活异化成急功近利的商业快餐。如果让政府来做，往往效率很高，但却失去市场和商业可持续的势能，况且，廉洁自律亏欠的土壤上扭曲和变形也是可以预期的。

2017 年，笔者有机会参加 CAFI 组办的在亚洲三国的学习访问，了解国际普惠金融领域非常著名的几家机构，其中孟加拉国的 BRAC 和印度尼西亚的 BRI 给人留下深刻印象。BRAC 可能是全球致力于普惠金融事业的最大非营利组织，除了小额信贷业务之外，还有不少其他业务活动，旗下涵括银行、教育、零售等行业大大小小的企业，各类雇员多达 11 万人，其中 72% 为女性。它的模式是一旦确认贫困群体缺乏相关社会资源，不管是金融服务还是教育医疗等，它都一应俱全地去提供。BRI 也很有特色，它是一家从国有银行转型的专业从事普惠金融的银行，如今已自己发射了卫星以覆盖印度尼西亚 1 万多个分布广泛的岛屿。有趣的是，尽管 BRI 的经营状况一直不错，但针对微型金融最大的成本是人力成本这一特点，它建立了代理商制度，让经过严格挑选的最优秀客户成为银行的代理营销员，从而降低成本。这充分说明，即使从事普惠金融数十年，经验丰富、全球领先，仍需不断进取以提高自身的服务能力。

这些案例给我们带来的启示是，普惠金融既非仅限融资，更非一劳永逸，需要不断进取、不断提高，其中的核心概念就是能力建设。

当我们确定普惠金融的主要服务对象是"中小微弱"的时候，我们很快就会发现，对"中小微弱"来说，金融只是一方面的痛点，更重要的是能力问题。比如，弱势群体中的家庭大多对金融服务敬而远之，或感觉非常神秘。究其原因，更多的是金融知识和金融素养匮乏的问题。中小微企业融资难的问题更是涉及企业商业模式、竞争能力、产品生命周期等一系列要素，绝非给一笔贷款就能做大、做强那么简单。即使在金融范畴，普惠金融也不仅仅局限于小额贷款。"中小微弱"是由若干个细分市场组成的，有必要对每一个细分市场作出具有针对性的金融服务安排。大量调研证明，中小微企业往往更需要有价值的股权类的天使投资、风险投资或者具有创新特质的众筹等融资模式。换而言之，多层次的资本市场是普惠金融发展的重要条件。2017年的绿皮书对这些问题都有所涉猎。

国际上关于能力建设的文献可以说是汗牛充栋，但大多聚焦于家庭的金融能力建设，如金融教育和金融素养。中国的实践让我们清晰地意识到，家庭的能力建设还只是普惠金融基础层面的内容，金融服务提供商的能力建设可能更为重要。

从事提供普惠金融服务的各类机构，不管是持牌的金融机构还是虽非持牌但却实实在在提供金融服务的机构，都有一个能力建设的问题。若这些机构自身能力平平，秉持病态的公司治理和模糊的战略定位，我们很难预期它们能够有效推进普惠金融事业的发展。再进一步，提供普惠金融基础设施以及执行金融监管职能的各级政府机关和监管机构也有能力建设的问题。甚至从国家层面看，普惠金融发展战略的制定、实施、评估以及协调，都牵扯到大量与能力相关的因素。比如，在中国的背景之下，如何调动现有金融体系资源特别是几家大型商业银行推进普惠金融的发展，就是一项亟待探讨和实践的课题。在为"中小微弱"服务的过程中，监管机构如何针对细分市场作出细分的监管安排，则是更大的挑战。另外，在当今数字化时代，无论是家庭、机构还是政府，都面临着全新的场景，这实际上也是能力建设的课题。

总而言之，能力建设是一个浩大的题目，2017年的绿皮书侧重于探讨普惠金融与能力建设的相互关系，至多是破了题，预计今后的研究和实践将纷至沓来。若如此，我们将感到莫大的欣慰。

　　目前，国内学术界已经汇聚了一批对普惠金融感兴趣的学者及学生，这是可喜的现象。我们在 2017 年的绿皮书写作之初就考虑把这些研究资源充分调动起来，并甄选确定了参与本年度课题研究的写作团队。所以，2017 年的绿皮书也是全国普惠金融研究力量的一次聚集和展示。我相信 2017 年研究报告的整体质量有明显提高，希望读者也能给予同样的肯定。

超越普惠金融的概念[*]

很多人以为普惠金融就是将金融服务普及到中小微企业以及弱势群体，也就是扩大金融业务的覆盖面，但结果往往举步维艰，事倍功半。其原因在于，普惠金融目标的实现并不仅仅依赖金融本身，更基本也是更重要的路径却是通过金融服务提高中小微企业以及弱势群体的金融能力。只有在金融能力的基础上，"中小微弱"才能真正享用普惠金融，运用普惠金融，并做到可持续和高效率。

一、"授之以鱼， 不如授之以渔"

中国的传统文化中有"授之以鱼，不如授之以渔"的说法，说的是传授给人以知识，不如传授给人学习知识的方法。道理其实很简单，鱼是目的，钓鱼是手段，一条鱼能解一时之饥，却不能解长久之饥，如果想永远有鱼吃，那就要学会钓鱼的方法。在中国的长期扶贫实践中，也有"与其输血，不如造血"的理念。普惠金融将金融能力的提升作为重要的内涵组成部分，恰好是同一理念。根据世界银行的定义，"金融能力"是指"在一定的社会经济条件下，消费者做出符合自身最佳金融利益的金融决策的内在能力，包括用于管理自有资源和理解、

---

   * 本文来源于贝多广：《2017 年中国普惠金融发展报告》第一章，北京，中国普惠金融研究院，2017。

选择、使用满足需求的金融服务的知识、技能、态度和行为"。[①] 当一个人缺乏基本的金融能力的时候，面对金融服务比如小额贷款的机会，往往充满恐惧而避之不及，另外一个极端可能是，承担超出自身收入能力的过度负债。这两种情形正是普惠金融推进过程中经常遇到的现象。前一现象使金融服务供应商误以为市场中没有足够的金融服务需求；后一种现象使得金融服务供应商因风险过大而受损受挫。由此可见，在提供金融服务之时，普惠金融的一项重要功能是普及金融知识，提高金融素养，强化金融能力。

我们已经知道，普惠金融的主要服务对象是中小微企业以及在金融服务方面处于弱势的家庭或自然人。我们简称为"中小微弱"。对于这四个部分，金融能力的表现特征是不尽相同的。微型企业往往更接近于家庭或个体经营者，也就是"微"和"弱"两部分。对于这两部分的金融能力，我们可以概括为（1）对金融相关知识的认识程度，包括对大体的金融知识的了解程度（储蓄、投资、借贷、通胀等基本概念）；（2）对金融产品和服务的了解程度，如金融业提供哪些金融服务以及这些金融产品及服务的相关风险；（3）创业初期个体在金融服务下资金的使用能力，如在能够获得相关金融服务的前提下如何理财、如何使用金融服务及产品；（4）金融消费者个体的权益受保护及自我能力，例如如何保护自己不受金融诈骗的影响。这些能力影响个体的金融行为，包括资金管理（每日流水）、长期规划（如何应对收入突然变化、如何规划退休支出、借贷行为、储蓄行为、理财行为）、金融决策（如何选择合适的金融产品）以及寻求金融建议等。

---

① World Bank（2013）Making Sense of Financial Capability Surveys around the World – A Review of Existing Financial Capability and Literacy Measurement Instruments. http：//responsiblefinance. worldbank. org/ ~/medina/GIAWB/FL/Documents/Misc/Financial – Capability – Review. pdf.

　　为了提升"微"和"弱"两部分的金融能力，政府或商业组织必须更好地提供各种渠道让消费者更加了解金融产品的功能及其特色，使其能与金融机构更加安心地互动，并知晓如何挑选金融产品、寻求金融及理财建议，同时清晰意识到自身应享有的权利和有效的解决机制方法。为了提高个人对资金的使用效率，政府或商业组织还有必要对个人的资金使用进行必要的培训和指导，甚至为初期的创业活动提供一定的支持。因此，既要开发出一系列合适的金融产品，也需要提供辅助的创业帮扶等非金融服务，还需要发展充足的金融基础设施建设以增强满足金融服务需求的能力，同时发展出一套健全的金融消费者保护体系，帮助消费者在与金融机构接触时规避风险、减小损失。

　　中型企业和小型企业是普惠金融的另外两个重要服务对象。中小企业融资难已成为老生常谈。事实上，这个"难"字的一个不可忽略的原因正是中小企业往往缺乏金融能力。这些能力包括商业项目的价值评估能力、运营现金流管理能力、适应商业项目与企业生命周期的融资能力和企业资本结构管理能力、运用多样化金融工具的能力等。中小企业自身需要加强金融能力建设，以更好地满足金融机构对其在征信、信用评级、抵押品和资金监管等方面的要求，更熟练地甄别和运用不同的金融产品和工具，特别是在企业发展的不同阶段为自身选择最合适的融资方式和金融服务内容。在企业生命周期中，不同阶段的企业可以利用不同的融资渠道，如天使投资、私募风险投资、众筹融资等，而不是仅仅盯住银行信贷。事实上，银行根据自己的商业模式和风控要求，主要为比较成熟的企业提供信贷服务。对于中小企业来说，除了融资以外，还可以让投资者成为企业的利益相关者、各种资源的提供者甚至是风险的共担者。

　　综上所述，普惠金融在向"中小微弱"提供金融服务的时候，"中小微弱"不是简单地获得了一笔贷款或一项融资安排，而是真正提高了掌握金融资源并有效运用金融资源的能力，就像学会了打鱼本领，产生了造血功能，"中小微弱"才能真正自立自强，参与市场竞争。

二、　金融能力的大视野

传统微型金融在讨论提升金融能力时，强调金融服务供应商有责任在提供金融产品的过程中兼顾提供金融教育，普及金融知识，甚至有义务提供消费者保护。换而言之，"中小微弱"的金融能力在很大程度上是依赖金融服务供应商帮助形成和提高的。但是，国内外的实践表明，金融服务供应商，尤其是有志于发展普惠金融的供应商，它们自身的服务能力并不是与生俱来的，事实上，金融服务供应商自身能力的不足正是普惠金融无法全面扩展的一个重要障碍。中国的普惠金融实践至少已有十来年的历史，我们可以从这一进程中观察到至少有两个方面的课题亟待解决：一是传统金融机构一旦建立普惠金融理念，如何在现有商业模式上进行改变和演进；二是一些应普惠金融目标而建立的金融服务商，如何有效提供普惠金融服务，既实现社会普惠包容的目标，又在商业上实现可持续增长。我们无法依据一家机构服务对象的高低不同而判断其道德水准，生产高大上名牌产品的企业可以是社会道德的楷模，而生产大众产品的企业也可能是昧着良心坑蒙拐骗的罪犯。问题的关键在于金融服务商能够以可持续经营方式向所有人群特别是"中小微弱"提供金融服务。坦率地讲，令大多数金融机构困惑的是，它们的主动实践或被动实践都在证明普惠金融似乎是理想主义、理念大于实践、商业上很难持续。且不谈规划中的大型商业银行普惠金融事业部，也不说股份制商业银行的多年实践，即使是专业从事"中小微弱"金融业务的村镇银行、农村信用社、农村商业银行，乃至小贷公司，又有多少可歌可泣的成功案例？所有这一切令我们思考到，金融能力并不仅仅是"中小微弱"作为金融服务客户的问题，提供金融服务的供应商同样存在着严重的能力建设问题。从整个生物价值链来说，这方面的能力建设更为重要。

何谓能力？能力是指个人、组织或组织单元能高效的、有效的、可持续的实现其作用。这个概念是动态的、积极的，并强调考虑组织所处环境的重要性。能力建设，即个人、团体、组织和社会在人力资本、组织资本、机构资本和社会资本方面提高其能力。[①] 机构的普惠金融能力，是指各类机构提供"服务于社会各类人群（包含被传统金融体系排斥在外的群体）的正规而负责任的金融服务"的能力，它是影响普惠金融经营质量、效率和结果的各类因素的总和。具体而言，金融服务提供商的普惠金融能力包括：（1）有能力为普惠金融服务对象提供合适的、负责任的金融服务；（2）有能力维持普惠金融业务的可持续性；（3）有能力构建与以上两个要素相适应的治理结构和业务管理体系。能力建设可以提高机构在社会和经济方面的适应能力，这是其核心竞争力的体现。

创新是提升机构普惠金融能力的重要途径。研究表明，金融机构的公司治理结构、风险控制模式是能够真实获得或提高普惠金融服务能力的关键因素。尤努斯创立的格莱珉模式用贷款人当股东，可以确保机构目标不变。在美国的实践中，垃圾债券主要是服务于中小企业或新创立企业，它们是高风险企业，这种金融创新从本质上说是一种资本市场中的普惠金融。这几年中国资本市场除了风险投资、天使投资、创投基金之外，成熟证券公司开发出小贷资产证券化、贫困地区迁移债券等，都是运用多层次资本市场工具推进普惠金融发展的有益尝试。

在普惠金融的生态环境中，除了作为需求方的"中小微弱"和作

---

① 根据联合国开发计划署（UNDP）的定义。

为供应方的金融服务商之外，提供公平竞争环境的政府部门和监督市场秩序的监管部门也是重要的利益相关者。有研究表明，改善"中小微弱"生存发展的外部环境比提高它们自身的能力更为高效。[①] 政府的普惠金融发展战略应该基于市场导向，以培育企业家精神，提升居民金融能力，建设有利于普惠金融健康良性成长的生态环境，处理好政府引导和市场主导的关系，在加强监管的同时，改善监管能力。从这个意义上说，能力建设不仅仅是个人、企业、金融机构的能力建设，而且也应该理解为整个社会、体制的完善和发展，其中就有政府自身能力建设的内容。

政府的普惠金融能力包含几项主要内容：一是金融基础设施建设，包括征信、信用评级、支付清算体系、金融服务的法律体系等；二是金融消费者保护，包括金融教育、金融扫盲和防止金融欺诈等；三是面对新兴数字普惠金融的挑战，利用金融科技来改善监管，这是一项较新的课题。

在推动普惠金融发展的过程中，应当坚持"政府引导、市场主导"的基本原则。正确处理好政府和市场的关系，发挥好政府的引导作用，是构建和提升政府的普惠金融能力的前提条件。政府应当统筹普惠金融发展的全局，以一种体系化的视角来制定发展普惠金融的战略和措施。政府的普惠金融能力集中体现在制定并实施普惠金融发展战略的能力上，普惠金融发展战略涵盖了从思想理念到贯彻执行的全流程，并具有明确的指导性和可操作性，是政府的普惠金融能力的外在表现。

综上所述，通过金融服务提高中小微企业以及弱势群体的金融能力是推进普惠金融发展的正确路径，为要顺利走到这条路径，所有的

---

① TAYLOR M P, JENKINS S P, SACKER A. Financial capability and psychological health [J]. Jouranl of Economic Psychology, 2011b, 32 (5): 710−723.

金融服务供应商自身需要提高能力，即使是引导和监督普惠金融事业的政府和监管部门也需要提高相应的能力。

三、 数字化时代的机遇

（一）传统普惠金融的困境

普惠金融的先驱们在世界各地进行了一系列的机制创新，例如，循环借贷和联保贷款，并取得了一定的成功。以格莱珉银行为代表的小额信贷模式是传统普惠金融的样板。它的特点是采用传统的金融产品、传统的成本结构，以及结合地域甚至社区特征的风控模式。经过40年的发展，格莱珉银行累计放贷165亿美元，服务了865万名农村妇女。由于小额信贷模式的风控手段非常的属地化、非标准化，它的推广规模会受到局限。另一个收到诟病较多的是传统小额信贷的高利率，据世界银行扶贫协商小组（CGAP）等机构对全球几百家小额信贷机构的调查显示，小额信贷机构要想实现财务可持续，其年化贷款利率平均需在26%左右，如此高的利率主要源自于小额信贷机构本身较高的资金和运营成本。[①] 其最终的结果是，尽管在金融服务的覆盖面上尽力做到了"普惠"，但物美价廉的金融服务依然没有真正惠及贫困的群体。

从能力建设的角度考察，纵观世界各国的实践，传统普惠金融受到四个方面的能力限制：（1）可获得性，因为建立物理网点成本高、效率低，普惠金融的可获得性受到较大影响。（2）可负担性，因为资金成本高，运营成本高，实际利率高，尽管一些客户可以负担传统小额信贷的高利率，但是在社会道德层面受到质疑；（3）全面性，传统

---

① 贝琪兹·阿芒达利兹，乔纳森·默多克. 微型金融经济学［M］. 罗煜，袁江译. 沈阳：万卷出版社，2013.

普惠金融所侧重的存贷汇基本层面，难以延伸到保险、理财、租赁乃至资本市场；（4）可持续性，单个普惠金融机构形成不了行业的影响，社会影响有限。即使亚洲、拉美都有不少国家展示出普惠金融的成功范例，但我们必须承认传统的普惠金融模式已经走到其能力的极限。毕竟全球还有近 20 亿人口仍然处在"金融排斥"的境地。[①] 传统普惠金融模式的困境也就是能力建设的困境。在这种格局下，大规模的能力建设和能力提升成为奢望，因此也成为人们轻视普惠金融的一个理由。

（二）数字普惠金融的优势

普惠金融的巨大发展很大程度上得益于新科技在金融中的应用。特别是近几年来，数字技术在金融领域的应用为普惠金融插上了翅膀，"数字普惠金融"（Digital Financial Inclusion）的概念应运而生，它昭示了普惠金融的发展方向。数字普惠金融是指让长期被现代金融服务业排斥的人群享受正规金融服务的一种数字化途径，而"数字化"则是计算机、人工智能、移动互联、信息通讯、大数据、云计算等一系列相关技术进步的统称。

数字普惠金融的发展有一个循序渐进的过程。早期主要表现为传统金融业务互联网化，即传统金融机构借助互联网传递信息，在线办理业务，简化、替代市场网点及人工服务。第一代互联网技术和智能手机的普及带来移动支付的快速发展，将线下的金融服务转移至线上，通过互联网平台提供交易撮合服务，通过线上渠道实现金融服务的触达，其典型模式包括网络银行、移动支付、网络借贷等。其中，对于普惠金融而言一个比较大的突破在支付领域。过去普惠金融主要关注于储蓄存款和贷款，但对于弱势人群而言，最为常见的一种金融需求

---

① 根据哈佛大学商学院 Michael Chu 教授估算。

是用简单、廉价和便利的方式来完成基本的金融交易，这就需要用到银行的支付系统，而贫困家庭在这方面拥有的简便易行的机制并不多，因为很多人甚至没有银行账户。于是，金融结合数字技术在这方面提供了很多创新，如在撒哈拉以南非洲就有很多有前景的成果，特别是肯尼亚的"M－Pesa"是该领域的佼佼者。

近年来，随着数字技术特别是互联网在银行、证券、保险行业的逐步应用，丰富了传统金融机构传递信息、办理业务的渠道和手段，降低了运营成本，有效地扩大了金融服务的覆盖面。这种科技进步与金融的有机融合的后果是二者的界限日趋模糊，逐渐形成了新的业态。金融创新不再是简单地在传统金融业务之上加上数字化或互联网化的元素，而更多的是以非金融机构主导的、以科技创新为驱动的新的金融产品设计，或金融服务商业模式的重塑。对于后者而言，我们更熟悉的名称是"金融科技"（Fintech），或"互联网金融"。数字普惠金融以现代科技为依托，银行、非银行金融机构、移动网络运营商等作为金融服务的提供商，通过数字化交易平台、代理网络和消费者接收设备等要素的组合，高效率、低成本地获取客户信息，削减运营开支，优化风险管理，使得数以亿计的经济能力较差的消费者能够以可承担的价格享受到征信、支付、信贷、储蓄、理财、保险甚至是证券等正规金融服务。

数字普惠金融具有诸多优势：（1）节约交易成本，数字技术的应用大大降低了金融机构的运营成本，从而实现较低的价格提供金融服务。例如，基于云计算技术的支付宝的单笔支付成本为2分钱，比传统支付方式低一个数量级，这些支付成本的降低反过来回馈给小微企业。（2）提高服务效率，数字化金融服务对一些消费者来说让他们的生活更加方便，它能够让他们在当地办理金额很小的业务并且个性化地安排自己的收入和支出。（3）提升安全性，数字普惠金融可以减少损失、盗窃和其他由于以现金为基础的交易造成的金融犯罪，并且减少用现金交易成本。（4）推广性强，与传统普惠金融方式地域性强、社区性强、非标准化、人格化的特征不同，数字普惠金融强调的是统一性、标准化、技术主导、去人格化，因此相对于传统的方式，它更具推广性和可复制性。

数字化会给经济带来附加利益，这被称为"数字红利"。数字技术的应用和推广把中国普惠金融发展带上了快车道，一定程度上实现了对发达国家的"弯道超车"。支付宝和微信支付作为中国数字普惠金融的代表，它们的案例具有世界性的意义。蚂蚁小贷通过大数据打造新的风险甄别体系和风险控制模型，更加贴近商业场景，运营成本更低，操作更便捷，推出几年来，累计服务了 400 多万家小微企业和个人创业者，平均贷款规模不到 4 万元，贷款总计 7000 亿元。[①] 这一数字是格莱珉银行过去 40 年贷款的 4 倍多，大大提升了普惠金融的实现速度。

传统公司沿既定的产品轨迹不断优化升级已有的产品，虽然表面上看功能更多、更安全，但真正实现的用户价值是边际递减的。简言之就是无效的产品服务更新。而破坏性创新（disruptive innovation）往往是从一个新的价值点用更低成本的方式来满足那些被遗忘或忽略的用户，虽然这些新产品从某些层面来看并不尽如人意（如体系完备、牌照齐全），但随着时间推移会不断完善，并随着新客户群的增长而不断蚕食甚至取代旧市场。[②]

（三）数字普惠金融的挑战

发展数字普惠金融对普惠金融能力建设的一大挑战就是"数字鸿沟"问题，也即数字技术的富有者和贫困者之间的鸿沟。长期被现代

---

① 数据来源：蚂蚁金服公开资料。
② Clayton 和 Raynor，2003。

金融服务排除的金融能力低下的人群，一般而言对数字技术的掌握都是有限的，数字普惠金融可能会给他们带来新的金融风险，包括操作风险、客户关系风险以及与金融犯罪相关的风险。例如，客户资金的安全；信息披露不足；代理商流动性不足或欺诈；错误交易风险；系统技术故障；客户个人信息安全等。

面对数字普惠金融带来的风险挑战，一方面需要金融消费者增强风险识别能力和自我保护意识，掌握更多的金融知识和技术知识；另一方面需要政府加强相关的法律制度建设和对金融机构的监管，注重金融教育，弥合数字鸿沟，加强消费者保护。自金融危机后金融机构的运营、风险管理模式发生了巨大变化，同时对盈利也产生了影响。除了直接的监管处罚以外，还产生了各种新的监管要求，提高了机构和企业的合规成本。这一背景既是金融科技（Fintech）产生和发展的背景，也是监管技术（RegTech）产生的动因。国际金融协会则将RegTech定义为有助于高效达成监管、合规要求的一类技术应用。金融机构（特别是新兴的数字普惠金融机构）大量采用RegTech，倒逼监管机构采用RegTech。监管机构运用RegTech，不仅能快捷感知与发现金融风险，提升监管的实时性，还能迅速而准确地识别与捕捉违规操作，继而及时警示与制止，在大大降低监管成本的同时提升风险防范的精准性与有效性。提升普惠金融的监管技术考验着政府的普惠金融能力。

四、 能力改变世界

在过去的若干年中，世界为消除贫困、减少两极分化已做出了不懈的努力。金融逐渐从高端走向普惠。2006年，联合国起草的《普惠金融体系蓝皮书》，对普惠金融体系的前景作出了如下描绘：每个发展中国家应该通过政策、立法和规章制度的支持，建立一个持续的、可以为人们提供合适产品和服务的金融体系。然而，金融只是手段（means），而能力才是目的（ends）。金融的真正目的不仅是提供贷款、提供融资，而是通过金融去挖掘或开发出"中小微弱"的潜在能力。这种能力是让世界变得美好的真正动力。普惠金融背景下的能力建设，将加快世界向良性变化，将世界改变得更加美好，实现"好社会"的目标。

令人可喜的是，我们已经目睹许多通过能力建设而改变现状的实践和成果。本报告将其中一些实践成果写成了案例。我们在这里只是撷取个别，以证明能力可以改变现状乃至改变世界。

世界各国的经验表明，合作社方式是弱势人群抱团取暖产生规模效益的有效途径。中国农村正在经历从家庭联产承包模式向各种类型合作社模式转型的过程。转型能否成功，在很大程度上，取决于社员参与的积极程度以及社员的能力建设。请阅专栏1。

专栏1　贵州丹寨县朵往颂合作社

丹寨县位于贵州黔东南州，全县80%的人口是苗族，人均年收入不足4000元，是一个少数民族聚居的国家级贫困县。丹寨县通过引进社会投资与联合国开发计划署合作，正在开展以培育农民合作社为基础的各类社会创新项目，包括农民合作社内的资金互助实验示范工作，其中丹寨县朵往颂农业专业合作社是综合农业合作社和资金互助组织的代表。朵往颂合作社资金互助之所以能良性运行与其完善的管理机制密不可分。资金互助有完整的业务流程，比如有"五户联保"公约等。朵往颂合作社为有条不紊地组织开展合作社的各项工作，切实提高组织管理水平，结合实际情况，在内部成立四个部门。通过完善的规章制度运作，到目前为止没有坏账。合作社致力于提高村民的基本素质，目标是逐步将社员培养成新型的农业产业职工。他们的一项重要经验是，特别要提高社员的参与度。明确社员的主人翁地位，加强其责任意识，让全体社员按照既定规则和程序，全面参与合作社运营和资金互助的开展，加强决策民主，充分吸纳社员意见，保证收益公平合理分配。这些都是合作社和资金互助长期可持续健康发展的重要保证。

怎样在众多小微企业中找到风险可控的服务对象？对于现有金融机构来说是现实的挑战。而对于小微企业来说，是盯住银行信贷还是选择其他可能的融资途径，是对它们能力的考验。请阅专栏2。

专栏2　四川茂县羌绣小微企业

茂县有三家羌绣小微企业，金融机构如何判断它们各自的风险和盈利前景，不太容易。对于茂县羌绣小微企业的银行信贷需求，传统银行认为，它们主体资格缺失，无有效、合法、足值抵押资产，以及任意改变贷款用途，因此将它们拒之门外。农信社有服务愿望但收取的贷款利率很高。其中的兴秀公司是案例的主要分析对象。李兴绣早年在茂县松坪沟乡务农，后来摆地摊下海，租门面创业。当经营初具规模时招商引资，引入的投资者仅以少量资金就夺得了公司控制权。之后李兴绣重新创业，建立了5个兴绣手工艺文化农民专业合作社羌绣工艺加工基地，于是兴绣公司模式成型。这一案例告诉我们，第一，小微企业在创业过程中，从传统金融体系中获得的金融支持非常有限；第二，李兴绣这类民间艺人创业，前期容易取得成功，但是由于缺乏现代公司治理知识和控制权意识，在公司成长期容易发生融资风险和控制权危机；第三，这种阶段的小微企业要解决资金缺口，可行的方法是，在保证公司控制权的前提下进行股权融资。

金融服务供应商的能力高低，体现在产品创新、风控机制以及商业的可持续性。往往一个好的金融产品可以推动普惠金融向前发展一大步。请阅专栏 3。

专栏 3 广西一卡通

广西农村信用社依托自主研发的"金融 IC 卡多行业应用一卡通共享平台"发行的桂盛一卡通，实现在银行卡上动态加载多个行业的应用，使其成为一张可以应用于多个生活场景，具有信息存储、身份识别、信息查询和电子支付等功能，可在各城市公用事业服务等领域使用，广泛应用于公交汽车、出租车、校园、企业、园区、医院、社区、水电煤、餐饮住宿、购物消费等方面的银行卡，使持卡人享受更优质服务和一定程度优惠的银行卡。广西农村信用社力争于 2017 年末实现桂盛一卡通全区互联互通，全力打造一卡通生态圈。办理一卡通产品不设置准入门槛，任何人群都不会遭到价格排斥。未来，广西农村信用社将以一卡通生态圈为基础逐步实现"一机通"，即关联一卡通账户进行手机支付。桂盛一卡通是金融机构在推进普惠金融进程中用成本可负担、商业可持续方式提升能力的一个范例。在一张无获得壁垒、无高使用成本的银行卡上实现多行业应用无疑能更好地解决金融排斥问题，从而深入推进金融包容性发展，实现经济成果共享，给各层次人群带来便利性。

在中国的社会经济环境中，各级地方政府如何在推进普惠金融发展中发挥积极而又有效的作用，一直会是一项挑战。我们经常观察到的两种现象是，要么政府不知所措，无所作为，要么政府越俎代庖，支配市场。解决普惠金融"最后一公里"问题很大程度上依赖于地方政府正确发挥其应扮演的角色。请阅专栏4。

专栏4　广西田东县农村信用体系建设

田东县农村信用体系建设系统有效破解了农户和金融机构信息不对称、信息采集指标不统一，以及信息不能共享三大难题，促进了金融机构对农户的贷款力度，缓解了农村贷款"两难"问题。它们的经验是，主要依靠政府的行政资源来推动，当地政府提供充足的经费保障。在建设过程中，重视协调政府各部门间利益，动员各部门积极参与，适时进行培训和宣传工作。田东县农村信用体系建设的突破口是建立"农户系统"，它构成整个信用体系建设的基础。农户系统收集了农户关于耕地、林权、计生等一系列信息，形成信用考察依据，为金融机构发放贷款减少考察和审核成本，减少了农户缺乏抵押物的限制，使得农户贷款更为便利。同时，农户系统建立带来的信用环境改善，及收集的海量信息使得构建企业信息系统和农民专业合作社信用信息系统有现实的必要性和可能性，从而整体推进农村信用体系的建设。"农户系统"通过采集和录入的档案信息共66099户，占全县有效农户数的97.21%。农户系统建立以后，田东县成为广西县域信息采集面最广、农户建档最多、内容最齐全的县份。涉农金融机构对符合条件的"信用户"进行授信，并制定了相应的优惠措施。对有需求的农户发放贷款从过去的3~7天，缩短到现在的十分钟，农村信用体系建设从功能、效率、覆盖面都实现根本突破。

科技对人类社会的影响往往是颠覆性的、难以预料的。金融科技正在重塑整个金融生态环境。当普惠金融插上数字化的翅膀，数十年来普惠金融理想者实践者所憧憬的愿景轮廓变得日益清晰。从能力建设的视野观察，数字普惠金融实质性的巨幅提高金融服务供应端的服务能力，以前用数十年才能达到的目标在很短的时间内就实现了。值得骄傲的是，中国的数字普惠金融实践以弯道超车的形态令世人瞩目。请阅专栏5。

专栏5　网商银行的数字实践

这家银行没有1个线下网点，但截至2016年11月末，网商银行服务小微企业的数量突破200万家，贷款余额254亿元，资产总额580亿元。网商银行的特点就是，用科技创新服务小微企业。它们推出的电商体系内贷款产品，基于大数据对小微企业进行了预授信，申贷过程也变得非常简单，无须抵押，无须人工调查，创造了"310"的贷款模式，即三分钟申贷，一秒钟放款，全程零人工介入，大幅降低了信贷成本，提高了放款效率。2016年"双11"前后，网商银行共为133万家小微企业，累计提供贷款超过500亿元。在农村领域，网商银行推出了"旺农贷"产品。旺农贷的贷款申请、信息录入均在自主研发的手机移动端完成，从申请到贷款发放最快半小时。从2016年9月推出这一产品到当年11月末，旺农贷贷款余额5.23亿元，余额用户数4.43万户，户均贷款额为1.18万元。旺农贷已经覆盖了全国所有省市区的347个市、2348个县的24700个村庄。网商有数结合了网商银行资金链条上的经营性数据和独有的"滴灌"风控模型，为小微企业提供在线的财务明细分析数据。网商有数以数据量化形式提供一张店铺每日运营"K线图"，赋予小微企业财务分析能力，让他们更好地了解自己的生意。截至2016年末，已经有50万家小微企业在使用网商有数，有了自己的CFO。

　　中国正在迈向大众创业万众创新的崭新时代，普惠金融的发展恰逢其时。在这样的时代，"中小微弱"通过普惠金融不仅获得了金融资源，更重要的是获得了"打鱼"的本领，赋予了"造血"的功能。不登高山，不知天之高也；不临深溪，不知地之厚也。我们乐观地相信，沐风栉雨，砥砺前行，以能力建设为导向的普惠金融必定能够实现其转型社会改变世界的宏伟目标。

"十三五"时期的金融战略选择[*]

在过去 30 多年的改革过程中,特别是"十二五"时期,我国的金融业已经取得了巨大的成就。这种成就表现为国内金融体系已经基本成形,从改革之初的财政主导金融资源模式转变成银行主导金融模式,并进一步发展到今天以银行为主的多元化金融市场模式,除了金融衍生品市场相对于发达市场国家还比较薄弱以外,其他的金融产品市场各成气候。另外,在国际金融领域,随着中国国力的增强,中国在世界贸易中的地位日益提高,人民币在国际贸易结算领域受到各国的认可,典型的标志是国际货币基金组织确认了人民币加入特别提款权货币篮子,这为人民币进一步走向国际化奠定了基础。

在看到有利一面的同时,我们还应该清醒地看到,我国金融业也面临着诸多挑战。比如,人民币国际化向国际储备货币推进的过程将会是步履维艰的,原因是中国已经成为贸易大国,但还不是金融大国。短期内人民币很难成为国际性的投资货币,即人民币走向国际之后,国外持有者无法买到人民币标价的金融产品。从国内金融服务结构角度观察,日益成熟的金融结构中暴露出一个不容忽视的缺陷,就是我们的金融结构主要倾向于大型企业、地方政府以及高端人群,而如何将金融服务覆盖到广大中小微企业以及低收入人群,成为一个相当大的挑战。

---

[*] 本文来源于本书编写组:《读懂十三五》,北京,中国人民大学出版社,2016。

在制订"十三五"规划的时候，如何审时度势，对金融战略发展方向做出正确的选择，无疑是摆在金融决策者和金融研究者面前的严肃课题。

一、 人民币国际化战略

2015 年 11 月底，国际货币基金组织正式确认人民币进入特别提款权货币篮子，其比例为 10.92%，仅次于美元和欧元。这一事件具有标志性意义。从某种程度上说，自 2008 年全球金融危机之后，人民币在国际贸易中的地位日益提高，这是人民币国际化趋势性发展的一个里程碑。与此同时，我们也应看到，这一事件主要是针对中国在世界贸易以及国际结算中的地位和影响所作出的符合逻辑的反应。目前，人民币已成为中国的第二大国际支付货币，占国际结算的比重为 28.5%；同时还是全球国际结算的第四大支付货币，占比为 2.79%。当然，代表新兴市场国家力量的人民币的加入使特别提款权摆脱了长期式微的窘境，从这一意义上说，这一里程碑标志了进入"后特别提款权"时代。

但是，如果从国际资本市场角度观察，人民币离国际性投资货币还相距甚远。一般来说，成为国际化货币需要经历三个基本阶段，即结算货币、投资货币和储备货币。根据国际货币基金组织的数据，目前在国际上有 38 个国家和地区的中央银行宣布持有人民币资产，总额约为 7800 亿元人民币，占目前全球官方外汇储备的比例大约为 1.1%。美元占比略低于 64%，欧元占比为 21%，英镑占比约为 4.1%，日元占比为 3.4%。应该说，人民币的这个比例还非常小，发展的空间非常大。至于"后特别提款权"时代全球中央银行以及私人投资者是否会以较显著的规模配置人民币资产，国内外却有不同的看法。有人认为，考虑到特别提款权当前在全球货币体系中边缘化的地位，人民币被纳入并不会带来很大的资产配置效应。也有人认为，很多被动型投资机构，如保险公司、养老基金，以往没有投资任何人民币资产。人民币一旦纳入特别提款权货币篮子，它们会近乎默认地立刻或是逐步投资人民币资产。有专家认为，人民币纳入特别提款权只具有某种象征性意义或对投资者心理有一些较浅的影响，引导全球中央银行和私人投资者将人民币产品加入其资产配置组合之中，但是这部分投资者通常已经对人民币有一定认知，因而人民币纳入特别提款权能产生的引导效应未必很大。

事实上，加入特别提款权之后，海外投资者究竟是否愿意持有人民币资产，主要是看对中国经济的长期信心、人民币资产收益率水平、交易成本（流动性），以及交易价格（市场化定价）。换而言之，人民币是否成为真正意义上的国际性投资货币取决于一系列综合性条件。而在所有这些条件中，有一项条件是基本的，那就是中国国内的债券市场要有足够的开放度和包容度。

众所周知，在国际金融市场的多元化资产配置构成中，固定收益类产品总是占据主要比重，简单地说就是债券市场产品，包括长期债券和短期债券以及货币类（高度流动性）产品。人民币加入国际资本流动之后，投资者首先要确定是否将人民币作为投资工具，其次是选择配置于哪部分人民币投资工具。乐观估计，到 2020 年底，可能有约 1 万亿美元的资金投资于中国的在岸债券市场；也有研究估计，全球储备资产中的 10% 将配置于人民币。那么问题来了，我们国内是否已经具备这样一个既有深度又对外开放的市场？这个问题的提出表明，人民币国际化战略的真正意义不是将人民币推出国门参与国际资本流动，而是倒逼国内金融市场的开放和加深。人民币国际化就是迂回地推动国内金融改革。

这里有一个问题是，有不少专家考虑到人民币的投资归属，提议发展离岸人民币债券市场。所谓离岸市场当然特指游离于国内市场的独立市场，其用意在于将流出的人民币阻断在国门之外，避免因回流而引起国内市场的波动。但是，这种认识显然是肤浅的。第一，离岸市场并非人为建设而成，从国际上已有的各种离岸市场的发展历史观察，离岸市场的形成都有一定的历史原因，而非某国政府推动而成。欧洲美元离岸市场的产生并非人为力量的结果，而是国际上的政治与经济因素促使自然生成。例如，在冷战时期，苏东国家为了免遭美国的监管，不愿把美元存于美国而存于欧洲银行，还有 20 世纪 70 年代的石油美元也是如此。第二，离岸市场只对所在国有利，比如，在伦敦建立人民币离岸市场当然是促进了英国的金融交易，然而对于中国经济以及中国参与世界贸易金融乃至经济的目标来说，离岸市场的价值远远比不上国内市场的加深筑宽。第三，中国金融改革正处于关键的攻坚阶段，改革亟待外部力量的推动，通过人民币国际化战略来刺激和推动国内债券市场的深入发展，恰好能突破国内金融市场目前利益交错、动力不足的局面。

在"十三五"时期，中国国内债券市场应当有一个显著的发展。据估计，除中国以外的国家的金融资产约为 250 万亿美元，即使这些金融资产中的 5% 投资于中国金融市场，则相当于 12 万美元，约合 75 万亿元人民币的中国金融资产。应对这么庞大的资金流动，客观需要中国拥有规模巨大的、开放的股票和债券市场。目前，中国已经对世界各国政府以及国际机构开放银行间债券市场的交易，这一市场应该进一步向其他国际机构投资者开放，以使这一市场成为一个真正意义上的国际性债券市场。另外，可以考虑扩大外国发行人在国内发行人民币债券，目前已有的熊猫债只是一种尝试，接下来应该试验具有高债信的世界 500 强跨国公司来国内发行人民币债券。相比之下，股票市场的开放，比如，外国公司来中国发行人民币股票，即曾经议论过的"国际板"，由于涉及较多的法律和税收等问题，加之国内投资者对于国际公司的认知比较缺乏，可以放在稍后阶段推进。

总之，根据中国在世界经济中的现有地位，"十三五"时期人民币国际化可以有一个较大的进展，但其有效推进的真正意义在于国内金融市场的改革和开放，而这正是人民币国际化战略应取得的主要目标。

二、　普惠金融发展战略

"十三五"时期，我国金融事业中的另一件大事是要大力推进普惠金融的发展，为此，国家需要制定普惠金融发展战略，以明确普惠金融的发展方向和发展步骤。2016 年 1 月，国务院印发《推进普惠金融发展规划（2016—2020 年）》，就是大的战略。

推进普惠金融的意义归纳起来主要有四点。第一，人的权利。全世界的公民中，任何一个人都有享受金融资源的基本权利。这是联合国确认的一个理念。每个人都应享受到金融资源，每个人都应被金融资源所覆盖。第二，金融结构的优化。对于我们国家来说，改革开放30 多年来，我国金融结构发生了很大的变化，取得了很大成就，甚至拥有了世界上最大的银行。但是，也应看到，整个金融结构比较偏向于高端、大企业、高收入人群，而对小微企业、低收入人群的覆盖还相当不够。发展普惠金融有利于金融结构的改善。第三，宏观经济的平衡。宏观经济的失衡，比如当前面临的经济下行，其深层原因就是，很大一部分人群缺乏足够的消费能力，所以普惠金融在很大程度上能够提升小微企业、低收入人群的实际消费能力，这对宏观经济的再平衡能起到很大作用，不仅在长期有很大意义，在短期也能产生很显著的效果。第四，社会结构的转型。我们从传统社会脱贫致富，但是基本形成的是金字塔形社会，贫富差距较大，广大中低收入的人群还是占社会的大多数。这与发达国家的橄榄形社会不同，所谓橄榄形社会是指中产阶级占人口的主要部分的社会。我们如何从金字塔形转向橄榄形？这个过程中普惠金融起着重要作用。

如何实现这一战略，使战略真正落到实处，需要一个可以实施的路线图。这个路线图至少可以包含四个方面的内容：第一，指标体系。普惠金融不是空谈，也不是理想，而是可以量化的一整套运作。比如，反映金融机构的可获得性的一个主要指标是 15 岁以上人口中持有正规金融机构账户的比例。据统计，中国的这一比例大概是 64%，发达国家的这个比例一般都在 90% 以上。我们是一个成长中的发展中国家，过去 30 多年发展非常快，体量已经是世界第二了，但是我们的尾巴非常大，后面的小微企业、低收入人群占到人口的半数以上。未来五年，如何制定一套指标体系来衡量普惠金融的覆盖面，这是一个非常重要的问题。第二，实施路径，或者说谁来实施。普惠金融的出现，在很大程度上是因为市场失灵，由此，许多人以为推进普惠金融的实体就是政府。这是一个误区。根据国内外的经验和教训，我们提倡政府引导、市场主导。第三，政府责任。政府引导主要体现在建设普惠金融的基础设施，其中包含支持建立全覆盖的征信体系和支付体系、监测普惠金融进展的指标体系、有利于小微企业生存发展的法规体系以及提供普惠金融服务的多层次金融机构体系。政府也可以通过财政、税收、信贷等政策措施甚至建立担保基金等来推进普惠金融环境的改善。针对普惠金融的主要服务对象是广大中低收入人群，政府有义务承担保护金融消费者的职责，并在尽可能多的人群中传播金融知识、普及金融教育。第四，政府各部门的协调。普惠金融具有混业特性，对目前"一行三会"分业监管的体制形成挑战。战略的实施需要政府各部门之间的协调，从其他国家的经验来看，可以考虑成立跨部门的普惠金融委员会或推进普惠金融发展领导小组，真正在组织上保障普惠金融国家发展战略的实施。

　　普惠金融不仅是中国的事，实际上也是全球金融创新的重要方向，这是全世界的一个趋势。我们可以看到在过去的十多年中，金融机构不断地进行市场创新，扩大客户群，大型机构下沉，专业机构应运而生，服务触角深入居民小区、乡镇村庄。这是一类创新，主要是在现有体系内扩大客户面。第二类是技术创新，就是用一些新技术、新手段去完成一些过去不能完成的任务，比如，通过互联网进行营销，这是用新的技术去扩大新的客户。第三类是完全新型的机构，用新的技术进行突变式的发展，比如，我们中国叫作互联网金融的一些机构，如网络支付、网络贷款等。在中国这么大的环境下，地域广阔，人口众多，如果仅仅用传统做法而不用以互联网技术为代表的新科技手段，普惠金融就没法有飞跃式的发展。当我们确立一个五年的战略规划的时候，就意味着要有一些飞跃式的发展。人们越来越接近于一项共识：在中国这么一个人口巨大、政府又高度重视普惠金融而且民间有巨大创新动力的背景下，中国的普惠金融如果能添上金融科技的翅膀，可能而且必定会走在世界前列。

　　普惠金融之所以长期以来是金融结构中的一块短板，在很大程度上是因为现有的金融机构没有找到可持续的商业模式。换而言之，普惠金融要求商业机构在完成社会责任的同时实现商业上的可持续。普惠金融发展战略无法代替金融机构在商业上的各种探索，但是，各种有益的探索却能加快普惠金融发展战略的实现。在国际上，比较成熟的商业模式有针对农村贫困人群的孟加拉国尤努斯模式、针对个体工商户及小微企业的德国 IPC 模式以及大型银行服务于中小企业的美国富国银行模式等。除此之外，还有诸如信贷工厂模式、P2P 网贷模式、专业微型金融基金以及小企业成长基金等有益的探索。国内经过十来年的探索，也积累了许多经验和教训。必须指出的是，所有这些商业模式的探索和推行都有赖于一个良好的监管环境。因此，建立什么样的监管环境自然是普惠金融发展战略中的题中应有之义。

三、 结语

在中国金融正在向以多元化金融市场为主导的金融结构演进的过程中，发展中经济、转型经济以及政府高度监管是演进过程的基本背景。如何取得突破性进展取决于发展战略的选择。

人民币国际化是可选的金融战略之一。中国经济已位居全球第二，这是人民币国际化的必要条件。随着中国经济日益融入世界经济，人民币国际化符合发展的逻辑。但是，其真正意义在于倒逼国内金融体制改革和金融结构调整。

发展普惠金融应成为推动我国未来5～10年经济转型的国家战略之一，它对于金融、经济及社会会产生重大意义。发展普惠金融应坚持政府引导、市场主导的原则，政府促进普惠金融的重心是加强普惠金融基础设施建设，其中基本的企业制度和信用制度应有相应的改革以适应小微企业的成长和发展。成功实施普惠金融宏伟战略的关键是用创新的技术打通金融服务的"最后一公里"，使得普惠金融在大规模可持续的基础上实现商业和社会的双重绩效。

后 记

本书从策划到成稿，历时近半年。时值本书封稿之时，我要向以下人士表示衷心的感谢：刚退休不久的中国金融出版社副社长李苒女士之前专程来到我的办公室对我准备本书给予充分的鼓励并提出了方向性的指导意见；副总编王璐女士对本书前言部分提出了有价值的修改建议；贾真编辑在整个编辑过程中认真负责，表现出高度的专业水平；罗煜、朱晓莉、黄媚媚和曾恋云分别参与了本书的策划、整理和更新文稿等准备工作；张洁在帮助收集整理文献和与出版社沟通方面付出了巨大而又有效的努力。我还要借此向所有在过去数十年里给予我帮助、支持和激励的人们表达诚挚的感恩之情。

最后但却是最重要的，我将本书庄重地献给我 94 岁高龄的母亲，并祝愿她老人家永远健康！

贝多广

2017 年 10 月